中国高等教育学会高等教育学优秀博士学位论文丛书

研究型大学社会声誉的形成机理

YANJIUXING DAXUE
SHEHUI SHENGYU DE XINGCHENG JILI

江育恒◎著

广东高等教育出版社
Guangdong Higher Education Press
·广州·

图书在版编目（CIP）数据

研究型大学社会声誉的形成机理/江育恒著. —广州：广东高等教育出版社，2021.12
（中国高等教育学会高等教育学优秀博士学位论文丛书）
ISBN 978-7-5361-7156-5

Ⅰ. ①研…　Ⅱ. ①江…　Ⅲ. ①高等学校-学校管理-研究-中国
Ⅳ. ①G647

中国版本图书馆 CIP 数据核字（2021）第 247535 号

出版发行　广东高等教育出版社
地址：广州市天河区林和西横路
邮编：510500　营销电话：（020）87551597
http://www.gdgjs.com.cn
印　　刷　广东虎彩云印刷有限公司
开　　本　787 毫米×1 092 毫米　1/16
印　　张　22.75
字　　数　462 千
版　　次　2021 年 12 月第 1 版
印　　次　2021 年 12 月第 1 次印刷
定　　价　68.00 元

序

声誉是组织的生命线。随着互联网时代的快速发展，我们更加置身于“声誉社会”，不管是公众人物还是组织部门都需要正确认识、建设和维护声誉。组织声誉是在集体利益相关者层面产生的，可以被理解为一种社会构建的聚合产品，因此，声誉不仅源于组织的行动，也来自利益相关者群体之间的社会互动，是一个组织嵌入在多个网络任务中，受众对于其能力、意念、历史、信仰认知的集合体。声誉机制的作用过程往往是一个声誉信息的生产、传递、利用、再形成、再传递、再利用的周而复始的循环过程。

高等教育是一种特殊的社会活动，生产着人才、知识、服务等特殊学术产品。从全球高等教育发展趋势看，大学之间的竞争正逐渐由数量、规模竞争转向以质量、品牌和特色为本的声誉竞争。在中华民族伟大复兴战略全局和世界百年未有之大变局下，积极适应新发展格局，推进高等教育高质量发展，亦是新时代中国高等教育面临的重大课题。走高质量发展之路体现了大学在新时代的新担当，大学应把“建设高质量教育体系”的目标贯穿办学治校全过程。统筹协调提升显性外在声誉与加强隐性内涵建设的关系，将成为大学实现高质量发展的关键路径。作为国家核心竞争力的源泉和国家知识创新活动的核心，研究型大学提升社会声誉的可行策略愈发备受关注。

正是基于这样的时代要求，迫切需要对影响研究型大学社会声誉生成的因素及其相互作用机制进行探索。育恒在攻博期间，较早地关注到这一问题，并在充分借鉴组织声誉理论的基础上，结合国内外研究型大学实际情境，采用理论研究与实证研究相结合的方法，探究研究型大学社会声誉的形成机理，阐释了理性选择、社会网络、合法性认同三大机制在大学社会声誉形成过程中发挥的作用，提出了依托大学身份与大学形象提升其社会声誉的实践路径。本书创新性地构建“身份—形象—声誉”多维分析框架，旨在将大学的内部管理要素与外部参与要素统一起来，形成协同效应，兼具理论启迪和实践导向的双重意义。

作为指导老师，非常高兴育恒的学位论文能荣获中国高等教育学会优秀博士论文。育恒在攻读博士学位期间，在大学声誉、科技创新等研究领域取得了可喜的成果，展现了敏锐的学术感悟力和高效的行动力，其谦逊低调的性格、勤奋踏实的学习态度和乐于助人的团队精神也得到师生的赞誉。我很欣喜地看到，育恒的著作立足于扎实的机理性研究，拓展了大学社会声誉理论研究的广度和深度，推动了相关研究领域的知识增长，必定能够为理论界和实践界提供有益参考。

声誉管理有利于提升组织美誉度和公信力，助推组织行为的实施和品牌的塑造；而良好的声誉不是一蹴而就的，是一个持续而长期积累的过程。展望未来，中国一流研究型大学的声誉治理需要重视公众感知，需要扎根本土文化，更需要回应高等教育国际化的宏大时代命题，彰显中国对人类文明价值的引领和对构建人类命运共同体的贡献。

赵文华

上海交通大学教育学院教授

2021 年 8 月

目　　录

第一章 绪　　论

1.1 研究背景

现代组织理论的一个基本共识是变化中的外部环境已成为组织变革的重要动因。“近年来高等教育快速扩张的动力和刺激似乎是政治推力和社会拉力因素的共同作用。”① 伴随着社会对高等教育需求的增加以及新公共管理运动的兴起，高等教育大众化不但给大学的内部管理带来了直接挑战，更重塑了大学的外部环境。一方面，高等教育大众化助推了高等教育市场化，加剧了大学外部资源配置的市场竞争；另一方面，高等教育大众化促使社会监督加强，推动了社会问责制的建立。大学在走向大众化和普及化的同时，也面临着更多的绩效压力和责任担当。特别是随着高等教育规模的扩张，高等教育质量出现滑坡现象，大学的形象和声誉问题也因此引起社会各界的高度重视。社会公众的期望给大学施加了巨大压力，大学的管理者也愈发意识到社会声誉对大学生存和发展的重要性。

同时，世界上越来越多的大学开展国际合作交流，高等教育国际化已经成为各国高等院校提高高等教育质量的重要途径。由于高等教育竞争日益全球化，争创世界一流大学成为一个“全球现象”，② 发达国家和发展中国家的政府和顶尖高校都加入了这场追求学术卓越的竞赛中，采取了一系列举措并实施了各类改革来重塑它们的高等教育系统。③ 在世界一流大学建设浪潮中，学术界对一流大学绩效标准的研究也逐渐呈现出“自身实力论”“社会贡献论”和“社会主观评价论”（声誉评价）三种评价观。

---

① 沃森. 高等院校战略管理［M］. 孙俊华，等译. 南京：江苏教育出版社，2010：14.

② ALTBACH P G. The costs and benefits of world-class universities［J］. Journal of higher education, 2004, 90 (1): 20-23.

③ DEEM R, MOK K H, LUCAS L. Transforming higher education in whose image? Exploring the concept of the “world-class” university in Europe and Asia［J］. Higher education policy, 2008, 21 (1): 83-97.

与高等教育大众化和全球化趋势密切相关的问题是：在市场经济条件下，市场主体的生存与发展无不依赖其市场地位。院校之间的层级地位分化是院校竞争的落脚点和归宿（见表1－1）。在市场经济环境中，知识成为一种商品，作为知识生产机构的大学与其他社会机构发生交换关系，市场化也因此成为现代大学发展的一种趋势。现代大学在遵循教育规律的前提下，逐渐引入企业管理理念和某些市场机制的手段，进而降低办学成本，提高资源配置效率，最终达到提高质量的目标。尽管市场竞争机制是推进高等学校健康发展的压力机制以及优胜劣汰的筛选机制，但企业竞争与大学竞争终究是两种不同类型的竞争，前者以经济效益最大化为根本，是经济效益的本质竞争；而后者以社会声誉为核心，是基于社会价值的竞争行为。[①] 大学既要在学术要素上展开竞争，也要在诸多非学术要素上展开竞争。

表1－1　高等教育系统市场竞争导致的典型层次分割

层次	特　　点
层次Ⅰ：一流研究型大学	具有自我再生产能力，享有盛誉，具有优异的研究绩效和学生质量/学位地位。受地位吸引力/积聚，而不是收入本身的驱动。规模上非扩张性。对社会地位和权力具有无限野心。资源富足。相对封闭型
层次Ⅱ：雄心勃勃的研究型大学	努力挤进层次Ⅰ，但难以突破。其最好的学生和师资流失到层次Ⅰ。为了创收，进行许多有选择性的商业活动，但不像商业性大学那么高效。资源稀缺。半开放型
层次Ⅲ：教学型院校	学生规模大，受经济利益驱动。一些是营利性私立院校，一些是带有商业活动的公立院校，试图扩张。资源高度稀缺，在市场压力下趋于超级营销并考虑成本/质量。开放型

资料来源：MARGINSON S. Dynamics of national and global competition in higher education［J］. Higher education，2006，52（1）：1－39.

大学评价理念由于国情、教育制度、文化不同而有所差别，但就发展趋势来看，分类型的评价理念逐渐成为各国大学评价中应用的重点。在学术体系里，研究型大学是最具有曝光率的机构，为其所在国带来了国际声望和国际品牌。在世界高等教育发展史上，改革创新与追求卓越一直是各国研究型

① 曲绍卫．大学竞争力研究：基于新制度经济学分析框架［M］．北京：教育科学出版社，2008：87.

大学发展的不竭动力。作为创新型的知识传播、生产与应用的中心，随着知识经济全球化的不断深入，研究型大学已经成为国家综合实力竞争的关键要素之一。特别是在如今的创新驱动发展时代，研究型大学在抢占未来经济和科技发展制高点的竞争中备受关注。作为推动社会发展的强大引擎，研究型大学更加强调追求卓越学术与服务国家战略的有机契合。研究型大学自身的良好治理以及社会对研究型大学的监督支持都离不开对其组织绩效的认知与评判，最终往往会归结到大学社会声誉这一关键议题。研究型大学通常被认为其追求的终级价值是办学声誉最大化，即期望学术上的卓越能够带来声誉，赢得社会认同，为自身发展获取更多资源。

1.2 研究意义

在高等教育大众化、全球化和市场化背景下，各国高等教育的发展既面临着巨大的挑战，又迎来了良好的机遇。特别是像中国这样拥有悠久历史文化传统的、正在快速崛起的发展中国家，如何从高等教育大国迈向高等教育强国，大学面临着重新定位和建构的历史重任。在经济社会转型期，学术腐败、高招丑闻等争议性话题使大学的社会声誉和公信力受到了冲击。即使是高水平研究型大学，也会碰到学校的社会声誉与自身的发展态势、行业地位或传播效果不相称的瓶颈。现实的挑战是：许多大学的身份和形象仍较为模糊，这些大学并没有从受众需求和关注点的角度对大学品牌进行有效定位和传播，也没有充分彰显大学的鲜明个性和竞争优势，出现从宣传内容到推介形式的泛同质化问题。此外，许多大学在形象传播中普遍缺乏长期规划、统一布局，后期维护工作不足，难以维持大学社会声誉的长久魅力。

良好的社会声誉是大学的独特资源，能够有效增强高等院校的竞争力、师生的凝聚力和归属感，促进大学自身的良性发展。在“互联网+”时代，良好声誉对于大学形象维护、大学品牌打造以及大学良性运转显得特别重要。一方面，大学声誉管理有利于对大学内部的各种资源进行充分整合，提高大学组织的内聚力；另一方面，大学声誉管理有利于把大学的定位和特点精准地传递给利益相关者，可以使大学获得更多的外部支持，赢得更广阔的市场空间。在学术界，以企业声誉为重心的组织声誉研究相对成熟，包括对声誉的概念、效应、测评指标等方面的研究都积累了众多的学术成果。20世纪中叶以来，国外学者聚焦大学社会声誉的学理研究逐渐增多。而国内学者对大学社会声誉开展的研究起步较晚，并且学者们对声誉的关注还更多地停留在对大学社会声誉概念影响及重要性的阐释阶段，有影响力的经验研究仍然较少。基于此，本研究的意义主要集中在以下两个方面：

一是从学术意义上看，本研究将着重探究研究型大学社会声誉的形成机理，拓展该领域的研究视野。通过对国内外若干所高水平研究型大学社会声誉生成与维持的案例分析，揭示声誉在大学发展过程中起到的积极作用以及大学主动培育良好社会声誉的有效途径。本研究还将基于美国研究型大学数据的实证检验，为辨析大学社会声誉的影响因素提供支撑。本研究的落脚点在于构建研究型大学社会声誉形成机理的分析框架，丰富声誉管理的理论体系，从学理上深化大学社会声誉理论的研究深度，切实推动相关研究领域的知识演进。

二是从实践意义上看，本研究将给相关政府部门及各研究型大学在声誉管理上提供政策建议。2017 年 1 月，根据国务院《统筹推进世界一流大学和一流学科建设总体方案》（国发〔2015〕64 号），教育部、财政部、国家发展改革委颁布了《统筹推进世界一流大学和一流学科建设实施办法（暂行）》（教研〔2017〕2 号），指出“一流大学建设高校应是经过长期重点建设、具有先进办学理念、办学实力强、社会认可度较高的高校”，而社会声誉便是大学“社会认可度”的集中体现。研究型大学处于高等教育体系的顶端，一般意义上的一流大学都是研究型大学。本研究将在借鉴国外经验的基础上，结合中国实际，得出兼具理论意义与现实意义的结果，以期提升我国研究型大学的国际声誉，建立长远稳健的竞争优势。

在声誉竞争趋于激烈的背景下，只有为中国大学的发展寻找现实的社会基础和实践动力，才能切实办好具有中国特色的世界一流大学。建设世界一流大学，除了客观的可比指标要快速进步之外，提升社会声誉也是重要组成部分。在当前高等教育存在功利化倾向的情况下，统筹协调提升显性外在声誉与加强隐性内涵建设的关系，亦是大学追寻卓越发展的核心要义。作为国家核心竞争力的源泉和国家知识创新活动的核心，研究型大学提升社会声誉的可行策略将成为今后一段时期我国高等教育学界关注的重要议题，本书也将主要聚焦研究型大学群体，开展更具有针对性的理论和实证研究。深入系统地分析研究型大学社会声誉的影响因素及形成路径，将为新时期我国世界一流大学建设提供有益的理论基础和实践思路。

1.3 研究目标与问题

近年来，大学社会声誉受到了理论界和实践界的热切关注，但是对于大学社会声誉的研究，除了声誉管理的重要性得到了各界的认可之外，关于大学社会声誉的内涵、效应、形成过程、影响因素等都没有形成统一或系统的观点。由于历史、现实等原因，不同类型的大学在学校定位、培养目标、学科设置、师资力量、经费来源等方面差别很大，如果用相同的标准去评判不同类型、不同使命的大学显然会影响研究结果的科学性。对于研究型大学而言，科研实力不仅决定了大学教学和社会服务的水平，也是评判大学学术地位和社会地位的最重要指标。因此，本书聚焦的研究型大学群体，在声誉管理战略的重心选择上相对偏向于科研领域，在保证院校学术声誉的同时提升教学和服务水平，多方拓展合作项目。鉴于研究型大学对于带动我国高等教育整体发展、服务国家经济社会建设的重要意义，本研究旨在探究研究型大学社会声誉的形成机理，提出依托大学身份与大学形象提升其社会声誉的实践路径。具体而言，以高水平研究型大学为主要研究对象，基于理性选择、社会网络和合法性认同理论，实现以下具体的研究目标：

（1）通过理论研究和模型构建，基于研究型大学的组织特性与功能定位，尝试构建用于解释研究型大学社会声誉形成的“身份—形象—声誉”的多维分析框架，厘清大学身份、大学形象及大学社会声誉的内在关联。

（2）通过实证检验，探究研究型大学社会声誉与各类影响因素之间的相互关系，探索以理性选择为基础、以社会网络与合法性认同为纽带的声誉形成机理，判明相关因素对大学社会声誉的具体影响效果。

（3）通过案例分析，梳理已有政策或机制，借鉴国外一流研究型大学的声誉管理经验，提出适合本土情境的研究型大学社会声誉提升策略。

基于国内外研究型大学社会声誉形成与维持的经验事实，本书重点关注以下研究问题：

（1）关于研究型大学社会声誉的形成，应当采用什么分析框架进行解释?

（2）在研究型大学社会声誉的形成过程中，哪些因素及机制在发挥效应?

（3）如何制定适宜政策以提升研究型大学的社会声誉，实现大学与利益相关者的良性互动?

本研究将兼顾学理性和实践性，在科学界定研究型大学社会声誉的内涵及其效应基础上，提出适用于解释大学社会声誉形成的“身份—形象—声誉”多维分析框架，凝练和制定我国研究型大学社会声誉的提升策略，从整体上构建切实可行的政策治理体系。

1.4 核心概念界定

1.4.1 研究型大学

大学处于知识网络的核心位置，“这一网络包括研究机构、杂志社和出版社等传播知识的媒介以及由科学家组成的‘无形学院’。”① 不同于其他类型的组织，大学是以知识的生产者、创新者、传播者和应用者身份存在于社会中的复杂性组织，其系统复杂性集中表现在大学产品和市场的复杂性以及大学内部矩阵式组织结构的层次性。伯顿·克拉克（Clark，1986）从组织分析的视角，将大学视为从事知识生产的学者共同体所构成的学术组织，并提炼出三个核心要素：工作（work）、信念（belief）和权力（authority）。② 胡娟（2015）也进一步总结了大学的组织特性，包括学术性、公益性、双重性和松散性（见表1-2）。

表1-2 大学的组织特性及制度要求

角度	组织特性	制度要求
本质	学术性	模糊性、弹性（符合知识发展要求、遵循学术规律）
目标	公益性	仪式性、嵌入性（不简单追求绩效，注重社会效益）
结构	双重性	矛盾统一性（调和结构、文化上的矛盾）
管理	松散性	民主性（矩阵式、现代治理理念、权力下移）

资料来源：胡娟. 大学制度论［M］. 北京：中国人民大学出版社，2015：39.

从学术性的本质出发，大学一般被视为非营利组织。非营利组织是一种典型的多元利益相关者组织，并且人们对于其质量的理解经常具有主观性和

① 阿特巴赫. 比较高等教育：知识、大学与发展［M］. 人民教育出版社教育室，译. 北京：人民教育出版社，2001：5.

② CLARK B R. The higher education system: academic organization in cross-national perspective［M］. Oakland: University of California Press, 1986: 120-122.

波动性。“利益相关者是任何一个影响公司目标的完成或受其影响的团体或个人。”① 大学发展所需的各种资源通常由利益相关者提供，利益相关者的期望也构成了大学发展的现实驱动力。参考亨利·罗索夫斯基（Rosovsky，1991）②、李福华（2007）③、王海洲和徐立清（2015）④ 等学者的研究，笔者根据利益密切程度的差异，将大学的利益相关者划分为四个层次，如图 1－1 所示。基于差异化诉求，不同利益相关者在追求利益上也采取了不同的实现方式（见表 1－3）。大学服务对象的利益、需求和期望具有多样性或不协调性，这是现代大学发展过程中面临的一大挑战。

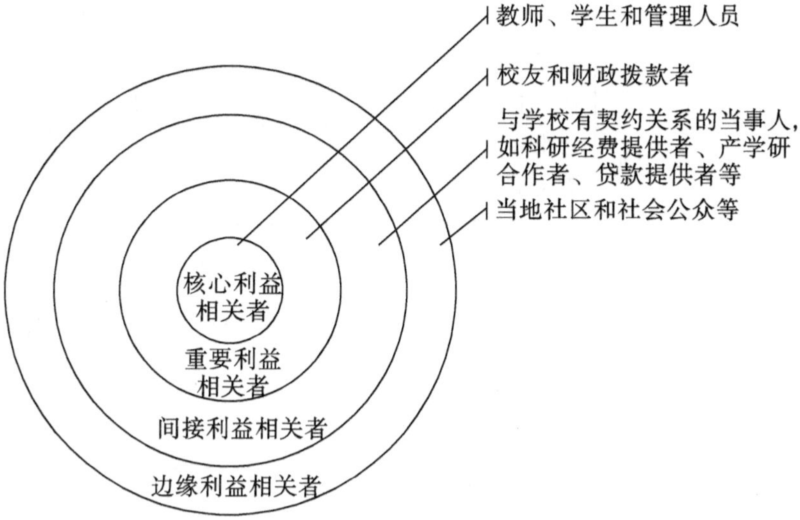

图 1－1 大学利益相关者圈层图

① 弗里曼. 战略管理：利益相关者方法［M］. 王彦华，梁豪，译. 上海：上海译文出版社，2006：2.

② ROSOVSKY H. The university：an owner's manual［M］. New York：W. W. Norton & Company，1991.

③ 李福华. 利益相关者理论与大学管理体制创新［J］. 教育研究，2007（7）：36－39.

④ 王海洲，徐立清. 高校本科专业设置利益相关者共同治理机制探索［J］. 中国高教研究，2015（6）：76－80.

表 1－3　大学利益相关者的利益诉求及利益实现方式

利益相关者	主要利益诉求	利益实现方式	利益相关者	主要利益诉求	利益实现方式
政府	社会教育水平提高；政治诉求的表达；人才培养；科技创新	财政拨款；政策支持；支持学校基础设施建设；依靠法律	校友	母校或校友会的支持和帮助；其他校友的支持和帮助；母校声誉不断提高；母校发展信息	依靠母校或校友会；参与校友活动；为母校发展献计献策；借助媒体宣传母校
教师	工资福利的提高；学术观点的表达；学术声誉的提升；职称晋升	依靠教师群体；工会教代会维权；社会舆论监督；依靠学校职能部门；依靠校领导；沟通调解；依靠上级主管部门；依靠法律	债权人	债权安全；与学校关系融洽	沟通协调；了解学校财务状况；与其他债权人结盟；依靠法律；依靠政府；社会舆论监督
行政人员	工资福利的提高；职位晋升；控制权的扩大	依靠校领导；工会教代会维权；沟通调解；依靠学校职能部门；依靠政府；社会舆论监督；依靠法律	其他大学	校际合作；校际交流	沟通协调；校际联盟
学生/家长	良好的就业前景；良好的学习环境；雄厚的师资力量	依靠法律；沟通协调；学生组织	捐赠者	与大学的良好互动；捐赠物的合理使用	关注大学形象和声誉；沟通协调；社会舆论监督；依靠法律

续上表

利益相关者	主要利益诉求	利益实现方式	利益相关者	主要利益诉求	利益实现方式
用人单位	优秀毕业生；产学研合作	了解学校专业设置和人才培养状况；了解学校毕业生的口碑；依靠政府；社会舆论监督	社区	拉动消费；社区形象提升	沟通协调；社会舆论监督；依靠法律

资料来源：部分参考了刘宗让．大学利益相关者利益要求及实现方式［J］．高校教育管理，2012，6（3）：43；李维安，王世权．大学治理［M］．北京：机械工业出版社，2013：29－30.

作为西方知识传承机制与社会信仰体系历史演化的结果，现代大学起源于12—13世纪欧洲中世纪大学这一点已为世人所公认。经过文艺复兴与宗教改革，特别是在启蒙运动推动下，欧洲的大学逐渐由教会控制的机构过渡到世俗化机构，其主要职能也从传授知识转向科学研究。[①] 1810年，时任普鲁士内务部教育厅厅长的威廉·冯·洪堡（Wilhelm Von Humbolt）创建了柏林大学，并采取了一系列改革措施，使柏林大学成为第一所具有现代意义的新型大学。柏林大学的诞生之所以成为中世纪以来现代大学的一次革命，一方面在于其将科学研究确立为大学的核心任务；另一方面也在于其摆脱宗教和世俗政权对大学的控制，极力主张大学保持自身的独立和自治。[②] 简要地说，学术自由以及教学与科研相统一是洪堡的核心理念，它对德国乃至全球高等教育的发展产生了极为深远的影响。

此后，研究型大学的理念被美国人继承、实践并不断发扬光大。“美国学院和大学不断增添从本科到专业学院和博士项目这样的高等学术选拔性项目，这种趋势把金字塔的顶端推向更高。在这一时期，所谓的研究型大学作为一种颇具影响力的新组织迅速发展，这为美国学术界赢得了国际性的尊

① 李工真．大学现代化之路［M］．北京：商务印书馆，2013：31.

② 蒋达勇．现代国家建构中的大学治理：基于中国经验的实证分析［M］．北京：中国社会科学出版社，2014：25.

重。"[①] 19世纪至今，美国研究型大学逐渐沿着两条路径发展壮大[②]：一是创建以研究生培养为重点、以人才训练与科学研究相结合为主要功能的新型大学，这类大学以1876年建立的约翰·霍普金斯大学为代表；二是把早期仿照英国大学模式建立的学院改造成新型大学，这类大学以哈佛大学、耶鲁大学、普林斯顿大学等为代表。冷战期间，在苏联强大的军事威胁下，美国政府开始大规模资助大学开展基础科学研究，帮助大学扩充研究人员和科研设备。"这是有史以来，美国政府第一次大规模地调动国家机器，为大学的科研提供资助"。[③] 第二次世界大战后的35年里，美国已经建立起了一个独一无二的、指导基础研究和高层次人才培养的国家体系。这个体系是一个包含了研究型大学与支持研究的联邦机构之间关系的复杂体。[④] 特别是20世纪80年代以来，以麻省理工学院和斯坦福大学为代表的创业型大学（entrepreneurial university）以"三螺旋理论"（Triple Helix Theory）作为行动指南，利用知识创新成果引资创办高新技术公司，加速科技成果转化和新兴产业孵化，成为创新驱动发展时代刺激经济增长、提升国家竞争力的典型案例。

纵观美国高等教育发展史，市场机制在高等教育管理中发挥了重要作用。市场的调节作用充分反映了社会的多方面需求，造就了美国高等教育机构的多样化、个性化特征，形成了一个囊括顶尖一流大学和普通社区学院在内的多元教育体系。研究型大学（research university）这个概念最初是由卡内基教学促进基金会（Carnegie Foundation for the Advancement of Teaching）在1973年的《高等教育机构分类》（A Classification of Institutions of Higher Education）中提出，制定这个分类的初衷是"创立一个能够鉴别大学的不同职能类型，并使其差别合法化的新的分类体系"。[⑤] 卡内基教学促进基金会对研究型大学的界定是目前唯一被普遍接受和广泛使用的"判定研究型大学与否"的标准。从量的指标来看，研究型大学是指授予博士学位和获得政府科研经费达到一定标准的大学，而从质的标准来看，研究型大学是注重科学研

① 塞林. 美国高等教育史［M］. 2版. 孙益，林伟，刘冬青，译. 北京：北京大学出版社，2014：244.

② 沈红. 美国研究型大学形成与发展［M］. 武汉：华中科技大学出版社，1999：28－29.

③ HEIDUK G，YAMAMURA K. Technological competition and interdependence：the search for policy in the United States，West Germany，and Japan［M］. Seattle：University of Washington Press，1990：7.

④ 洛森茨维格，特林顿. 研究型大学及其赞助者［M］. 张弛，译. 保定：河北大学出版社，2008：1.

⑤ GRAHAM H D，DIAMOND N. The rise of American research universities：elites and challengers in the postwar era［M］. Baltimore：Johns Hopkins University Press，1997：53.

究、强调知识发现、提供高质量教育、培养高层次人才的大学。① 最新的2015 年版卡内基分类法继续贯彻以学位授予层次和数量为核心标准的分类模式，以“博士—硕士—学士—学士/副学士—副学士”作为分类框架的主体（见表 1－4）。从卡内基高等学校分类标准可以看出，美国院校系统内部层次类别差别巨大，各所大学依据学术声誉和产品层次的高低分属于学术阶梯的不同等级，这一差别是大学长期办学竞争与市场选择的结果。②

表 1－4　美国卡内基高等教育机构 2015 年版基本分类框架

一级	二级	数量/所
授予博士学位的大学	最高研究活动的	115
	较高研究活动的	107
	中等研究活动的	112
授予硕士学位的大学和学院	硕士学位授予机构—较大规模的	398
	硕士学位授予机构—中等规模的	214
	硕士学位授予机构—小规模的	141
授予学士学位的学院	学士学位授予机构—文科和理科型	250
	学士学位授予机构—多样化领域型	325
授予学士学位/副学士学位的学院	兼具学士、副学士的	259
	副学士为主的	149
授予副学士学位的学院	高转学率—传统学生为主的	166
	高转学率—传统学生和非传统学生混合的	127
	高转学率—非传统学生为主的	84
	转学和职业技能混合—传统学生为主的	110
	转学和职业技能混合—传统学生和非传统学生混合的	102
	转型和职业技能混合—非传统学生为主的	130
	职业技能为主—传统学生为主的	87
	职业技能为主—传统学生和非传统学生混合的	123
	职业技能为主—非传统学生为主的	184

① 叶信治，等. 美国公立研究型大学教育质量保证研究［M］. 厦门：厦门大学出版社，2015：3.

② 徐警武. 我国公立高校的组织效率及其改善研究［M］. 青岛：中国海洋大学出版社，2012：153.

续上表

一级	二级	数量/所
专门领域的机构	两年制健康专业院校	267
	两年制技术专业院校	62
	两年制艺术和设计专业院校	41
	两年制其他专业院校	74
	四年制宗教类院校	309
	四年制医学学院和医学中心	54
	其他四年制健康专业院校	261
	四年制工程院校	7
	其他四年制技术相关专业院校	70
	四年制工商管理类院校	93
	四年制艺术音乐设计院校	137
	四年制法律院校	36
	其他四年制专门院校	36
部落学院	—	35
合计		4 665

资料来源：The Carnegie Classification of Institutions of Higher Education. Basic classification description [EB/OL]. [2018 - 06 - 24]. http://carnegieclassifications. iu. edu/classification_ descriptions/basic. php.

与非研究型大学相比，研究型大学的核心定位在于“研究生教育、本科生教育与研究独特地融合在一起，为学习和发现创造出空前的机会——从而保持教育与研究两者的前瞻性和活力”①。研究型大学的突出特征是其科学研究的前沿性和卓越性，尤其是科研成果的数量、经济价值以及社会认可度。科研成果产出水平，不仅是衡量一所大学是否达到研究型大学标准的重要指标，也是评价研究型大学教师、科研人员的重要依据。经过最近100余年的发展，研究型大学在科学研究、人才培养、社会服务等方面创造的杰出价值已使其成为世界科学界与高等教育界的主力军。在高等教育全球化的今天，美国研究型大学几乎是世界各国精英大学的“样板”，其组织架构、制度安排、运行模式等被普遍学习和模仿。

① 维斯特. 一流大学卓越校长：麻省理工学院与研究型大学的作用 [M]. 蓝劲松，译. 北京：北京大学出版社，2008：10.

1.4.2 社会声誉

1. 组织声誉

自经济学鼻祖亚当·斯密（Adam Smith）开始，社会科学家一直把“声誉”（reputation）视为“保证契约诚实执行的重要因素”。[①] 声誉研究的起源是经济学家将信息不对称与重复博弈理论引入经典的“囚徒困境”（prisoner's dilemma）模型中。在不完全信息情况下，如果个体在经济活动中保持持续不变的行动方式，将使其他个体对其产生一种稳定预期，这种预期将对其他个体在进行决策时产生影响，声誉也就开始产生作用。[②] 随着声誉研究的扩散，不同学科在界定组织声誉上的侧重点略有差异。查尔斯·福诺布龙（Fombrun）和西斯·范里尔（Van Riel，1997）从六个学科领域对声誉的概念做了系统的梳理（见表1－5）。[③]

表1－5 声誉概念的多学科视角

心理学/营销学	经济学	战略管理学	社会学	组织科学	会计学
声誉是公司预测利益相关方依恋和支持行为的认知性关联	声誉是公司用来表现关键强项和构筑竞争优势的信号	声誉是机动性壁垒或机动性催化剂	声誉是公司为实施印象管理使用或错误使用的社会建构	声誉是观察者用来进行意义构建的认知诠释，也是高级管理者用来实施意义所赋予的认知诠释	声誉是一种无形资产，它可以用来衡量公司账面价值和市场价值之间的差异

资料来源：FOMBRUN C J，VAN RIEL C B M. The reputational landscape［J］. Corporate reputation review，1997，1（2）：5－13.

---

① MILGROM P. Economics，organization and management［M］. New Jersey：Prentice－Hall，1992：259.

② 余红伟，陈东. 新兴网络经济运行机理研究［M］. 北京：中国社会科学出版社，2015：29.

③ 两位学者在文献梳理的基础上提炼出企业声誉的六个属性：其一，声誉明晰了企业在组织领域的突出地位；其二，声誉是企业身份识别的外在反映；其三，声誉源于企业的发展历史以及此前的资源配置，并作为壁垒规定企业自身的行为和竞争对手的反应；其四，不同的人使用不同的标准对企业的能力和潜力进行评价，声誉是这些评价的综合；其五，声誉可以简化企业绩效的构造，帮助观察者应对市场的复杂性；其六，声誉体现了评价企业效率的两个维度，即经济绩效和社会责任履行情况。

企业声誉自20世纪50年代以来越来越受到社会各界的关注。国内外诸多学者致力于企业声誉的理论与应用研究，探索企业声誉的管理模式以及测评方法。迈克尔·巴内特等（2006）将企业声誉的定义归为三类①：第一类是意识类定义，最常用的词汇是“感知”，即将企业声誉视为各种与知识和情感相关的集合。第二类是评价类定义，将企业声誉视为观察者或利益相关者对企业的评价，常用的词汇有“评价”“估计”“测量”和“度量”等。第三类是资产类定义，即将企业声誉视为企业最有价值的一种经济资源或无形资产。通过对已有文献的分析归纳，笔者也发现了企业声誉的概念主要包含评价主体、形成机制和影响因素三大要素。其中，评价主体聚焦利益相关者维度，形成机制描述动态形成过程，影响因素则侧重于评价主体对组织声誉的感知来源。② 笔者分别以A、B、C指代评价主体、形成机制、影响因素，对国内外学者提出的经典定义进行梳理（见表1－6）。

表1－6　国内外学者对企业声誉的概念界定

文献出处	概念表述	侧重点
西奥多·莱维特（Levitt，1965）	购买者对一个企业好坏、可靠、诚信、知名程度等的感知即是企业声誉	A
戴维·克雷普斯（Kreps），罗伯特·威尔逊（Wilson，1982）	声誉是在信息不对称条件下一方参与人对于另一方参与人某种类型（或偏好）的概率的一种认知，这种认知包含了参与双方间重复博弈所传递的信息	B
卡尔·夏皮罗（Shapiro，1987）	企业声誉代表了公司机构声望的合计评价，它描绘了围绕公司及其所在行业的社会系统的阶层分化	A

① BARNETT M L，JERMIER J M，LAFFERTY B A．Corporate reputation：the definitional landscape [J]．Corporate reputation review，2006，9（1）：26－38．

② 和芸琴．企业声誉内部管理：创建持续竞争优势的新视角［M］．北京：经济科学出版社，2012：6．

续上表

文献出处	概念表述	侧重点
凯思·魏格特（Weigelt），科林·凯英勒（Camerer，1988）；查尔斯·福诺布龙（Fombrun），马克·尚利（Shanley，1990）；保罗·赫比格（Herbig），约翰·米勒维奇（Milewicz，1993）；劳拉·塔克（Tucker），T. C. 梅勒瓦（Melewar，2005）；乔尔·波多尼（Podolny，2005）	企业声誉反映了企业过去行为和将来前景的总体吸引力。公众基于企业在行业中相对位置的信息构造了声誉	A、B
史蒂文·沃迪克（Wartick，1992）	声誉是单个利益相关者感知到的组织反应对于众多组织利益相关者的需要和期望的满足程度的集合体	A
查尔斯·福诺布龙（Fombrun），V. P. 林多瓦（Rindova，1996）；查尔斯·福诺布龙（Fombrun），西斯·范里尔（Van Riel，1997）；埃德蒙·格雷（Gray），约翰·巴尔默（Balmer，1998）；托德·萨克斯顿（Saxton，1998）	企业声誉是企业利益相关者对企业属性或行为的感知及建立在这些感知基础上的对企业的总体评价，可以反映企业对多个利益相关者实现有价值的产出的能力	A
V. P. 林多瓦（Rindova，1997）	企业声誉是企业、选民和其他行动者不断制造和交换企业形象而累积的结果	A、B
丹尼尔·凯布尔（Cable），玛丽·格雷厄姆（Graham，2000）	企业声誉是公众对一个企业和另外一个企业评价时的差异程度	A
大卫·迪普豪斯（Deephouse，2000）；曼托·戈齐（Gotsi），艾伦·威尔逊（Wilson，2001）	企业声誉是随时间的流逝，利益相关者根据直接经验、企业行为及相关信息对企业做出的全面评价	A、C
罗伯·威廉姆斯（Williams），道格拉斯·巴雷特（Barrett，2000）；约翰·马洪（Mahon，2002）；安德鲁·格里芬（Griffin，2008）	企业声誉是企业个性、形象与声望的整合，个性是企业内部利益相关者影响的效果，形象是企业外部利益相关者影响的效果	B、C

续上表

文献出处	概念表述	侧重点
彼得·罗伯茨（Roberts），格雷厄姆·道林（Dowling，2002）	声誉是企业的一般属性，反映外部利益相关者看待企业是“好”和“坏”的程度。声誉是企业能够创造未来价值的战略资源	A
阿巴盖尔·麦克威廉姆斯（McWilliams），唐纳德·西格尔（Siegel），帕特里克·赖特（Wright，2006）	作为社会认可的资产，企业声誉表明企业拥有比竞争对手更强的价值创造能力，对利益相关者展现出良好的形象	A
刘岳，罗宜美（2000）	企业声誉是指一个企业获得社会公众信任和赞美的程度	A
张四龙（2002）	企业声誉为各利益相关者根据所掌握的直接或间接的经验或信息对企业做出的总体评价	A
郑文哲，王水嫩（2004）	企业声誉是企业行为能力与公众认知相互作用的结果，它是公众对企业整体行为认知判断所得出的综合评价	A、B
殷盛（2004）；吴雪林（2011）	企业声誉是其利益相关者在与企业发生联系的过程中形成的对企业的整体印象	A
缪荣，茅宁（2005）	企业声誉是企业的活动和信息沿着关系的中继传递，最终扩散到企业利益相关者价值网络，在网络中嵌入和沉淀，通过各类利益相关者长期认知形成的结果	A、B
缪荣，张蓉蓉（2008）	企业声誉是由于企业的行为方式和准则取得了社会的高度认同或确信，从而在社会网络中取得较大的支持和较好的社会地位，并能够以此获得所需资源和机会或者抵御各种未来不确定因素的能力	A、B
晏国祥（2009）	企业声誉是利益相关者对企业的认知和情感两个维度社会记忆的集合，它是相对于竞争对手而形成的累积评价	A、C
蔡宁，徐梦周（2009）；王莉琴，王林（2011）	良好的声誉反映了潜在合作伙伴对企业内在特质和未来前景的肯定	A

续上表

文献出处	概念表述	侧重点
王祥，陈仕华（2010）	企业声誉通过合法性机制得以创造和维持，这一机制即为依据给定时点的制度背景标准，去评价企业的社会行为	B
程宏伟，冯茜颖，黄薪萌，等（2013）	企业声誉是在企业承诺与顾客期望长期一致性基础上市场对企业认同的聚积效应，是以商品属性为载体的企业与顾客契约关系的履行过程	A、B
吴娅雄（2017）	企业声誉是消费者基于企业过去行为感知对企业整体的评价，反映了消费者根据企业过去的绩效水平、企业形象、产品与服务信息、直接消费经验等营销沟通过程，形成的对企业的综合认知	A、B、C
李凤华，赵学礼，张敬，等（2018）	企业声誉是指行业内实体基于直接或间接的自身利益，经过对企业各种信息的选择和加工而形成的对企业实态的整体性认识与评价	A、B

综上，多数学者选择将“声誉”界定为：随着时间推移，组织在利益相关者心目中形成的社会认知。不过，学者们对于声誉的评价主体依然存在分歧。一部分学者主张社会公众是声誉的基础对象①；而另一部分学者则认为声誉的主体并非集体而是个人。② 安妮·徐（Tsui，1984）持综合性的意见，指出声誉是个体与集体共同享有的一种认知。③ 对于声誉的性质，不少学者判断它是针对声誉主体所获取到的客观信息；反之，也有学者认为声誉的主

① 代表性研究如 BAUMEISTER R F. Self-esteem, self-presentation, and future interaction: a dilemma of reputation [J]. Journal of personality, 1982, 50 (1): 29-45; GIOIA D A, SIMS JR H P. Perceptions of managerial power as a consequence of managerial behavior and reputation [J]. Journal of management, 1983, 9 (1): 7-24.

② 代表性研究如 ROSEN S, COCHRAN W, MUSSER L M. Reactions to a match versus mismatch between an applicant's self-presentational style and work reputation [J]. Basic and applied social psychology, 1990, 11 (2): 117-129; DOBY V J, CAPLAN R D. Organizational stress as threat to reputation: effects on anxiety at work and at home [J]. Academy of management journal, 1995, 38 (4): 1105-1123.

③ TSUI A S. A role set analysis of managerial reputation [J]. Organizational behavior and human performance, 1984, 34 (1): 64-96.

观性也是其主要特点，因为它反映了人们对质量信号的认知印象。① 对于拥有不同动机与特质的观察者，同样的组织行为可能导致不同的认知理解，进而产生多元的声誉效应。目前，学术界对企业声誉的测评分为两类：一类是基于企业声誉概念对企业声誉本身的测度；另一类是基于企业声誉效应对企业相关绩效结果的测量。针对企业声誉评价指标体系的研究也存在许多流派，② 一些学者或机构也先后研制了声誉的测评方法，不同方法使用了不同的评估指标，具有各自的学术价值或商业价值（见图1－2）。

声誉作为一种基于历史行为累积形成的主体质量评定信号，能够在受众群体中传播扩散。除了企业层面的声誉，学者们还提出了各种集合层面的声誉。③ 例如，当公众无法明确判断某个人的个体属性时，通常只能根据其拥有的某些共性标识形成模糊的认识。这种由多个个体共享的标识被称为集体声誉（collective reputations）。斯泰利奥斯·齐格利多普洛斯等（2006）研究认为，集体声誉为集体内所有厂商共享，被其他组织机构感知，表现为企业通过在自身领域长期优异表现而赢得的信誉。④ 由于国家外交战略的目标包含声誉、威望或形象等非物质性诉求，国家声誉也是国际关系研究中的一个焦点。国家声誉之所以能够发挥作用，源于国际交往过程中的信息不对称性。在无法确知主体行为的情况下，行为体通常会诉诸先前声誉进行预测。⑤ 国家声誉是国家经过与国际体系中其他行为体长期持续互动而获得的，作为国家不仅注重与履行国际规范的义务相关的声誉（直接影响着未来的合作收益），也关注与身份和认同相关的声誉（国际规范团体成员资格身份即声誉的一种来源）。⑥ 国家发挥外交软实力、地域发掘文化感召力、市场提供制度吸引力、企业运用品牌影响力，其实质都是在开发声誉资源，提升竞争

---

① 代表性研究如 MAYHEW B W, SCHATZBERG J W, SEVCIK G R. The effect of accounting uncertainty and auditor reputation on auditor objectivity [J]. Auditing: a journal of practice & theory, 2001, 20 (2): 49－70; CHUN R. Corporate reputation: meaning and measurement [J]. International journal of management reviews, 2005, 7 (2): 91－109.

② MAHON J F, WARTICK S L. Dealing with stakeholders: how reputation, credibility and framing influence the game [J]. Corporate reputation review, 2003, 6 (1): 19－35.

③ FERGUSON T D, DEEPHOUSE D L, FERGUSON W L. Do strategic groups differ in reputation? [J]. Strategic management journal, 2000, 21 (12): 1195－1214.

④ ZYGLIDOPOULOS S C, DEMARTINO R, REID D M H. Cluster reputation as a facilitator in the internationalization of small and medium-sized enterprises [J]. Corporate reputation review, 2006, 9 (1): 79－87.

⑤ 王学东. 外交战略中的声誉因素研究：冷战后中国参与国际制度的解释 [M]. 天津：天津人民出版社，2007：2.

⑥ 刘兴华. 国际规范与国内制度改革 [M]. 天津：南开大学出版社，2012：95.

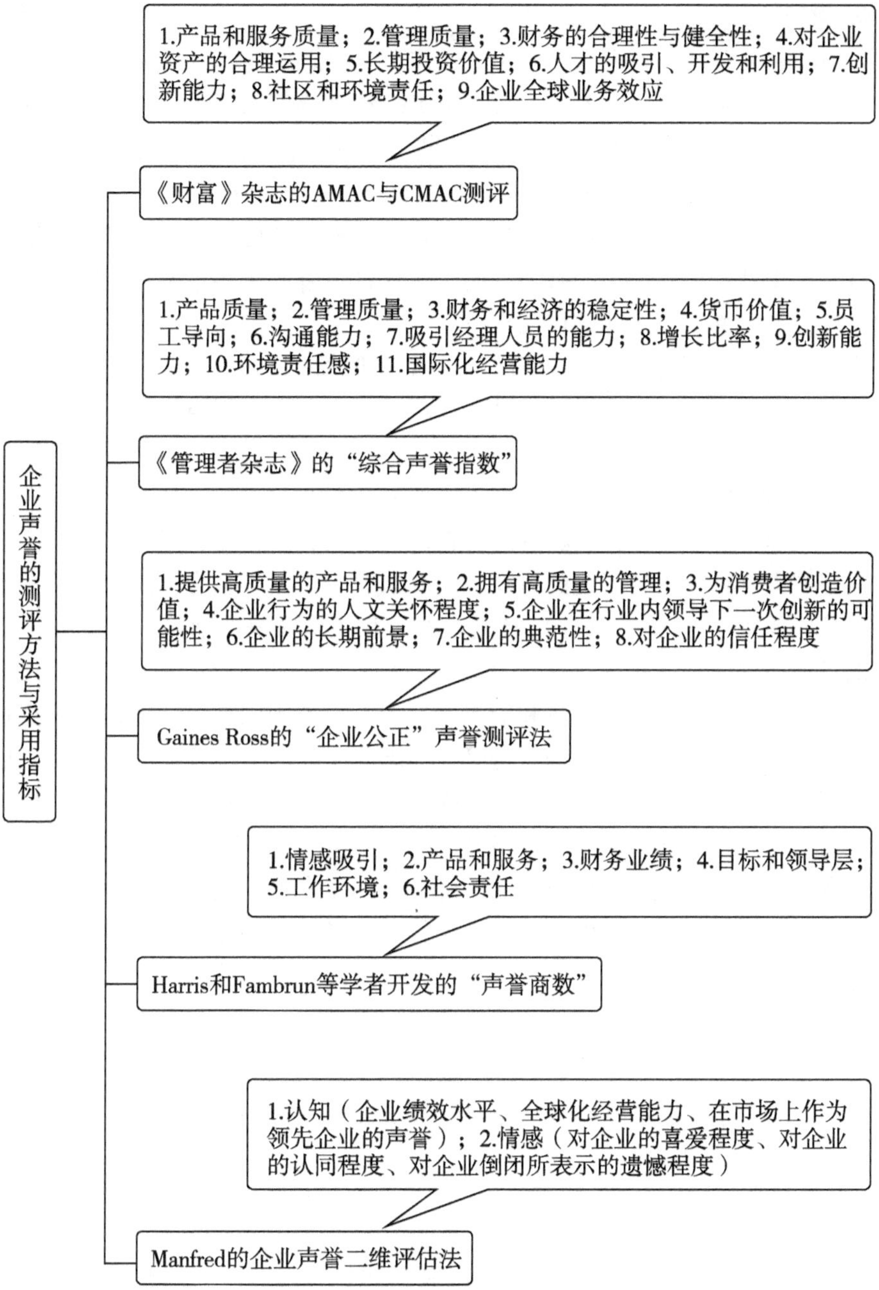

图 1－2　企业声誉的指标描述

优势。①

根据相关研究，本书认为，对组织声誉的概念界定需要兼顾三层含义：

其一，组织声誉是利益相关者对组织的整体感知与评价。组织在与利益相关者长期交往过程中的表现影响着利益相关者的判断。组织声誉在本质上由两个部分组成："理性的"产品和业绩以及"充满情感的"行为因素。②

其二，组织声誉的塑造主体是组织自身。塑造良好声誉的关键在于组织自身为实现其价值而付出的努力。同时，良好声誉的积累也离不开政府、客户、公众等外部行为主体的信任支持。

其三，组织声誉是组织拥有的一项富有价值的资产。只有组织善于进行声誉管理，组织声誉才能随时间推移而增值。因此，良好声誉能够为组织赢取更多资源，提升综合竞争力。

2. 大学社会声誉

进入20世纪60年代，随着声誉管理研究领域的拓展，国外学者从不同视角开展大学社会声誉问题的研究。西方国家对于高等教育分层存在两种不同的分层原则③：一种是各个院校通过在市场上竞争获得有助于提高学术名望的各种条件，从而提高自身社会地位；而在另一种地位体系中，等级由政府分配给各院校的职能、特权和资源所决定。例如美国教育学家伯顿·克拉克（Burton R. Clark）将高等教育机构在纵向层次上的"等级"划分为"以任务层次为基础进行高低分等的次第等级和以声望为基础进行分类的地位等级"。④ 近年来，伴随院校分层研究的拓展，大学社会声誉逐渐成为国际高等教育领域的研究热点，进而也引起了部分国内学者的研究兴趣。由于企业声誉的研究相对成熟，国外学者在对大学社会声誉进行界定时，大体上都沿用了企业声誉或组织声誉的概念。⑤ 国内学者在其研究中给出的定义也在一定程度上借鉴了企业声誉或组织声誉的概念（见表1-7）。可以看出，大学社

① 范瑞尔，福伯恩．企业传播原理：声誉管理的高效实施方式［M］．潘少华，译．北京：中国社会科学出版社，2015：2.

② 西泰尔．公共关系实务［M］．2版．潘艳丽，吴秀云，等译．北京：清华大学出版社，2014：105.

③ 钱民辉．教育社会学概论［M］．3版．北京：北京大学出版社，2010：192.

④ 克拉克．高等教育系统：学术组织的跨国研究［M］．王承绪，等译．杭州：浙江教育出版社，1994：67.

⑤ 代表性研究如MCGUIRE J W，RICHMAN M L，DALY R F，et al. The efficient production of "reputation" by prestige research universities in the United States［J］. The journal of higher education，1988，59（4）：365-389；LOWE J C，VITERITO A. Differential spatial attraction of private colleges and universities in the United States［J］. Economic geography，1989，65（3）：208-215；SINE W D，SHANE S，GREGORIO D D. The halo effect and technology licensing：the influence of institutional prestige on the licensing of university inventions［J］. Management science，2003，49（4）：478-496.

会声誉往往有正负之分,[①] 并且声誉既依赖于直接的感知经验也依赖于加工过的沟通信息。

表 1-7 国内外学者对大学社会声誉的概念界定

文献出处	概念表述
苏·韦斯科特·亚历山德里（Alessandri），杨成云（Yang），丹尼斯·金赛（Kinsey，2006）	大学社会声誉是在一定时间内，大学内部评价和外部评价的集体表征
菲利普·赛瑞纳（Cyrenne），休·格兰特（Grant，2009）	大学社会声誉是用来估计大学质量的适当信号，反映了公众对大学功能和使命的普遍期望
王连森，陈国军（2006）；叶丽芳（2006）；袁立莉（2008）	大学社会声誉是社会人群基于大学精神、大学行为、办学条件、社会贡献等身份识别要素产生的认知结果和情感反应
王连森，栾开政（2007）	大学社会声誉是社会公众认知的结果，其形成是大学的信息经过编码、扩散，最终在人们的思维空间中收敛成一个能够完整代表大学的清晰信号的过程
段婕（2008）	大学社会声誉是大学在长期办学过程中给社会各界留下的综合印象，是大学与社会公众在交往过程中形成的知名度与美誉度
叶琳娜，陈纲（2008）	大学社会声誉是指高校在长期的办学实践过程中形成的以综合实力为基础、以培养人才的质量为核心、以服务社会产生的经济及社会效益为指标的多方面社会影响力
李世光，王意明（2009）	大学社会声誉主要由大学产品的消费者和大学经费的出资者决定，主要表现为学生、家长、企业、社会组织、政府对学校的满意度评价
舒颖岗（2011）；郭丛斌，刘钊，孙启明（2017）	大学社会声誉是企业声誉的延伸，是指大学作为一类特殊社会组织所获得的社会大众的信任和赞美的程度，是大学综合实力和社会形象的外在表现形式

① WHITMEYER J M. Effects of positive reputation systems [J]. Social science research, 2000, 29 (2): 188-207.

续上表

文献出处	概念表述
阎凤桥（2012）	声誉是人们评价一个产品质量的替代性指标。声誉制度是大学在长期办学中形成的一种办学质量社会感知系统
石军伟，付海艳（2012）	大学社会声誉是与其他大学相比，一所大学过去的行为结果、价值创造能力与未来前景对其利益相关者的整体吸引力
崔会敏（2015）	大学社会声誉是指社会各界对大学的态度
张继华，等（2015）	大学的声誉资源是指由大学高质量的人才培养和校友优异的工作业绩所形成的社会成效与社会认同的历史积淀，进而形成的社会声誉
白玫（2018）	大学社会声誉是大学拥有的质量、影响力、可信度在人们眼中的图像，是大学为了创造这个外部图像而采取的各种行动的主观反映

综上所述，本研究认为大学社会声誉是组织声誉概念的具体延伸，是大学在长期办学过程中给各利益相关者留下的综合印象，是大学整体价值和竞争力的外显形式。这一概念集中反映了大学与利益相关者以及更广泛的社会公众之间的动态信任关系，具有三重面向：其一是客观面向，大学所具有的内在价值必须符合道德规范和绩效目标；其二是主观面向，社会各界对大学的印象包含了社会公众的主观意志和情感传达；其三是关系面向，社会声誉是关系性范畴的概念，体现了大学凭借自身价值、竞争力和信用品质赢得社会公众信赖的能力，是理性认知与非理性情感的综合。考虑到这三重面向的相互作用，影响大学社会声誉的因素既包括硬的因素，如大学校长、教师、学生、经费、教学、科研、社会服务等；也包括软的因素，如大学理念、历史、传统、文化等。

本书在进行概念操作化时，参考凯文·凯勒（Keller，1993）①，缪荣、茅宁（2003）②和段婕（2008）③等的研究，主要从“知名度”和“美誉度”两个维度分析大学的社会声誉。

① KELLER K L. Conceptualizing, measuring and managing customer based brand equity [J]. Journal of marketing, 1993, 57 (1): 1-22.

② 缪荣，茅宁. 公司声誉管理模型探讨 [J]. 管理现代化，2003 (3): 20-23.

③ 段婕. 高等学校声誉管理的维度分析 [J]. 社会科学家，2008 (2): 68-69.

“知名度”侧重从量的层面反映大学社会声誉的传播度，即表示一所大学被社会公众所认识、知晓的程度，在很大程度上依赖于广泛、反复的宣传手段来形成与维持。作为声誉的客观维度，知名度是指组织声誉的辐射范围，它表示组织价值网络延伸的范围，[①] 可以衡量一所大学在人们心目中的存在感和重要性。知名度可以分为记忆和识别两个层面：记忆指衡量这个品牌是否是人们潜意识中的选择，尤其是当提到某类商品时，是否存在首选品牌；识别则是指对品牌的再认。人们对品牌的记忆能力一般低于再认能力。[②]

“美誉度”则侧重从质的层面反映大学社会声誉的认可度，即表示社会公众对一所大学做出肯定评价的程度，美誉度的形成过程总体上就是公众对大学树立信任的过程。美誉度作为评价组织声誉好与坏的指标，揭示了利益相关者在品质认同的基础上对组织形成一定的信念和积极的情感体验。简言之，美誉度就是利益相关者对组织信任和赞许的程度。[③] 与知名度不同的是，美誉度通常是有褒贬倾向性的统计指标，是对组织道德价值的判断。

作为典型的利益相关者组织，虽然大学提供的产品和服务呈现出异质性（难以实现流水线标准化控制），不同社会主体对大学的期待也更加多元化，但是身处纷繁复杂的市场经济环境中，大学和企业都建立在一定的经济基础之上，都面临资源稀缺的困扰，在组织内部也都存在着控制管理成本的问题，都致力于不断提高组织的管理效能等，这些因素也构成了大学能够借鉴企业的理论、经验和模式，应对社会和市场挑战的基本依据。[④] 经过多年的发展，组织声誉理论日臻成熟，而且在众多企业的经营实践中也取得了非常显著的效果。因此，大学完全有可能也有必要借鉴企业声誉管理的成功经验，制定和实施自身的声誉战略。当然，鉴于大学声誉管理与企业声誉管理在效用、环境、理念和评价等方面都存在一定的区别（见表1－8），我们需要基于大学系统及其产出的独特品性，合乎理性地引入企业声誉管理范式，逐步构建适应大学特点的声誉管理模式。

---

① 张冉．中国社会组织声誉管理研究［M］．北京：北京大学出版社，2017：33.

② 马拉沃，德高丹，本纳罗亚，等．五维传播［M］．钟萍，孙利玲，译．北京：机械工业出版社，2015：193.

③ 张冉．中国社会组织声誉管理研究［M］．北京：北京大学出版社，2017：34.

④ 刘刚，吴丹，张雪霞．彰显与提升：大学形象战略研究［M］．北京：科学出版社，2015：9.

表 1-8 大学声誉管理与企业声誉管理的区别

项目	大学	企业
管理效用	更注重社会效用	更注重经济效用
管理环境	给予师生更多自由空间	以激励性、控制性为主
管理理念	遵循教育发展规律，尊重个性，追求质量，兼顾效率与公平	遵循市场经济发展规律，追求质量、竞争、效率、效益
管理评价	管理绩效难以用简单的数量指标进行衡量，如教师的品德、学生的能力、校长的领导力等	管理绩效可以进行明确的量化评估，如利润多少，产品数量多少，质量达到什么级别等

1.4.3 形成机理

机理（mechanism）是来源于生物学和机械学的术语，意指系统内各子系统、各要素之间相互作用、相互联系、相互制约的形式和运动原理以及内在的工作方式，它通过微观层次运动的引导和控制使系统微观层次的相互作用转化为宏观的定向运动。在社会科学研究中，探究因果性并不能仅仅满足于识别因果效应（causal efficacy），因果关系的本质在于为因果效应提供机制性或过程性解释。学者关注特定干预如何影响结果的变化，即因果效应背后的具体因果性解释，其被称为因果机理。① 因果机理为解释社会现象提供了关于原因影响结果的因果链条以及关于因果推理的可检验性评估。②

表 1-9 列举了不同学者对“机理”的定义。一些学者认为因果机理是微观的，不存在纯粹的宏观机理。③ 但是，即便承认因果解释存在微观基础，并不意味着否定宏观结构因素的解释力，即在进行宏观结构性解释时，需有两类信息作为辅佐：一是结构因素如何作用于个体微观层面；二是个体行为

① GERRING J. The mechanismic worldview: thinking inside the box [J]. British journal of political science, 2008, 38 (1): 161-179; FALLETI T G, LYNCH J F. Context and causal mechanisms in political analysis [J]. Comparative political studies, 2009, 42 (9): 1143-1166; HEDSTRÖM P, YLIKOSKI P. Causal mechanisms in the social sciences [J]. Annual review of sociology, 2010, 36 (1): 49-67.

② ROSENBAUM P R. Choice as an alternative to control in observational studies [J]. Statistical science, 1999, 14 (3): 259-278; HECKMAN J J. Econometric causality [J]. International statistical review, 2008, 76 (1): 1-27.

③ HEDSTRÖM P, SWEDBERG R, HERNES G. Social mechanisms: An analytical approach to social theory [M]. Cambridge: Cambridge University Press, 1998: 22-25; GEORGE A L, BENNETT A, LYNN-JONES S M, et al. Case studies and theory development in the social sciences [M]. Cambridge: MIT Press, 2005: 137.

如何聚合起来导致宏观层面结果。笔者赞同因果机理不仅存在于微观层面，也可以存在于宏观层面。学术界对“机理”这一概念的争论，根源在于学者们不同的科学哲学倾向。通过梳理，我们可以达成一个基本共识：社会科学探究“机理”的最终目的在于寻找条件变量和结果变量之间产生联系的环节、规则或原理。机理可以是事件、活动、关系、过程等，其核心是给出原因和结果之间合乎逻辑的因果链条。

表1－9 社会科学领域不同学者对“机理”的定义

文献出处	概念表述
乔恩·埃尔斯特（Elster，1983，1989）	机理通过揭开“黑箱”并且展示“机器内部的齿轮”以提供解释；机理提供了连续且相邻的因果链条或者是因果之间的有意连接
亚瑟·斯廷施凯姆（Stinchcombe，1991）	能够提供某个更高层次理论构成要素的知识的科学推理
加里·金（King），罗伯特·基欧汉（Keohane），悉尼·维巴（Verba，1994）	自变量 X 影响因变量 Y 的中介变量
马里奥·邦格（Bunge，1996）	在一个具体系统中引起或防止某种变化的过程
彼得·赫德斯特伦（Hedstrom），理查德·斯威德伯格（Swedberg，1996）	关于一个事件是如何经常性地导致一类结果的明确和抽象的行动解释
彼得·马查默（Machamer），林德利·达登（Darden），卡尔·克雷弗（Craver，2000）	引起某种经常性变化的实体及活动
约翰·吉尔林（Gerring，2008）	某种效应产生的过程或路径
菲利普·戈尔斯基（Gorski，2009）	系统内相关实体涌现的因果力量
大卫·瓦尔德纳（Waldner，2010）	一个由于具有某种不变特性而有能力改变其环境的实体。在特定背景下，这个实体传递出力量、信息或者含义
唐世平（2018）	在社会系统中，驱动变化或阻止变化的真实过程

资料来源：笔者整理。部分参考了左才．政治学研究中的因果关系：四种不同的理解视角［J］．国外理论动态，2017（1）：30；唐世平．观念、行动和结果：社会科学的客体和任务［J］．世界经济与政治，2018（5）：37.

更进一步地说，社会科学中的机理主要具有三层含义：一是结构，指代组成社会系统的各个要素之间的相互联系；二是功能，指代事物在规律性运动中发挥出的作用效应；三是指代系统效能的作用原理和作用过程。美国社会学家乔恩·埃尔斯特认为，社会机理（social mechanism）概念的意义主要体现在两个方面：一是作为说明经验定量模型的实在预设，二是作为社会总体性存在于个人行动层面的微观基础。根据方法论个人主义的观点，所有宏观的社会结构、制度归根到底都是众多个人理性选择的产物，但与此同时个人的意图、信念也有赖于宏观社会性存在的因果说明。① 埃尔斯特一方面承认了社会机理的普遍性（因果模式），另一方面也强调这种模式的一般性是有限的、不确定的。他指出，应用社会机理的说明并不具备覆盖率模型的普遍性，它只是解释某个事件为何像它实际发生的那个样子；由于社会科学中确定的机制通常只是总体性过程之中的趋势，它无法断言是否还有其他机制在抵消或改变既有机制的作用。因此，社会科学的机理解释，着重突出对社会系统运行进程的揭示。

在最本质的层面上，社会系统存在观念、行动和社会结果三类核心客体（待解释的对象），其中社会结果是指个体行为与社会系统组成部分（包括环境）之间互动的产物。② 形成机理对于结果的解释往往比对观念和行动的解释显得更加关键。形成机理是机理的下位概念，指系统在形成过程中，为实现系统目标，其关键要素对系统整体的影响方式。一个系统的形成机理包括三个相互关联的部分：系统形成的过程，影响系统形成的关键要素（即系统形成的根源）以及关键要素对系统形成的影响。③ 同时，笔者赞同涉及因果性的形成机理包含这样一个过程："一个原因通过引发某些机制和过程的运行而导致一个结果。"④ 而美国社会学家罗伯特·默顿（Robert K. Merton）提出的"中层理论"（middle - range theory）正是以社会机理为认识对象的理论，它介乎社会理论的宏大思想体系与具体的经验研究之间。⑤ 鉴于一个复杂的社会事件总是由许多机制辅以特定因素共同组合而成，在分析某个事件或某个系统的形成机理时，中层理论能够帮助我们搞清楚若干个机制的作用。

---

① ELSTER J. The case for methodological individualism [J]. Theory and society, 1982, 11 (4): 453 - 482.

② 唐世平. 观念、行动和结果：社会科学的客体和任务 [J]. 世界经济与政治, 2018 (5): 38 - 40.

③ 顾建民, 等. 大学治理模式及其形成机理 [M]. 杭州：浙江大学出版社, 2017: 6 - 7.

④ 格尔茨, 马奥尼. 两种传承：社会科学中的定性与定量研究 [M]. 刘军, 译. 上海：上海人民出版社, 2016: 115.

⑤ 默顿. 社会理论和社会结构 [M]. 唐少杰, 齐心, 等译. 南京：译林出版社, 2015: 59.

综上，本书将形成机理界定为驱动社会结果形成的过程，这一过程包含了若干机制和因素互动的具体条件与环节。本书认为，声誉的认知属性和关系属性导致其形成规律符合传统的信息运动范式，即信息源产生—存储—传播—利用—反馈的系统过程。本书将声誉结果视为大学与社会环境互动的结果，进而将形成机理的概念应用于对研究型大学社会声誉的研究，即从中层理论的分析框架出发，考察研究型大学社会声誉形成的不同阶段，分析影响声誉形成的关键要素以及这些要素对声誉的具体作用路径。

1.5 研究方法

本研究遵循理论导向的经验研究路径，从文献储备中寻找具有解释力的基础理论，并结合经验资料构建分析框架、提出研究假设；在分析框架的指引下开展数据搜集和实证检验，并在基础理论与实证研究的互动中发展理论，提出优化管理实践的行动方略。本书拟采用理论研究和实证研究相结合的方法，突出理论研究的新颖性和实证研究的适用性原则。

1.5.1 案例研究法

案例研究的基本目的在于通过案例分析区分不同的事件类型和解决方法，从而在特殊事件中推演出解决同类事件的一般性理论和模型。案例研究常常高度依赖于情景性证据（contextual evidence）和演绎逻辑来重构单个案例内部的因果关系。[①] 凯瑟琳·艾森哈特（Eisenhardt，1989）认为多案例研究可以通过不同案例重复支持类似结论的方式提高研究效度。[②] 本书将选择若干所世界一流大学进行跨案例比较，对相关大学官方网站、研究报告、历史年鉴以及主要校领导简历等进行深入的内容分析，了解其声誉管理的基本政策和实践举措。基于“最大化差异原则”[③]，刻画国内外不同案例的产生背景、原因、过程以及结果，在分析因果路径时突出具体的情境因素。案例研究的效度一般采用三角检测法（triangulation）进行检验，即采用多种数据

---

① 吉尔林. 案例研究：原理与实践［M］. 黄海涛，刘丰，孙芳露，译. 重庆：重庆大学出版社，2017：127.

② EISENHARDT K M. Building theories from case study research［J］. Academy of management review，1989，14（4）：532－550.

③ TEUNE H，PRZEWORSKI A. The logic of comparative social inquiry［M］. New York：Wiley－Interscience，1970.

来源、多种理论观点以及多种方法进行测定，以实现资料之间的相互印证。资料来源的多样化、观点的多元化基本保证了本书案例研究的效度。

1.5.2 内容分析法

内容分析（content analysis）专指对于文献内容进行系统的定量和定性相结合的一种语言分析方法。内容既可以是个人信息，也可以是人际间互动信息，更常见的则是媒体发布的信息。[①] 作为一种非介入性研究（unobtrusive research），内容分析法可以帮助研究者使用量化的数据分析在文献材料中发现一定的行为模式、态度、观念或价值观。本书主要采用内容分析法，把传播媒介上的文字、非量化的有交流价值的信息加以分类、测量以及统计，将建立的类目转化为有意义的定量数据，进而分析传播信息的某些特征。

1.5.3 社会网络分析法

“社会网络”（social network）是指社会行动者（social actor）及彼此之间关系的集合。也可以说，社会网络是由多个节点（社会行动者）和各个节点之间的连线（社会行动者之间的关系）所组成的集合。[②] 社会网络分析法将整个社会视为一个由众多相互交错或平行的网络所构成的大系统，因而将关注重点聚焦于社会网络的结构及其对社会行为的影响模式上。常见的社会网络分析法包括中心性分析、凝聚子群分析以及核心—边缘结构分析等。[③] 在分析社会网络时，点度中心度观测的是一个点与其他点形成直接交往关系的能力；接近中心度和中间中心度刻画的是一个点控制网络中其他行动者之间交往的能力。本书拟利用社会网络分析法，以美国研究型大学作为研究对象，对研究型大学之间的高水平论文合作情况进行定量研究，分析各大学基于科研合作的相互作用关系与网络联系结构。网络中各节点的中心性度量指标由 Ucinet 6.0 软件进行计算。

---

① 周翔. 传播学内容分析研究与应用［M］. 重庆：重庆大学出版社，2014：8.

② 刘军. 整体网分析：UCINET 软件实用指南［M］. 上海：上海人民出版社，2009：1－3.

③ WASSERMAN S，FAUST K. Social network analysis：methods and applications［M］. Cambridge：Cambridge University Press，1994.

1.5.4 多元回归分析法

多元回归分析使用多个解释变量的最优组合共同预测或估计被解释变量。在数据模型方面，本研究主要采用面板数据（panel data）计量经济学模型。面板数据是截面数据与时间序列数据的综合，不仅包含个体间差异信息，还包含个体随时间变动的动态信息，因此面板数据模型是社会科学研究中具有重要价值的一类数据模型。[①] 本研究以世界一流大学为分析单位，在实证研究阶段，针对大样本案例，搜集相关数据建立面板数据集，进而建立计量经济模型进行回归分析，以检验各影响因素的作用。面板数据分析包括固定效应模型和随机效应模型两种方法，而究竟选择采取哪种模型需要根据豪斯曼检验（Hausman test）进行判断。本书所有数据统计由 STATA 11.0 分析完成。基于实证检验结果，本书将分析各影响因素的实践意涵，并对优化“身份—形象—声誉”分析框架提出相关思考。

1.6 研究思路与框架

本书将对组织声誉相关文献进行系统分析，充分吸收国内外最新的研究成果，梳理产生本研究的核心概念和主要变量。基于研究型大学的发展历程、组织特性及功能定位，本书将界定研究型大学社会声誉的内在特征，总结研究型大学社会声誉产生的相关效应，为分析研究型大学社会声誉的形成机理提供理论支撑；在“身份—形象—声誉”分析框架的基础上，进一步提出研究假设、进行实证检验，剖析研究型大学社会声誉形成的不同机制。最后在比较借鉴国内外一流研究型大学声誉管理经验基础上，提出研究型大学提升社会声誉的政策方案。从本研究的技术路线图（见图 1－3）可知，本书是按照研究内容的内在逻辑顺序展开的，技术层面具有较强的可操作性。并且，在实证研究阶段，本研究所需的数据资料可以从研究型大学官方网站、世界大学排行榜官方网站、相关数据库以及相关统计年鉴中获取，为定量研究奠定坚实基础。

---

① 学者们通常认为使用面板数据具有以下优点：可以控制个体异质性；可以提供更多的信息和更大的变异性，减少变量之间发生多重共线性的概率，同时增加自由度以提高估计效率；可以对动态变化进行分析，更好地测量纯粹截面数据或纯粹时间序列数据中难以识别的效应，建构和检验更复杂的模型。参见：BALTAGI B. Econometric analysis of panel data [M]. Hoboken: John Wiley & Sons，2008.

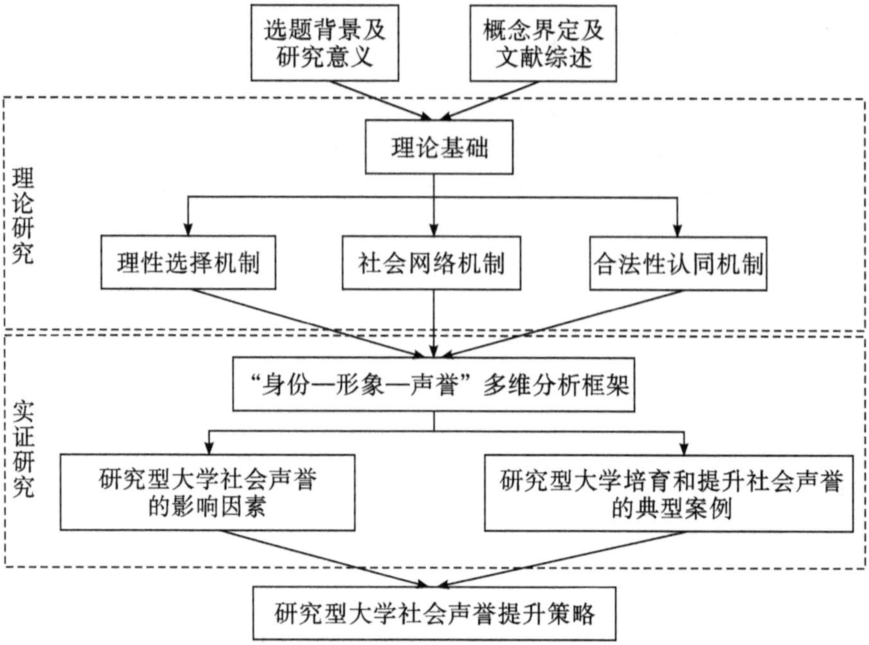

图 1－3　本研究的技术路线图

第二章 文献综述

20 世纪 90 年代以来，高等教育行政的“经营主义”（managerialism）、“企业主义”（entrepreneurialism）伴随高等教育市场化与全球化而不断扩散，“声誉”日益成为高等院校发展的战略性议题。学术界对声誉研究感兴趣的主要原因在于声誉可以用来衡量组织的有效性。① 作为大学追求的非物质性目标，声誉已经成为现代大学创造竞争优势的重要资源，卓越的声誉往往是世界一流大学发展的重要驱动力。

大学如何获得良好社会声誉是理论界和实践界共同关心的课题，系统梳理已有研究，对于理解大学社会声誉的复杂特性，探究大学社会声誉的构成要素与形成机理，进而实现有效的声誉管理，具有重要的实践指导价值。笔者通过 Web of Science、JSTOR、EBSCO、CNKI 等数据库及 Google Scholar 等学术类搜索引擎查阅相关文献。经过检索、筛查和深入阅读，笔者发现国外关于大学社会声誉的专门研究可以追溯到 20 世纪 60 年代，并且在最近十余年逐渐成为高等教育领域的研究热点，研究更加深入并趋于精细化。20 世纪 90 年代以来，国内学者也开始聚焦该议题，积累了一定的研究成果。通过对已有文献资料的分类整理，本书主要从相近概念、声誉效应、影响因素、形成过程以及评价方式等方面进行评述，以便对大学社会声誉的内涵外延有一个更为全面、精准的认识，为后续研究提供相应的理论基础。

2.1 大学社会声誉的相近概念辨析

2.1.1 大学品牌

品牌化是现代企业及社会组织提升组织能力、应对外部竞争的有效手段。根据美国市场营销协会（American Marketing Association，简称 AMA）的

---

① FOMBRUN C J, SHANLEY M. What's in a name? Reputation building and corporate strategy [J]. Academy of management journal, 1990, 33 (2): 233-258.

定义，品牌（brand）指代“名称、专有名词、标记、符号，或设计，或是上述元素的组合，用于识别一个销售商或销售商群体的商品与服务”。[①] 品牌对于顾客具有三重意义属性（见表 2－1），但其核心内涵是使消费者获得核心利益，是对消费者的市场承诺。随着市场发展，品牌的核心价值不仅仅在于是否向消费者传达物质层面的价值如标识、卖点等，更在于是否向消费者传达一种精神层面的价值认同，即通过品牌来向消费者表达自己的价值主张和个性。[②]

表 2－1 品牌对于顾客的三重意义属性

属性类型	形式属性	内容属性	关系属性
价值意义	认知意义（可识别、可沟通）	信任意义、个体意义（可获得、可感知）	关系意义（可联接、可感知）
内涵	对信息的认知判断	购买获得的核心利益	购买后的附加利益
特征	品牌具有外在的符号及可识别特征	品牌具有某种独特性内在价值	品牌联接企业与顾客的关系
企业可采取的策略	重视信息的可辨别性、沟通关系； 降低顾客的认知成本	重视各种有形性价值与无形性价值体验； 降低因顾客信任不足的风险成本； 增加个性价值	重视老顾客获得的特别关怀、社群联系； 增加关系价值，维护顾客忠诚

资料来源：肖阳．品牌价值管理：基于顾客感知与创新驱动的视角［M］．北京：经济科学出版社，2015：25.

品牌是在营销传播过程中形成的、将产品与消费者联系起来的媒介。它强调了两点内容[③]：一方面，品牌的形成是一个互动传播过程，它既需要企业赋予产品一定的附加信息，又需要消费者将个人的情感和态度附着于品牌之上并反馈给企业。另一方面，品牌能够产生价值，品牌自身所具有的知名度、美誉度等社会因素可以不依附于产品，最终凝结成一种无形资产价值。美国学者凯文·凯勒（Kevin L. Keller）于 1993 年提出了基于消费者的品牌

① 凯勒．战略品牌管理［M］．3 版．卢泰宏，吴水龙，译．北京：中国人民大学出版社，2009：3.

② 周俊，张冉，宋锦洲．社会组织与慈善组织管理［M］．北京：北京大学出版社，2017：352.

③ 余明阳，韩红星．品牌学概论［M］．广州：华南理工大学出版社，2008：70.

价值模型（Customer－Based Brand Equity，简称 CBBE）。该模型指出构建一个强势品牌需要展开四个步骤的工作：一是建立正确的品牌标识；二是创造合适的品牌内涵；三是引导正确的品牌反应；四是构建适当的消费者一品牌关系。如图 2－1 所示，上述步骤依赖于品牌构建的六个维度，其中，品牌标识对应显著性，品牌内涵对应绩效和形象，品牌反应对应评判和感觉，品牌关系则对应共鸣。

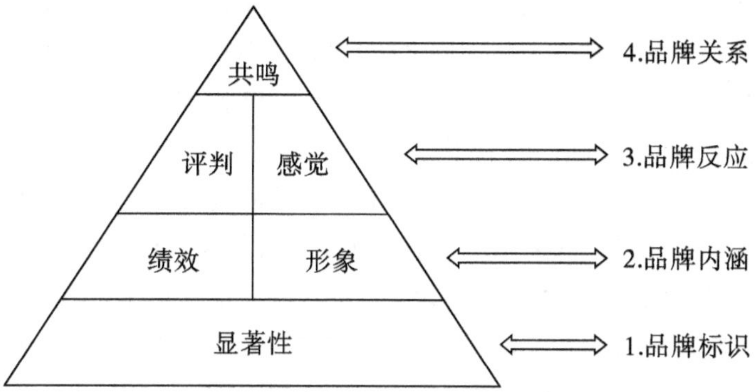

图 2－1 CBBE 模型金字塔

资料来源：KELLER K L. Conceptualizing, measuring and managing customer based brand equity [J]. Journal of marketing, 1993, 57 (1): 1－22.

品牌管理活动贯穿于品牌创立、品牌维护以及品牌更新等多个环节，是一项长期、系统的工作。20 世纪 60 年代，伴随企业声誉理论在市场营销领域的拓展，学术界开启了对品牌声誉（brand reputation）的研究。戴维·艾克（Aaker，1991）认为品牌声誉是消费者对品牌产品的质量感知①；巴斯卡·巴特（Bhat）和 B. 鲍恩德（Bowonder，2001）指出品牌声誉是消费者通过与品牌交流（brand communication），对品牌动态方面（dynamic aspects）的认知。② 品牌声誉与企业声誉具有相似性，二者都是对过往历史行为的综合体现，但也存在一些差异③：一方面，评价主体不同。品牌声誉的评价主体是消费者，而企业声誉的评价主体是企业所有利益相关者。另一方面，评价客体不同。品牌声誉的评价客体是对某一品牌的综合认知，而企业声誉通常是对企业整体的综合评价。

① AAKER D A. Managing brand equity [M]. New York: Macmillan, 1991.

② BHAT B, BOWONDER B. Innovation as an enhancer of brand personality: globalization experience of titan industries [J]. Creativity and innovation management, 2001, 10 (1): 26－39.

③ 吴娅雄. 产品伤害危机中良好企业声誉的作用研究 [M]. 北京：经济科学出版社，2017：20.

大学品牌是一所大学在长期的教育实践过程中逐渐积淀形成并为社会公众所认可、具有独特识别符号、拥有特定文化底蕴和内涵的一种无形资产。大学品牌通常包含以下内容[①]：一是品牌的表象信息。大学品牌由名称、名词、标记或设计等表象信息构成，表象信息是品牌深层内涵的外在反映。二是品牌的深度内涵。大学品牌的深度内涵包括价值观念、文化导向、个性特征以及精神禀赋。三是品牌的识别功能。品牌表象与内涵的有机结合，塑造了大学品牌的特殊品格以及差异化特征。四是消费者评价。大学品牌是以消费者为中心构建的，要重视与消费者建立持久而稳定的关系。从某种意义上讲，大学品牌同样是具有较高知名度、良好美誉度和强大信任度的商品符号。[②]

大学品牌的内涵包括学生品牌、专业品牌和学校品牌三个层次。只有当学生品牌、专业品牌形成一定规模时，学校声誉才能具有明显的品牌特征。由于大学品牌资产的形式丰富多样，大学品牌是学科属性、自身定位、视觉系统、课程设计、公共活动、社会声誉以及共同的情感纽带和集体记忆的综合体。大学品牌是大学精神力的外在表现，一所大学受社会认可程度越高，它的社会声誉就越好，其品牌价值也就越高，它们之间相得益彰，互为联动。

2.1.2 大学竞争力

竞争力（Competitiveness）是对象在竞争中展示的能力。美国管理学家哥印拜陀·克利修那·普拉哈拉德（Coimbatore K. Prahalad）和加里·哈默尔（Gary P. Hamel）于1990年首次提出“核心竞争力”概念。“核心竞争力”指能够帮助企业获取超额利润的一类独特技能与技术。短期的竞争优势可以通过吸引目标市场的顾客来达成，但长期的竞争优势则要透过企业内部有形及无形的资本与能力来培养差异性的核心能力。[③]

近年来，由哈佛大学教授约瑟夫·奈（Joseph S. Nye）倡导的国家软实力（Soft Power）理念在国际关系领域获得广泛关注。软实力是一种同化式实力，即通过“吸引”（attract）而非“强迫”（coerce）使他人按自己意愿行事。企业管理界也借用了这一概念研究企业软实力，并取得了极大进展。从管理史角度来看，企业从掌握资源到形成竞争力的过程中，软实力发挥的作用在不断增强（见图2－2）。企业既可以获取与利用特定资源，从组织内部入手培

① 余明阳，戴世富．品牌战略［M］．北京：清华大学出版社，2009：426－427.

② 张宗伟．地方高校品牌的创建研究［M］．南昌：江西人民出版社，2014：1.

③ PETRICK J A，SCHERER R F，BRODZINSKI J D，et al. Global leadership skills and reputational capital：intangible resources for sustainable competitive advantage［J］. The academy of management executive，1999，13（1）：58－69.

育潜在软实力；也可以从外部入手，加强互动与传播，扩展利益相关者的认知范围和认识深度，从而增强企业软实力。整体来看，企业软实力的作用过程包括理念塑造和转化、理念传播以及价值认同实现等阶段（见图2－3）。

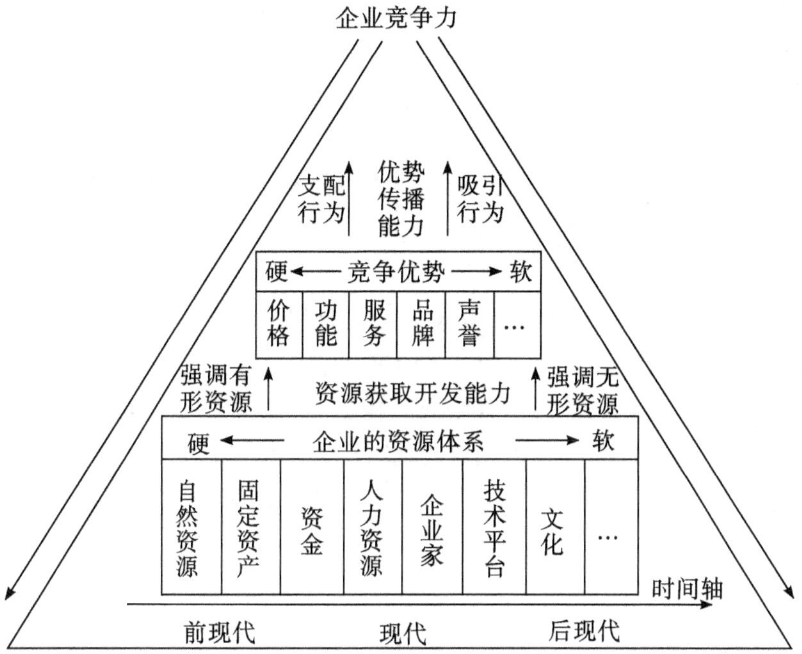

图2－2　企业竞争力结构层次

资料来源：徐金发，郗河，黄国群，等．企业软实力的内涵、形成过程及作用机理研究［J］．软科学，2008，22（2）：125.

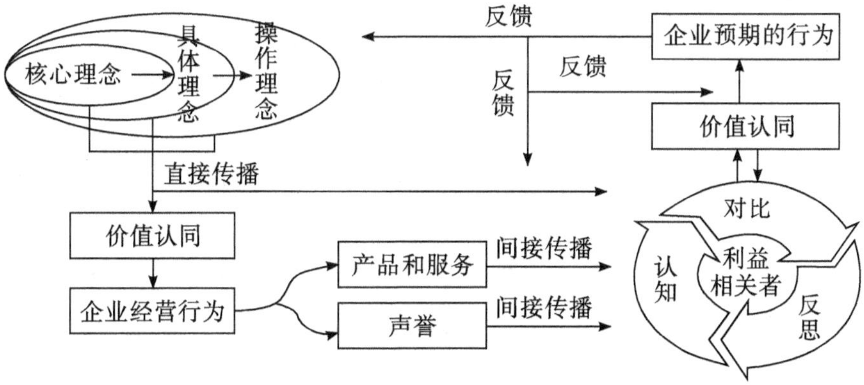

图2－3　企业软实力的作用过程模型

资料来源：罗高峰．基于价值认同视角的企业软实力作用机制研究［J］．管理世界，2010（3）：185.

借鉴企业竞争力的概念，大学竞争力同样是一个复杂的多元系统，是指由优秀师资、科研能力、办学资源、学科制高点、组织管理效能、社会服务能力和大学文化等多种竞争要素构成的指向大学发展的合力。[①] 从要素角度来看，大学竞争力分为三个层次[②]：最外层是各种竞争资源，包括人力资源、财力资源和物质资源；中间层是各种运行要素，包括组织结构、能力系统及管理模式；最深层是精神系统，是大学竞争力的精髓所在，包括理念、文化及价值观等。

大学核心竞争力的形成是大学内部能力要素交融和聚合的过程，是大学通过投入各种资源要素组合的结果，并通过硬实力和软实力表现出来。硬实力主要体现为师资、研究、学科等方面；软实力则主要指以大学精神为内核的大学文化以及品牌声誉等。[③] 大学软实力是根植于大学内质的深沉的核心竞争力，主要由大学精神感召力、大学文化熏陶力、大学制度运转力、大学组织管理力、大学公关外延力五个因素构成。[④] 高等教育内涵式发展的一个着眼点是提升大学软实力，因此要通过凝练大学使命，弘扬大学精神，创新教育手段，优化管理机制，以增强大学文化的影响力和感召力。

2.1.3 大学特色

大学特色是指大学为了提高教育质量，增强综合实力，在长期办学实践中逐步形成的，区别于其他学校所特有的，或在社会上具有一定影响并得到公认的优良传统、风格和显著特征。[⑤] 特色发展战略，是指大学基于内部条件和外部环境分析，在进行科学定位的基础上，综合考量办学历史积淀、社会发展需求、发展机遇和自身具备的比较优势，不断形成特色、坚持特色，把比较优势转变为竞争优势，以特色彰显带动学校整体发展的战略。[⑥]

大学特色有共性与个性之分：共性指大学区别于其他社会部门的独有特征，彰显大学的本质属性；个性指一所大学区别于其他大学的专有特征，彰显一所大学的显著性发展方式。[⑦] 大学特色与大学功能相关联，其要素包含

---

① 李清平，蒋洪池，成中梅. 大学核心竞争力的内涵探析：基于要素分析的视角［J］. 现代教育科学，2008（3）：99－101.

② 王琪，冯倬琳，刘念才. 面向创新型国家的研究型大学国际竞争力研究［M］. 北京：中国人民大学出版社，2012：27.

③ 陈明. 现代大学战略管理［M］. 武汉：湖北人民出版社，2012：142.

④ 王泽福. 论新时期我国大学软实力的培育［J］. 高等农业教育，2014（1）：12.

⑤ 李进才. 高等教育教学评估词语释义［M］. 武汉：武汉大学出版社，2016：189.

⑥ 李文冰，等. 中国行业特色院校发展研究［M］. 北京：中国社会科学出版社，2015：45.

⑦ 张庆亮，等. 高等学校市场营销研究［M］. 合肥：中国科学技术大学出版社，2006：53.

办学理念、课程建设、学生培养、教师队伍、管理模式、校园文化特色等。大学特色必定是大学在与社会的互动中形成的，其功效的大小往往取决于大学办学主体的价值选择以及大学对社会发展所做出的、被社会广泛认可的贡献大小。

大学特色可以分为学校、学科、学者特色三个层次①：其一，学校特色指大学作为一个整体而呈现出来的系统性特征。其二，学科特色体现为独立的学术品格、独特的研究领域、志趣相投的师资队伍、对接某个特定行业的人才培养等方面。特色学科往往具有广泛的社会影响力，比如人们提到芝加哥大学时，都会联想到它是经济自由主义（economic liberalism）的堡垒，诞生了大名鼎鼎的芝加哥经济学派（Chicago School of Economics）。其三，学者特色则体现为学者拥有怎样的学术风范、从事哪些领域的学术研究、取得哪些标志性的学术成就等。

从整体意义上说，大学的本质特征决定了大学特色形成与发展的路径依赖；从个体意义上分析，大学特色是大学生存与发展的依据和标志。如果一所大学具有明显区别于其他大学的优良办学传统，那么这种区别往往能够成为其被社会接受和认同的优势，从而变成大学赢得社会认可和社会声誉的主要基础。

2.1.4 大学排名

大学评价为大学的竞争与发展提供定位信息，对于大学利益相关者而言是强有力的“大学诊断”工具。在众多评价工具中，大学排名是指社会相关组织机构依据一定的标准和评价指标，通过对大学多方面的数据、报告、成就、声望等信息进行量化、加权后形成的排列名次。②

现代大学排行榜最早出现在美国，旨在帮助家长和学生了解每所大学的基本情况。《美国新闻与世界报道》（U. S. News & World Report，简称USNWR）杂志于1983年率先推出全美的大学排名，随后英国、加拿大、德国、日本和中国等国家也陆续出现了大学排行榜。表2－2呈现出1870—1982年大学排名活动的发展情况，同时也表明大学排名已被广泛接受并形成蓬勃发展态势。20世纪90年代至今，受新公共管理思想持续扩散的影响，以消费者为中心的社会评价模式逐渐受到重视，一些社会中介组织逐渐开始介入高等教育领域。如今，多数大学排名是由报纸和杂志发布的，也有政府

① 沈满洪. 彰显大学办学特色的三个层次［N］. 中国教育报，2015－12－14（9）.
② 李进才. 高等教育教学评估词语释义［M］. 武汉：武汉大学出版社，2016：48.

部门发布的排名，还有由独立机构、大学、专业协会或认证机构发布的排名，多元化的大学排名也呈现出一些共性特征，其中最突出的一点便是它们都使用一套反映质量的指标（见表2－3）。

表2－2　美国大学排名活动编年表（1870—1982年）

年份	大事记
1870—1890	美国联邦教育局下属的一个委员会开始发布年度统计资料，并对高校进行分类
1910	美国大学协会敦促美国教育局恢复对大学的分类
1910—1933	美国早期心理学家、曾担任宾夕法尼亚大学和哥伦比亚大学教授的詹姆士·卡特尔（James Cattell）在《美国科学学者》（American Men of Science）一书中根据高校毕业生和教师中产生杰出科学家的数量以及高校中科学家与全部教师的比例对高校进行了排行
1925	迈阿密大学校长及后来的美国教育理事会及其下属的研究生教学委员会主席雷蒙德·休斯（Raymond Hughes）在《美国研究生院研究》（A Study of the Graduate Schools of America）中对36所高校的26个学科进行了声誉排行
1957	《芝加哥论坛报》的查斯里·曼利（Chesley Manly）推出“十佳大学”“十佳男女合校学院”“十佳男子学院”“十佳女子学院”“十佳法学院”“十佳工学院”六个排行榜
1959	宾夕法尼亚大学的海沃德·肯尼斯顿（Hayward Keniston）在对一系列学科进行声誉调查的基础上，发布了25所大学的排行报告
1966	美国教育理事会的埃里安·卡特（Alian Cartter）发表题为《研究生教育质量评估》（An Assessment of Quality in Graduate Education）的报告，其中对106所高校进行了排名
1973—1975	布劳（Blau）和马格里斯（Margulies）开展一项专业学院的声誉排行
1982	美国科学院在全美开展一项科研和博士项目评估
1982	排行开始扩展到本科生教育［例如：《菲斯克大学指南》（Fiske Guide to Colleges），1982；《美国新闻和世界报道》，1983］

资料来源：全球大学创新联盟．2007年世界高等教育报告：高等教育的质量保证［M］．汪利兵，阚阅，译．杭州：浙江大学出版社，2009：53．（略有修改）

表 2－3　大学排名指标体系一览表

国家	排名机构	指标及权重
美国	《美国新闻和世界报道》	学校声誉（25%）；科研成果（55%）；国际合作与交流（10%）；教育质量（10%）
英国	《泰晤士报》高等教育副刊	教学（30%）；科研（30%）；论文引用数量（30%）；产业收入（2.5%）；国际视野（7.5%）
	QS 教育组织	学校声誉（50%）；生师比（20%）；论文引用情况（20%）；国际化水平（10%）
加拿大	《麦克林》	学科声誉（19%）；教育质量（57%）；财务状况（12%）；图书馆水平（12%）
中国	上海交通大学①	教育质量（10%）；教师质量（40%）；科研成果（40%）；师均表现（10%）
	网大（中国）有限公司	学校声誉（15%）；学术资源（20%）；学术成果（22%）；学生情况（12%）；教师资源（19%）；物资资源（12%）
	中国校友会网	人才培养（42.37%）；科学研究（41.72%）；综合声誉（15.92%）
	武书连中国大学排行榜	本科生培养（35.15%）；研究生培养（22.8%）；自然科学研究（31.48%）；社会科学研究（10.56%）

资料来源：李冲．知识效能与评价：制度分析视角下的大学教师绩效研究［M］．北京：科学出版社，2015：94.

随着大学排名的发展，高等教育评估更具有公众参与性特征，吸引了所有高等教育利益相关者的注意，从大学领导到教职员工、从学生到家长、从政府到媒体，从而已经转变为一个“全球性的情报信息行业”。② 在全球化和知识经济背景下，世界大学排名凭借其在全球范围内对知识生产能力和人才网罗能力的测量，成为反映一所大学或一个国家（地区）全球竞争力的晴雨表。日趋激烈的全球性竞争也反映在世界大学排名的重要性和流行程度的

① 笔者注：2009 年后转由上海软科教育信息咨询有限公司（ShanghaiRanking Consultancy）发布。

② HAZELKORN E. Reflections on a decade of global rankings：what we've learned and outstanding issues［J］. European journal of education，2014，49（1）：12－28.

提升上。[1] 全球知识经济时代的大学排名也产生了一系列影响[2]：首先，排名制度鼓励了研究机构的发展，并强调应集中发展研究机构的知识水平，此外也强调了发展的战略、资源和轨道；其次，排名制度促进了国家高等教育体系的发展；再次，排名制度鼓励了一小部分顶尖的研究者，他们的个人表现或者职业生涯对于研究机构和国家系统来说，在策略层面的作用非常明显。当下，各种大学排行榜之所以备受瞩目，主要原因在于它反映或影响了大学社会声誉。通过排名获得的声誉不仅可以提高国际知名度，还成为各国大学往来的重要参考依据。

在分析大学排名指标的维度上，大卫·迪尔和苏·玛雅（2005）将评价指标划分为投入指标、过程指标和产出指标以及声誉四种类型[3]；亚力克斯·乌舍（Usher）和马西莫·萨维诺（Savino，2007）将排名指标分为科研指标、声誉指标、开始特征指标、输入指标（包括教师和资源）、过程和输出指标[4]；赵婷婷、张雅莹和宫美凤（2007）也认为世界著名大学排行主要包含办学条件、社会声誉（如学术声誉、校友捐赠、生源质量等）和学生服务支持三大类指标。[5] 可以说，大学社会声誉与大学排行榜关系十分密切，声誉调查的结果经常作为可靠的数据在排名中使用。如今，作为质量测量手段和同行评价的一部分，声誉调查法在世界大学排名中的应用依然广泛。鉴于高等教育机构的声誉在反映质量方面的特殊作用，多个大学排名体系将声誉作为核心指标，并不断完善对声誉的评价理念及方法，使之成为客观评价指标的有益补充。[6]

《美国新闻与世界报道》排名指标主要包括两个部分：一是各所大学提供的数据资料，包括六年内毕业率、一年后转学率、录取新生要求、教学条件、用于每个学生的支出、预计和实际学生毕业率、校友捐赠等；二是来自校外教授或行政人员的声誉调查（同行评审调查），调查对象包括校长、教

① HAZELKORN E. Rankings and the battle for world-class excellence [J]. Higher education management and policy, 2009, 21 (1): 1-22.

② 彼得斯，马吉森，墨菲. 创造力与全球知识经济 [M]. 杨小洋，译. 上海：华东师范大学出版社，2013：199-200.

③ DILL D D, SOO M. Academic quality, league tables, and public policy: a cross-national analysis of university ranking systems [J]. Higher education, 2005, 49 (4): 495-533.

④ USHER A, SAVINO M. A global survey of university ranking and league tables [J]. Higher education in europe, 2007, 32 (1): 5-15.

⑤ 赵婷婷，张雅莹，宫美凤. 大学排行及其指标体系研究 [J]. 中国大学教学，2007 (2): 86-91.

⑥ 白玫. 大学评价制度研究 [M]. 北京：科学出版社，2018：165.

务长、招生部门主管等。[①] 总体来看，《美国新闻与世界报道》采用学术声誉、新生录取水平、师资情况、毕业率和新生保有率、财政状况、校友捐赠、毕业率表现等指标作为评价标准（见表2－4）。

表2－4　《美国新闻与世界报道》大学排名评价指标和权重（单位/%）

一级指标	权重		二级指标	权重	
	全国性大学和文理学院	地区性大学与学院		全国性大学和文理学院	地区性大学与学院
学术声誉	22.5	25	同行质量保障调查	66.7	100
			高中学校顾问评价	33.3	0
新生录取水平	12.5	15	录取率	10	10
			高中成绩在班级前10%的新生比例	25	15
			高中成绩在班级前25%的新生比例	0	25
			SAT/ACT 比例	65	50
师资情况	20	20	教师平均薪酬	35	35
			获得最高学历的教师比例	15	15
			全职教师比例	5	5
			生师比	5	5
			多于20人的班级比例	30	30
			多于50人的班级比例	10	10
毕业率和新生保持率	22.5	20	平均毕业率	80	80
			平均新生保持率	20	20
财政状况	10	10	生均经费	100	100
校友捐赠	5	5	平均校友捐赠率	100	100
毕业率表现	7.5	5	毕业率表现	100	0

资料来源：U. S. News & World Report. How U. S. news calculated the 2017 best colleges rankings[EB/OL]. (2016－04－15)[2018－09－10]. https://www.usnews.com/education/best－colleges/articles/how－us－news－calculated－the－rankings?page＝2－4.

① 都昌满. 从走近到走进：美国高等教育纵览［M］. 上海：上海交通大学出版社，2017：100.

《泰晤士报高等教育》(Times Higher Education，简称 THE) 侧重主观评价研究、教学评价方面，每年开展的有关教学、研究的声誉调查 (Academic Reputation Survey)，其本质是使用同行评议的方式，由 THE 挑选他们认为合适的学者。比如在 2015 年调查中，THE 向来自 142 个国家的 10 507 名知名学者发放了问卷，由他们评出各自研究领域的顶尖大学。① THE 世界大学排名以其商业化而闻名，更多注重"消费指向"，该排行榜的结果与其他几个排行榜的差距较大，可能与其大多数指标采用了人均指标而对总量综合指标考虑相对较少有关，这种方法在微观层面有其优势却不利于揭示大学由总量效应带来的群体优势。此外，《泰晤士报高等教育》世界大学排名通过同行评价对人文社会科学类大学进行评估，但这种评估方式的科学性本身也存在一定争议。②

夸夸雷利·西蒙兹咨询公司 (Quacquarelli Symonds，简称 QS) 每年发布的世界大学排名指标体系也特别强调社会声誉调查，学术声誉和雇主评价两项主观指标实际上就是社会声誉，两项权重占了一半的分值 (见表 2-5)。这种定量评价方法，在一定程度上解决了一些不能量化的因素，但也存在由于学术观点和个人情感的影响所造成的结果偏差。经过多年改革，如今参与 QS 声誉调查的受访者覆盖七大来源，构成了 QS 世界大学学术声誉调查数据库与雇主声誉调查数据库 (见表 2-6)。参与学术声誉调查的受访者必须提供个人信息、知识专长、顶尖大学等相关信息；参与雇主声誉调查的受访者同样被要求列举最能满足他们招聘需求的至多 10 所国内大学和 30 所国际大学。③

表 2-5　QS 世界大学排名的指标及权重

指标	指标含义	权重	指征
学术声誉	通过全球同行评议的调查获得，调查对象包括以前参加过调查的人和两套大型数据库的抽样用户，按各学科领域提名大学 (不得提名自己所在学校)，每个学科领域分配地区权重，得分按照连续三年的调查结果计算	40%	被调查者认为其研究领域内最顶尖的数所大学

① 熊庆年，张瑞鸿. 上海市高等学校优势与潜力学科评估 [M]. 上海：同济大学出版社，2017：69.

② 田稷，马景娣，等. 世界一流研究型大学联盟综合竞争力分析 [M]. 杭州：浙江大学出版社，2015：28.

③ 刘强，潘鹏飞，王玉清. 变革中的大学学科排名：QS 世界大学学科排名最新进展与反思 [J]. 比较教育研究，2015，37 (12)：37.

续上表

指标	指标含义	权重	指征
雇主评价	从2005年开始使用此指标，按学科领域对国内外大学分别提名。得分同样按连续三年调查结果计算，计算时考虑地域权重，保证各地区代表性	10%	招聘人员最愿意雇用哪几所大学的毕业生
生师比	生师比用于许多系统排名和评价，尽管它不是教学质量的一个完美测量，但它是教学承诺在全球范围内可利用的和易于理解的测量	20%	学生的需要是否能够得到足够的关注
论文师均被引用次数	论文引用率是普遍使用的研究实力测量指标。一篇论文被引用得越多，质量被认为越好；一所大学发表的论文被引用的频率越高，研究实力被认为越强。考虑到院校规模不同，用论文被引用总次数除以教师人数来衡量	20%	研究卓越的密度
国际教师比率	国际教师所占比例。有国际声望的大学会吸引更多的外国教师来任教	5%	国际吸引力及参与全球化进程的程度
国际学生比率	国际学生所占比例。有国际声望的大学会吸引更多的外国学生来求学	5%	国际吸引力及参与全球化进程的程度

资料来源：Quacquarelli Symonds. Methodology[EB/OL].(2018－06－06)[2018－06－25]. https://www.topuniversities.com/qs－world－university－rankings/methodology.

表2－6　QS全球大学学术声誉调查和雇主声誉调查的受访者来源

来源	解释	学术声誉	雇主声誉
历届受访者	邀请之前接受过QS声誉调查的受访者继续提供他们对所处领域大学质量的最新见解	√	√
世界科技出版公司	基于学科和地域代表性，QS从该出版公司获取了18万条记录。2011年起，QS更多地从Mardev－DM2数据库获取信息	√	×
Mardev－DM2	2011年，QS从该数据库抽取了20万条记录	√	×

续上表

来源	解释	学术声誉	雇主声誉
学术注册	2010年，QS开发了一个学术注册（Academic Sign-up）程序，吸引学者积极参与学术调查，目前已有2.5亿名注册学者	√	×
大学提供的名单	QS要求受访大学提供一份雇主名单和相关学者名单。所提交的名单自接受审查后，由QS对名单中的受访者进行随机抽样	√	√
QS数据库	QS在20多年的运作中已建立一个覆盖全球主要市场的雇主信息库	×	√
QS合作伙伴	QS拥有包括国际媒体组织和就业门户网站在内的多元合作伙伴，由他们帮助QS发放调查邀请	×	√

注："√"表示使用此途径；"×"表示不使用此途径。

资料来源：刘强，丁瑞常. QS大学排名体系剖析［J］. 比较教育研究，2013，35（3）：48.（略有修改）

总的来看，尽管每一种排名体系所采取的标准有所不同，但它们都将一所大学的学术声誉和科研产出视为排名的核心依据，而学术声誉和科研产出这两项指标正好指向一所大学的两类利益相关者。从公共关系的视角来看，提高这两项指标的分数意味着大学需要建立并维系与外部利益相关者（国际学术同行）和内部利益相关者（大学的教学科研人员）的良好关系。

大学排名自诞生之日起，质疑声、批判声就一直不绝于耳。国际排名更加青睐以英语为教学和研究语言的大学、历史更悠久的大学、学术门类和项目更齐全的大学以及从政府或者其他渠道获得大量研究基金的大学。[①] 而声誉排名遭受较多批评的则是潜在的"晕轮效应"（halo effect）：声誉较好的学校的专业经常也会获得更好的评估。[②] 尽管声誉测度并不能完全体现机构的教学与科研质量，但也有学者认为声誉指标是机构绩效长期累积的效果，它比其他量化测度更稳定，也更可靠，而且它将产出率与质量的各个方面均

① SADLAK J, LIU N C. The world-class university and ranking: Aiming beyond status［M］. Bucharest: Unesco-Cepes, 2007.

② DIAMOND N, GRAHAM H D. How should we rate research universities?［J］. Change: the magazine of higher learning, 2000, 32（4）: 20-33.

整合到一起。① 作为一种大学评价手段，尽管还存在着局限性，大学排名凭借其提供的丰富数据信息，已经成为大学发展的参考坐标系。“提升高校名次和获取竞争资源、提升机构或个人的声誉和地位、获取高等教育信息和数据、改善高等教育质量是各主体应用大学排名的主要目的。”② 由于大学排名的评价结果具有强烈的社会导向性，越来越多的大学倾向于制定符合这种竞争性全球规范的政策。③

综合上述分析，笔者将大学品牌、大学竞争力、大学特色及大学排名等相近概念与大学社会声誉之间的联系与区别进行总结，如表 2－7 所示。

表 2－7　大学社会声誉与相近概念之间的辨析

相近概念	大学品牌	大学竞争力	大学特色	大学排名
与大学社会声誉的联系	良好的社会声誉是大学品牌的根基，一所大学的社会声誉越好，其品牌价值也就越高。二者都是大学重要的无形资产	大学社会声誉是大学竞争力的外显形式。二者都依存于大学的各种资源和核心能力	大学特色是一所大学区别于其他大学的风格与传统，是大学获得社会声誉的主要基础。二者都是凸显大学组织特性的重要标识	大学排名是直观反映大学社会声誉与地位的量化指标。二者都是评判大学办学绩效的重要参照标准
与大学社会声誉的区别	大学品牌是大学身份、形象与声誉的综合体，因此大学品牌的内涵外延比大学社会声誉更加丰富	大学竞争力是大学硬实力与软实力的有机结合；而大学社会声誉突出关系性特征，侧重于建立在硬实力基础上的软实力	大学特色强调大学自身的与众不同之处；而大学社会声誉强调大学对社会受众影响的广度和深度	大学排名是多维度多指标评价体系，折射出不同排名机构差异化的价值取向；而大学社会声誉主要涉及认知和情感双维度，其内在机理具有相对一致性

① JOHNES G. Research performance indications in the university sector [J]. Higher education quarterly, 1987, 42 (1): 54－71.

② 苗耘，刘念才. 大学排名的应用行为研究及其价值取向反思 [M]. 上海：上海交通大学出版社，2017：1.

③ KEHM B M, ERKKILÄ T. The ranking game [J]. European journal of education, 2014, 49 (1): 3－11.

2.2 大学社会声誉的效应研究

社会声誉是大学在社会中的一面旗帜，它是联结大学与社会的桥梁，大学与社会的联系加强，有利于财政资源、人力资源、学生的自然流动。高等教育机构的声誉取决于其吸引力，因此，高声誉往往意味着在学生、科研工作者及其他专业技术职员、科研资助者及合作伙伴的选择上均经过了精挑细选。随着市场化对高等教育的影响日益加深，社会声誉成为大学发展的关键因素，因为大学、雇主、政府及最优质且最具流动性的学生都会首先考虑该校的声誉。① 国内外学者们就大学社会声誉对各项高等教育活动带来的具体效应进行了分析。

首先是声誉带来的磁场引力效应。声誉是大学教育服务和教育产品质量的社会综合性认可评价，大学利用已有的办学声誉扩大资本市场、招生市场以及信息和物力资源市场，从而有助于招聘名师和获得合作伙伴，进一步提高大学综合竞争力。阮芽（Nguyen）和加斯顿·勒布朗（LeBlanc，2001）借鉴“企业忠诚度”概念，通过对加拿大某商学院的395名一年级和四年级学生开展问卷调查，研究发现当机构知名度和机构形象越有利时，学生忠诚度有升高的趋势。② 孙岷廷（Sung）和杨成云（Yang，2008）通过对韩国某私立大学的1 642名一年级新生开展调查研究发现大学形象的三个构念：个性、声誉和外部威望对于学生对大学的支持性态度（supportive attitude）都具有正向的影响。③ 在后续研究中，孙岷廷（Sung）和杨成云（Yang，2009）进一步证实，大学社会声誉是影响学生支持行为意图的重要因素。④ 贾弗里·法尔斯（Fares）和奥马尔·卡奇卡尔（Kachkar，2013）对马来西亚国际伊斯兰大学的160名学生进行了调查，同样发现服务质量、学生满意

---

① 郑俊新，陶克新，泰希勒. 大学排名：理论、方法及其对全球高等教育的影响［M］. 涂阳军，译. 长沙：湖南大学出版社，2018：156.

② NGUYEN N，LEBLANC G. Image and reputation of higher education institutions in students’ retention decisions［J］. International journal of educational management，2001，15（6）：303－311.

③ SUNG M，YANG S U. Toward the model of university image：the influence of brand personality，external prestige，and reputation［J］. Journal of public relations research，2008，20（4）：357－376.

④ SUNG M，YANG S U. Student-university relationships and reputation：a study of the links between key factors fostering students’ supportive behavioral intentions towards their university［J］. Higher education，2009，57（6）：787－811.

度、声誉对学生忠诚度都具有正向的作用。[①] 此外，相关学者的调查研究结果也都表明大学社会声誉是影响学生择校的重要因素。[②]

向名校集聚一直被认为是全球科技精英人才机构迁移的主要特征。邓侨侨（2014）通过对2 430名高被引科学家的简历进行分析，以及对其中308名高被引科学家迁移原因的进行问卷调查，研究发现科技精英人才向名校集聚实质上是指向ARWU排名1~100名的大学集聚。且在其职业发展过程中，科技精英人才总会向一流大学迁移与集聚。[③] 汪雅霜和王芳（2015）针对我国48所高校、共计59 372名大学生，调查学校归属感的影响因素，用logistic回归分析证实院校声誉对学生学校归属感产生正向影响。[④]

其次是声誉带来的优势累积效应。社会声誉在学校获得政策支持、竞争资源时发挥着重要的隐性作用，尤其影响大学对教育资源的获取能力。[⑤] 袁祖望（1997）指出大学社会声誉与办学条件之间存在互动关系。良好声誉源源不断地吸引着优秀师生和充裕经费，而这些条件反过来维持和加强了大学社会声誉，形成良性循环。[⑥] 这意味着大学社会声誉能够形成一定的追加效应，使大学资源实现成倍累加。欧内斯特·路德（Rudd，1973）基于37所英国大学的样本，分析大学社会声誉与研究倾向的关系，发现具有较高声誉的大学对研究有更强的倾向性。[⑦] 洛丽·特克·比卡奇（Turk－Bicakci）和史蒂文·布林特（Brint，2005）以大学排名作为声誉的度量方式，验证了大

---

① FARES D，KACHKAR O. The impact of service quality，student satisfaction，and university reputation on student loyalty：a case study of international students in IIUM，Malaysia［J］. Information management and business review，2013，5（12）：584－590.

② 相关研究参见：ABBOTT M，ALI E. The impact of exchange rate variations and university reputation on the choice of destinations of international students in Australia and New Zealand［J］. Journal of economic and social policy，2009，13（1）：1－19；MUNISAMY S，JAAFAR N I M，NAGARAJ S. Does reputation matter? Case study of undergraduate choice at a premier university［J］. The Asia-Pacific education researcher，2014，23（3）：451－462；MERCHANT A，ROSE G M，MOODY G，et al. Effect of university heritage and reputation on attitudes of prospective students［J］. International journal of nonprofit and voluntary sector marketing，2015，20（1）：25－37.

③ 邓侨侨. 机构迁移：高被引科学家名校集聚的特征与原因分析［J］. 科学学与科学技术管理，2014，35（8）：135－143.

④ 汪雅霜，王芳. 大学生学校归属感影响因素的实证研究：基于“国家大学生学习情况调查”数据分析［J］. 现代教育管理，2015（8）：110－114.

⑤ CYRENNE P，GRANT H. University decision making and prestige：an empirical study［J］. Economics of education review，2009，28（2）：237－248.

⑥ 袁祖望. 美国名牌大学的成长道路及其借鉴意义［J］. 汕头大学学报（人文社会科学版），1997（S1）：106.

⑦ RUDD E. The research orientation of British universities［J］. Higher education，1973，2（3）：301－324.

学社会声誉对技术转移存在正向影响。[①] 卢茨·博曼（Bornmann）和汉斯·油特·丹尼尔（Daniel，2006）通过对国际生物医学基础研究促进基金会委员会同行评审过程的考察，分析基金申请人所在大学的社会声誉对基金申请过程的影响，发现大学社会声誉越高，申请人获得研究基金的频率越高，但分析结果在统计上并不显著。[②] 萨维茨卡娅（Savitskaya）和阿尔图尼娜（Altunina，2017）通过对莫斯科 1994 名大学一年级新生的调查结果发现当越有才能的大学生申请名牌大学时，后者更容易建立起良好的声誉。[③]

叶琳娜和陈纲（2008）研究指出，高校社会声誉与筹资规模密切相关，社会声誉越高，高校筹资规模也就越大。[④] 李蕴和段婕（2009）总结了声誉机制的作用机理，对声誉给高校产生的影响做了不同时间段的区分：良好声誉的培育需要高校约束自身行为，获得社会公众的认可，这对于高校现阶段而言可能是一种"损失"，但有助于高校获得更长久的收益。[⑤] 周红玲和刘琪瑾（2011）基于我国 66 所高校的数据研究影响我国高等教育捐赠的要素。大学的综合声誉、造富能力和成立基金会等因素对捐赠的正向影响作用都通过了回归模型的检验。[⑥] 舒颖岗（2011）研究大学社会声誉对大学的作用形式和培育方式，分析发现大学社会声誉与大学质量之间存在显著的关联性影响。[⑦]

再次是声誉带来的市场调节效应。声誉是高等教育质量的重要替代性指标，可以为大学选择和大学评估等行为提供参考，减少利益相关者的信息不对称。阎凤桥（2012）认为在大学与社会环境互动中，大学社会声誉发挥着重要的质量鉴别和促进竞争的作用。[⑧] 唐立平（Tang，1996）通过对 190 所私立大学和学院的校长、高薪职员进行调查以研究高校领导薪酬的影响因素。多元方差分析的结果显示大学校长的总薪酬与大学的学术声誉排名有关。[⑨] 辛（Sine），沙恩（Shane）和格雷戈里奥（Gregorio，2003）通过搜集

---

① TURK-BICAKCI L，BRINT S. University-industry collaboration：patterns of growth for low-and middle-level performers［J］. Higher education，2005，49（1）：61－89.

② BORNMANN L，DANIEL H D. Potential sources of bias in research fellowship assessments：effects of university prestige and field of study［J］. Research evaluation，2006，15（3）：209－219.

③ SAVITSKAYA E V，ALTUNINA N S. Higher education：reputation effects，signal distortions，and propitious selection［J］. Russian education & society，2017，59（1/2）：94－120.

④ 叶琳娜，陈纲. 社会声誉与高校筹资工作：关系、作用与机制［J］. 理工高教研究，2008，27（5）：50－52.

⑤ 李蕴，段婕. 高校声誉机制的经济管理学分析［J］. 兰州大学学报（社会科学版），2009，37（2）：129－133.

⑥ 周红玲，刘琪瑾. 中国高等教育捐赠收入影响因素分析［J］. 统计与决策，2011（19）：77－79.

⑦ 舒颖岗. 大学声誉培育与高水平大学建设［J］. 国家教育行政学院学报，2011（12）：21－25.

⑧ 阎凤桥. 大学的办学质量与声誉机制［J］. 国家教育行政学院学报，2012（12）：16－20.

⑨ TANG L P. The pay-performance linkage revisited：is university presidents' pay related to reputation ranking?［J］. College faculty，1996：2－29.

102 所美国大学的数据，研究机构声誉对于大学技术许可活动的影响，实证结果验证了“晕轮效应”的存在，即大学社会声誉对于增加技术许可具有正向激励作用，进一步说明社会声誉作为克服市场失灵的机制发挥着重要作用。[①] 李政植（Lee）和埃里克·斯图恩（Stuen，2016）同样通过大样本调查，研究大学学术声誉和技术转让政策如何影响研究人员的专利申请和转让行为。研究结果为大学在纳米科学中的声誉与大学分配的专利数量之间存在强烈的正相关关系；通过支持基础研究、简化技术转让工作并提高其研究声誉的大学将在技术商业化方面取得长期成功。[②]

声誉系统作为甄别信号和搜集信号的机制，可以有效地识别出高质量的产品和厂商。[③] 同样地，大学社会声誉具有吸引高质量利益相关者的筛选效应和自我加强效应。此类效应突出体现在声誉发挥信号识别作用以调节劳动力市场，企业雇主也经常使用教育证书和教育类型作为重要的筛选机制。阿尔伯特·科恩（Cohen，1973）在阐释大学的合法性危机时指出，大学的成长以及声誉的塑造，部分通过它们作为稳定劳动力市场机制的作用得以实现。[④] 在后续的相关实证研究中，部分学者的研究结果也都反映了大学社会声誉与人力资本具有密切联系[⑤]，即大学社会声誉对于毕业生的职业发展以

---

① SINE W D，SHANE S，GREGORIO D D. The halo effect and technology licensing：The influence of institutional prestige on the licensing of university inventions［J］. Management Science，2003，49（4）：478－496.

② LEE J，STUEN E. University reputation and technology commercialization：evidence from nanoscale science［J］. The Journal of Technology Transfer，2016，41（3）：586－609.

③ 高冰. 管理者政治关联与企业绩效的关系研究：基于中国资本市场的经验证据［M］. 北京：经济管理出版社，2016：23.

④ COHEN A K. The Social Problems of the University：Two Crises of Legitimacy［J］. Social Problems，1973，20（3）：275－283.

⑤ 相关研究参见：PSACHAROPOULOS G，VELEZ E. Educational quality and labor market outcomes：evidence from Bogota，Colombia［J］. Sociology of education，1993，66（2）：130－145；WIERSEMA M F，BIRD A. Organizational demography in Japanese firms：group heterogeneity，individual dissimilarity，and top management team turnover［J］. Academy of management journal，1993，36（5）：996－1025；ABRAMSON J，DAMEWOOD E Z. The effect of university prestige on survey response rates，student recruitment and placement of graduates［J］. Southwestern marketing association，2000：1－6；MILLER J S，WISEMAN R M. Perceptions of executive pay：does pay enhance a leader's aura?［J］. Journal of organizational behavior，2001，22（6）：703－711；HAN D，BAE K，SOHN H. Estimating the university prestige effect in South Korea's labor market［J］. KEDI journal of educational policy，2012，9（2）：383－396；DRYDAKIS N. Economics applicants in the UK labour market：university reputation and employment outcomes［J］. International journal of manpower，2015，36（3）：296－333；JUNG J，LEE S J. Influence of university prestige on graduate wage and job satisfaction：the case of South Korea［J］. Journal of higher education policy and management，2016，38（3）：297－315；ARAKI S，KAWAGUCHI D，ONOZUKA Y. University prestige，performance evaluation，and promotion：estimating the employer learning model using personnel datasets［J］. Labour economics，2016，41：135－148.

及所在企业的绩效具有潜在的推动作用。徐小波（2008）认为大学社会声誉对其毕业生就业率的影响通过两个方面实现：一是用人单位对毕业生的认可程度；二是吸引用人单位主动来校选用毕业生的多寡。① 刘旭杰和岳昌君（2013）通过对来自北京市500家不同所有制性质单位、大学专科以上学历的毕业生展开问卷调查（有效样本数量1 498个），研究结果表明大学生在高校就读的学校声誉对薪酬增长有积极的帮助。②

最后，声誉也会带来负面风险效应。邝泽倩（2004）讨论了20世纪80年代以来，教育经费削减对加拿大各大学的影响以及由此所产生的不良后果。在追求声誉的同时，大学的科研方向被政府和企业的片面需求所主导，大学的办学传统及基础科研方向遭到削弱。③ 冒荣和宗晓华（2010）认为大学之间无序竞争现象日益严重，突出表现在分工模糊的市场竞争，争夺公共资源的零和博弈，以及学术声誉的“瑜亮式”角逐等方面，给高等教育发展造成效率损失。④ 于长福（2013）认为民办高校声誉风险具有常态性、关联性与多维性等特征，主要表现为法人治理结构泡沫化、文化理念塑造空洞化与师资队伍建设离心化。⑤

2.3 大学社会声誉的影响因素研究

大学社会声誉的形成与维持是不同要素作用的结果。国内外学者从要素的层面对大学社会声誉进行了一系列学理探究，主要聚焦在以下四个方面。

第一种观点是资源依赖论。持这一观点的学者将资源要素的投入视为大学培育社会声誉的基础性因素。理性选择的观点认为，声誉是信息交换和组织绩效的函数，大学社会声誉在很大程度上是教学资源和财务绩效的函数。约瑟夫·麦奎尔（McGuire）等学者（1988）基于美国40所一流研究型大学的数据，采用柯布—道格拉斯生产函数（Cobb - Douglas Production Function）

---

① 徐小波. 提高高校毕业生就业率的有效途径分析［J］. 教育与职业，2008（27）：142 - 143.

② 刘旭杰，岳昌君. 对高校毕业生薪酬变化影响因素的实证研究［J］. 会计之友，2013（5）：51 - 55.

③ 邝泽倩. 追求责任心的声誉：世纪之交的加拿大高校［J］. 北京大学教育评论，2004，2（1）：32 - 37.

④ 冒荣，宗晓华. 合作博弈与区域集群：后大众化时代我国高等教育发展机制初析［J］. 高等教育研究，2010，31（4）：35 - 40.

⑤ 于长福. 民办高校声誉风险机理分析与管理机制的构建［J］. 黑龙江高教研究，2013，31（2）：73 - 76.

研究大学投入与产出之间的相关性，发现大学对其社会声誉进行重大改变的成本是无比昂贵的。① 罗伯特·洛瑞（Lowry）和布莱恩·西尔弗（Silver，1996）研究了大学可能影响政治学系声誉排名的两种路径。他针对美国大学中的98个政治学系展开调查，发现大学层面拥有的资源以及院系自身拥有的资源都是声誉排名的相关影响因素。② 弗雷德里克斯·沃尔克温（Volkwein）和凯尔·斯威策（Sweitzer，2006）针对美国242所研究型大学和205所文理学院，梳理与大学社会声誉密切相关的变量，构建"投入—过程—产出"（input－process－output）模型（见图2－4），并指出社会声誉在研究型大学与文理学院之间的生成动力存在差异。③

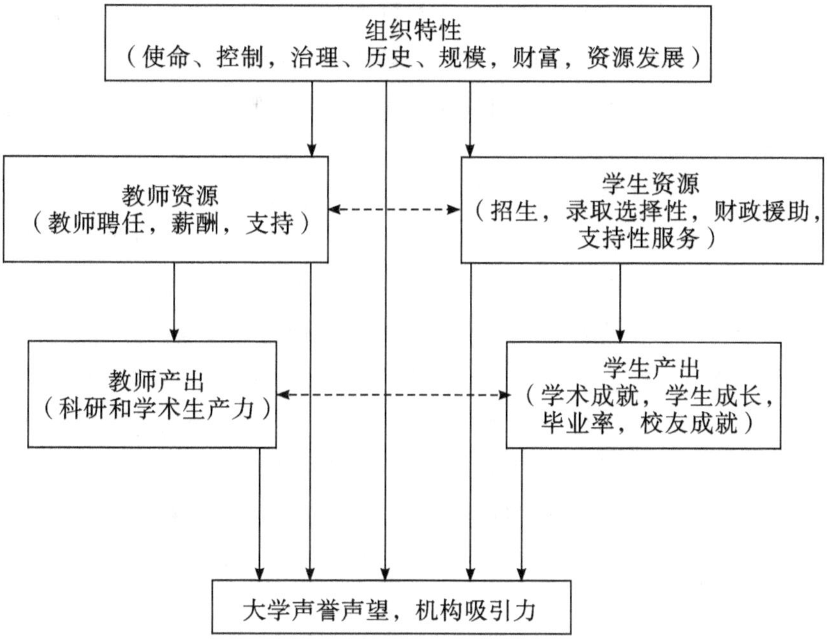

图2－4 沃尔克温（Volkwein）和斯威策（Sweitzer）提出的概念模型

资料来源：VOLKWEIN J F，SWEITZER K V. Institutional prestige and reputation among research universities and liberal arts colleges [J]. Research in higher education，2006，47（2）：133.

---

① MCGUIRE J W，RICHMAN M L，DALY R F，et al. The efficient production of "reputation" by prestige research universities in the United States [J]. The journal of higher education，1988，59（4）：365－389.

② LOWRY R C，SILVER B D. A rising tide lifts all boats：Political science department reputation and the reputation of the university [J]. PS：political science & politics，1996，29（2）：161－167.

③ VOLKWEIN J F，SWEITZER K V. Institutional prestige and reputation among research universities and liberal arts colleges [J]. Research in higher education，2006，47（2）：129－148.

马陆亭（1994）在分析大学社会声誉生成的战略问题时指出：声誉是引导大学及其管理者追求成功的真正诱因；声誉的产生离不开资源的转化与组合。[①] 如果将制度变迁也视为广义资源要素的话，徐雪英和周谷平（2011）通过之江大学的案例考察高校治理和教会大学发展之间的关系。作为教会大学的之江大学，它的治理模式从立案前的"教会管制模式"转变为立案后政府参与的"共同治理模式"，这种转变为推动之江大学在学科发展、教学和科研水平、社会声誉提高等方面起到了积极作用。[②] 此外，还有部分学者考察关键人物（如校领导、校友等）对大学社会声誉产生的影响。朱宗顺（2006）从历史分析的角度，对蔡元培、蒋梦麟的高等教育思想和实践进行了比较，指出蔡元培与蒋梦麟在高等教育理念方面具有明显的继承关系。蔡规蒋随，师徒相继，共同铸就了北京大学的现代声誉。[③] 张意忠（2009）从社会资本的角度研究校友资源对高校改革发展的影响，提出校友的品牌资源能够提高学校声誉。[④]

第二种观点是无形要素论。持这一观点的学者从校园文化、社会思潮等方面探究大学社会声誉的影响因素。乔米尔斯·布拉多克二世等（2008）调查了2 027名非洲裔美国高中毕业班学生，发现在非洲裔美国学生中，男性学生和体育生（含男性和女性）在择校时更多地考虑大学的体育声誉。[⑤] 刘海元和胡永南（2004）分析了开展大学竞技体育的意义，认为竞技体育对于提高学校声誉而言是十分经济而有效的手段。[⑥] 赵文华和周巧玲（2006）强调了战略规划对于大学办学的重要性，认为使命与愿景让大学对外树立起良好的公众形象，促进与外界的联系。[⑦] 杨天平（2011）分析了消费主义倾向对高等教育的影响，认为消费主义给高等教育大众化发展所带来的影响是多方面的，包括学术资本的贬值、学术声誉的损害，以及教学传统的破坏。[⑧]

---

① 马陆亭．大学声誉的生产战略［J］．高等工程教育研究，1994（4）：21－26.

② 徐雪英，周谷平．治理模式变迁与教会大学发展：以之江大学为例［J］．社会科学战线，2011（9）：204－209.

③ 朱宗顺．蔡元培与蒋梦麟高等教育思想和实践之比较［J］．高等教育研究，2006，27（4）：96－104.

④ 张意忠．论高校校友资源开发与运用［J］．教育学术月刊，2009（12）：44－46.

⑤ BRADDOCK II J H，LV H，DAWKINS M P．College athletic reputation and college choice among African American high school seniors：evidence from the educational longitudinal study［J］．A journal of research on African American men，2008，14（1）：14－39.

⑥ 刘海元，胡永南．再论开展大学竞技体育的意义［J］．体育学刊，2004，11（4）：85－88.

⑦ 赵文华，周巧玲．大学战略规划中使命与愿景的内涵与价值［J］．教育发展研究，2006，26（13）：61－64.

⑧ 杨天平．消费主义语境下的高等教育发展［J］．教育发展研究，2011（21）：67－72.

在学术界，校史经常被认为是探讨大学发展规律性的重要议题。程莹和刘念才（2007）基于全球1 000余所大学的数据，探讨大学的建校历史与大学水平之间的关系。统计结果显示大学的建校历史和ARWU得分、US News声誉得分之间只存在较弱的相关性，表明学校历史是影响学校声誉的因素之一，但也仅仅是诸多因素之一。[①]

第三种观点是功能决定论。持这一观点的学者从大学的基本功能出发，分析大学功能履行如何影响大学社会声誉。在影响社会声誉的多个要素中，学科发展状况是重要的解释因素。国外学者较早地从院系层面对学科发展与大学社会声誉之间的互动关系开展了专门的研究，具有代表性的学者如沃伦·哈格斯特罗姆（Hagstrom，1971）[②]、珍妮丝·拜尔（Beyer）和鲁本·斯内普（Snipper，1974）[③]、布鲁斯·基思（Keith）和尼古拉斯·巴布丘克（Babchuk，1998）[④]。沃尔特·阿伯特（Abbott）和亨利·巴洛（Barlow，1972）在分析美国大学之间的声誉差异时指出，在对大学社会声誉的解释力上，科研生产力和授予学位的数量与类型等功能要素比年度收入、图书馆数量、全职教师以及实体设施价值等资源要素来得更强。[⑤] 拉米·阿尤比（Ayoubi）和希巴·马苏德（Massoud，2012）从竞争优势的视角出发，研究影响入学标准的英国大学内部能力因素。作者基于100所英国大学的实证研究结果证实在宏观层面上，大学社会声誉并非主要根据大学年龄来衡量，更主要的是取决于大学研究水平。[⑥] 布兰卡·德尔加多·马尔克斯（Delgado - Márquez）等学者（2012）基于全球50所顶尖大学的数据进行回归分析发现：研究和教学正面影响着一流大学的社会声誉，而国际化并没有产生显著

① 程莹，刘念才. 世界知名大学建校时间的实证分析［J］. 清华大学教育研究，2007，28（4）：56 - 63.

② HAGSTROM W O. Inputs，outputs，and the prestige of university science departments［J］. Sociology of education，1971，44（4）：375 - 397.

③ BEYER J M，SNIPPER R. Objective versus subjective indicators of quality in graduate education［J］. Sociology of education，1974，47（4）：541 - 557.

④ KEITH B，BABCHUK N. The quest for institutional recognition：A longitudinal analysis of scholarly productivity and academic prestige among sociology departments［J］. Social forces，1998，76（4）：1495 - 1533.

⑤ ABBOTT W F，BARLOW H M. Stratification theory and organizational rank：Resources，functions，and organizational prestige in American universities［J］. The Pacific sociological review，1972，15（4）：401 - 424.

⑥ AYOUBI R M，MASSOUD H K. Student aspiration factors，university reputation and the entry standards to UK universities［J］. European journal of social sciences，2012，34（4）：609 - 621.

的直接影响。[①] 大卫·威克利姆（Weakliem），戈登·高沙（Gauchat）和布拉德利·赖特（Wright，2012）分析了1965—2007年间美国各大学社会学研究生院的声誉变化情况，研究与大学有关的部门声誉的长期维持性特征。作者发现虽然个别部门的地位有所改变，但精英大学和其他大学的部门之间的差距并没有下降的趋势。[②] 基于知识社会学的视角，弗兰·科利尔（Collyer，2013）研究了社会学理论及方法在澳大利亚各大学中的使用情况。通过对1960—2011年间澳洲各大学学者在8本社会学类期刊上发表论文的文献计量学分析，作者发现大学机构的声誉排名和社会学理论的使用之间存在逆关系，凸显了“营利性”知识生产背景下学者们对理论化知识的摒弃。[③]

党亚茹（2005）通过考察《中国高校综合竞争力评价》中科学研究部分的19个三级指标，分析科研水平对高校声誉的影响，具体作用体现为：高水平的科研奠定了学术带头人的地位，进而奠定了学科的地位和学校的地位。[④] 石军伟和付海艳（2012）基于16 205篇论文的作者合著情况，分析了科研激励制度、科研合作行为对大学声誉的影响。实证研究发现，科研合作行为对大学声誉和创新能力具有显著的正面影响，跨校科研合作网络比本校内部合作网络对大学声誉和创新能力具有更强的正面影响，而独自研究行为则带来了显著的负面作用。[⑤] 任玥（2015）通过对印第安那大学的100位退休教授的半结构化访谈，研究印第安那大学的组织文化各要素发生的变化，指出公立研究型大学的首要使命是提高研究质量，获得国内与国际学术声誉。[⑥]

除了科学研究，还有部分学者主要从人才培养的角度分析大学社会声誉的形成。从就业能力的视角切入，拉维·帕拉梅斯瓦兰（Parameswaran）和亚历山德拉·格洛瓦卡（Glowacka，1995）剖析了大学毕业生的形象。作者

---

① DELGADO-MÁRQUEZ B L，BONDAR Y，DELGADO-MÁRQUEZ L. Higher education in a global context：drivers of top - universitites' reputation [J]. Problems of education in the 21st century，2012，40：17 - 25.

② WEAKLIEM D L，GAUCHAT G，WRIGHT B R E. Sociological stratification：change and continuity in the distribution of departmental prestige，1965 - 2007 [J]. The American sociologist，2012，43 (3)：310 - 327.

③ COLLYER F. The production of scholarly knowledge in the global market arena：university ranking systems，prestige and power [J]. Critical studies in education，2013，54 (3)：245 - 259.

④ 党亚茹. 科研水平对高校声誉的影响 [J]. 科技管理研究，2005，25 (10)：118 - 124.

⑤ 石军伟，付海艳. 激励机制、科研合作网络与大学声誉之间的关系研究 [J]. 教育研究，2012 (1)：81 - 88.

⑥ 任玥. 遗失的故园：21世纪初美国公立大学的组织文化观：以印第安那大学为例 [J]. 高等教育研究，2015，36 (9)：94 - 104.

评估了学生属性（如沟通技巧、团队成员等），发现毕业生所取得的成功有助于提升大学社会声誉。① 安·布鲁尔（Brewer）和赵敬松（Zhao，2010）对悉尼大都市圈的501名受访者进行问卷调查，研究附属于悉尼大型综合性大学的预科学院对大学社会声誉的影响，发现教学质量是提高大学社会声誉和品牌的最重要因素。② 姜尔岚（2006）分析学生就业与高校发展的关系时指出，大学社会声誉取决于它培养的学生在推动社会进步发展过程中所做出的杰出贡献。③ 孟雅君和常永才（2014）分析了法国大学校的办学模式，指出决定高校社会声誉和地位的最主要、最根本的因素是人才培养质量，优质的生源是高校持续拥有良好社会声誉必不可少的条件之一。④ 史秋衡和陈志伟（2016）分析了以英国、美国、法国和德国为代表的发达国家的顶尖人才培养模式，认为正是以顶尖人才为代表的毕业生质量表现出众，成就了一流大学的国际声望。⑤

第四种观点是综合因素论。诸多因素之间的综合作用是理解大学社会声誉形成的关键，持这一观点的学者在近些年逐渐增多。珍妮丝·拜尔（Beyer）和约翰·史蒂文斯（Stevens，1977）提出了预测大学社会声誉变化的四个模型：资源模型、科研绩效模型、流动与个体声誉模型和组织结构模型，并指出不存在单一因素可以完全可靠地预测大学学科声誉的变化。⑥ 埃里克·兰德鲁姆（Landrum），罗布·图里西（Turrisi）和克莱顿·哈勒斯（Harless，1998）询问受访者对区域性大学的看法，以发掘大学社会声誉和家长将孩子送到哪所大学的可能性之间的关系。研究发现影响大学社会声誉的因素包括：学者、熟悉度、竞技体育、价值观、就业和外联。⑦ 金·奎尔·希尔等（2014）系统评估了美国公立研究型大学社会声誉的影响因素，针对145所公立研究型大学数据的回归分析结果显示影响大学社会声誉的因

---

① PARAMESWARAN R，GLOWACKA A E．University image：an information processing perspective [J]．Journal of marketing for higher education，1995，6（2）：41－56．

② BREWER A，ZHAO J．The impact of a pathway college on reputation and brand awareness for its affiliated university in Sydney [J]．International journal of educational management，2010，24（1）：34－47．

③ 姜尔岚．以就业为导向的高校科学发展观 [J]．教育与职业，2006（14）：125－126．

④ 孟雅君，常永才．高校追求高声誉的另一种办学模式：法国大学校的启示 [J]．民族教育研究，2004，15（6）：27－31．

⑤ 史秋衡，陈志伟．发达国家顶尖人才培养体系特征研究 [J]．教育研究，2016（6）：131－141．

⑥ BEYER J M，STEVENS J M．Factors associated with changes in prestige of university departments [J]．Research in higher education，1977，7（3）：229－255．

⑦ LANDRUM R E，TURRISI R，HARLESS C．University image：the benefits of assessment and modeling [J]．Journal of marketing for higher education，1999，9（1）：53－68．

素包括：学校自身资源、历史因素、区位环境以及政府政策。①

乔东（2008）在对国立西南联合大学的声誉进行个案研究时指出，优秀的师资队伍是办好大学的关键；科学的管理模式是办好大学的基础；先进的大学文化是办好大学的灵魂。② 金鑫和张光磊（2009）根据曼弗雷德·施威格（Manfred Schnaiger）等学者提出的企业声誉二维评估模型，将独立学院的社会声誉界定为情感和认知两个方面组成的态度结构，进而通过对湖北省三所独立学院的调查，实证研究发现教育资源、高层管理、人才培养和师资队伍等因素对独立学院的社会声誉具有显著的正向影响。③ 赵俊芳（2010）通过对牛津大学、剑桥大学、哈佛大学、耶鲁大学等名校办学经验的分析，指出雄厚的人力资本、强势的特色品牌、有效的开放模式、综合的研究平台、早发的天然优势等显性动力为西方名校注入了勃勃生机；而崇尚真理的办学理念、勇于否定的批判精神、深厚自觉的责任意识等隐性价值支持以及不断调适的现代大学制度则为其提供了恒久动力。④

2.4 大学社会声誉的形成过程研究

除了传统的要素分析以外，近年来，受经济学、管理学和传播学等学科的影响，国内外学者开始尝试基于不同的视角动态地分析大学社会声誉生成的过程。关于大学社会声誉形成的过程分析也涌现了一些具有代表性的成果。

一是利益相关者互动视角。莱昂内尔·刘易斯（Lewis，1967）研究机构声誉和职业声誉对教师忠诚度的影响，通过对509名大学教师的问卷调查和统计分析，发现处于高机构声誉和低职业声誉情境下的教师对大学具有最高的忠诚度，而处于低机构声誉和高职业声誉情境下的教师则是最不忠诚的。⑤ 杰西卡·福尔摩斯（Holmes，2009）以美国某私立文理学院为样本，

① HILL K Q，CAPERS K J，FLINK C. "Why some and not others?" The determinants of the quality and prestige of public graduate research universities [J]. State politics & policy quarterly，2014，14（1）：29-49.

② 乔东. 西南联大对我国创建世界一流大学的启示［J］. 清华大学教育研究，2008，29（2）：87-91.

③ 金鑫，张光磊. 独立学院声誉关键影响因素研究：基于湖北省三所独立学院学生的视角［J］. 高等工程教育研究，2009（4）：120-123.

④ 赵俊芳. 西方名校"活力"再探［J］. 大学教育科学，2010（6）：3-10.

⑤ LEWIS L S. On prestige and loyalty of university faculty [J]. Administrative science quarterly，1967，11（4）：629-642.

探索影响校友捐赠的潜在因素。研究发现当学院取得了更突出的体育声誉时校友捐赠会增加，但当学术声誉上升时捐赠则会下降（可能的解释是，在学术声誉方面，校友更关心的是保持他们品牌文凭的声誉）。① 阿拉姆泽布·阿米尔等（2014）研究社会责任在高等教育部门的作用，重点关注大学社会责任如何影响各种利益相关者和大学社会声誉。实证研究的结果为不同利益相关者在经济，法律，道德和慈善方面的责任有重大差异，并且大学社会责任的履行与其社会声誉有显著的联系。② 阿玛亚等（2018）建议学术界在判定影响大学形象和声誉形成的维度或必要因素时，应当考虑来自不同地理区域的利益相关者或个人的观点是否存在差异。③

段婕（2007）从价值网络的视角分析大学声誉管理中的三个层次和维度，指出大学与各种利益相关者的相互作用构成了大学声誉管理价值网络，而且他们通过网络进行价值交换。④ 王连森和栾开政（2007）探究了大学声誉形成机理进而提出管理策略，指出大学声誉的信号形成过程涉及信息创造者、传播者和接收者等角色，大学核心的、外围的和潜在的利益相关者分别对应了不同的角色。⑤ 李世光和王意明（2009）分析了普通高校规模与效益的联系，指出大学社会声誉主要通过为社会提供教学与研究产品得以实现，并主要由大学产品的消费者和大学经费的出资者决定，体现为学生、家长、企业、社会组织和政府对大学的满意度评价。⑥ 王鲲，马玲娜和孟德昕（2017）构建了一个双循环路径图以阐释高等医学院校声誉形成过程（见图2－5），指出不同利益相关者在与院校沟通交往过程中，受到各种信息要素的影响和干扰，最终经过认知推理和情感判断对院校形成综合评价。⑦

---

① HOLMES J. Prestige, charitable deductions and other determinants of alumni giving: evidence from a highly selective liberal arts college [J]. Economics of education review, 2009, 28 (1): 18－28.

② AAMIR A, REHMAN S U, RASHEED M F. Influence of social responsibility on university reputation case study of King Saud University (KSU) Saudi Arabia [J]. International journal of academic research, 2014, 6 (2): 108－114.

③ LAFUENTE-RUIZ-DE-SABANDO A, ZORRILLA P, FORCADA J. A review of higher education image and reputation literature: knowledge gaps and a research agenda [J]. European research on management & business economics, 2018, 24: 1－9.

④ 段婕. 高校声誉管理的价值网络层次维度分析 [J]. 山西财经大学学报（高等教育版），2007, 10 (2): 5－8.

⑤ 王连森，栾开政. 大学声誉形成机理与管理策略：基于利益相关者的分析 [J]. 现代大学教育，2007 (5): 66－70.

⑥ 李世光，王意明. 普通高等学校规模与效益研究 [J]. 现代教育管理，2009 (8): 32－34.

⑦ 王鲲，马玲娜，孟德昕. 高等医学院校声誉管理的内涵、意义与形成机制研究 [J]. 中国高等医学教育，2017 (12): 52－53.

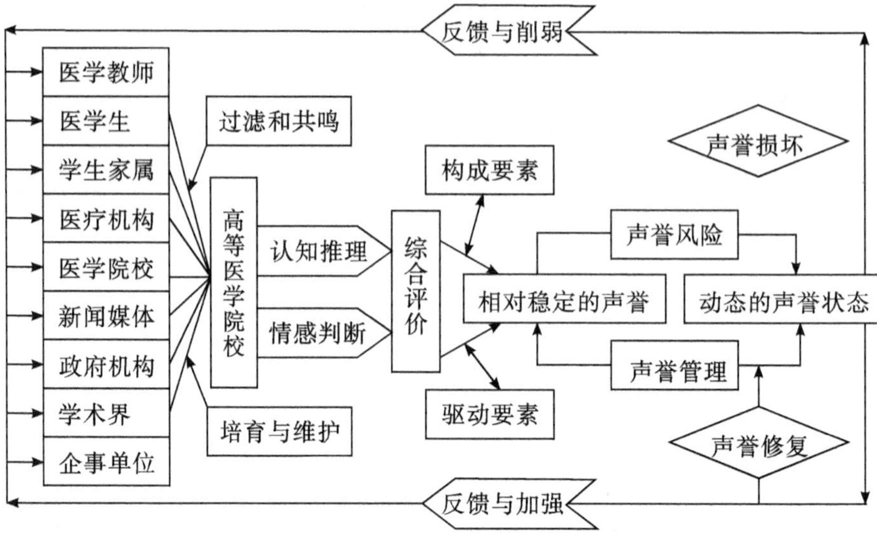

图 2-5　高等医学院校声誉形成的逻辑框架图

资料来源：王鲲，马玲娜，孟德昕. 高等医学院校声誉管理的内涵、意义与形成机制研究［J］. 中国高等医学教育，2017（12）：53.

二是品牌传播学视角。日益激烈的人才竞争促使高校开发、交流和强化他们的品牌，使声誉成为高等教育机构吸引全球流动学生的主要关注点。[①] 考虑到大学提供的服务质量主要基于内部和外部利益相关者的感知，并且大学社会声誉的形成依赖于各种沟通渠道和接收的信息，所以许多学者也从品牌形象的视角理解大学的声誉管理实践。D. F. 崔德威尔（Treadwell）和特蕾莎·哈里森（Harrison，1994）从教师、行政人员和学生等群体探讨大学的形象问题。作者认为大学形象在不同群体之间可能不同，因为大学形象被认为与成员或非成员对组织的情感和行为反应密切相关。[②] 为了研究新西兰的大学在亚洲市场的品牌定位，布伦丹·格雷等（2003）提出了五个主要的品牌定位维度：大学的学习环境、声誉、毕业生的职业发展、目的地形象以及文化融合。[③] 基于学生与大学关系的视角，约翰·巴尔默（Balmer）和廖美娜（Liao，2007）通过对某英国大学三个彼此独立的学生团体的调查，探索

① HEMSLEY-BROWN J，GOONAWARDANA S. Brand harmonization in the international higher education market［J］. Journal of business research，2007，60（9）：942－948.

② TREADWELL D F，HARRISON T M. Conceptualizing and assessing organizational image：model images，commitment，and communication［J］. Communications monographs，1994，61（1）：63－85.

③ GRAY B J，SHYAN FAM K，LLANES V A. Branding universities in Asian markets［J］. Journal of product & brand management，2003，12（2）：108－120.

了学生对大学品牌的认同。两位作者的定性研究确定了三种品牌关系：品牌成员（brand member）、品牌支持者（brand supporter）和品牌所有者（brand owner）。研究发现，学生根据他们与大学的关系来确定品牌。并且，学生非常关注大学或高等教育机构的品牌声誉。[①] 拉斯·斯泰纳等（2013）开发了一个用于分析大学身份、形象和声誉的多维模型，为学者和行政管理人员提供了实用的分析工具。[②] 克勒克和西纳特（2016）基于战略传播原理，制定了高等教育机构战略性声誉建立的替代性模式，以理解高等教育声誉的复杂性。作者提出的“以利益相关者为中心”的声誉模型侧重于品牌而不是产品。作者认为对高等教育品牌的重视不仅体现在将焦点转移到对品牌的感知价值上，还应当反思品牌的关联性和目的性。[③]

叶丽芳（2006）认为大学的声誉管理更注重大学的内外部所有因素在公众心目中的反映，并分析了大学形象、大学品牌和大学声誉三个概念之间的关联。[④] 王亚杰、陈岩和谢苗锋（2011）基于英国学科特色型大学的案例，研究提出行业特色型大学的行业特色与传统、文化、战略、品牌及声誉等核心元素融为一体，为特色学科发展不断地提供所需资源，行业特色与学科特色共同成为大学识别系统的核心元素。[⑤] 苏洋和赵文华（2013）认为通过建立海外分校为当地学生提供高质量的高等教育，输出国高等教育机构的声誉可以在输入国实现更好的传播，从而获取较高的品牌知名度。[⑥] 新媒体时代的到来，决定了大学的声誉传播必然要借助各种传播媒介创新宣传方式、有效应对潜在的声誉危机。缪建红、冯俊文和周鎏鎏等（2014）在探讨组织进行声誉危机管理重要性的基础上，将高校危机应对策略总结为四个维度：事先规划、组织系统、利益相关者沟通、学习反馈。[⑦] 刘郑一（2015）以高校开展海外交流与合作为切入点，对大学精神与高校声誉的关系进行分析，提

---

① BALMER J M T, LIAO M N. Student corporate brand identification: an exploratory case study [J]. Corporate communications: an international journal, 2007, 12 (4): 356 - 375.

② STEINER L, SUNDSTRÖM A C, SAMMALISTO K. An analytical model for university identity and reputation strategy work [J]. Higher education, 2013, 65 (4): 401 - 415.

③ KLERK O D, SIENAERT M. From research excellence to brand relevance: A model for higher education reputation building [J]. South African journal of science, 2016, 112 (5/6): 1 - 8.

④ 叶丽芳. 大学形象、大学品牌、大学声誉概念辨析 [J]. 黑龙江教育（高教研究与评估），2006 (4): 4 - 6.

⑤ 王亚杰，陈岩，谢苗锋. 英国学科特色型大学发展战略特征与政策建议 [J]. 高等工程教育研究，2011 (1): 11 - 17.

⑥ 苏洋，赵文华. 世界一流大学发展海外分校的特征与启示 [J]. 教育发展研究，2013 (23): 33 - 38.

⑦ 缪建红，冯俊文，周鎏鎏，等. “四维度”模式高校声誉危机管理策略探析 [J]. 技术经济与管理研究，2014 (4): 38 - 42.

出高校声誉的建立，不仅需要通过印刷宣传、电子宣传和网络宣传等途径来实现，更需要通过人际传播媒介来实现。① 许晓凤（2016）认为通过对外宣传报道以及视觉标示体系建设，展示高校办学成绩和专业学术水平，可以提高高校的社会美誉度。② 作为国际文化交流的窗口，大学的对外传播力也直接影响着国家的对外传播力。张洪忠等（2017）选取中国159所大学作为研究样本，通过抓取国际搜索网站和大型社交平台数据进行比对分析，发现中国大陆的大学对海外网络传播平台的利用不足，尚未把现代传播的双向性、互动性和发散性的理念应用到海外传播中。③

三是组织行为学视角。现代大学是具有独特职能和使命的社会组织，大学社会声誉与组织行为互相作用：一方面，大学组织行为彰显了大学文化的某些因素，并且经过长期演化发展出社会声誉；另一方面，大学社会声誉反过来也规范和引导了组织行为，声誉管理逐渐被高等教育机构纳入战略高度。柯蒂斯·曼斯（Manns）和詹姆斯·马奇（March，1978）在研究大学课程变化与财务逆境之间的关系时，通过对斯坦福大学30个院系的考察发现声誉为院系提供了可替代的财政机会、吸引学生的基础以及与管理人员谈判的权力来源。面对经济困境，具有良好声誉的院系往往较少依赖于课程的变革。④ 查尔斯·莫耶（Moyer）和威廉·克莱特洛（Kretlow，1978）分析了美国高校在做出资源分配决定时所进行的评估过程，通过面向美国200所大学分管财政的副校长开展的问卷调查，发现高等教育机构的行为方式与受总体预算约束的声誉最大化目标相一致。⑤ 朱塞佩·拉比安卡等（2001）在研究大学管理人员选择竞争目标的考虑因素时，通过对美国439所高校管理层开展问卷调查和社会网络分析，发现在行业内选择竞争目标不仅是选择结构最相似的组织，还包括了与身份相关的属性因素，如声誉和形象等。⑥ 基于访谈法，马克·塔亚尔（Tayar）和罗伯特·杰克（Jack，2013）对4所澳

---

① 刘郑一. 论大学精神与高校声誉：以高校开展海外交流与合作为例［J］. 科技视界，2015（17）：132.

② 许晓凤. 新媒体背景下高校美誉度提升工程创新研究［J］. 高校后勤研究，2016（2）：95-97.

③ 张洪忠，方增泉，祁雪晶，等. "双一流"战略背景下中国高校海外网络传播力分析［J］. 情报工程，2017，3（5）：21-32.

④ MANNS C L，MARCH J G. Financial adversity，internal competition，and curriculum change in a university［J］. Administrative science quarterly，1978，23（4）：541-552.

⑤ MOYER R C，KRETLOW W J. The resource allocation decision in U. S. colleges and universities：Practice，problems and recommendations［J］. Higher education，1978，7（1）：35-46.

⑥ LABIANCA G，FAIRBANK J F，THOMAS J B，et al. Emulation in academia：balancing structure and identity［J］. Organization science，2001，12（3）：312-330.

大利亚公立大学进行了探索性案例研究，探寻高校决策者的行为和观点如何与外部约束和激励相互作用，以创造进入国外市场的机会。作者研究认为大学进入外国市场的战略由寻求声誉的动机和风险厌恶的文化共同塑造（见图2－6）。[①] 李英雅（Lee），韦恩·万塔（Wanta）和李贤民（Lee，2015）研究指出，学术界大多将资源视为一个组织的内部力量，使组织能够迅速有效地反应并成功地实现环境机会。作者将此概念进一步推广到公共关系研究，突出了公共关系战略（基于目标公众对组织资源的认知）与社会声誉的相互作用。[②] 卡罗琳·普莱瓦等（2016）基于模糊集定性比较分析（fuzzy set qualitative comparative analysis）方法，研究大学如何通过资源组合获得良好声誉。研究结果发现：以学生为中心的不同资源配置导致大学的高声誉；而由资源组合引致的声誉在国际和国内学生之间存在差异（见图2－7）。为了获得良好声誉，作者建议大学同时关注独立资源以及不同资源配置的影响。[③]

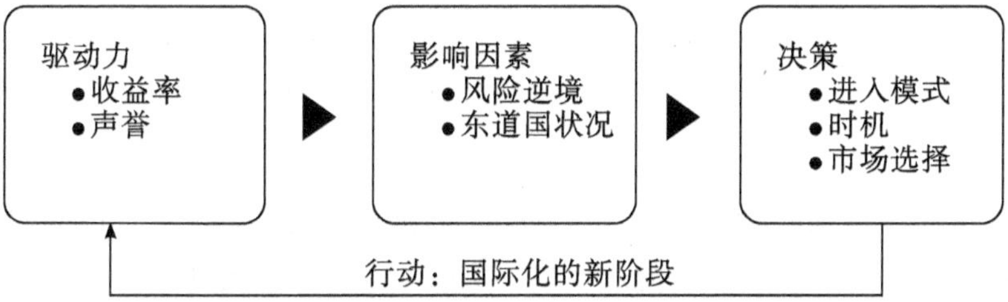

图2－6　塔亚尔（Tayar）和杰克（Jack）提出的概念模型

资料来源：TAYAR M，JACK R. Prestige-oriented market entry strategy：the case of Australian universities［J］. Journal of higher education policy and management，2013，35（2）：156.

① TAYAR M，JACK R. Prestige-oriented market entry strategy：the case of Australian universities［J］. Journal of higher education policy and management，2013，35（2）：153－166.

② LEE Y，WANTA W，LEE H. Resource-based public relations efforts for university reputation from an agenda-building and agenda-setting perspective［J］. Corporate reputation review，2015，18（3）：195－209.

③ PLEWA C，HO J，CONDUIT J，et al. Reputation in higher education：a fuzzy set analysis of resource configurations［J］. Journal of business research，2016，69（8）：3087－3095.

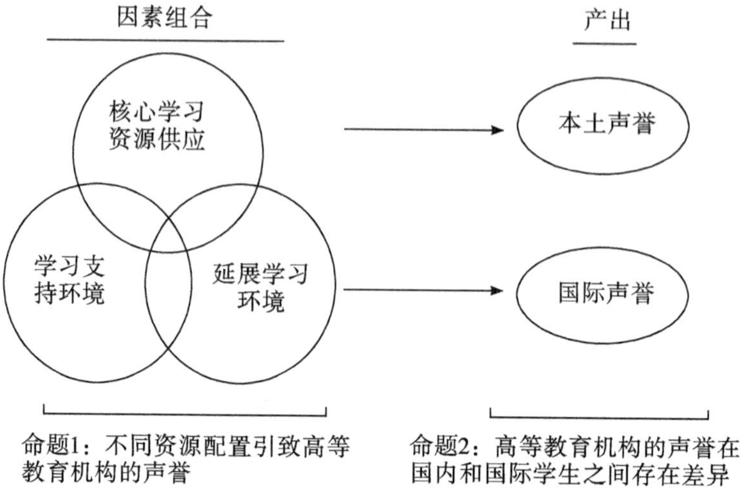

图2－7　普莱瓦（Plewa）等提出的概念模型

资料来源：PLEWA C，HO J，CONDUIT J，et al. Reputation in higher education：a fuzzy set analysis of resource configurations［J］. Journal of business research，2016，69（8）：3090.

张清和丁长峰（2009）从组织社会学的视角剖析高校声誉形成的制度基础，指出高校声誉形成的前提是存在一个地位分化与社会认识同化的悖论过程。[①] 李旭（2012）借鉴新制度主义理论，阐释构成学校声誉制度的规制性、规范性以及文化—认知性要素如何通过合法性机制导致学校趋同。作者指出大学声誉制度的形成，是包括国家政策（宏观层面）、组织场域（中观层面）和学校个体（微观层面）在内的多元利益相关者共同建构的结果。[②] 周守亮（2015）从制度经济学的角度分析知识交易属性与大学组织特征的关系，认为大学的组织特征能够有效地抑制知识契约履约过程中存在的信息不对称、双边机会主义、要挟和协调成本过高等问题，组织治理更加依赖于信任、声誉和文化等非正式制度。[③] 潘静（2016）认为声誉是一种“被简化了的社会身份识别机制”，作者根据学科组织的基本要素揭示世界一流学科的基本特征，认为一流学科有助于推动大学社会声誉的再生产。[④] 郑忠梅

① 张清，丁长峰. 论高校声誉形成的基础与强化策略：一种制度的解释［J］. 黑龙江高教研究，2009（12）：11－13.

② 李旭. 学校声誉制度：学校同质化的制度根源：基于组织社会学的阐释［J］. 中国教育学刊，2012（4）：27－30.

③ 周守亮. 契约视角下知识交易属性与大学组织特征的关系［J］. 高校教育管理，2015，9（3）：73－79.

④ 潘静. “双一流”建设的内涵与行动框架［J］. 江苏高教，2016，189（5）：24－27.

(2015）对“墨尔本模式”（Melbourne Model）的发展变化和“提升声望”（Growing Esteem）战略进行深入分析，指出墨尔本大学通过有序地推进学生服务模式和行政运作模式改革，将声望提升战略分解为文本建构、生活建构和心理建构的具体执行策略，从而多角度、全方位地践行大学校训。[①]

2.5 大学社会声誉的评价研究

作为质量测量手段和同行评价的一部分，声誉调查的结果经常作为可靠的数据在大学排名中进行使用。王战军和瞿斌（2002）在研究我国一流大学的层次定位时指出，学术声誉既是一个难以量化的因素，又是一个综合性极强的因素。虽然学术声誉属于定性指标，带有一定的主观性，但究其本质，它实际上是一所大学的师资力量、人才培养的质量、所取得的科研成果等所有能够展现自身水平的相关因素在公众心目中长期积淀的综合印象。[②] 王连森和陈国军（2006）界定和探究了大学社会声誉的内涵、形成机理及功能，指出声誉主要具有四个特征：主观性、多元性、积累性、综合性，并且对声誉的测评一般包括四个步骤：构建指标体系、确定指标权重、获取相应指标数值和计算判断。[③] 围绕如何对大学社会声誉进行评价这一问题，众多学者开展了富有探索性的研究。

一方面是关于大学社会声誉的操作化测量，这涉及声誉的维度及指标。在研究大学社会声誉影响因素的同时，国内外学者试图通过建立各种因素指标以寻找测量大学社会声誉的有效方法。

对于大学社会声誉的测评指标多数都是以大学组织的能力、资产和产出为来源。基于对 87 所美国大学医学院的调查分析，乔纳森・科尔（Cole）和詹姆斯・利普顿（Lipton，1977）提出医学院校社会声誉的测量指标包括科研出版、教师水平、活动经费、教师规模和可感知的培训效率。[④] 查尔斯・巴登・富勒等（2000）以欧洲知名大学商学院为研究对象，发现大学社会声誉主要取决于教师的学术科研能力，所以应该使用在某一特定时期内在

① 郑忠梅．珍视大学声望守护大学精神：“墨尔本模式”发展及其启示［J］．高等教育研究，2015，36（10）：96－102.

② 王战军，瞿斌．一流大学的层次定位与评估［J］．科学学研究，2002，20（2）：189－192.

③ 王连森，陈国军．声誉管理：大学发展的新课题［J］．山西财经大学学报（高等教育版），2006，9（3）：12－15.

④ COLE J R，LIPTON J A．The reputations of American medical schools［J］．Social forces，1977，55（3）：662－684.

主流学术期刊上发表文章的频率作为商学院声誉测量指标。[①] 杨成云（Yang），苏·韦斯科特·亚历山德里（Alessandri）和丹尼斯·金赛（Kinsey，2008）选择美国东北地区的私立大学作为研究对象，基于对受访者主观意见的分析，提出两个声誉因子：高质量教育（high quality education）和强有力的体育项目（strong sports program）。[②] 卡蒂·索米（Suomi，2014）考察了芬兰的一个两年制硕士生项目，探讨了与大学品牌声誉相关的维度。借助问卷调查和半结构化访谈等方法，作者提出大学品牌声誉的测评指标包括教学、研究、服务与支撑、领导力与治理、财政资源、关系与共同品牌、工作场所氛围、社会互动、学生、唯一性、可见性等 11 个维度。[③] 埃塞尔·泰尔奇（Telci）和丹尼兹·坎图尔（Kantur，2014）结合定性和定量方法开发了一份共计 18 个题项的声誉测量量表（见表 2－8），包括学术能力、负责任的管理和社会吸引力三个维度。[④] 借用企业声誉商数（Corporate Reputation Quotient）模型，贝图尔（Betül，2015）对土耳其伊斯坦布尔某大学的 1 230 名学生开展了问卷调查，发现大学社会声誉的组成部分（包括社会与环境责任，工作环境，愿景与领导力以及情感吸引力）包括财务绩效，它能间接影响组织声誉。[⑤]

---

① BADEN-FULLER C，RAVAZZOLO F，SCHWEIZER T. Making and measuring reputations：the research ranking of European business schools［J］. Long Range Planning，2000，33（5）：621－650.

② YANG S U，ALESSANDRI S W，KINSEY D F. An integrative analysis of reputation and relational quality：a study of university－student relationships［J］. Journal of marketing for higher education，2008，18（2）：145－170.

③ SUOMI K. Exploring the dimensions of brand reputation in higher education－a case study of a Finnish master's degree programme［J］. Journal of higher education policy and management，2014，36（6）：646－660.

④ TELCI E E，KANTUR D. University reputation：scale development and validation［J］. Bogazici journal：review of social，economic & administrative studies，2014，28（2）：49－74.

⑤ BETÜL G Ü R. Impact of perception of corporate reputation in higher education on financial performance：the case of a foundation university［J］. Eurasian academy of sciences social sciences journal，2015，1（1）：46－68.

表2-8 泰尔奇（Telci）和坎图尔（Kantur）开发的大学社会声誉测量量表

维度	编号	题项
学术能力（academic competence）	01	大学提供高质量的教育。 The university offers high quality education.
	02	大学拥有高素质的教师。 The university has high quality faculty.
	03	大学拥有全国知名的学术课程或院系。 The university has nationally known academic programs/departments/schools.
	04	大学是可以信赖的。 This university is a reliable university.
	05	大学得到多数人的青睐。 The university is a highly preferred university.
	06	大学具有其立足之本。 The university is a well - established university.
	07	大学受人尊敬。 The university is a respected university.
	08	大学是知名的。 The university is a well - known university.
	09	大学拥有成功的校友。 The university has successful alumni.
负责任的管理（responsible management）	10	大学是所在社区的一个负责任成员。 The university is a responsible member of the community.
	11	大学妥善、公正地对待自身的员工。 The university treats its employees well and fairly.
	12	大学拥有一名成功的校长。 The university has a successful rector.

续上表

维度	编号	题　项
社会吸引力 (social attractiveness)	13	大学拥有广阔的发展前景。 The university looks like a university with strong prospects for future growth.
	14	大学为学生提供良好资源（如计算机设备、图书馆、交通等）。 The university has good resources forstudents (computer equipment, library, transportation, etc.).
	15	大学提供众多优质的文化体验。 The university offers many good cultural experiences.
	16	大学拥有一个美好的校园。 The university has a good campus.
	17	大学是一个包括学术人员和行政人员都愿意在此工作的机构。 The university is an institution where both academic and administrative staff would like to work.
	18	大学是一所创新型大学。 The university is an innovative university.

资料来源：TELCI E E, KANTUR D. University reputation: scale development and validation [J]. Bogazici journal: review of social, economic & administrative studies, 2014, 28 (2): 73.

李越、叶赋桂和蓝劲松（2002）提出通过学术标准来衡量世界一流大学，这些学术基准包括科研经费、SCI 和 SSCI 论文数量、在 *Nature* 和 *Science* 发表的论文数量、教师中的院士人数、诺贝尔奖获得者以及学术声誉。其中，所谓学术声誉是科研水平和实力在社会上，尤其是在学术界影响的深度与广度。① 吴剑平、陈星博和孙茂新（2002）探讨了一流大学评价的若干基本问题，提出了评价大学声誉的两个维度：一是社会知名度，即一所大学被社会公众的知晓程度。二是社会美誉度，即一所大学被社会公众评判为高水

① 李越，叶赋桂，蓝劲松．跻身世界一流大学的学术基准［J］．教育发展研究，2002，22（12）：50－53．

平大学的认可程度。[①] 袁立莉（2008）认为社会声誉已日益成为判断现代大学综合办学水平高低的重要尺度，它主要由大学的学术声誉、社会对学生的评价、新闻媒体评价、国家声誉等指标构成。[②] 段婕（2013）认为高校声誉是一个由认知和情感构成的态度结构，并以高校声誉评价的构成要素为内生变量，驱动要素为外生变量，构建了关于高校声誉评价的驱动要素测度模型及评价指标体系（见图 2－8）。[③] 缪建红、冯俊文和钱明等（2014）通过对工业和信息化部直属的某高校开展调查研究，设计了包括过程评价和效果评价的高校声誉危机管理评价框架，前者包括信息管理、应急决策与公关沟通，后者包括声誉恢复与成长。[④]

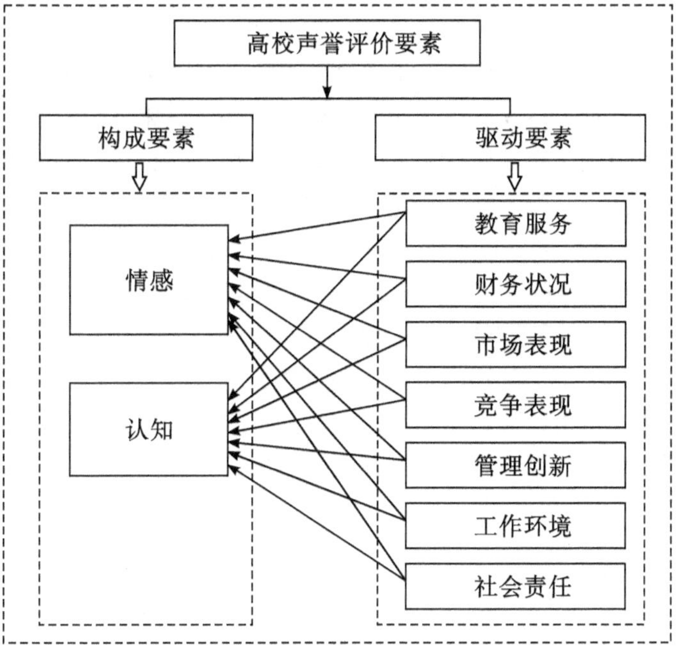

图 2－8 高校声誉评价要素的测度模型

资料来源：段婕. 高校声誉评价构成要素与驱动要素测度研究［J］. 高教发展与评估，2013，29（4）：34.

---

① 吴剑平，陈星博，孙茂新. 一流大学评价的基本问题探讨［J］. 教育发展研究，2002，22（12）：46－49.

② 袁立莉. 论社会声誉对现代大学发展的影响［J］. 黑龙江教育（高教研究与评估），2008（1）：6－7.

③ 段婕. 高校声誉评价构成要素与驱动要素测度研究［J］. 高教发展与评估，2013，29（4）：30－37.

④ 缪建红，冯俊文，钱明，等. 基于灰色聚类的高校声誉危机管理评价［J］. 技术经济，2014，33（5）：125－130.

另一方面是关于已有的大学社会声誉评价工具，涉及各种排名或评估的应用及价值反思。

大学排名近些年来呈现多元化的发展态势。大学排名是对大学社会声誉的一种评价，菲利普·拉森（Larsen，2003）较早探讨了高等教育领导者在分配同行评估等级时的考虑因素，通过对美国12个州的大学校长和教务长的访谈，他发现高等教育领导者在参与《美国新闻和世界报道》的同行评价时，一般是基于学生素质、机构资源和领导力质量等因素来确定声誉得分。[①] 在这之后，国外学者开始使用大学排名数据，研究各种制度特征如何影响大学排名中的声誉指标。[②] 迈克尔·巴斯特多（Bastedo）和尼古拉斯·鲍曼（Bowman，2009）研究了《美国新闻和世界报道》本科排名对大学和文理学院高级管理者的声誉评估的制度性影响。基于对美国25所文理学院、25所公立大学数据的结构方程模型分析结果证实：大学排名的发布对未来同行评估有重大影响；对于公立大学和文理学院，未来同行评价的声誉受到整体排名、排名层级和层级水平变化这三个因素的影响。同时，学校的声誉受到排名的影响越大，声誉分数的价值在长期内越有可能降低。[③] 后来，鲍曼（Bowman）和巴斯特多（Bastedo，2011）基于《泰晤士报高等教育》大学排名数据进行的实证分析结果同样证实了声誉调查存在“锚定效应”（anchoring effect）。作者也因此呼吁声誉调查需要运用更多的实证研究方法。[④]

胡弼成和陈小尘（2010）分析了高等教育质量的基本特征、评议框架与提升路径。作者指出新闻媒体和研究机构发布的大学排名在很大程度上体现了大学的声誉状况，也显著地影响着大学的地位。而大学社会声誉也反过来

① LARSEN P V. Academic reputation: how US News & World Report Survey respondents form perceptions [J]. International journal of educational advancement, 2003, 4 (2): 155 - 165.

② 具有代表性的研究包括 STANDIFIRD S S. Reputation among peer academic institutions: an investigation of the US News and world report's rankings [J]. Corporate reputation review, 2005, 8 (3): 233 - 244; VOLKWEIN J F, SWEITZER K V. Institutional prestige and reputation among research universities and liberal arts colleges [J]. Research in higher education, 2006, 47 (2): 129 - 148; PORTER S R, TOUTKOUSHIAN R K. Institutional research productivity and the connection to average student quality and overall reputation [J]. Economics of education review, 2006, 25 (6): 605 - 617; CYRENNE P, GRANT H. University decision making and prestige: an empirical study [J]. Economics of education review, 2009, 28 (2): 237 - 248; DELGADO - MÁRQUEZ B L, ESCUDERO - TORRES M A, HURTADO - TORRES N E. Being highly internationalised strengthens your reputation: an empirical investigation of top higher education institutions [J]. Higher education, 2013, 66 (5): 619 - 633; JONES W A. Prestige among black colleges: examining the predictors of HBCU peer academic reputation [J]. Journal of African American studies, 2013, 17 (2): 129 - 141.

③ BASTEDO M N, BOWMAN N A. US news & world report college rankings: modeling institutional effects on organizational reputation [J]. American journal of education, 2009, 116 (2): 163 - 183.

④ BOWMAN N A, BASTEDO M N. Anchoring effects in world university rankings: exploring biases in reputation scores [J]. Higher education, 2011, 61 (4): 431 - 444.

影响各种大学评估排行的进程。[①] 瞿立新和杨晓江（2012）基于对大学排名的比较分析，认为大学排行榜对大学社会声誉的关注呈现出三个特点：一是内涵不断丰富，二是调查的客观性不断增强，三是调查参与者的积极性不断提高。[②] 高飞（2015）专门介绍了《泰晤士报高等教育》“世界大学声望排名”的实施情况，认为“世界大学声望排名”在不断修正完善中逐渐表现出调查对象选择强调多样性、问卷内容设计注重完整性以及数据结果分析追求系统性等特征。[③] 王连森和王秀成（2015）从信息扩散的视角研究排名与声誉的循环互动关系以及大学对排名应有的反应，指出大学排名公布对大学社会声誉和办学实力提升产生影响，进而波及大学在下一次或其他排行榜的排名。[④]

2.6　既有研究的不足与展望

作为一个备受关注的前沿议题，大学社会声誉的研究已经出现了相对明显的脉络。如图 2－9 所示，大学社会声誉的效应及影响因素是该领域的中心议题。近年来，从利益相关者互动、品牌传播、组织行为等视角展开的研究也取得了许多创新性成果。基于文献梳理和解读，笔者得出以下经验与启示。

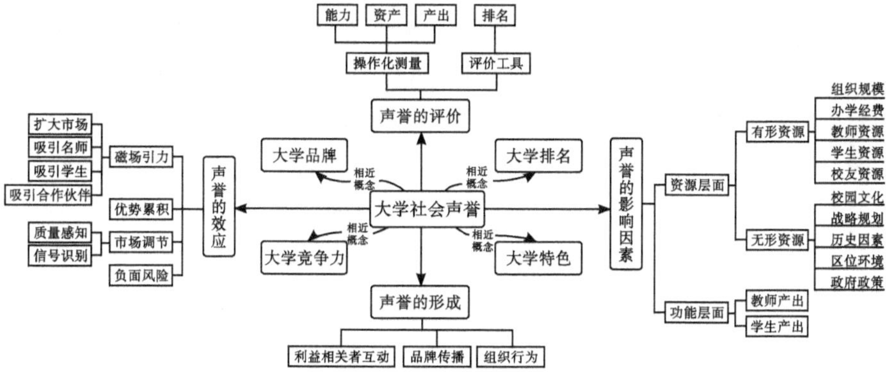

图 2－9　文献综述示意图

① 胡弼成，陈小尘．高等教育质量评议与提升路向［J］．高等教育研究，2010，31（2）：6－11.

② 瞿立新，杨晓江．国际大学排行榜对中国建设一流大学的启示［J］．中国青年政治学院学报，2012（6）：109－114.

③ 高飞．《泰晤士报高等教育》“世界大学声望排名”探析［J］．江苏高教，2015（1）：61－64.

④ 王连森，王秀成．排名、声誉及大学应有的反应［J］．高教发展与评估，2015，31（2）：44－45.

第一，大学的声誉效应得到了大量研究的证实，声誉是利益相关者进行决策的重要影响因素，但对声誉影响力的判断仍然不能脱离具体的情境。并且由于大学组织日益多元化和复杂化，对于大学社会声誉的衡量指标也在不断发展。总体上看，大学社会声誉是一个复杂的多维概念，依据不同的使用情境，学者们可以对大学社会声誉展开不同视角的解读，在使用不同的数据指标进行测算时也可能导致差异化的解释。后续研究应尽可能采取分类的思路，根据特定的大学类型，对声誉管理行为进行更富有针对性的细致研究。

第二，国外学者对于大学社会声誉的研究路径较为丰富，在方法上日趋多元。具体而言，研究方法以实证研究或者混合研究为主，包括访谈法、观察法、问卷调查法等。丰富多样的研究方法极大地拓展了大学社会声誉研究的视野。并且由于定量方法的大量使用，国外学者在研究取向上也更多回应了较为微观、具体、操作性强的现实问题。反观国内学者的研究仍具有较为浓厚的思辨色彩，经验研究偏少，国外学者的实证研究依然具有重要的借鉴意义。开展理论指导下的实证研究，将有助于拓宽国内学界关于大学社会声誉研究的学术视野，帮助我们进一步寻找案例背后所蕴含的更具普遍性的因果机理。

第三，关于大学社会声誉形成与维持的研究尚未形成系统化的理论知识。综合已有研究可以看出，大学社会声誉的形成涉及内外部多方面因素，并且是基于一定时期的社会互动。但是，已有研究大都基于静态视角，在定量分析时主要使用横截面数据，较少从纵向和时间角度来剖析大学社会声誉；在机制分析时，主要考察大学内部的资源要素和组织功能，较少考虑大学与外部行为体互动形成的社会网络以及合法性认同，因而难以构建一个完整的分析框架。与大学社会声誉相关的因素（如大学身份、大学形象等）在概念上存在着某些交叉与重叠，高等教育领域的学者对这些概念之间的联系还鲜有关注。为了继续推进大学社会声誉研究的发展，有必要从演化的观点对大学社会声誉生成、维持及传播的动态过程进行更深入的研究。

第四，由于不同国家和地区的大学类型、运行机制以及文化背景都存在差异，因此还需要加强对大学社会声誉影响因素与提升策略的本土化研究。扎根中国大地建设世界一流大学，除了可比的指标要快速进步之外，提升社会声誉也是重要的组成部分。在我国统筹推进世界一流大学和一流学科建设的宏观背景下，需要对我国大学社会声誉的形成机理进行细致研究，为大学品牌建设提供切实有效的指导，从而为支持大学宣传工作提供全方位的保障体系。因此，在借鉴国外已有经验的基础上，应结合国内具体情境，深入分析声誉形成的动力和路径，探究各种影响因素之间的相互作用，尤其是在理论和实践层面剖析大学资源、功能和软硬实力之间的关联，丰富我国大学声誉管理的研究。

总之，大学社会声誉是一个极具理论价值和现实意义的研究课题。实施声誉战略已成为我国大学，特别是高水平研究型大学适应高等教育全球化潮流、应对高等教育办学体制多样化挑战的必然选择。学术界业已取得的成果有助于提高我国建设世界一流大学政策的有效性，为我国高等教育改革发展提供有力的理论支撑。深入探讨研究型大学社会声誉的形成机理，最终落脚点是提出有效的实践方案，强化价值引领，提升我国大学的社会影响力，推进世界一流大学建设。

第三章　研究型大学社会声誉的理论解释

3.1　理论基础

对于理论导向的经验研究来说，理论的作用包括以下四个方面：一是理论作为研究的基础、背景，为研究提供概念框架；二是理论指导研究的方向，指导研究者搜集特定的事实资料；三是理论提供研究的解释；四是理论的运用体现研究的“省力”原则，即简化事实并提高研究效率。[①] 在相互竞争的诸多理论中，理论的可接受性或择优的标准应是：高度的可证伪性（falsifiability）、似真性（plausibility）和逻辑简单性（logical simplicity）。[②]

如表 3－1 所示，从广义理论的角度出发，经济学的解释逻辑强调组织声誉的基础是组织的过去表现，因此声誉取决于组织内部的自我努力；社会网络理论将组织或个人在网络结构中的地位视为声誉制度的基础；制度学派则认为组织行为必须建筑在社会承认的基础之上，必须被更为广泛的社会群体所接受。本研究也将以理性选择、社会网络以及合法性认同这三大机制作为解释研究型大学社会声誉形成的逻辑起点，探索广义组织声誉理论在解释大学社会声誉形成中的适用性，初步构建覆盖“因素＋机制”的分析框架。

表 3－1　理性选择机制、社会网络机制、合法性认同机制的对比

项目	理性选择机制	社会网络机制	合法性认同机制
分析单位	交易	网络结构及其中位置	制度领域
因果关系、机制	个人追求效率的动机和行为	网络结构对人们行为的限制和促成	合法性机制、制度制约

① 风笑天．社会学研究方法［M］．2 版．北京：中国人民大学出版社，2005：35－37.

② 林定夷．论科学中观察与理论的关系［M］．广州：中山大学出版社，2016：325.

续上表

项目	理性选择机制	社会网络机制	合法性认同机制
分析的着眼点	利益关系	网络结构与个人在结构中的位置	制度环境与组织关系
解释的问题	组织或个人间差异	组织或个体间差异	组织或个人的趋同性

资料来源：周雪光. 组织社会学十讲 [M]. 北京：社会科学文献出版社，2003：154.（略有修改）

3.1.1 理性选择机制

理性指“在一定限制下所作的追求价值最大化的、连贯一致的选择”①。理性意味着在选择政策工具时，决策者对不同类型政策工具的内在特征、各自适用条件进行算计和权衡，并运用一定的标准对这些政策工具的预期绩效进行评估，从而选择那些能最大化地实现政策目标的政策工具。② 理性选择机制亦称为效率机制，强调组织的经济属性，认为在市场的自动调节下，组织只要追求自己私利的最大化，市场就可以实现帕累托最优（Pareto Optimality）。

围绕人类利己行为以及个人利益与社会利益的关系研究必然导致对理性的深入思考。20 世纪以来，社会科学领域关于理性及行为选择的思考都是以新古典经济学的理性内涵为基础展开的。理性选择理论建立在以下假设的基础之上：其一，行动者追求自身利益最大化；其二，行动者在特定情境中有不同的行为策略可供选择；其三，行动者相信不同的选择会导致不同的结果；其四，行动者在主观上对不同的选择有不同的偏好排序。简而言之，行动者趋向于采取最优策略，以最小代价获取最大收益。③ 理性选择理论对于行动者的偏好来源并不关心，它关注的是行动者采取的行动是否与其偏好层次相一致。虽然理性选择理论的起点是行动者的目标或意图，但它也考虑了两个限制：④ 第一个限制是资源的稀缺性。对于那些掌握较多资源的人，达成目的相对简单。第二个限制是社会制度。制度限制透过各种社会政策或社

① 艾利森，泽利科. 决策的本质：还原古巴导弹危机的真相 [M]. 王伟光，王云萍，译. 北京：商务印书馆，2015：38.

② 杨代福. 政策工具选择研究：基于理性与政策网络的视角 [M]. 北京：中国社会科学出版社，2016：2.

③ 周长城. 经济社会学 [M]. 2 版. 北京：中国人民大学出版社，2011：83.

④ 瑞泽尔. 当代社会学理论及其古典根源 [M]. 杨淑娇，译. 北京：北京大学出版社，2005：143.

会法则显现出来，同时提供了鼓励某些行动及抑制其他行动的正向认可和负向制裁。

更现实地描述管理者如何做决策的方法是有限理性（bounded rationality）模型，即管理者可以理性决策，但受限于自身信息获取能力。由于他们都是在不完全信息条件下做出决策，因此，管理者只能寻求满意的决策而非最佳的决策。① 那些试图将大学的复杂行为模型化的学者，通常会假定大学的行为意图是社会声誉最大化。② 对大学而言，至关重要的是保持与提高其声誉资本，在与其他大学竞争“名牌证书”（branded certificate）的过程中，实现自身产品价值的最大化。③ 大学日益进入一个具有多元利益相关者的时代，大学的管理必须平衡好各方的诉求，同时兼顾效率原则。

1. 资源观

作为经济社会中的核心概念，效率（efficiency）通常指“用来达到组织目标的资源量，是基于为获得一定水平的产出而投入的必要的原材料、金钱和雇员的数量”。④ 就经济活动而言，如何更好地利用有限资源满足人类的愿望和需要，以一定的资源投入获得最多的产出，是人们在生产管理中的共同追求。现代经济学理论把效率区分为三类⑤：一是生产效率，指厂商一定量的资源投入与产出之比；二是资源配置效率，指厂商是否已经充分利用现有的各种资源、资源是否被闲置、是否存在对资源的浪费；三是 X 效率，指所有与管理技能相联系的未知因素都存在的情况下，厂商实际产出与应有产出之间的差额。X 低效率通常由非资源配置原因引起，与组织因素和个人动机相关。

效率与组织资源配置密切相关，资源也经常被视为联系组织和外部环境的核心纽带。1959 年，彭罗斯（Penrose）率先提出企业资源观理论，认为“企业所拥有和控制的资源是企业核心竞争力之源”。⑥ 然而，并非任意的资源都能为企业带来持续的竞争力。后来，比尔格·沃纳费尔特（Wernerfelt，1984）提倡的资源基础观（Resource Based View）得到广泛应用，并迅速发展成为战略管理领域的代表性理论。⑦ 资源基础观将企业概念化为由异质性

① 罗宾斯，德森佐，库尔特. 管理学：原理与实践［M］. 7 版. 毛蕴诗，主译. 北京：机械工业出版社，2010：68.

② GARVIN D A. The economics of university behavior［M］. New York：Academic Press，1980：22－24.

③ 史密斯，韦伯斯特. 后现代大学来临？［M］. 侯定凯，赵叶珠，译. 北京：北京大学出版社，2014：163－164.

④ 达夫特. 组织理论与设计［M］. 12 版. 王凤彬，等译. 北京：清华大学出版社，2017：25.

⑤ 徐警武. 我国公立高校的组织效率及其改善研究［M］. 青岛：中国海洋大学出版社，2012：31.

⑥ PENROSE E T. The theory of the growth ofthe firm［M］. New York：Sharpe，1959.

⑦ WERNERFELT B. A resource-based view of the firm［J］. Strategic management journal，1984，5（2）：171－180.

资源组成的实体，认为独特的、关键的和异质性的资源是企业获取持续竞争优势的保证。[①] 杰恩·巴尼（Barney，1991）将资源定义为企业控制的所有资产、能力、信息、知识和组织过程等，他们使企业能够制定和执行提升绩效的战略。资源对竞争优势的价值源于资源的特性，杰恩·巴尼（Barney）专门提出了一个用于分析企业资源能否成为持续竞争优势来源的框架，即 VRIO 框架，如表 3－2 所示。亚瑟明·柯（Kor）和约瑟夫·马奥尼（Mahoney，2000）总结了资源基础观的核心观点：其一，企业增长是资源与管理能力交互的动态过程，管理能力决定了企业增长速率；其二，对具体资源的利用决定了企业间的异质性；其三，资源利用能力取决于企业内部员工的知识；其四，资源的多样性决定了企业的竞争优势。[②] 基于资源基础观的研究表明，企业所拥有的一系列生产资源，包括物质资源（physical resources）、人力资源（human resources）以及组织惯例（routines），均是企业打造竞争优势的重要资源。

表 3－2 VRIO 分析框架

是否具有价值	是否稀缺	是否难以模仿	是否被组织所利用	对竞争优势的影响（绩效）
否	—	—	否 ↕ 是	持续竞争优势（高于正常）
是	否	—		竞争劣势（低于正常）
是	是	否		竞争均势（正常）
是	是	是		短暂竞争优势（高于正常）

资料来源：BARNEY J. Firm resources and sustained competitive advantage [J]. Journal of management，1991，17（1）：112.

资源基础观主要分析的是企业内部资源和能力，而兴起于 20 世纪 70 年代的资源依赖理论（Resource Dependence Theory）则聚焦于组织对外部环境的依赖程度。资源依赖理论认为，组织是一个开放的系统，所有组织都需要与环境进行交换，获得维持生存的必要资源；环境向组织提供关键性资源，组织依赖于这些资源的外部提供者。三个关键因素共同决定了一个组织对环境的依赖程度：一是资源的重要性；二是持有资源的群体对资源分配和使用

① BARNEY J B. Resource-based theories of competitive advantage：a ten-year retrospective on the resource-based view [J]. Journal of management，2001，27（6）：643－650.

② KOR Y Y，MAHONEY J T. Penrose's resource-based approach：the process and product of research creativity [J]. Journal of management studies，2000，37（1）：109－139.

的自行裁量权；三是替代性资源来源的存在。① 因此，资源依赖理论还认为，组织总是努力降低自身在重要资源供应方面对其他组织的依赖性。② 面临过大依赖性威胁的组织，通常会加强对外部资源的控制以减少这种依赖性。资源依赖理论建议企业应该更多关注那些控制关键性资源的利益相关者。

资源基础观的基本逻辑是企业内部资源影响企业能力，企业能力进而影响企业的业绩表现。所以，资源基础观致力于在内部组织能力与外部竞争战略之间架起桥梁。而资源依赖理论揭示了组织与环境之间的依赖关系，使人们注意到组织问题研究必须充分考虑到组织所嵌入的环境与网络关系。资源基础观和资源依赖理论共同表明了某项资源必须具备四个属性，才可以成为企业持续竞争优势的来源：是具有价值的，是稀缺的，是不可能完全模仿的，是能够在企业的组织过程中加以开发利用的。③ 企业资源之所以不可能完全模仿或模仿成本高，往往受到独特历史条件以及社会复杂性等原因影响。"隔离机制"（isolating mechanism）是异质性资源带来竞争优势的重要解释。通常认为，异质性资源主要通过企业内在的开发过程而得以创建和积累，这个过程往往具有一些特殊特征，包括独特历史条件、因果模糊性、社会复杂性等。④

基于资源观视角，企业高层管理团队是企业资源、知识和能力的结合体，也是企业组织和环境的汇聚点。近年来，高层管理者背景特征与企业绩效之间的关系也引起了学术界的广泛关注。唐纳德·汉布里克（Hambrick）和菲利斯·梅森（Mason）于 1984 年提出的高阶理论（Upper Echelons Theory）认为高层管理者的年龄、教育水平、职业背景以及任期等人口统计学特征反映其认知基础与价值观念，深刻地影响着企业的战略选择与组织绩效。⑤ 具有客观性与易得性特征的人口统计学变量，虽然在全面性和准确性上具有一定局限，但仍然可以作为实证研究的替代变量，用以衡量企业高管人员的价值观念与认知基础。

---

① PFEFFER J, SALANCIK G R. The external control of organizations: a resource dependence perspective [M]. Redwood City: Stanford University Press, 2003: 45 – 46.

② HILLMAN A J, WITHERS M C, COLLINS B J. Resource dependence theory: a review [J]. Journal of management, 2009, 35 (6): 1404 – 1427.

③ 巴尼，克拉克. 资源基础理论：创建并保持竞争优势 [M]. 张书军，苏晓华，译. 上海：上海人民出版社，2011：64.

④ LIPPMAN S A, RUMELT R P. Uncertain imitability: an analysis of interfirm differences in efficiency under competition [J]. Bell journal of economics, 1982, 13 (2): 418 – 438; SCHOEMAKER P J H. Strategy, complexity, and economic rent [J]. Management science, 1990, 36 (10): 1178 – 1192.

⑤ HAMBRICK D C, MASON P A. Upper echelons: the organization as a reflection of its top managers [J]. Academy of management review, 1984, 9 (2): 193 – 206.

现代大学处在竞争环境中，同样面临资源稀缺的现实，而各种利益相关者的多元目标追求也驱使大学越来越关注组织效率。可以说，作为大学管理的永恒追求，效率之所以重要，正是由于资源稀缺性与需求无限性之间的矛盾。潘璐和何蛟（2017）提出影响大学效率的因素：一是外部因素，例如政府教育资源的投入、地区经济水平和教学评估等；二是内部因素，如院校类型、发展战略、办学水平、办学规模、科研水平、交流水平、高校内部资源的共享和互补、办学地点以及教师的职称结构、办学条件中的占地面积、本科生和研究生数量等。①

高等教育系统的扩张以及高等教育机构的多样化正在成为21世纪全球高等教育必须面对的现实难题。有效使用资源、强化质量管理逐渐成为世界各国高等院校共同面临的艰巨挑战。以确定组织的未来发展方向和实施发展战略规划为目的，各国高等教育界越来越认同着眼于资源获取与有效利用的战略管理。② 对一所大学而言，其战略变革方式的选择在很大程度上取决于经费配置方式。从战略变革的视角进行审视，大学战略选择主要存在资源获取（遵循社会需求）、同型竞争（遵循赶超原则）、错位竞争（遵循比较优势）和学术导向（遵循学科发展）四种模式。③

作为一个拥有特定内涵的范畴，大学资源是指使大学各项事业得以正常运行的各类资源的总和，既囊括人力、财力、物力等有形资源，也包含办学理念、管理制度、校园文化等无形资源。④ 大学资源最重要的功能是支撑大学的生存与发展。从目前支撑大学办学的资源体系来看，大学资源主要表现为三大类资源：⑤ 一是智性资源，指维持大学基本功能运转的人力资源与技术资源，围绕此类资源的竞争形式如高层管理人才竞争、学术师资竞争、生源竞争等；二是物性资源，指支撑大学基本功能运转的资金与设备，围绕此类资源的竞争形式如投资规划竞争、基金竞争、捐赠竞争等；三是环境资源，指优化大学基本功能运转的政策条件、社会舆情与校园氛围，其中政策条件是指基本的高等教育政策大环境，围绕此类资源的竞争形式如声誉竞争、校园环境竞争等。

从大学运行过程看，有形资源和无形资源是组织获得竞争优势的关键因

① 潘璐，何蛟．教学评估、R&D与高等学校教育效率［M］．重庆：重庆大学出版社，2017：25－26.

② 马俊杰，等．大学人力资源管理［M］．北京：中国人民大学出版社，2007：17.

③ 周光礼．大学的适切性［M］．北京：高等教育出版社，2017：145.

④ 李文长，等．高校资源配置模式与绩效［M］．北京：北京师范大学出版社，2011：171.

⑤ 程瑛．转型期大学的资源竞争研究［M］．北京：中国社会科学出版社，2014：18.

素，并且大学的核心竞争力和竞争优势来源于资源的独特组合。大学要想取得良好社会声誉必须有效利用各种资源，提供优质教育服务，这需要建立一系列的制度安排来激励组织成员、协调组织关系、监督成员行为，以确保组织的有效运行。总结起来，大学的生存发展依赖来自环境的财政资源、物质资源和信息资源，大学及其成员也努力尝试运用各种策略争取资源。根据资源基础理论和资源依赖理论，大学同样是各种资源的集合体，而每个大学拥有的资源各不相同，这种异质性决定了大学竞争力的差异。从某种意义上说，大学及院系之间围绕资源要素的分配展开竞争，构成了一系列准市场行为。从已有研究来看，决定大学整体价值和竞争力的一系列影响因素，包括教职工获奖、各种排名、授予学位专业数量和质量状况、科研基金总量、人才培养质量、教学楼、仪器设备和设施的质量等，都可以被视为大学社会声誉水平的重要标志。① 其中，办学经费又为学校课程资源开发、教学设施配备、实验设施更新等提供最为直接的物质保障。而根据高阶理论，作为战略决策的主体，组织高管层根据自身的心理特质进行有限理性决策。在研究型大学，校长对大学战略规划能否成功具有相当大的影响力。当前，大学战略联盟作为大学校际资源整合的新载体，日益成为高等教育发展的新趋势。一流大学战略联盟逐渐成为大学在高等教育场域寻求共识的重要表现，也是大学学术荣誉的符号化表征。②

综上，本研究认为大学发展的基础资源要素主要体现在校长特征、办学经费、师资力量、学生规模以及战略联盟等方面。立足于有限的社会资源，大学在追求实现自身价值的过程中，形成了独特的知识生产、传播和运用体系以及与之相适应的组织运作程序。这些特殊的组织元素根植于特定的价值网络和环境系统，因而难以被其他组织模仿或取代。

2. 功能观

大学作为一个高度社会化的组织，它需要通过竞争获取稀缺的社会资源并在学校内部进行合理配置而生存、发展；同时，大学总是要把从环境输入进来的资源（经费、学生等），经过教育过程转化为产出。大学能否产生组织的效用，要看大学能否发挥功能去与环境进行资源交换。③ 社会将各种资

---

① GARVIN D A. The economics of university behavior [M]. New York: Academic Press, 1980: 22 - 24; GOLDMAN C A, GATES S M, BREWER D J. Prestige or reputation: which is a sound investment? [J]. Chronicle of higher education, 2001, 48 (6): 13 - 15.

② 张新培，赵文华. 世界一流大学战略联盟的组织管理特征及启示 [J]. 比较教育研究，2013 (4): 89 - 94.

③ ISRAELI R, MANNHEIM B. Effectiveness in an institution of higher education: a multi-dimensional model and its empirical examination [J]. Studies in educational evaluation, 1991, 17 (1): 67 - 98.

源投入到大学中，资源经过大学的“加工”，转化为大学的“产品”，再输送回社会并作用于社会。大学社会声誉好坏与否，在很大程度上取决于其产品的数量、质量和价值贡献。

大学功能在一定程度上包含了社会的价值取向，是大学长期发挥作用、最具有生命力的历史产物。根据本书的概念界定，社会声誉是大学在长期发展过程中，社会公众对大学功能实现的整体性评价。资源要素赋予了大学物态资本（物质性），而组织功能则赋予了大学声望资本（权威性）。在利益相关者趋于多元化的今天，大学组织的功能边界在不断拓展。特别是研究型大学，不但适时拓展了传统的“教学、科研、服务”的功能内涵，而且越来越强调承担发展经济、提升国家创新能力和国际竞争能力的重任。① 研究型大学在人才培养、科学研究、社会服务方面所做出的社会贡献，直接影响着社会各界对大学的认知与评价。

首先，研究型大学的首要目标在于培养高层次的精英型人才。

人才培养是高等院校的首要任务，学生是一切教育活动的出发点和终极目标。学生发展，不仅包括知识技能掌握，还包括价值观念塑造、行为习惯养成、身体成长等，它们是衡量所有教育绩效的基础和前提。② 今天，大学依然是唯一能够在数量上满足全球化时代科学与技术系统对“专家”的需要的机构。传统观念强调大学对科学具有两方面作用：一方面是知识制造者，另一方面便是生产“知识丰富的人”（knowledgeability）。③ 大学对人才培养质量的保证、教育公平的维护以及学生由此获得的就业机会等，体现了学校的服务信誉。这种信誉品质可以使学校在学生和用人单位中建立起良好的社会声誉，从而吸引更多的学生前来就读和更多的用人单位前来招聘。④

其次，研究型大学的核心能力在于知识创新、探究整理，即致力于从事高水平、前沿性的学术研究。

“现代大学的优异中心组织中，科研产出率声望的重要性已经远远超过了教学产出率。”⑤ 研究型大学在其生存发展过程中不仅将科学研究视为目的，也将其作为大学教育最重要的基础手段，发展建构出一套研究与教学互

---

① 余雪莲. 美国研究型大学职能发展演变的经验［J］. 比较教育研究，2007，28（5）：18－22.

② 王奇，等. 高等教育绩效评估研究［M］. 北京：高等教育出版社，2012：12.

③ 诺沃特尼，斯科特，吉本斯. 反思科学：不确定性时代的知识与公众［M］. 冷民，徐秋慧，何希志，等译. 上海：上海交通大学出版社，2011：90.

④ 茶世俊. 研究生教育制度渐进变迁［M］. 北京：北京大学出版社，2010：103.

⑤ 郑俊新，陶克新，泰希勒. 大学排名：理论、方法及其对全球高等教育的影响［M］. 涂阳军，译. 长沙：湖南大学出版社，2018：183.

惠生存的有效机制。[①] 大学越来越重视利用科学研究博取声誉和资源，创造或改进教学内容，将研究变为人才培养的重要途径。研究型大学科研创新的主旨是在创新系统内成为创新资源供给和吸纳的重要主体，并以一种开放创新的理念推进教学和科研的结合，同时发挥大学学科齐全的优势，积极推动跨学科交叉研究，以实现重大理论突破。在创新过程中，研究型大学不仅发挥自身的人才优势和科研优势进行各种基础性和应用性的研发与创新活动，还通过与企业、科研机构的合作构建“三螺旋”模式。随着前沿技术突破的不确定性增加，大学在传统的“知识供给者”基础上，成为产业部门的“创新合作者”，跨部门、跨区域的产学研合作日益频繁。进入知识经济时代，在以知识为特征的创新型经济中，大学扮演着不可缺少的角色。研究型大学的教育培训项目为产业部门提供了优质人力资源，科技成果通过多种转化途径进入产业部门（见表3－3），由研究型大学与产业部门联结形成的社会网络促进了知识和信息的流动。[②] 大学的角色已经从传统的知识仓库转变为创新工场。未来大学还将会向知识中心转变，在更大的创新系统中寻求动态的发展。[③]

表3－3　大学科技成果转化的典型模式

类型	模式	具体形式
直接转化	四技服务	技术开发、技术转让、技术咨询、技术服务
	大学衍生企业	大学发起型，师生发起型
间接转化	人才交流与培养	大学科研人员到企业挂职锻炼，建立博士后工作站，校企联合培养专业人才
	委托第三方专业机构实现转化	购买服务、服务外包

① 张正军．大学的起源与演进：组织视角下的历史和逻辑［M］．北京：中国社会科学出版社，2015：264－265.

② DE CAMPOS A L. A review of the influence of long-term patterns in research and technological development（R&D）formalisation on university－industry links［J］. Revista brasileira de inovação，2010，9（2）：279－410.

③ YOUTIE J，SHAPIRA P. Building an innovation hub：a case study of the transformation of university roles in regional technological and economic development［J］. Research policy，2008，37（8）：1188－1204.

续上表

类型	模式	具体形式
协同创新促进科技成果转化	平台集成	实体机构平台，虚拟网络信息平台
	大学—企业合作	联合成立创新型企业，联合成立研发机构
	大学—大学合作	组建科技成果转化联盟
	大学—科研机构合作	科教合作促进科技成果转化
	大学—政府合作	自上而下式，自下而上式
	大学—政府—企业多方联合	联合成立新型创新实体，联合成立创新培育载体

资料来源：陈强，鲍悦华，常旭华．高校科技成果转化与协同创新［M］．北京：清华大学出版社，2017：135．

最后，基于上述两种功能，研究型大学可以为政府、企业和社会组织提供高质量的服务。

大学的社会服务是一种特定的智力输出活动和人力资源辐射活动。大学的社会服务功能，指大学以直接满足社会现实需求为目的，以培养专业人才和发展知识功能为依托，有计划地向社会提供具有学术性的服务。① 一般来说，按功能不同，大学的社会服务可以分成经济方面的服务和文化方面的服务。② 经济方面的服务是指大学发明专利的出售、技术转让以及产学研联合体和为企业提供咨询、技术服务、培训等为社会经济带来的贡献。文化方面的服务是指大学为社会提供的培训、远程教育等以知识为载体的服务，来满足社会对新增知识、技术问题解决、短期人才培养和信息的需求。

大学把社会服务作为自身功能，一般认为起始于19世纪中叶的美国。1862年，美国国会颁布了主张“促进工业阶级的文理和实用教育”的《莫里尔法案》（*Morrill Land-Grant Act*），掀起了“赠地运动”，使得以1865年建立的康奈尔大学为代表的赠地大学（land-grant universities）迅速崛起，并致力于为社会发展提供实用知识。在美国，大学和社区之间的合作伙伴关系具有悠久的历史。长期以来，法学院和医学院一直强调社区实践和教育，商学院以技术帮助中心的形式支持企业家以及小型企业，公共事务学院也与州

① 宣勇，张鹏．激活学术心脏地带：创业型大学学术系统的运行与管理［M］．北京：高等教育出版社，2013：185．

② 潘璐，何蛟．教学评估、R&D与高等学校教育效率［M］．重庆：重庆大学出版社，2017：38．

政府或地方政府保持着持续的联系。① 得益于大学具备解决问题的资源，大学教师能够为社区提供学术和专业知识方面的帮助，社区与大学能够共享图书馆和实验室等。② 大学的专家学者直接面向社会开展业务活动，通过参与决策咨询、发行和传播各种出版物、举办论坛和学术研讨会等方式发挥“思想库”的作用，这些活动也都有助于提高学校知名度，提升大学的社会影响力。

研究型大学的三个主要功能之间具有交互作用。伴随全球信息化时代的到来，大学的人才培养、科学研究和社会服务活动都与社会发展形成了更紧密的联系。大学社会服务功能以满足社会需求为出发点和落脚点，大学提供社会服务的过程即是大学价值创造和社会价值回馈的循环过程。大学为社会培养人才，人才在各单位的工作成效影响单位对大学的满意度、忠诚度以及相应的口碑评价，整个社会对大学的口碑评价最终影响学生对大学的填报选择，这是社会对大学的价值回馈之一；大学通过科学研究为社会贡献知识产品，大学所取得的知识成果、项目成果成为社会评价大学的重要依据，成为相关部门对大学拨款、授予学位点的重要依据，这是社会对大学的价值回馈之二；大学的社会服务对象会直接给予大学项目经费、培训费用的回报，其产生的效果会成为后续合作的依据，这是社会对大学的价值回馈之三。③

20 世纪末，全球范围内高等教育改革浪潮的特征是高等教育“管理革命”，其总目标是保障院校管理中的最高绩效责任和效率。④ 综上，资源是研究型大学获取竞争优势的基础支撑，而功能通过集聚、整合和配置资源实现其竞争优势。大学社会声誉和大学的资源要素、组织功能是相互关联的，基于“资源 + 功能”分析框架的理性选择机制是理解大学社会声誉形成的逻辑起点。

3.1.2 社会网络机制

通常人们“借用原有的社会联系来解决信息不完全和执行方面的问题”⑤，换言之，社会评价从社会网络中产生。作为解释社会互动行为的独特视角，“网络”以结构化的方式建构了行为主体之间的关系性范畴。网络研

① KEATING L, SJOQUIST D L. The use of an external organization to facilitate university-community partnerships [J]. Cityscape, 2000, 5 (1): 141 - 157.

② CHECKOWAY B. Reinventing the research university for public service [J]. Journal of planning literature, 1997, 11 (3): 307 - 319.

③ 杨成名. 大学与大学治理：基于利益相关者价值优化的视角 [M]. 北京：经济管理出版社, 2017: 30.

④ 阿特巴赫, 波达尔, 甘波特. 21 世纪的美国高等教育：社会、政治、经济的挑战 [M]. 施晓光, 蒋凯, 译. 青岛：中国海洋大学出版社, 2007: 18.

⑤ 帕特南. 使民主运转起来 [M]. 王列, 赖海榕, 译. 南昌：江西人民出版社, 2001: 198.

究区别于社会科学传统研究方法的显著特征表现为：网络研究的关注焦点在于关系和关系模式，可以在微观和宏观层面之间建立连接。[①] 20 世纪 60 年代以来，西方社会网络研究沿着两个不同的方向平行发展：一类是以个体为中心形成的网络结构，主要分析节点在网络中的连接强度与网络位置，如强连接（strong ties）、弱连接（weak ties）、中心性（centrality）和结构洞（structural holes）等。另一类是以整体网络为分析焦点，分析内容包括网络密度（density）、群体中心性（group centrality）、小团体（sub - group）和对等性（equivalence）等。

在既有研究中，学者们提出了各种关于社会网络的定义。其中，被引用最多的经典定义来自克莱德·米切尔（Mitchell，1969）对社会网络的界定：一群特定个体之间的一组独特联系[②]；汉斯·托雷利（Thorelli，1986）认为，社会网络是两个或两个以上的组织之间的长期关系，这种关系介于市场交易关系和层级关系之间[③]；穆斯塔法·埃米尔巴耶（Emirbayer）和杰夫·古德温（Goodwin，1994）认为社会网络是一组行动者之间的"社会联系"（social ties）或"社会关系"（social relations）的集合[④]；尼古拉·福斯（Foss）和卡斯滕·科赫（Koch，1996）认为社会网络是指个人之间比较持久的、稳定的社会关系模式[⑤]；马丁·基尔达夫（Kilduff）和蔡文彬（Tsai，2003）认为社会网络是由许多节点及节点间的关系所形成的网络结构。[⑥] 综合学者们的观点，本研究认为社会网络是社会行动者及其关系的集合，是行动者获取资源、社会支持以识别与利用机会的结构。在社会网络中，节点表示社会行动者，它既可以是个体，也可以是社会组织、城市、国家等。连线表示行动者之间的关系，关系是行动者之间传送各种资源的通道。线与线的相互交织则构成网络。社会网络往往意味着频繁的交往关系，并深刻地影响着组织或个体的信念与行为。

网络既是储存资源的仓库，亦是传递资源的管道，网络在互惠性的基础

---

① 奇达夫，蔡文彬．社会网络与组织［M］．王凤彬，朱超威，等译．北京：中国人民大学出版社，2007：22.

② MITCHELL J C. Social networks in urban situations：analyses of personal relationships in Central African towns［M］. Manchester：Manchester University Press，1969.

③ THORELLI H B. Networks：between markets and hierarchies［J］. Strategic management journal，1986，7（1）：37 – 51.

④ EMIRBAYER M，GOODWIN J. Network analysis，culture，and the problem of agency［J］. American journal of sociology，1994，99（6）：1411 – 1454.

⑤ FOSS N J，KOCH C A. Opportunism，organizational economics and the network approach［J］. Scandinavian journal of management，1996，12（2）：189 – 205.

⑥ KILDUFF M，TSAI W. Social networks and organizations［M］. Newbury Park：Sage，2003.

上建立了组织间的信任。[①] 网络在一定程度上也反映了组织的声誉，代表着组织的权力。企业通过网络资源提供的信息，可以处理新进入市场的不确定性等问题。[②] 与市场配置不同，企业网络各成员间的交易是长期的，彼此信任程度比较高，规范是维系网络的重要纽带。在沃尔特·鲍威尔（Powell，2003）看来，市场治理的方式是信息传播、价格机制与合约；层级治理的方式是科层体系与命令系统；而网络治理的方式是信任关系与协商。[③] 网络为成员提供高质量的信息和隐形知识的交换，其作用过程是：网络通过成员间的持续互动渐进地提升成员间的信任、形成对利益的共同看法和树立长期的互惠观。[④] 成员进而会摒弃短期利益，通过参与合作，发展出共同解决问题的相关安排。[⑤] 网络成员的密切联系还使得工作标准在网络内迅速流动，网络成员会发展出对成员行为的共同期望，这进一步推动成员之间的合作行为。

另外一个与社会网络密切相关的概念是社会资本（Social Capital）。社会网络本身并不是社会资本，它只是社会资本的载体或背景状态，但个体或组织的社会关系网络一旦被动用，社会关系网络就由背景状态转为激活状态，从而成为社会资本。[⑥] 20 世纪 80 年代，学术界开启了关于社会资本的广泛而深入的研究。皮埃尔·布尔迪厄（Bourdieu，1980）将社会资本看成是能够连接相互熟悉和认可的各种制度化关系所形成的持久网络的实际和潜在资源的集合，这个网络中包含了各种相互认识的关系。[⑦] 根据美国社会学家林南的总结，个体在网络中认识其他个体的数量，可以被视作社会声誉的证明，因为这在某种程度上体现了该个体能够通过社会关系和网络摄取资源的能力。[⑧]

---

① KOKA B R，PRESCOTT J E. Strategic alliances as social capital：a multidimensional view［J］. Strategic management journal，2002，23（9）：795－816.

② LEE G K. The significance of network resources in the race to enter emerging product markets：the convergence of telephony communications and computer networking，1989－2001［J］. Strategic management journal，2007，28（1）：17－37.

③ POWELL W W. Neither market nor hierarchy［J］. The sociology of organizations：classic，contemporary，and critical readings，2003，315：104－117.

④ POWELL W W，KOPUT K W，SMITH-DOERR L，et al. Network position and firm performance：organizational returns to collaboration in the biotechnology industry［J］. Research in the sociology of organizations，1999，16（1）：129－159.

⑤ UZZI B. The sources and consequences of embeddedness for the economic performance of organizations：the network effect［J］. American sociological review，1996，61（4）：674－698.

⑥ 周国平. 社会资本与民办高校资源整合研究［M］. 广州：广东高等教育出版社，2012：6.

⑦ BOURDIEU P，NICE R. The production of belief：contribution to an economy of symbolic goods［J］. Media，culture & society，1980，2（3）：261－293.

⑧ LIN N. Social capital：a theory of social structure and action［M］. Cambridge：Cambridge University Press，2002：20.

组织环境面临的重要要素之一就是社会网络，社会网络是组织对外交流的通道。一方面，社会资本代表了一种嵌入联结关系的资源，强化了现有网络的特征与规范，并形成网络成长的路径依赖；另一方面，拥有社会资本的多寡决定了个体行动者在社会网络中的地位，社会资本因此有助于解释行动者在竞争中的优势差异。① 社会资本对企业的利益主要是通过强化企业间资源交换和知识转移的程度来实现。② 埃里克·亚伯拉罕森（Abrahamson）和查尔斯·福诺布龙（Fombrun，1992）认为企业声誉不仅来自企业的结构性因素（如规模、经济效益等），也来自企业所在社会网络中的地位。③ 已有研究认为存在两种对于企业获取社会资本而言最为重要的位置：一是中心位置。中心位置赋予个体正式的权力、联系其他个体的机会以及非正式的社会影响，这些都会创造出更好地控制外部环境并降低不确定性的机会。④ 二是居间位置。如果网络中的两个行动者之间的交互必须通过第三方，那么这个第三方就是拥有更多社会资本的行动者，因为他能够更好地操控这两个行动者所拥有的资源。⑤

社会网络分析法的一个独特之处在于它不是从行动者的内在驱动力而是从行动者行为结构性限制的角度来解释个体行为。把合作关系嵌入社会网络中，行动者一方面可以从网络中获得可信赖的信息，另一方面也可以在网络中向外传播合作成败的信息，从而让网络中的每个人都能知道合作成败的缘由，并形成关于合作各方的社会声誉。⑥ 声誉之所以成为社会资本的有机组成部分，是因为声誉在人们交往过程中因一方的规范行为引起另一方的好感，而形成具有可向相对方传递有价值信息的能力。⑦ 作为网络结构嵌入的主要影响因素，声誉对建立信任关系、克服网络嵌入合法性门槛和获取外部资源具有综合性的作用。组织声誉的形成取决于组织为了促成组织之间合作

① 方刚. 企业网络能力与创新绩效：基于资源观的实证研究［M］. 北京：科学出版社，2014：15.

② ADLER P S, KWON S W. Social capital: prospects for a new concept［J］. Academy of management review, 2002, 27 (1): 17-40.

③ ABRAHAMSON E, FOMBRUN C J. Forging the iron cage: interorganizational networks and the production of macro-culture［J］. Journal of Management Studies, 1992, 29 (2): 175-194.

④ BORGATTI S P, JONES C, EVERETT M G. Network measures of social capital［J］. Connections, 1998, 21 (2): 27-36.

⑤ BURT R S. A note on social capital and network content［J］. Social networks, 1997, 19 (4): 355-373; PRELL C, HUBACEK K, REED M. Stakeholder analysis and social network analysis in natural resource management［J］. Society and natural resources, 2009, 22 (6): 501-518.

⑥ COOK K S, HARDIN R, LEVI M. Cooperation without trust?［M］. New York: Russell Sage Foundation, 2005: 32.

⑦ 刘汉林. 企业声誉资本研究［M］. 北京：知识产权出版社，2010：16.

而采取主动行动的努力程度，是一种以构建长期合作关系为目标的行为结果。① 社会网络为我们提供了一个系统研究组织声誉的载体，组织声誉的形成离不开社会网络的支持，在一个社会网络中处于中心和支配地位能够有效地促进组织声誉的形成。

正如前文所述，大学的生存和发展需要来自环境的财政资源、物质资源以及信息资源，大学潜在地依赖于提供这些资源的外部控制因素，大学也尝试运用多种策略改变依赖关系，扩大社会关系网络，增强其在技术环境和制度环境中的安全性和合法性。② 大学与利益相关者之间的互相作用形成了大学声誉管理的价值网络，并通过该网络进行价值传递。在宏观层面上，研究型大学社会网络体现为大学与众多利益相关者之间因为互动而形成的相对稳定的关系体系。而在微观层面上，研究型大学社会网络在全球大科学时代主要体现为不同大学之间的科研合作网络（Scientific Collaboration Network）。

20 世纪中叶至今，随着科学活动的规模扩大，科研人员个体之间、科研机构组织之间的分工协作越来越频繁。导致这一现象的重要原因在于科学变得越来越复杂，而科学家也变得越来越专门化。这意味着有效解决一个科学问题需要多方面的知识投入，因此需要来自不同知识和技术背景的科学家进行合作。③ 肖冬平（2011）认为大学和科研机构在维系合作伙伴关系上具备如下优势和条件：一是信息资料丰富，有利于实现合作；二是高层次人才密集，研究与发现队伍宏大；三是拥有众多的实验室，有利于科技成果的转化。④ 基于地缘关系、属性亲近、研究方向关联性和理论创新便利性等多重因素，研究型大学科研合作的形式相对丰富多样，按合作参与者之间的关系密切程度，从低到高可分为：高校共同体、联合学院、共享设备、签订科研合作合约或协议的短期项目型合作、联合创办实验室、网上合作研究共建虚拟实验室等合作模式。⑤

科研合作网络是指在进行科研活动过程中，科研工作者由于科研工作的需要与其他科研人员进行交流、合作而形成的一种关系网络。⑥ 论文合作是科研合作的重要表现形式，作者、机构和国家共现研究是文献中基本的实现

---

① 莫申江，王重鸣．基于行为认知视角的组织声誉研究前沿探析与展望［J］．外国经济与管理，2012（3）：65－71.

② 郭海．大学内部财政分化［M］．北京：北京大学出版社，2007：250.

③ KRETSCHMER H. A new model of scientific colloboration part 1. Theoretical approach［J］. Scientometrics，1999，46（3）：501－518.

④ 肖冬平．基于社会网络视角的知识网络研究［M］．北京：人民出版社，2011：68.

⑤ 吴晓波，寿涌毅，等．我国研究型大学的科研组织创新［M］．杭州：浙江大学出版社，2010：93.

⑥ 刘璇，张朋柱．知识管理在科研网络及企业中的应用研究［M］．上海：上海交通大学出版社，2015：69.

单元，科研论文合作关系能够表征学者间、机构间、国家间的人际、信息和知识的多重关联。科研合作网络是社会网络的一种类型，而论文合著关系具有容易获取、解释力强等特征，① 因此基于社会网络分析法探究组织间合作关系成为研究科研合作现象的有力工具。②

研究型大学科研合作网络是考察研究型大学社会网络的主要路径，而合著科研论文是科研合作最直接的体现形式。协同创新机制对研究型大学科研产出的质量往往具有显著影响，③ 校际合作是大学协同创新的主要形式，由于已有研究从合作网络规模与合作网络结构的角度证实了跨校科研合作网络对大学社会声誉产生的积极影响，④ 本书将侧重于考察研究型大学校际科研合作网络的中心性特征对大学社会声誉的具体影响。在校际科研合作网络中，不同大学和其他大学发生合作的可能性具有强弱之分；同时，不同大学之间合作数量的多少，某一所大学与其他大学合作的对象选择也各有差别，这些正是中心性指标中点度中心度和中介中心度研究的范围。⑤ 此外，大学与外界的合作关系在大学资源要素（主要针对科研经费）和组织功能（主要针对科研产出）两个维度与大学社会声誉之间关系是否存在调节作用，亦是本研究关注的焦点。

3.1.3　合法性认同机制

1977 年，约翰·迈耶（Meyer）和布利安·罗恩（Brian）发表的《制度化的组织：作为神话和仪式的正式结构》一文，⑥ 标志着组织社会学新制度主义学派的创立。新制度主义学派作为组织社会学成熟期出现的重要分析方法，脱离了经济学运用效率机制解释组织行为的研究方法，提出研究组织现象要从外部环境的角度去做解释。新制度主义学派的研究指出，与社会期望

① MELIN G, PERSSON O. Studying research collaboration using co-authorships [J]. Scientometrics, 1996, 36 (3): 363 -377.

② KRETSCHMER H. Author productivity and geodesic distance in bibliographic co-authorship networks, and visibility on the web [J]. Scientometrics, 2004, 60 (3): 409 -420.

③ 相关研究参见：KATZ J S, HICKS D. How much is a collaboration worth? A calibrated bibliometric model [J]. Scientometrics, 1997, 40 (3): 541 - 554; TANG L, SHAPIRA P. Effects of international collaboration and knowledge moderation on China's nanotechnology research impacts [J]. Journal of technology management in China, 2012, 7 (1): 94 - 110; NOMALER Ö, FRENKEN K, HEIMERIKS G. Do more distant collaborations have more citation impact? [J]. Journal of informetrics, 2013, 7 (4): 966 -971.

④ 石军伟，付海艳. 激励机制、科研合作网络与大学声誉之间的关系研究 [J]. 教育研究，2012 (1): 81 -88.

⑤ 张冬玲. 科学合作及其产出计量 [M]. 大连：大连理工大学出版社，2012: 86.

⑥ MEYER J W, ROWAN B. Institutionalized organizations: formal structure as myth and ceremony [J]. American journal of sociology, 1977, 83 (2): 340 -363.

保持一致有利于组织的生存和成功，① 通过遵从环境以增强合法性、增加资源和提高生存能力，从而获得回报，是组织得以长久发展的重要原因。新制度主义学派强调组织的动力在很大程度上来自文化规范、信条、信仰和仪式等。② 这种精神塑造的核心在于组织合法性（organizational legitimacy）这一概念。学者们逐渐把合法性作为一个理论体系的支撑点，强调规范和认知对组织的制约、建构和强化。

最早提出合法性概念的是德国社会学家马克斯·韦伯（Max Weber）。韦伯（1958）在关于官僚组织的研究中使用了合法性一词，用来表示组织活动与强制性规则和结构的一致性。③ 之后，塔尔科特·帕森斯（Parsons，1960）认为合法性的研究焦点不应只是局限于政治权力系统，还应包括组织价值观与所嵌入社会情境中价值观的一致性，即合法性是在共同社会环境下，对组织行动是否合乎期望的一般性认识和假定。④ 马克·萨奇曼（Suchman，1995）认为合法性是在某个由信念、信仰和准则等要素社会性建构形成的系统中，一个关乎某一群体的行为是否合理或正当的总体观念。⑤ 从本质上讲，合法性代表了环境对组织的总体接受程度。由已有研究可知（见表3-4），学者们对合法性的定义基本包含两个方面：组织行为与其所处的环境相匹配；组织行为得到利益相关者的认可。此外，萨奇曼（Suchman，1995）还把合法性划分为三种基本类型⑥：一是基于受众利益的实用性（pragmatic），它取决于组织最直接受众的自身利益；二是基于规范的道德性（moral），它反映了对组织及其行为的正面评价；三是基于理解和共知的认知性（cognitive），它为组织提供了合理解释的文化模式。这一分类方法也得到了多数学者的认可（见表3-5）。

---

① 相关研究参见：DIMAGGIO P，POWELL W W. The iron cage revisited：collective rationality and institutional isomorphism in organizational fields [J]. American sociological review，1983，48（2）：147-160；CARROLL G R，HANNAN M T. On using institutional theory in studying organizational populations [J]. American sociological review，1989，54（4）：545-548；OLIVER C. Institutional linkages and organizational mortality [J]. Administrative science quarterly，1991，36（2）：187-218.

② DIMAGGIO P，POWELL W W. The new institutionalism in organisational analysis [M]. Chicago：University of Chicago Press，1991.

③ WEBER M. The three types of legitimate rule [J]. Berkeley publications in society and institutions，1958，4（1）：1-11.

④ PARSONS T. Structure and process in modern societies [M]. New York：Free Press，1960.

⑤ SUCHMAN M C. Managing legitimacy：strategic and institutional approaches [J]. Academy of management review，1995，20（3）：573-577.

⑥ SUCHMAN M C. Managing legitimacy：strategic and institutional approaches [J]. Academy of management review，1995，20（3）：577-585.

表 3－4　组织合法性的概念界定

定　义	文献作者
组织合法性是遵循共享价值的组织行为	塔尔科特·帕森斯（Parsons，1960）
组织合法性是指组织活动所体现出的价值应与整个社会系统的行为准则相一致	约翰·道林（Dowling）& 杰弗瑞·菲佛（Pfeffer，1975）
组织行为符合社会期待并被社会接受即被认为具有组织合法性	杰弗瑞·菲佛（Pfeffer，1981）；莫妮卡·齐默尔曼（Zimmerman）& 杰拉尔德·蔡茨（Zeitz，2002）
组织合法性反映出组织与文化—认知框架相匹配的一种状况	约翰·迈耶（Meyer）& 理查德·斯科特（Scott，1983）；理查德·斯科特（Scott，2001）
组织合法性是组织被其外部环境所接受的程度	布莱克·阿什福思（Ashforth）& 巴里·吉布斯（Gibbs，1990）；大卫·迪普豪斯（Deephouse，1996）；塔蒂亚娜·科斯托娃（Kostova）& 斯里拉塔·扎希尔（Zaheer，1999）
一个实体的价值系统与它所赖以存在的大的社会系统保持一致的时候，它的存在就是一种组织合法性	林德布洛姆（Lindblom，1994）
组织合法性是在特定的信念、规范和价值观等社会化建构的系统内部，对行动是否合乎期待的恰当的一般认识和假定	理查德·斯科特（Scott，1995）
组织合法性是在特定生态环境中的制度化组织的建立	普拉蒂玛·班萨尔（Bansal，2005）
组织合法性是有助于组织社会地位及知名度提升的有效资源	马文·华盛顿（Washington）& 爱德华·扎西克（Zajac，2005）
组织合法性是导致组织采纳某些组织结构和行为的观念力量	周雪光（2003）

资料来源：笔者整理。部分参考了陈怀超．合法性视角下制度距离对中国跨国公司国际市场进入模式的影响研究［M］．北京：经济科学出版社，2013：36；王丹丹．低碳管理：基于组织合法性的企业低碳管理模式构建［M］．北京：人民邮电出版社，2016：21.

表 3-5 组织合法性的分类维度

合法性	定义	文献作者
实用合法性	组织行为是否满足了利益相关者的实用利益需求 ——交换合法性（exchange legitimacy） ——影响合法性（influence legitimacy） ——品质合法性（dispositional legitimacy）	理查德·赛尔特（Cyert）和詹姆斯·马奇（March，1963）；约翰·道林（Dowling）和杰弗瑞·菲佛（Pfeffer，1975）；琳恩·扎克（Zucker，1983，1987）；约翰·迈耶（Meyer）和布利安·罗恩（Rowan，1991）
道德合法性	基于社会的规范来判断组织的行为是否是合适的 ——结果（consequential legitimacy） ——方法和过程（procedural legitimacy） ——范畴或结构（structural legitimacy） ——领导及代表人物（personal legitimacy）	马克·萨奇曼（Suchman，1995）；理查德·斯科特（Scott，1995）
认知合法性	基于社会文化判断组织的行为是否是理所当然的 ——可理解性（comprehensibility） ——理所当然（take for granted）	

资料来源：刘洪深. 国际化企业的合理化营销战略研究：理论模型与实证检验［M］. 成都：西南财经大学出版社，2014：28.（略有修改）

组织合法性概念的核心成分是评价，评价过程涉及被评价者（评价客体）与评价者（评价主体）等系统要素。利·普兰克特·托斯特（Tost，2011）认为评价者通常采取被动模式（passive mode）和主动模式（active mode）进行合法性判断。① 前者指评价者消极地接受制度环境关于组织合法性的评判，后者指评价者在进行组织合法性判断时没有受到组织有效性的影响。刘云和格雷格（Greg，2017）在托斯特（Tost，2011）观点的基础上，梳理出了评价者围绕既定组织展开合法性判断的流程（见图 3-1）。评价者根据场域中是否存在组织有效性线索，选择相应模式进行认知加工，从而形成合法性判断。

① TOST L P. An integrative model of legitimacy judgments［J］. Academy of management review，2011，36（4）：686-710.

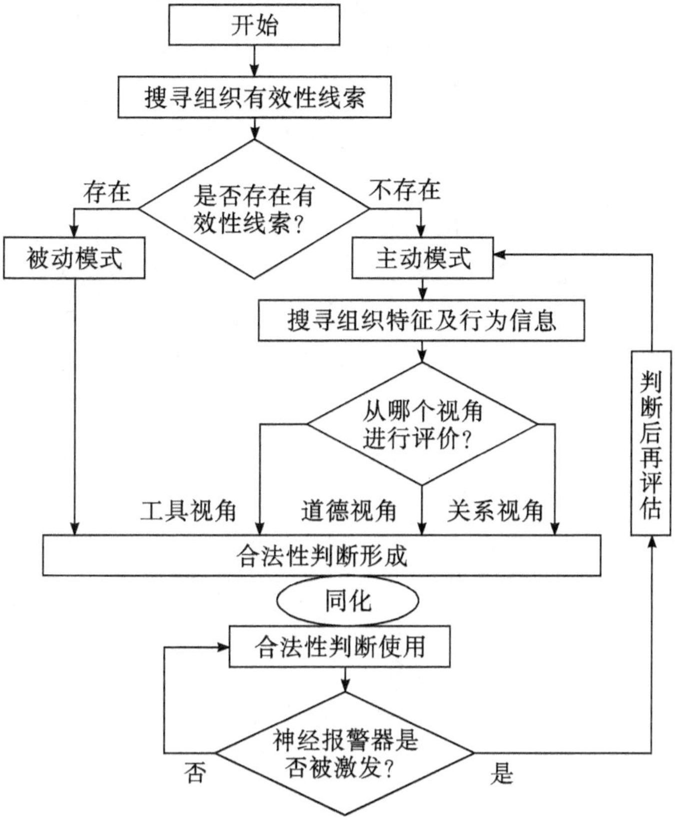

图 3－1　组织合法性判断流程

资料来源：刘云，GREG W G. 基于评价者视角的组织合法性研究：合法性判断[J]. 外国经济与管理，2017，39（5）：79.

按照詹姆斯·马奇（March）和约翰·奥尔森（Olsen，1998）的分类，行为体的行为动力主要遵从适当性逻辑（logic of appropriateness）和后果性逻辑（logic of consequentiality）。① 行为体的行为不仅如理性主义所说的追求自身利益最大化，还要做符合规则和规范的事情，因为行为体都已经嵌入到他们所处的社会制度环境中并深受其影响。② 组织在特定制度环境中的行为是受到适当性逻辑制约的。而作为新制度主义学派最重要的行动逻辑，组织合法性的基本思路是：社会的法律制度、文化期待、观念制度具有强大的约

① MARCH J G，OLSEN J P. The institutional dynamics of international political orders [J]. International organization，1998，52（4）：943－969.

② SENDING O J. Constitution，choice and change：problems with the "logic of appropriateness" and its use in constructivist theory [J]. European journal of international relations，2002，8（4）：443－470.

束力，这种制度力量不仅约束着组织的行为，还可以帮助提高社会地位，得到社会承认。[①] 在合法性认同的逻辑下，每个社会角色都有其特殊的存在价值，其角色价值体现在通过履行社会义务所发挥的社会作用。因此，声誉现象和声誉等级制度建筑在社会承认的逻辑之上。组织合法性是组织内权威结构获得承认、支持与服从的关系性互动过程，并同时发生于组织内部（自我认同）和组织外部（社会认同）两个层面。遵守社会规范、承担社会责任是提升组织声誉的重要途径，违反规制和社会规范会激起公众负面评价，从而导致组织声誉的损害。[②] 霍华德·奥尔德里奇（Aldrich）和玛琳·菲奥尔（Fiol，1994）研究认为，一个新的组织在两种情况下可以获得合法性：一是当组织规模扩张到一定数量，并且采纳了和已有主流组织相同的结构和行为时；二是当组织获得了利益相关者如政府、教会或公众的认可时。[③]

合法性认同机制对组织的作用包括两种意义：一是强意义上的合法性，即组织行为是由制度所塑造的，组织或个人本身没有自主性；二是弱意义上的合法性，即制度具有激励机制，可以通过影响资源分配的利益产生激励，引导组织接受、采纳社会认可的做法和形式，追求自身的合法性。社会组织合法性机制的建构过程实际上包含了两个方面[④]：一是共识的遵循，即通过采纳被既有制度环境所接受的组织行为模式来迎合现行的制度环境；二是共识的生产，即通过建构新的共识及制度环境来突破旧制度的约束、实现制度创新并因此获得合法性。

大学作为一个学术性组织，和其他社会组织一样，需要接受社会的法律制度、文化期待、观念制度，采纳在外部环境中具有合法性的组织结构或做法。王飞（2012）认为大学的组织合法性是内部合法性与外部合法性的统一：前者指组织成员对大学的承认与接受，后者则指社会对大学的承认与接受。[⑤] 葡萄牙科英布拉大学教授博温托·桑托斯（Boaventura de Sousa Santos）观察到大学面临着三种危机：霸权危机、合法性危机和体制危机。

---

① DIMAGGIO P, POWELL W W. The iron cage revisited: collective rationality and institutional isomorphism in organizational fields [J]. American sociological review, 1983, 48 (2): 147 -160.

② PHILIPPE D, DURAND R. The impact of norm-conforming behaviors on firm reputation [J]. Strategic management journal, 2011, 32 (9): 969 -993.

③ ALDRICH H E, FIOL C M. Fools rush in? The institutional context of industry creation [J]. Academy of management review, 1994, 19 (4): 645 -670.

④ 吕新萍. 社会转型中的民间组织研究：民间组织合法性机制的建立 [M]. 北京：清华大学出版社，2016：22.

⑤ 王飞. 从外到内的制度拯救："去行政化" 与大学合法性的回归：一种基于组织社会学的剖析 [J]. 湖南师范大学教育科学学报，2012，11 (1)：69.

其中合法性危机是大学系统日渐分割和大学文凭逐步贬值的结果。① 在现代社会中，大学与政治、经济和社会权力场域有着千丝万缕的联系，存在着各种利益相关者。"除了明确界定和发展自己的特定角色和能力，高校还必须确保其角色和才能可以被关键的'主顾'们——现有的学生、未来的学生、家长、捐款人、校友、教师、潜在的教师人选以及周围的公众——所公认。"② 从某种意义上讲，大学组织合法化的过程，就是大学不断顺应外部环境变化的过程，是不断接受各种社会规制的过程。当大学由于政策和资源的限制而在短期内无法升格时，往往会选择模仿高声望大学的结构和行为，导致出现"学术漂移"现象。③

大学社会责任的形成是一个教化的过程，是其在社会化进程中对自身行动能力和社会角色形成的自我认同。外在的社会性要求大学走出象牙塔，为社会服务；而内在的学术性要求大学成为"探究高深学问的场所"，要求它摆脱各种外界束缚，成为"保护人们进行知识探索的自律场所"。④ 正因为如此，现代社会对大学的组织合法性提出了社会效能和学术自由两个核心要求⑤：前者要求大学在为社会实现其自身价值时必须符合最小投入最大产出的理性计算原则；后者则明确大学是从事高深学问研究的机构，追求真理和发展学术是大学的本质所在。

大学的合法性建立在满足不同历史时期对高深知识的追求，任何社会都需要一种机构传递高深知识，分析与批判现存知识，并探索新的学问领域。⑥ 社会需求与大学规模的扩张给大学的合法性带来了新的内涵，大学也肩负着利益相关者的多重期望。特别是进入知识经济时代，知识的重要性将高等教育机构与社会和个人发展的利益相关性提升到一个前所未有的高度。大学如果希望在知识社会继续赢得多元利益相关者的支持，就必须满足多维度、多层次的利益诉求，否则就会被边缘化。同时，现代大学的发展已经超出了本

---

① 托里斯，许心．新自由主义常识与全球性大学：高等教育中的知识商品化［J］．北京大学教育评论，2014，12（1）：1－16.

② 纽曼，科特瑞亚，斯葛瑞．高等教育的未来：浮言、现实与市场风险［M］．李沁，译．北京：北京大学出版社，2012：217.

③ BERDAHL R. Strategy and government：US state systems and institutional role and mission［J］. International journal of institutional management in higher education，1985，9（3）：301－307.

④ 赵庆年，向兴华，等．普通高等学校定位实证研究［M］．北京：中国社会科学出版社，2015：39.

⑤ 黄厚明．大学合法性危机：大学治理的原因探究［J］．南京理工大学学报（社会科学版），2009，22（1）：86－88.

⑥ 韩梦洁．美国高等教育结构变迁：市场机制、公共选择与学术逻辑［M］．北京：科学出版社，2016：9.

国政府和市场的治理边界，处于跨国公司与国际组织等全球性行为体的协同治理之中。多元化的全球治理主体对现代大学的发展产生了一种制度性压力，使它们不得不通过加入或接受等方式将最新的标准融入到自身的组织结构当中以获得其存在的合法性。①

既然声誉来自于社会评价，那么必然与行动者所置身的“社会”有关。声誉的传播依赖于社会传播机制。在大学提升组织合法性的过程中，社会一方面以质量为杠杆，对大学提出基本质量要求，引导高等教育的质量发展；另一方面又通过社会舆论、新闻传媒以及公众心理等途径对高等教育运行情况进行监督，对高等教育质量实施调节和发挥影响。② 而在各种社会监督形式中，媒体对于大学组织合法性的影响最为直接。在传播学研究中，传播媒介具有三种主要功能：一是提供周围环境的讯息；二是展现解决问题的选择性方案；三是传输功能（包括社交和教育）。③ 还有一些学者基于媒体在政治生活中扮演的角色，将媒体的功能类比为告知者、解释者、论坛主持者以及政策催化者。④ 通过选择性曝光（exposure）、选择性感知（perception）和选择性记忆（memory）三种方式，新闻内容强化了受众对地方、事件和人物业已存在的态度和观念。⑤

媒体影响着人们如何观看、思考、诠释和处理所接收的各种信息。凭借公共信息源的地位与议程设置功能，媒体能够降低信息成本以及影响社会舆论。林多瓦（Rindova）等（2006）认为，媒体作为一种普遍的传播媒介，可以通过影响报道一个公司的“丑闻”“不合格”行为的程度，进而影响市场受众对该公司的形象和声誉的认知。⑥ 因此，在资本市场中，媒体往往通过监督机制与声誉机制形成媒体的治理功能，抑制企业不当行为，对出资人的回报造成影响。⑦ 由于媒体在社会动员和舆论引导方面发挥关键作用，媒

---

① 王晓辉，刘敏，谷小燕. 大学治理：理念、模式与制度［M］. 北京：北京师范大学出版社，2018：26.

② 余小波. 高等教育质量的社会调节机制研究［M］. 长沙：湖南大学出版社，2014：1.

③ 李特约翰，福斯. 人类传播理论［M］. 9版. 史安斌，译. 北京：清华大学出版社，2009：331.

④ COHEN B C. The press and foreign policy［M］. New Jersey：Princeton University Press，1963：4-5；LINSKY M，O'DONNELL W，MOORE J. Impact：how the press affects federal policymaking［M］. New York：W. W. Norton & Company，1986：117.

⑤ 阿夫拉哈姆，科特. 地区危机传播：实用媒介策略［M］. 葛岩，等译. 上海：上海交通大学出版社，2013：30.

⑥ RINDOVA V P，POLLOCK T G，HAYWARD M L A. Celebrity firms：the social construction of market popularity［J］. Academy of management review，2006，31（1）：50-71.

⑦ DYCK A，VOLCHKOVA N，ZINGALES L. The corporate governance role of the media：evidence from Russia［J］. The journal of finance，2008，63（3）：1093-1135.

体因此成为社会制度建构过程中的一部分，塑造着组织合法性的规范。① 此外，媒体还通过选择报道和描述相关事件反映公众价值观。媒体对组织的不满与批评会形成广泛的公众舆论压力，对组织的赞美与支持则形成良好的社会声誉。② 现代大学可以通过策略性运用媒体呈现等印象管理手段来塑造组织的公众形象以符合公众预期，并通过持续的传播使得公众认知改变而赢得合法性，进而提升社会声誉。

3.2　解释框架的构建

3.2.1　企业声誉形成机理的争鸣与启示

卡尔·多伊奇（Deutsch，1966）曾指出在社会科学中使用模型的优势：一方面，模型具有组织功能，通过将各系统排序并联系起来，使人们看到一个很难从其他方法中获得的整体形象。另一方面，模型具有解释功能，它用简洁的方式提供一个适用于各种不同特殊状态的普遍图景。③ 从博弈论的视角分析，如果经济活动中存在不确定性，参与交易的个人及其内在特质往往是不可观察的，但如果某一参与人在经济活动中的行为总是稳定不变的，那么其他参与人就会对交易对象的行为产生一种稳定预期。因此，某个参与人的声誉就是该参与人行为倾向或内在特质的一种信号。④ 声誉由此成为在不同的市场中克服信息不对称、提高交易效率的机制。社会科学家以博弈论为基础对声誉展开了种种研究，其中具有代表性的包括标准声誉理论，声誉交易理论以及声誉信息理论等。这些理论也为学者们分析企业声誉形成机理提供了经典的分析模型。

通过将不完全信息引入有限次重复博弈，大卫·克雷普斯（Kreps）等学者（1982）建立了标准声誉模型，解决了“连锁店悖论”（chain - store paradox）。⑤ 他们研究发现，参与人对其他参与人支付函数或战略空间的不

---

① BANSAL P. Evolving sustainably：a longitudinal study of corporate sustainable development [J]. Strategic management journal，2005，26（3）：197 - 218.

② 醋卫华. 媒体正面报道与公司治理研究 [M]. 西安：西安交通大学出版社，2017：14 - 15.

③ DEUTSCH K W. The nerves of government：models of political communication and control；with a new introduction [M]. New York：Free Press，1966.

④ 钱炳. 基于双边市场的网络型企业治理研究 [M]. 北京：经济管理出版社，2015：74.

⑤ KREPS D M，MILGROM P，ROBERTS J，et al. Rational cooperation in the finitely repeated prisoners' dilemma [J]. Journal of economic theory，1982，27（2）：245 - 252.

完全信息对于均衡结果具有重要影响，只要博弈次数足够多，合作行为终将出现。根据该理论，企业的诞生，正是为了在不完全契约条件下建立声誉以减少市场交易费用。琳恩·扎克（Zucker，1986）系统地阐述了信任的产生机制，其中一个机制便是由声誉产生信任——根据对他人过去行为和声誉的了解而决定是否给予信任，声誉好的人能得到信任。① 神取道宏（Kandori，1992）将声誉的实施机制归为两类：一类是个人实施机制（personal enforcement），即由受害者本人对欺诈行为做出惩罚；另一类是社会实施机制（community enforcement），需要社会成员自觉遵守社会规范或法律判决系统。② 哈尔彭（Halpern，2001）认为企业声誉形成过程就是对隐含承诺的长期兑现和对企业良好认知的长期积累过程，企业对声誉持续投入的回报需要在企业声誉形成后才能逐步收回。③

为声誉交易理论的发展做出突出贡献的经济学家是乔治·曼拉斯（George Mainlath）和拉罗·萨缪尔森（Larry Samuelson），两位学者（1998）认为，声誉是一种与物质资产和金融资产相类似的资产，同样需要企业进行投资。声誉的价值在于提高企业做出“高水平努力”承诺的可信度，帮助企业克服道德风险。④ 声誉交易理论主张企业声誉是一种重要的无形资产，具有可交易性，企业可以通过交易实现声誉价值。作为一种无形资产，企业声誉的建立是一个比较长的过程，需要不断地投资和维护，优秀企业更有动机去建立和维护声誉。但是声誉作为无形资产的特殊性，决定了企业在日常管理中不可能像交易其他实物资产一样对其进行频繁交易。声誉价值的实现途径最终应该从企业内部作用机制的研究中去寻找，而声誉交易理论并没有从企业内部寻找声誉的价值作用机制，因此在实践中具有明显的局限性。⑤

声誉传送机制是声誉信息理论的主要内容，它将声誉视为行动者效用函数的信息。大卫·克雷普斯（Kreps）和罗伯特·威尔逊（Wilson，1982）研究发现广泛传播的声誉信息能够提高市场效率。声誉信息在利益相关者之间传播和交换，通过转化为声誉流（reputation flow）、声誉系统（reputation

---

① ZUCKER L G. Production of trust：institutional sources of economic structure，1840—1920［J］. Research in organizational behavior，1986，8（2）：53－111.

② KANDORI M. Social norms and community enforcement［J］. The review of economic studies，1992，59（1）：63－80.

③ HALPERN P. Implicit claims：the role of corporate reputation in value creation［J］. Corporate reputation review，2001，4（1）：42－49.

④ MAILATH G J，SAMUELSON L. Who wants a good reputation？［J］. The review of economic studies，2001，68（2）：415－441.

⑤ 缪荣. 公司声誉［M］. 北京：经济管理出版社，2013：17.

system）和声誉网络（reputation network），逐渐提高交易透明度并降低交易成本。[①] 约翰·肯尼斯（Kennes）和亚伦·希夫（Schiff，2007）通过考察企业制造虚假商品广告与由于声誉毁损造成长期损失之间的关系，证实声誉信息系统具有信号搜索与信号鉴别功能。[②] 但是，声誉信息的传播通常是一个不完美的随机过程，并非所有质量缺陷都能够在市场中以相同的速率被发现。在声誉建立的过程中，声誉信息的有效性影响着声誉信息的甄别成本和使用效果，不可靠的声誉信息会误导使用者做出错误决策，从而造成损失。[③]

本杰明·克莱因（Klein）和基思·莱夫勒（Leffler，1981）认为，高质量商品的高价格能够产生持续的租金收益，因此对提供高质量商品的企业能够产生激励。[④] 卡尔·夏皮罗（Shapiro，1983）同样认为良好的声誉意味着企业在未来能够获得高额回报，即所谓的"声誉溢价"，它将激励企业努力维持其声誉。[⑤] 保罗·赫比格（Herbig，1994）等认为声誉不仅体现为个体特性，而且也能够作为对过去行为表现的时间反映。[⑥] 正是出于对企业过往行为记录一致性的关注，查尔斯·福诺布龙（Fombrun）和马克·尚利（Shanley）的声誉形成模型（见图3-2）体现了企业声誉的形成是动态调整的过程，企业的历史活动不仅对利益相关者的态度和印象评价产生影响，也会影响企业当期的行为活动。在这一过程中，企业过去和当期的活动反映在各种非经济指标以及经济指标上，作为信号传递给利益相关者，形成对企业行为和特征的评价。而企业声誉也会反过来影响企业的行为活动，良好的声誉能够帮助企业实现未来发展目标，这一现象被描述为"声誉惯性"。[⑦]

---

① KREPS D M，WILSON R. Reputation and imperfect information [J]. Journal of economic theory，1982，27（2）：253-279.

② KENNES J，SCHIFF A. Simple reputation systems [J]. The Scandinavian journal of economics，2007，109（1）：71-91.

③ 郑秀杰. 中国上市公司声誉对公司绩效的影响研究 [M]. 北京：经济科学出版社，2010：65.

④ KLEIN B，LEFFLER K B. The role of market forces in assuring contractual performance [J]. Journal of political economy，1981，89（4）：615-641.

⑤ SHAPIRO C. Premiums for high quality products as returns to reputations [J]. The quarterly journal of economics，1983，98（4）：659-679.

⑥ HERBIG P，MILEWICZ J，GOLDEN J. A model of reputation building and destruction [J]. Journal of business research，1994，31（1）：23-31.

⑦ HERBIG P，MILEWICZ J. The relationship of reputation and credibility to brand success [J]. Journal of consumer marketing，1995，12（4）：5-11.

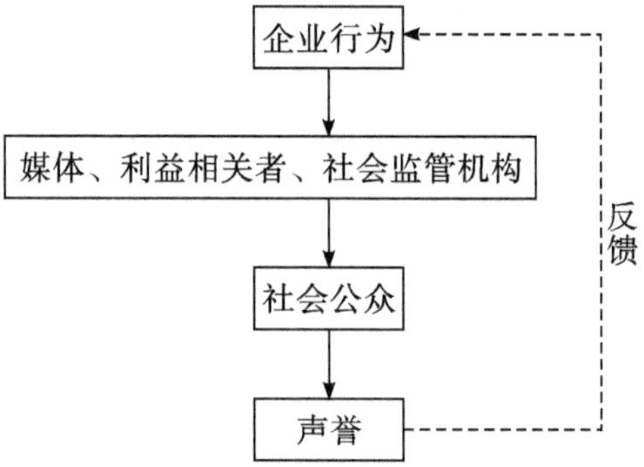

图 3-2 福诺布龙（Fombrun）和尚利（Shanley）的企业声誉形成模型

资料来源： FOMBRUN C J, SHANLEY M. What's in a name? Reputation building and corporate strategy [J]. Academy of management journal, 1990, 33 (2): 236.

企业声誉代表了公众对企业的一种随时间而累积的评价，这种评价会因为企业成功满足利益相关者的期望而改变。林多瓦（Rindova, 1997）提出企业声誉是企业在市场和社区环境中，与选民和相关行动者不断创造和交换企业形象的累积结果。在这个过程中，存在三种形象：投射形象（projected images）、折射形象（refracted images）和选择形象（selected images）。[①] 如图 3-3 所示，企业的诸多形象通过企业本身投射到外部环境中，经由媒体中间人折射传播后，选民（信号接收者）有选择地接受并解释这些信息，逐步形成了企业声誉。金（Kim）、巴赫（Bach）和克莱兰（Clelland, 2007）也把企业声誉可以分为绩效声誉（performance reputation）和符号声誉（symbolic reputation）两类：前者是由于管理决策和组织活动而导致的利益相关者对企业的评价，后者则是由媒体关于组织的报道而产生的媒体受众对企业的评价。[②]

---

① 投射形象是企业将代表其形象的积极信号发送给观察者，是企业自身试图传递的理想形象；折射形象是经媒体处理过的企业形象信息，媒体的作用在于传播、散布并创造新的形象信息；选择形象是选民有选择性地接收各种信息而形成的形象。

② KIM J N, BACH S B, CLELLAND I J. Symbolic or behavioral management? Corporate reputation in high-emission industries [J]. Corporate reputation review, 2007, 10 (2): 77-98.

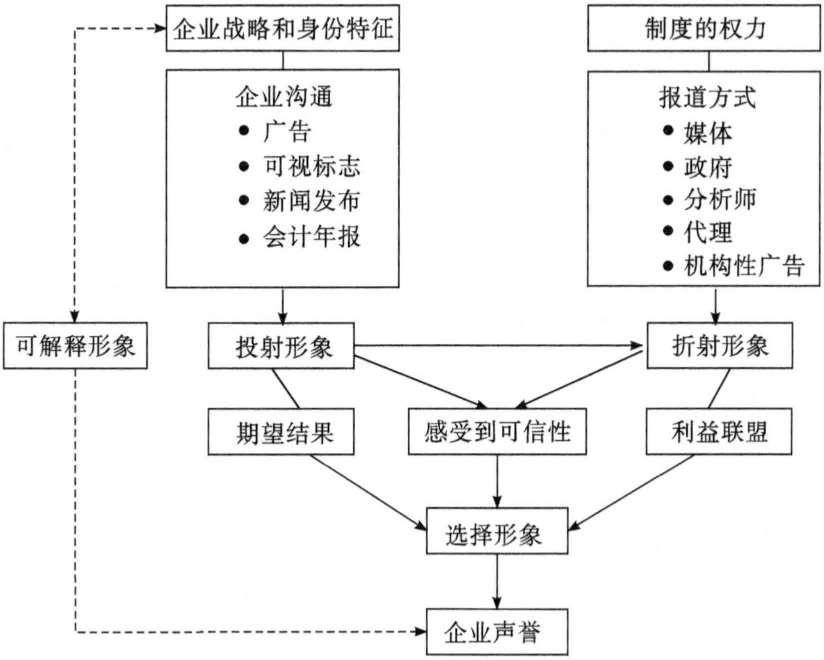

图 3-3　林多瓦（Rindova）的企业声誉形成模型

资料来源：RINDOVA V P. Part VII：managing reputation：pursuing everyday excellence：the image cascade and the formation of corporate reputations [J]. Corporate reputation review, 1997, 1 (2)：191.

企业身份特征是一个企业的现实和独特性，通过企业传播，将企业的内外形象以及声誉有机结为一体。埃德蒙·格雷（Gray）和约翰·巴尔默（Balmer，1998）认为企业身份识别是企业客观实在的东西，是企业独有的特殊属性；企业所有正式和非正式信息的集合则为企业沟通，把企业身份识别通过不同的传媒渠道传导给不同的利益相关者；企业沟通是联结企业身份识别、形象和声誉的重要纽带。[①] 之后，巴尔默（Balmer）和格雷（Gray，1999）进一步提出了企业声誉创立模型以引导管理者的声誉管理活动（见图 3-4）。该模型指出了企业身份识别经过沟通形成企业形象，又经过外部环境因素的作用，长期形象就成为了企业声誉，并最终转换为竞争优势。该模型也揭示了企业形象可以通过广告、公关等手段在短期内获得，而塑造企业声誉是一个长期的过程，企业声誉是综合了各类利益相关者对企业的印象和评价。

① GRAY E R, BALMER J M T. Managing corporate image and corporate reputation [J]. Long range planning, 1998, 31 (5)：695-702.

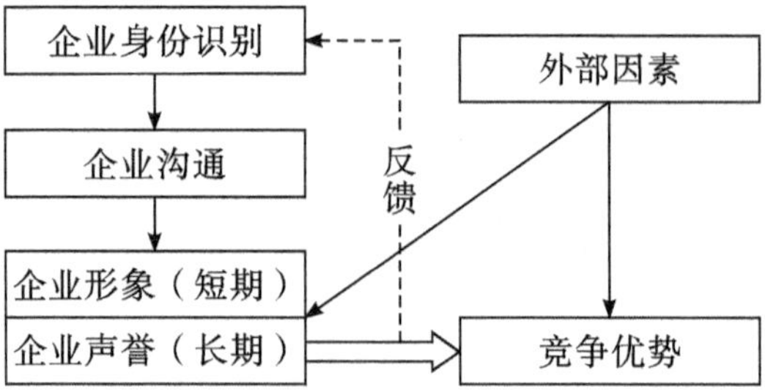

图3-4 巴尔默（Balmer）和格雷（Gray）的企业声誉形成模型

资料来源：BALMER J M T, GRAY E R. Corporate identity and corporate communications: creating a competitive advantage [J]. Corporate communications: an international journal, 1999, 4 (4): 174-175.

巴尔默（Balmer）和格雷（Gray，1999）在对企业沟通传播进行研究时，将其分为三级传播形式，[①] 结合企业身份识别、利益相关者群体、企业形象与声誉，提出一个更加系统全面的声誉管理模型（见图3-5）。企业特征信息首先经过一级传播，包括企业的产品与服务、采取的市场行为、对待员工及其他利益相关者的态度和做法等；二级传播主要是正式的企业传播，如广告、公关、视觉识别系统、销售提升等，更为直接地向社会公众传达企业信息情况；三级传播是社会群体网络中的口碑传播和媒体推广等，目的是拓展企业传播渠道。而企业特征信息在这三阶段传播过程中，还会受到联盟伙伴声誉、行业整体声誉等外生因素的影响。约翰·马洪（Mahon）和史蒂文·沃蒂克（Wartick，2003）在该模型基础上，综合了企业各利益相关者和声誉的反馈功能，提出了企业声誉在市场竞争中是动态变化的，与企业付出的实质性行动和象征性行动相关联，而且受到各利益相关者之间的动态交互影响。作者将企业声誉视为企业的一项竞争优势，正向影响企业的产品服务市场和观念市场。[②]

---

① 值得注意的是，影响人们心目中企业印象的信息加工过程也存在于三个层面：①初级层面的信息加工（基于个人经验）；②次级层面的信息加工（基于朋友和同事对于组织或产品的描述）；③三级层面的信息加工（基于大众传媒信息，包括有偿广告和无偿宣传）。参见：BROMLEY D B. Psychological aspects of corporate identity, image and reputation [J]. Corporate reputation review, 2000, 3 (3): 240-252.

② MAHON J F, WARTICK S L. Dealing with stakeholders: how reputation, credibility and framing influence the game [J]. Corporate reputation review, 2003, 6 (1): 19-35.

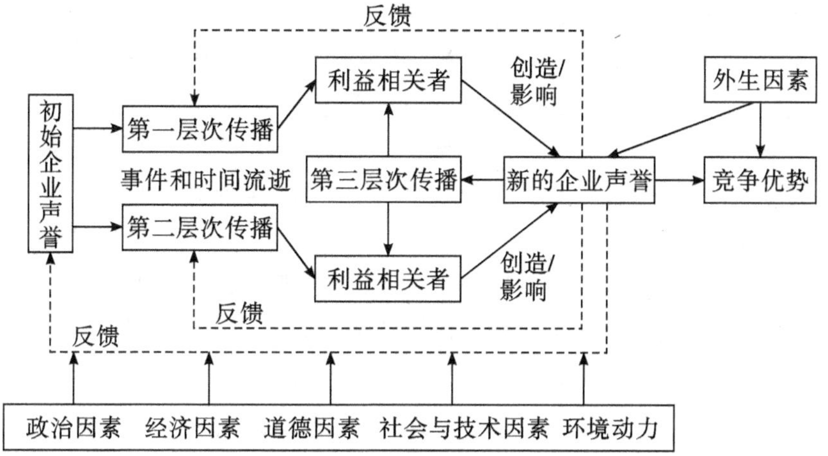

图3-5　基于三级传播的企业声誉管理模型

资料来源：BALMER J M T，GRAY E R. Corporate identity and corporate communications：creating a competitive advantage［J］. Corporate communications：an international journal，1999，4（4）：174-175.

大卫·迪普豪斯（Deephouse，2002）也赞同企业声誉是一种竞争优势这一观点。在对企业沟通作用机制进行研究时，他提出了媒体声誉概念，将其界定为"对一个呈现在各类媒体上的企业的总体评价"。媒体可以积极地影响公众对企业的评价要求企业通过多种沟通手段向公共媒体不断输送有利于企业的信息流。[①] 信号理论（signaling theory）的相关研究也表明具有高盈利能力与品质的企业有动机自愿将自身品质信号传递给外界，以区别于低品质企业，从而获得更多利益。[②] 国内学者缪荣（2013）[③]、符加林（2014）[④] 同样认为企业声誉本质上是一种信号，企业声誉的形成过程即企业的各种信息在利益相关者信息空间中的加工处理过程，包括象征化、信息扩散、社会认知、概念形成等多个步骤。

---

① DEEPHOUSE D L. The term "reputation management"：users，uses and the trademark tradeoff corporate reputation：an eight-country analysis［J］. Corporate reputation review，2002，5（1）：9-18.

② 相关研究参见：BLACCONIERE W G，PATTEN D M. Environmental disclosures，regulatory costs，and changes in firm value［J］. Journal of accounting and economics，1994，18（3）：357-377；LI Y，MCCONOMY B J. An empirical examination of factors affecting the timing of environmental accounting standard adoption and the impact on corporate valuation［J］. Journal of accounting，auditing & finance，1999，14（3）：279-313；LAIDROO L. Association between ownership structure and public announcements' disclosures［J］. Corporate governance：an international review，2009，17（1）：13-34.

③ 缪荣. 公司声誉［M］. 北京：经济管理出版社，2013：104.

④ 符加林. 声誉效应、联盟关系与机会主义行为治理［M］. 北京：经济管理出版社，2014：31.

加里·戴维斯（Davies）等（2003）认为，企业声誉是身份（identity）和形象（image）的综合，身份指企业内部利益相关者如何看待企业；形象指企业外部利益相关者如何看待企业。① 贾尼斯·福尔曼（Foreman）和保罗·阿根蒂（Argenti，2005）系统地总结了企业身份识别、企业形象与企业声誉的概念区别（见表3－6），专门指出企业形象和企业声誉是基于利益相关者对企业过去行为的一种整体性判断，受到不可控因素的影响较多。在福尔曼（Foreman）和阿根蒂（Argenti）提出的模型中，声誉来自支持者们对企业的印象，这些印象的总和既可以导致正面的声誉，也可以导致负面的声誉。企业沟通的中心职责便是管理支持者们对企业的印象，详见图3－6。

表3－6　企业身份识别、形象和声誉的比较

术语	定　义	出发点
企业身份识别	是由企业具体的物体组成，如员工、产品和服务	你是谁？
企业形象	是对企业身份识别和企业品牌的一种反映，是各利益相关者（顾客、投资者、员工、社区等）对企业持有的近期看法	利益相关者群体认为你是谁？ 你告诉利益相关者你是谁？
企业声誉	是各利益相关者对企业印象的综合体现，需要企业长期建立和维护，并依赖于企业绩效、利益相关者群体等	所有利益相关者认为你是谁？ 你曾经做过什么？

资料来源：FOREMAN J，ARGENTI P A. How corporate communication influences strategy implementation，reputation and the corporate brand：an exploratory qualitative study［J］. Corporate reputation review，2005，8（3）：245－248.

① DAVIES G，CHUN R，SILVA R V D，et al. Corporate reputation and competitiveness［J］. Corporate reputation review，2003，5（4）：368－370.

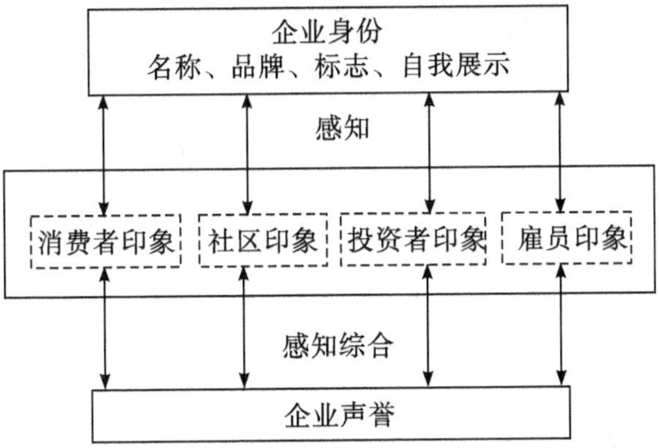

图 3－6　福尔曼（Foreman）和阿根蒂（Argenti）的企业声誉形成模型

资料来源：FOREMAN J，ARGENTI P A. How corporate communication influences strategy implementation，reputation and the corporate brand：an exploratory qualitative study [J]. Corporate reputation review，2005，8（3）：249.

企业声誉是利益相关者对企业一系列特性的全面评价，评价的好坏通常直接由企业的特性决定，因此企业特性决定了企业声誉，企业声誉进而影响到顾客忠诚。如图 3－7 所示，在徐金发等（2010）构建的 CRL 模型中，C 特指企业特性，R 特指企业声誉，L 特指顾客忠诚，企业特性通过责任感、产品或服务质量、业绩和吸引力四个指标进行衡量，企业声誉包含感召力和竞争力两个维度，顾客忠诚包含行为忠诚和情感忠诚两个维度。图 3－8 则为针对公司战略目标、企业传播、声誉和财务表现之间关联的战略性思考提供了一个框架。它描绘了应当互为补充的两个周期过程："商业周期"基于企业战略的标准发展过程，从这种发展过程又衍生出一系列的商业活动，而这些商业活动如果得以成功举办，则能够创造财务业绩。商业周期的有效施行需要相对应的"传播周期"，它为构筑声誉开发并运行合适的传播系统。如果企业传播得以成功开展，将会诱导利益相关方认同，同时激发其做出支持性行为。

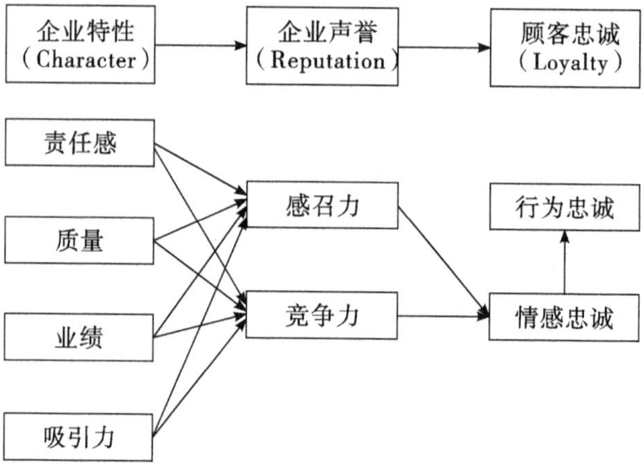

图3－7　企业声誉对顾客忠诚作用机制的CRL模型

资料来源：徐金发，等．企业软实力与声誉管理［M］．北京：社会科学文献出版社，2010：108．

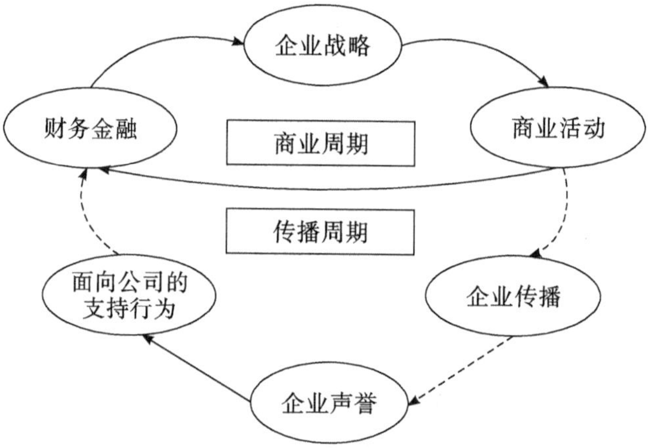

图3－8　企业传播与企业声誉的联系

资料来源：范瑞尔，福伯恩．企业传播原理：声誉管理的高效实施方式［M］．潘少华，译．北京：中国社会科学出版社，2015：42．

在经济学和管理学中，声誉机制通常被学者们视为一种与道德机制、法律机制并存的重要治理机制。① 社会公众一般根据行为主体的声誉决定是否

① 代表性研究如ZACHARIA G，MAES P．Trust management through reputation mechanisms［J］．Applied artificial intelligence，2000，14（9）：881－907；DELLAROCAS C．Reputation mechanism design in online trading environments with pure moral hazard［J］．Information systems research，2005，16（2）：209－230；吴元元．信息基础、声誉机制与执法优化：食品安全治理的新视野［J］．中国社会科学，2012（6）：115－133．

给予其信任并开展合作，任何一个希望与他人合作的行为主体都有强烈的动力建立和维持良好声誉，声誉的实施过程通常不需要外在强制措施的干预。张维迎（2002）将声誉机制的有效性归纳为以下四点：其一，博弈（交易关系）必须是重复的；其二，当事人必须有足够的耐心，更注重长远的利益；其三，当事人的不诚实行为能够被及时观察和高效传递；其四，当事人必须有足够的积极性对交易对象的欺骗行为做出惩罚。① 围绕诚信缺失问题，雷宇（2018）进一步把声誉机制发挥作用的路径总结为：不诚信行为发生→信息传递→公众得知→价值判断→公众评价→主体声誉受损→抑制不诚信行为发生（见图3－9）。综合上述分析，声誉机制有效运行取决于两大前提：一是信息传递过程保持通畅，二是公众对不诚信行为做出否定评价。

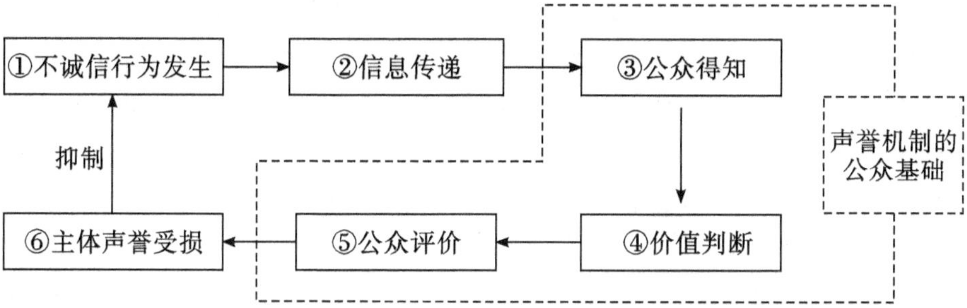

图3－9　声誉机制的作用路径及其公众基础

资料来源：雷宇．声誉机制的信任基础研究［M］．北京：经济科学出版社，2018：57.

伴随商业伦理在西方国家越来越受到重视，声誉理论逐渐成为经济学和管理学的研究热点。以上关于企业声誉的形成模型，促进了企业声誉研究的深入开展。这些模型阐明了在市场环境下企业的行为特征作为信号传递给利益相关者群体，形成对企业的综合印象评价并反馈给企业自身，对企业的经济绩效以及未来发展都具有积极的影响。同时，企业声誉管理是一个系统工程，声誉形成的各个环节相互依存并相互作用。为建立和维护良好的声誉，企业需要综合考虑，支持和强化各个环节。当然，声誉定义的宽泛性在客观上也为声誉管理实践设置了障碍，尤其声誉管理在企业内部管理体系中的位置依然比较模糊。声誉管理应当由哪个部门负责执行，它与公关管理、品牌管理的关系如何妥善处理，这些问题还有待于在理论探索和行业实践中进一步深化认识。

① 张维迎．法律制度的信誉基础［J］．经济研究，2002（1）：3－13.

3.2.2 “身份—形象—声誉”分析框架的提出

在主流的声誉模型中，声誉信息的来源集中于直接声誉和间接声誉两个层面，最终的声誉便是这两种信息合成的产物。① 由于不同利益相关者群体与大学之间互动关系的紧密程度、相互影响程度不同，对大学的利益要求和期望存在较大差异，其对大学感知的途径和要素是不同的。具体表现在两个方面：其一，内部利益相关者由于身处大学其中，其满意度的形成主要通过对学校软硬件环境“亲身体验”而形成，因此，提高内部利益相关者的满意度就必须切实改善学校软硬件环境状况；其二，大学在外部利益相关者心目中的形象主要来自两个群体：一个是曾在该大学生活、工作、学习或访问过的外部利益相关者群体，他们对大学的感知主要来自短暂的“体验”和大学内部品牌；另一个是从未到过该大学的外部利益相关者群体，他们对大学的感知则主要来自大学宣传和其他利益相关者的介绍或影响。② 因此，大学更应关注与利益相关者的沟通，通过有效的沟通方式向利益相关各方积极传递大学的相关信息，影响其对大学的认知过程，进而引导其对大学的声誉状况作出恰当评价。

“组织是一种意义的网络，一种共享的诠释体系，是通过由成员互动所发展出的语言及其他符号建构而呈现出来的。”③ 在这个系统中，组织连续不断地释放出信息，其附着意义的传递和被接收有赖于管理沟通。在传播学中，“议程设置功能假说（Hypothesis of the Agenda - Setting Function）”“沉默的螺旋假说（Hypothesis of the Spiral of Silence）”“知识沟假设（Knowledge - Gap Hypothesis）”以及“涵化分析（Cultivation Analysis）”等研究集中探索了大众传播综合的、长期的和宏观的社会效果，强调了大众传媒影响的有力性。④ 如今，互联网的飞速发展推动人类社会的深度变革，催生全新的传播环境。在新媒体时代，价值观念的多元化与交融性特征日益显现，冲击了原有组织声誉评价的理论和实践基础。互联网的信息可获得性在组织与公众之间架起了一座桥梁，在一定程度上剥夺了组织与利益相关者信息交流的控制权。⑤ 并且，

---

① 余红伟，陈东. 新兴网络经济运行机理研究［M］. 北京：中国社会科学出版社，2015：93.

② 聂锐，张燚，等. 高校与利益相关者互动发展的组织创新与行为调适研究［M］. 北京：中国经济出版社，2011：159 - 160.

③ SMIRCICH L. Concepts of culture and organizational analysis［J］. Administrative science quarterly，1983，28（3）：339 - 358.

④ 钱再见. 基于公共权力的政策过程研究［M］. 南京：南京师范大学出版社，2013：186.

⑤ SNIDER J，HILL R P，MARTIN D. Corporate social responsibility in the 21st century：a view from the world's most successful firms［J］. Journal of business ethics，2003，48（2）：175 - 187.

伴随着信息技术的高速发展和广泛应用，声誉传播过程中的成本消耗有了大幅度降低，有损组织声誉的行为也将会快速、准确地在网络中传播。因此，我们在分析研究型大学社会声誉形成机理时，有必要深入理解当下的传播环境，提出更富有时代特色的分析框架。在文献综述的基础上，本书借鉴经典的组织声誉形成模型，提出解释大学社会声誉形成的理论构想，即“身份—形象—声誉”的金字塔型分析框架（见图 3－10），并将理性选择、社会网络以及合法性认同三大机制纳入到这一分析框架之中。在大学的长期办学过程中，身份建构的任务已经基本完成，身份特性内化为大学自身的资源要素对大学的声誉形成发挥影响；而大学形象的持续传播将是声誉积累阶段区别于声誉形成初期的最明显特征，内外部利益相关者的互动对于大学社会声誉的持续提升发挥着主要影响。

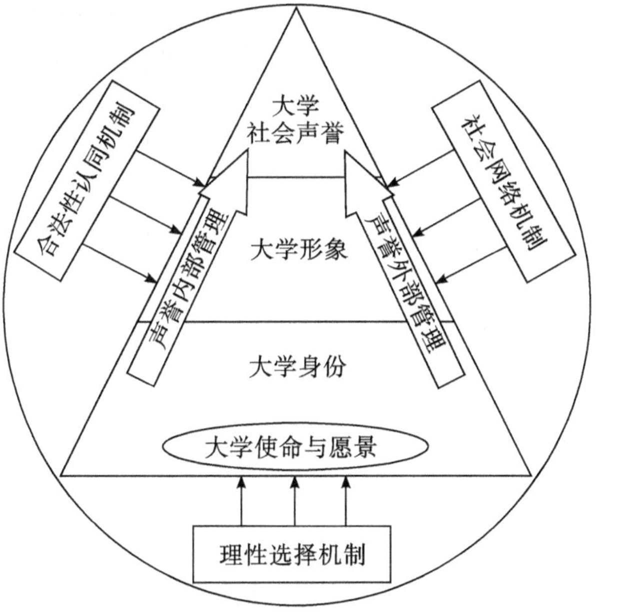

图 3－10　“身份—形象—声誉”分析框架示意图

大学社会声誉是由利益相关者对大学特征和活动的综合评价所决定的，体现大学行为活动的战略选择也从不同侧面对大学社会声誉产生影响。从国内外高等教育管理实践中可以发现，确立大学的使命和愿景是大学制订战略规划的第一步。大学使命揭示了大学存在的目的、价值、信念、原则以及大学的自我定义，是大学存在与否对于其利益关系者的价值贡献；而大学愿景反映了大学对未来的期望，描绘了大学迈向远方的全面图景。使命和愿景陈述是一种易于理解并产生激励作用的文字，它既可以让组织内部的人产生认同感，也可以让组织外部的人产生敬重感。[①] 马克·利普顿（Lipton，2003）认为，良好的使命与愿景主要从五个方面为组织带来利益：拓展绩效度量的指标，推动变革，奠定战略计划的基础，激发个人潜能，保证决策制定的连贯性。[②] 大学使命和愿景的形成过程是一个经过深度沟通而达成共识的过程，大学使命和愿景为大学的发展提供明确的方向意识和强大的动力支撑。大学使命和愿景的内容及语言风格，将对大学的业绩产生影响。[③] 在使命和愿景陈述中突出整体优势和独特个性，有助于大学树立自身特色，形成品牌战略。

身份（identity）与认同（identification）是社会认同理论以及以此为基础产生的组织认同理论的核心概念。简·达顿（Dutton）等（1994）认为组织认同是个体与组织之间的认知性联系（cognitive connection），而产生这种联系的前提便是个体感知到的组织身份（organizational identity）。[④] 组织认同在本质上是组织成员通过组织身份定义自我的过程和结果。如果成员感知到的组织身份特征与自我身份特征相互契合，那么个体就会对组织产生认同感。因此，大学身份也被视为大学所具有的源于组织成员及其他利益相关者的关于大学组织属性的共识体系。大学通过外部利益相关者对于自身的评判强化或削弱对于组织身份的认同。

社会公众对大学产生形象认知的过程是一个传播和反馈的过程，大学、媒体和社会公众是这一传播过程的三个基本要素，“大学形塑—媒介传输—公众认知”构成了简化版的线性传播模式。社会公众是大学形象的认知者和评价者。一方面，大学的理念和行为直接或间接地通过媒介输出信息成为社会公众形象认知的根据；另一方面，社会公众通过媒介接收大学信息，结合主观知识，形成对大学的感知和判断，经过汇聚整合构成公众群体的整体意识，最终形成社会公众对大学形象的认知。大学形象体现了公众对大学认知的总体评价，而对于个体认知而言，这种形象总体评价的形成过程是一个动态的心理建构过程，并随着个体社会化的持续深入，在形象信息累积的基础

---

① SATTARI S，PITT L F，CARUANA A. How readable are mission statements? An exploratory study [J]. Corporate communications：an international journal，2011，16（4）：282 – 292.

② LIPTON M. Guiding growth：How vision keeps companies on course [M]. Cambridge：Harvard Business Press，2003.

③ 部分学者把大学使命陈述看成是用华丽辞藻堆砌出来的语句或者是不切实际的期望，认为空洞的大学使命陈述对大学发展起不到有效的指导作用。参见：NEWSOM W，HAYES C. Are mission statements worthwhile? [J]. Planning for higher education，1991，19（2）：28 – 30.

④ DUTTON J E，DUKERICH J M，HARQUAIL C V. Organizational images and member identification [J]. Administrative science quarterly，1994，39（2）：239 – 263.

上，呈现出日趋复杂的认知结构和反复优化的价值判断。如今，作为信息传播生态中的重要媒介形态，新媒体凭借海量信息、超链接、互动性、去中心化等特征，对大学形象的建构和传播产生巨大影响。

社会公众改变对一所大学的集体印象，一般需要经历一个重新接受信息、重新评价信息并重新感知被评价对象的复杂过程，因此，短期内公众对某一大学的形象评价具有相对稳定性。大学社会声誉是公众对大学整个特性的价值判断，与大学形象相比，大学社会声誉往往需要更长时间积累以及更大范围传播、更深内容挖掘。菲利普·汉金森（Hankinson）和温迪·洛马克斯（Lomax，2006）①、娜塔莉·莱德勒·凯兰德（Laidler－Kylander）和伯纳德·西蒙宁（Simonin，2009）② 都认为，声誉是组织整体形象的体现，具有重要的宣传和说服作用。本书构建的“身份—形象—声誉”多维分析框架试图说明：在潜在机制的作用下，研究型大学首先通过自身实践行为建构大学的身份，其次通过一定的沟通交流渠道传播大学的形象，最终在与内外部利益相关者的长期互动中形成相对稳定的社会声誉。研究型大学理念与价值的内部化过程形成组织身份，外部化过程形成组织形象，两个过程互相依赖和影响：大学声誉内部管理是把组织价值传递和渗透到可控的载体和媒介（如组织成员）上，借助它们再传递给外部公众；声誉外部管理则是组织向外部利益相关者传递组织品牌价值的过程，主要指外部信息沟通活动。

3.2.3 大学身份建构是大学社会声誉形成的基础

身份常常被人们用以对自我属性进行定义，并作为衡量人们在工作生活中行为举止遵循内心、保持真我的标准和依据。③ 在吉尔·穆森（Musson）和乔安妮·杜伯利（Duberley，2007）看来，身份是一种通过各种各样的实践生产和再生产的“自我”。④ 鉴于身份建构是一个发展的过程，社会学和社会心理学普遍认为，社会个体的身份形成涉及三个层面的内容：自我角色定位（了解自己在现实社会中的位置、地位，从而确定自己在其中应该扮演

---

① HANKINSON P，LOMAX W. The effects of re-branding large UK charities on staff knowledge，attitudes and behaviour [J]. International journal of nonprofit and voluntary sector marketing，2006，11（3）：193－207.

② LAIDLER-KYLANDER N，SIMONIN B. How international nonprofits build brand equity [J]. International journal of nonprofit and voluntary sector marketing，2009，14（1）：57－69.

③ ERIKSON E H. A memorandum on identity and Negro youth [J]. Journal of social issues，1964，20（4）：29－42.

④ MUSSON G，DUBERLEY J. Change，change or be exchanged：the discourse of participation and the manufacture of identity [J]. Journal of management studies，2007，44（1）：143－164.

的角色，即自我认同）、自我述行认定（通过语言和行为等符号的对外表达，对自身角色予以自觉的确定）与他人承认（他人在认为某人的行为满足了社会期待之后所给予的认同，即社会认同）。[①] 社会认同理论也主张个体对积极的社会身份有所需求。只有当个体将自身划归某一身份类型的群体时，这一群体才得以存在。[②]

在组织理论中，组织身份（organizational identity）研究存在多种观点。其中以斯图尔特·阿尔伯特（Albert）和大卫·惠顿（Whetten，1985）为代表的身份特性论认为，组织身份包括其成员被认为是最核心的、相对持久，并在最大程度上可区别于其他组织的特征，[③] 即组织身份是组织内部成员关于其所在组织特性的知觉，[④] 通俗来讲便是组织成员关于“我们是谁”的认知。[⑤] 因此，作为组织成员向组织内部人和外部人描述“我们是谁”的工具，组织身份能够深刻地塑造一个组织的成员、潜在成员和外部观众的行为，使得这些行为服务于组织身份的社会建构过程。[⑥] 约翰·巴尔默（Balamer）和艾伦·威尔逊（Wilson，1998）对四种身份特征类型做了区分：感知到的身份特征（perceived identity）、展示出的身份特征（projected identity）、向往性的身份特征（desired identity）以及实行的身份特征（applied identity）。[⑦] 依据组织管理学者对组织身份定义的概念来看，组织身份具有核心性（centrality）、持久性（enduringness）以及独特性（distinctiveness）三大特征。在通常情况下，我们通过成员共同拥有的基本内部要素，或者标志某一具体人群的共同特点来理解某个共有的身份。但是，身份认同亦可通过对“他者”的建构而得到确立。[⑧] 弗雷德里克·巴特

---

① 李智．中国国家形象：全球传播时代建构主义的解读［M］．北京：新华出版社，2011：42．

② TAJFEL H，TURNER J．An integrative theory of intergroup conflict［J］．Social psychology of intergroup relations，1979，33（47）：94－109．

③ ALBERT S，WHETTEN D A．Organizational identity［J］．Administration & society，1985，42（20）：166－190．

④ DUTTON J E，DUKERICH J M．Keeping an eye on the mirror：image and identity in organizational adaptation［J］．Academy of management journal，1991，34（3）：517－554；CORLEY K G．Defined by our strategy or our culture? Hierarchical differences in perceptions of organizational identity and change［J］．Human relations，2004，57（9）：1145－1177．

⑤ GIOIA D A，PATVARDHAN S D，HAMILTON A L，et al．Organizational identity formation and change［J］．Academy of management annals，2013，7（1）：123－193．

⑥ 韦慧民，潘清泉．基于身份观视角的组织行为管理研究［M］．北京：经济科学出版社，2017：154．

⑦ BALMER J M T，WILSON A．Corporate identity：there is more to it than meets the eye［J］．International studies of management & organization，1998，28（3）：12－31．

⑧ 张萌萌．香港认同构建：政媒机制与媒体化再现［M］．北京：社会科学文献出版社，2013：30．

（Barth，1998）指出，身份认同的边界是持有不同身份的人群开展互动的产物。[①] 集体身份可以满足成员的归属感，强烈的集体身份对成员对于集体行动的承诺具有重要影响，[②] 可以促进成员为了群体利益而减少自利行为，更主动地为群体发展主动奉献。[③] 因此，集体身份也会影响到组织战略决策制定与组织变革等。

在声誉形成过程中，身份建构（identity construction）是个体或组织连续性地从投入到生成、维持、强化或者修正自我身份以提供一致性和独特性解释的系列活动。[④] 身份建构的最终目的在于建构一个关于自我的并且体现积极价值的理解。组织行为学的研究者认为身份特征不仅是设计学派所关注的视觉元素。他们认为身份特征更多地来自于全体组织成员的共同信念和共同价值。[⑤] C. B. 巴塔查里亚（Bhattacharya）和桑卡尔·森（Sen，2003）也提出公司身份的构成要素主要包括两个方面：一是核心价值；二是公司统计类特征，如所属行业、公司规模、竞争定位及原产地等。作者研究发现身份相似性（identity similarity）、身份独特性（identity distinctiveness）和身份威望度（identity prestige）三个因素和公司身份吸引力之间都具有正向的影响关系。[⑥] 可以说，组织身份特征为组织成员提供了认知信任与情感信任的基础。

总体而言，目前社会科学中的身份研究明确了身份总是产生于内在角度和外在角度的相互作用之中。组织身份同样是研究高等教育机构连续性和变化性的重要概念。[⑦] 早在 20 世纪 30 年代，“企业识别系统”（Corporate Identity System，简称 CIS）这一概念在美国企业界率先被提出并得到推广。直到20 世纪90 年代末，国内大学开始将 CIS 理念引入高等教育管理实践中，形成“大学识别系统”（University Identity System，简称 UIS），并细分为

---

① BARTH F. Ethnic groups and boundaries：the social organization of culture difference [M]. Long Grove：Waveland Press，1998.

② HASLAM S A，ELLEMERS N. Social identity in industrial and organizational psychology：concepts，controversies and contributions [J]. International review of industrial and organizational psychology，2005，20（1）：39－118.

③ BREWER M B，KRAMER R M. Choice behavior in social dilemmas：effects of social identity，group size，and decision framing [J]. Journal of personality & social psychology，1986，50（50）：543－549.

④ SVENINGSSON S，ALVESSON M. Managing managerial identities：organizational fragmentation，discourse and identity struggle [J]. Human relations，2003，56（10）：1163－1193.

⑤ 范瑞尔，福伯恩. 企业传播原理：声誉管理的高效实施方式 [M]. 潘少华，译. 北京：中国社会科学出版社，2015：47.

⑥ BHATTACHARYA C B，SEN S. Consumer－company identification：a framework for understanding consumers' relationships with companies [J]. Journal of marketing，2003，67（2）：76－88.

⑦ STENSAKER B. Organizational identity as a concept for understanding university dynamics [J]. Higher education，2015，69（1）：103－115.

“大学理念识别”（Mind Identity of University）、“大学行为识别”（Behavior Identity of University）和“大学视觉识别”（Visual Identity of University）三大类型。

理念识别系统是体现大学最核心、最深层的思想和战略系统，“大学社区内部的凝聚力和共同愿景是大学实现其目标的必要条件”①。大学理念根本上是源于大学组织学术活动的核心，并服务于具体的人员配置、权力划分、组织结构、制度建设等，更重要的是它的提炼与凝结形成了一种文化传承并作用于大学内部的各项活动。② 大学办学的使命、任务、体制、机制以及校训、校歌、校徽、校园建筑等都是大学理念的具体承载。其中，大学使命是大学战略制定与方案选择的前提，它以高度浓缩的方式表现出大学的内在品质、文化精髓和独特风格，是大学确立自身地位、形成稳定特征、赢得社会声望的标识。③ 而大学校训是大学人文传统、治学精神、办学风格的高度升华，具有激励与团结全校师生积极进取、奋发向上的作用。④

行为识别系统是在大学理念确立的基础上所形成的，用以规范大学内外部行为、管理和教育师生员工的一切活动。大学行为识别是指大学在对内管理和对外社会活动中展现的行为方式被识别的过程：大学通过构建合理的组织机构，建立完备的规章制度，开展高效的人才培养、科学研究、社会服务等活动，传递办学理念，创造社会价值，向公众展示良好的学校形象，达到提升学校认识度、大众认可度的目的。大学行为识别要素包括了教学活动、科研活动、管理活动、文体休闲活动和大型庆典活动等各种要素。⑤

视觉识别系统是大学整体形象的视觉化传播系统，是大学理念表达符号化或形象化的重要载体，是大学个性化的特殊表达方式。大学名称、标志符号、商标设计、标准字、标准色、图案、吉祥物、宣传口号、建筑外观等具体化的视觉系统符号，能够塑造出鲜明、生动、有强烈冲击力的形象，是大学理念和行为规范的集中性、抽象化、符号化反映。⑥ 从广义角度讲，任何构成大学基本形态的内容都可视为大学视觉识别要素，而狭义的大学视觉识别要素主要指针对特定大学所设计的，涵盖丰富视觉概念，具备充实视觉内容，富有较高创意内涵的视觉对象或视觉符号。例如，大学校徽作为一所学

① 沃森. 高等院校战略管理 [M]. 孙俊华，等译. 南京：江苏教育出版社，2010：150.

② 王云兰. 公立大学章程权威实效性机制研究 [M]. 北京：中国社会科学出版社，2015：35.

③ 陆一. 世界知名大学使命宣言的文本解析 [J]. 比较教育研究，2012，34 (9)：24.

④ 陈功江. 精神符号与个性彰显：民国时期知名大学校训研究 [M]. 武汉：华中科技大学出版社，2011：1.

⑤ 刘刚，吴丹，张雪霞. 彰显与提升：大学形象战略研究 [M]. 北京：科学出版社，2015：169.

⑥ 张庆亮，等. 高等学校市场营销研究 [M]. 合肥：中国科学技术大学出版社，2006：162.

校代表性的标志物，大多是以艺术化的图形来形象化地表现学校的精神与追求，是大学文化的具体表象，拥有鲜明丰富的内在意涵。而大学校园文化的承载体主要是校园建筑景观。大学的历史文脉镌刻在校园景观上，具有地域标示性和文化象征性的校园景观建筑在每一所大学中都备受瞩目。通过对中西大学校园景观的比较可以发现，[①] 大学校园建筑及景观的规划设计在长时段的历史演进过程中受到多重因素的影响。

在组织身份建构过程中，一流大学之所以能被社会各界所熟识，一个重要原因是其在某些学科领域形成特色或优势，为社会发展做出卓越贡献，进而确立了学校在行业领域的显赫地位。例如，在中国高等教育发展史中，“建筑老八校”是业界对较早开设建筑学、城市规划相关专业，且拥有广泛社会影响力的八所高校的概称，包括清华大学、南京工学院（今东南大学）、同济大学、天津大学、华南工学院（今华南理工大学）、重庆建筑工程学院（今重庆大学）、哈尔滨建筑工程学院（今哈尔滨工业大学）和西安建筑工程学院（今西安建筑科技大学）。“建筑老八校”培养了大量的土建类优秀人才，专业实力毋庸置疑，在中国建筑界的地位难以撼动。作为一个学术共同体，大学及其学科的成就逐渐成为社会关注的焦点，学科的卓越竞争力是大学追求的发展目标。目前世界各国对大学和学科竞争力的关注是学术共同体自身追求知识和真理的内在需求驱动，以及社会经济发展的外在需求驱动的双重影响的结果。[②]

大学身份建构是在大学发展的历史过程中逐渐积淀而实现的。大学身份的独特之处在于大学是一个传播知识、创造知识、培养人才、服务社会的学术机构，大学身份建构的过程也是以学术为核心的大学活动的共同追求和体认。大学社会声誉来源于大学的身份特征，大学的组织文化只有被外界所熟知，才能进一步塑造大学与利益相关者的关系类型，进而推动声誉的形成。因此，身份建构对大学而言也是创造一个成功营销传播机会的基本初始行动。一个清晰的身份定位，有助于大学管理团队借助相关传播工具对外传递一致的信息。

3.2.4 大学形象传播是大学社会声誉积累的关键

在主体间交往互动过程中，形象是一个主体对目标客体形成的融会情感在内的、相对稳定的整体性知觉和评价。在品牌学研究中，大卫·阿克

---

① 常俊丽，汪辉. 大学校园景观［M］. 上海：上海交通大学出版社，2016：177－178.

② 王莉华，王素文，汪辉. 世界一流大学学科竞争力［M］. 杭州：浙江大学出版社，2015：1.

(Aaker)和亚历山大·比尔(Biel, 1993)[①]、凯文·莱恩·凯勒(Keller, 1993)[②] 都认为品牌形象是消费者记忆中关于某个品牌联想的感知集合。与品牌形象相类似,组织形象(organization image)是代表成员主体与他人或其他组织进行互动时形成的对一个组织的社会建构知觉。[③] 组织形象是组织在运行中显示出来的行为特征和精神面貌,其构成要素主要包括目标要素、组织要素、政策要素、效率要素和环境要素等。人类的认知过程充满复杂性,对组织形象的社会认知也是一个复杂的过程,从不同渠道获得的信息与认知主体原有认知结构之间的关系、信息的重要性和易获得性,以及认知者的期望、动机和情绪等都会对组织形象的认知过程和结果产生影响。

组织形象的推广离不开精心策划和周密安排,只有制定一套详尽的推广计划,才能使组织形象尽快获得公众认同。这个过程主要包括组织形象的对内宣传和对外推广:[④] 对内宣传是向员工宣传本组织的工作目标和改革方向,这是组织形象推广的第一步;对外推广则是组织通过广告等传播手段向外部公众宣传本组织形象的过程。外部公众的广泛性以及公众的非同质性要求组织在对外进行形象推广时,必须针对不同受众,选择与之相适应的传播手段与媒体平台。

作为人类通过符号和媒介交流信息的活动,传播是所有组织的命脉所在:通过传播,组织才能掌握需要的基础资源(如资金、劳动力和原材料),并逐步强化可维持其运转的间接资源的积累(如合法性和声誉)。[⑤] 已有研究将组织的传播系统定义为多重战术战略媒介和信息内容,组织需要仰仗前者和利益相关方进行交流,还需要对后者进行选择以便通过相关媒介进行扩散。传播系统始终包含了两大核心内容:一是信息要素的存在,二是信息要素的迁移。确定传播信息源,是制定一个传播方案的前提;信息定义的方法论有助于确定最恰当的传播内容;而对信息接收者的关注,体现在对传播目标受众的选择和细分。帕洛阿尔托学派(交往传播学派)的研究成果揭示了双重信息的传播机制(见图 3-11):一方面,信息源应当慎重定义刻意传

① AAKER D A, BIEL A L. Brand equity and advertising: an overview [M]. Hillsdale: Lawrence Erlbaum Associates, 1993.

② KELLER K L. Conceptualizing, measuring and managing customer based brand equity [J]. Journal of marketing, 1993, 57 (1): 1-22.

③ CORLEY K G, COCHRAN P L, COMSTOCK T G. Image and the impact of public affairs management on internal stakeholders [J]. Journal of public affairs, 2001, 1 (1): 53-67.

④ 徐双敏. 公共管理学 [M]. 2 版. 北京: 北京大学出版社, 2014: 254-255.

⑤ 范瑞尔, 福伯恩. 企业传播原理: 声誉管理的高效实施方式 [M]. 潘少华, 译. 北京: 中国社会科学出版社, 2015: 1.

播的信息，另一方面，还应对一系列无意的信息进行控制，减少对受众有负面影响的信息。如果信源的形象得到受众的信任，便可能激发受众对信息的内化过程，即信息会被受众纳入自身的价值体系。如果想要得到受众的信任，信息源要拥有可靠的、真诚的、专业的形象。①

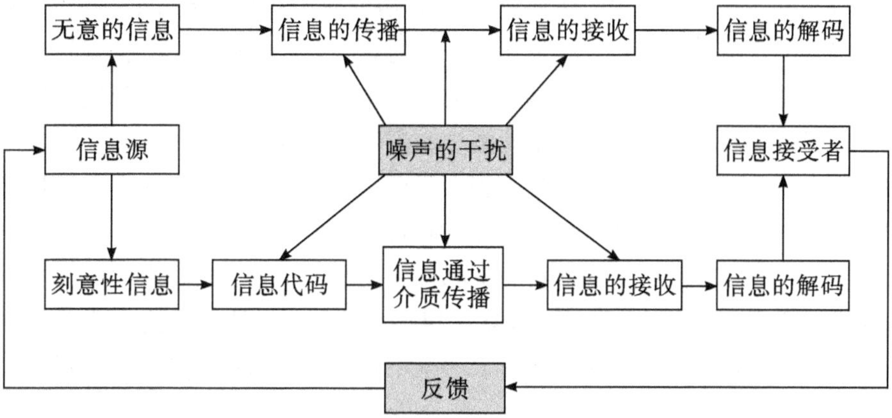

图 3－11 传播模式概括

资料来源：马拉沃，德高丹，本纳罗亚，等. 五维传播［M］. 钟萍，孙利玲，译. 北京：机械工业出版社，2015：14.

组织传播帮助组织在利益相关者群体心目中创造独特且富有吸引力的形象，构筑了强大的品牌，并发展为声誉资本。② 为了实现这些目标，所有的传播形式必须被协调成一个连贯的整体，③ 并且形成能够衡量组织传播对声誉和价值作用效果的成功标准。④ 组织一般被要求其身份和各方面的形象相匹配。当组织身份与组织形象存在差异时，很可能导致组织身份发生相应改变，以减少或缓解身份与形象间的差异及由此可能造成的负面影响。⑤ 对于企业而言，传播企业信息的渠道主要包括企业品牌实体、传播媒体和品牌营

① 马拉沃，德高丹，本纳罗亚，等. 五维传播［M］. 钟萍，孙利玲，译. 北京：机械工业出版社，2015：12－14.

② DOWLING G R. Corporate reputations：strategies for developing the corporate brand［M］. London：Kogan Page，1994.

③ VAN RIEL C B M. Principles of corporate communication［M］. New Jersey：Prentice Hall，1992.

④ FOMBRUN C J，VAN RIEL C B M，VAN RIEL C. Fame & fortune：how successful companies build winning reputations［M］. New Jersey：FT Press，2004.

⑤ DUTTON J E，DUKERICH J M. Keeping an eye on the mirror：image and identity in organizational adaptation［J］. Academy of management journal，1991，34（3）：517－554；GIOIA D A，SCHULTZ M，CORLEY K G. Organizational identity，image，and adaptive instability［J］. Academy of management review，2000，25（1）：63－81.

销三类。而非营利组织营销更加关注组织与环境的互动，以及组织宗旨与组织拥护群的需求是否相符。① 非营利组织的营销活动只有获得外部支持，才能更好地实现组织内部的协调运作。组织特性经由品牌传播塑造积极的组织形象，对内部员工认同也具有促进作用。

外部利益相关者对于大学评价的来源同样包括直接经验和间接经验，而间接经验的获得在很大程度上依赖于大学的对外宣传。作为社会公众对一所大学的总体印象，大学形象的基本构成要素包括学校名称、地理位置、发展历史、学校业绩、学校领导、个性概念和深层文化等，其具体表现形式包括领导形象、员工形象、学生形象、管理形象、服务形象等。大学形象的形成过程为：大学通过各种活动与公众进行有效沟通，把有利于大学的信息传播出去，而公众则要通过对这些信息的感知、记忆、想象，最终获得并形成心目中的大学形象。② 大学形象的管理过程是大学形象系统化传播（内部传播与外部传播）的过程，即大学在社会公众中塑造和传播良好形象，不断扩大知名度和提升美誉度的过程。

在西方传播学中，学者们按传播通道方式把传播活动分为三类：一是人际传播（interpersonal communication），个人与个人之间面对面地互通信息，如谈话、讨论问题；二是组织传播（organizational communication），组织成员或内部机构之间通过信件、电话等方式进行沟通；三是大众传播（mass communication），由媒介组织通过报纸、杂志、广播、电视等方式与社会公众进行信息交流。在传播学术语中，媒介（media）特指能够使信息在人与人之间或个人自身内流动、传递的手段、工具或渠道。在市场经济条件下，大学需要根据外部环境与自身特点，按照营销观念选取合适的传播媒介、采取相应的策略行动以争取更多公众的理解与支持，确保组织目标与战略的实现。大学形象的宣传工作通常包括：一是宣传学校正面形象，向社会各界人士展现学校风采；二是消除学校负面形象，通过媒体或其他方式对公众进行解释和引导，消除公众疑虑，挽回不良影响；三是美化学校可视形象，在各种传媒渠道中，运用艺术手段凸显学校形象的视觉效果，增强学校形象对公众的渗透力和感染力。③ 在移动互联网时代，传统的宣传工作更多地让位于新媒体对大学发展战略的包装化信息精准投放，以此来提升大学的价值感召

---

① 王方华，周洁如．非营利组织营销［M］．上海：上海交通大学出版社，2005：61．

② 张东娇．公众、事务与形象：学校公共关系管理导论［M］．重庆：重庆大学出版社，2005：273－274．

③ 查啸虎，王守恒．学校组织形象的构成要素与建设策略［J］．中国教育学刊，2006（12）：28－30．

力，从而使大学获得更多发展资源。

大学中的人员主要由教职工和学生构成，因此，大学中的人际传播主要发生于教职工与教职工之间、教职工与学生之间以及学生与学生之间，人际传播的内容主要围绕着教学与科研、管理与服务、日常交往三个方面。大学还可以定期举办校友联谊会，方便校友与在校师生开展交流，凭借人与人之间情感的高效互动，增强学校的亲和力，扩大学校的影响力。大学中的组织包括学校及其下属部处等管理部门、学院和科研机构等教研部门以及学生社团等群众性组织，因此，大学中的组织传播发生于学校及机关部处对组织内部的管理、课堂的教学、科研团队的学术探讨以及学生社团的组织管理。大学中的大众传播则是大学内各传播主体借助于大众传播媒介向校内外人员进行的传播，例如借助大学广播、大学电视台、大学报纸、大学网站等传播媒介进行的传播活动。① 同时，基于大学对社会责任的承担，大学还必须将自己的信息资源主动地向社会公开，接受社会的监督与评判。信息的有效公开是将大学与社会联系起来的窗口和纽带，是大学展示办学成果、强化透明问责和获得广泛社会声誉的推动力。②

大学的社会形象能否在公众心目中形成正确反映，涉及大学是否拥有合理有效的形象传播途径。开展形象传播一方面必须构建自有媒体平台，另一方面必须借助外部专业力量建立与媒体的合作伙伴关系，形成线上与线下、传统媒体与新媒体相结合的全媒体传播体系。首先，大学门户网站是学校对外宣传、对内服务教育的主要网络平台，是一个由主站、新闻网、网络社区、内网平台以及网站群组成的综合体。大学门户网站既是大学内部传递通知、信息、公告的便捷平台，也是大学进行对外形象宣传、深入推进信息化建设的重要组成部分。伊恩·米德尔顿（Middleton），迈克·麦康奈尔（McConnell）和格兰特·戴维森（Davidson，1999）提出了大学网站的结构和内容模型，③ 并总结了大学网站提供的三类信息：一是宣传信息：以潜在用户和合作伙伴为对象的广告服务；二是增值信息：作为创新信息提供者，为用户提供真实有用的服务，鼓励他们再次访问，提高机构声望；三是有用信息：对于教职工和学生，信息服务与资源能使组织更容易达到战略目标，

---

① 张晴．美国大学对社交媒体的使用研究：以 facebook 为例［M］．成都：四川大学出版社，2017：86－87．

② 刘庆红．日本高校信息公开研究：面向利益相关者的社会责任［M］．北京：人民出版社，2017：46．

③ MIDDLETON I，MCCONNELL M，DAVIDSON G．Presenting a model for the structure and content of a university World Wide Web site［J］．Journal of information science，1999，25（3）：219－227．

有助于推动内外部沟通。邱均平等（2003）对中国主要大学网站的总链接量、外部链接量和网络影响因子进行研究，发现大学网站的外部链接量与大学排名相关，大学网站的链接量与大学声誉相关。①

其次，随着 Web 2.0 技术的发展，社交媒体的互动性带来了和传统媒体完全不同的信息生产与传播体系，以微博、微信、博客、播客、论坛等为载体的校园自媒体正处于快速发展阶段。如图 3－12 所示，大学校园媒体经历了从传统纸媒时代到如今新媒体时代的更迭，实现了内容、关系、服务的不断升级和跨界融合。根据《2016 中国高校校园媒体发展报告》统计，在中国大学校园媒体主要类型中，87.26%的大学建立了微信公众号，居第一位；校园广播（84.29%）、报纸（82.55%）和微博（72.25%）等紧随其后，微信公众号成为中国大学校园媒体转型的重要抓手。② 斯图尔特·帕尔默（Palmer，2013）选取了澳大利亚的六所大学，对其利用推特（Twitter）进行营销的情况进行了研究。结果发现推特的发帖条数与粉丝数呈正相关；同时，转发是吸引受众的重要方式，因为通过这种方式可以同其他用户生产的内容互动，也可以吸引其他用户成为粉丝。③ 达伦·林维尔（Linvill），杰瑞卡·泰·罗莱特（Rowlett）和梅特·科林德（Kolind，2015）将美国大学脸书（Facebook）公共主页的帖子内容分为四大类：一是信息分享，包括校园事件、师生成就、校园发展等方面；二是团体经历，展示学校成员的生活，包括日常活动和学校所具有的传统活动；三是社区，指关于学校及学校所在社区的风景；四是推广，即推广学校的精神，包括对学校颜色、吉祥物、相关产品的使用。④ 当前，社交媒体在大学生群体中的超高使用率也促使大学为加强与学生间的沟通而在学校事务中越来越多地使用社交媒体，社交媒体逐渐成为大学传播生态中的重要平台。

---

① 邱均平，陈敬全，段宇锋. 中国大学网站链接分析及网络影响因子探讨［J］. 中国软科学，2003（6）：151－155.

② 中国社会科学网. 2016 中国高校校园媒体发展报告（摘录）［EB/OL］.（2016－11－07）［2018－09－10］. http://www.cssn.cn/dybg/gqdy_ttxw/201611/t20161107_3265971.shtml.

③ PALMER S. Characterisation of the use of Twitter by Australian universities［J］. Journal of higher education policy and management，2013，35（4）：333－344.

④ LINVILL D L，ROWLETT J T，KOLIND M M. Academic pinstitution：higher education's use of pinterest for relationship marketing［J］. Journal of relationship marketing，2015，14（4）：287－300.

图 3－12　高校媒体发展历史

资料来源：中文互联网数据研究资讯中心．掌上大学：2016 中国高校新媒体蓝皮书（附下载）［EB/OL］.（2017－01－05）［2018－09－10］. http://www. 199it. com/archives/553586. html.

再次，通过一系列的象征化手段，大学可以成功传递和宣扬自己的核心使命与愿景。象征化是组织价值和组织特性灌输于外显的过程，比如通过仪式、故事、比喻等符号性手段，组织将自身的价值观念、核心特性赋予外显，不断强化和体验，使之影响组织成员认知，促使外显转变为象征。① 校庆是大学办学行为中的一种特殊活动，是在指定时间内（常选择建校周年纪念日）组织在校师生、校友、学生家长、企业家和社会知名人士等参加的重大庆典。校庆是弘扬大学传统、活跃学术氛围、推动文化建设、加强沟通交流、塑造公共形象、扩大社会影响的有效途径。同时，校庆也是大学开展大型筹款活动的重要契机。从形象传播来看，校庆以其规格高、规模大、声势响、参与广等特点形成了一种强大的传播效应。例如，以迎接 120 周年校庆为契机，浙江大学深入开展“四大工程”（见图 3－13），借助海内外媒体、网络和各种学术文化途径，广泛传播学校的学术成就和文化理念，激励教师参与各种学术平台，全面改进学校管理和公众形象建设水平，在全球范围内提升学校的知名度和美誉度。

① 葛建华．组织行动的逻辑：中国情境下的理论与实证研究［M］．北京：经济科学出版社，2018：76.

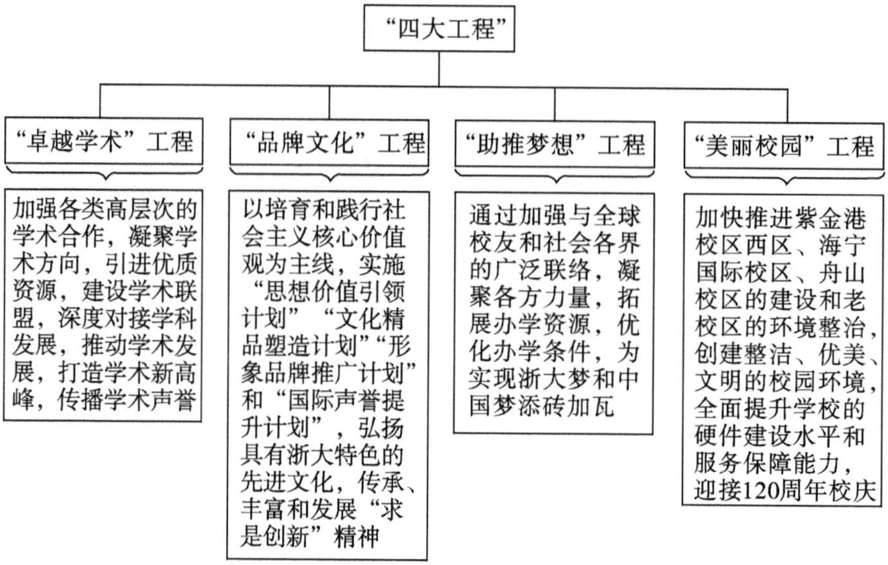

图 3－13　浙江大学 120 周年校庆“四大工程”

资料来源：浙江大学．中共浙江大学委员会办公室浙江大学校长办公室关于进一步做好浙江大学 120 周年校庆筹备工作的通知［EB/OL］．（2016－09－09）［2018－09－10］．http://www.zju.edu.cn/2016/0909/c11979a524492/pagem.htm.

此外，排名是组织特别突出的一个外部形象，常常被认为是组织身份和组织形象的一种反映，因此组织的利益相关者将其用作衡量该组织的身份与形象是否匹配的工具。利益相关者根据组织的排名情况对该组织形象作出评价和判断，而利益相关者的评价又会对组织身份产生重要的影响。① 具体来说，若组织的排名情况良好，利益相关者会更加认同组织身份；若组织排名呈现下降趋势，利益相关者对组织的印象和评价也会相应降低，甚至产生负面评价。因此，外界会因为组织排名下降导致对组织的评价发生变化，而评价变化可能会成为一种对于身份的“不稳定力量”（destabilizing force），即成员往往会重新建构和思考他们关于组织的自我意义感，最终可能导致组织身份发生变化。②

与传统互联网时代相比，移动互联网背景下的传播越来越呈现出信息生产个体化、信息传递场景化、信息获取碎片化、信息使用共享化等特点。③

---

① CORLEY K G，COCHRAN P L，COMSTOCK T G．Image and the impact of public affairs management on internal stakeholders［J］．Journal of public affairs，2001，1（1）：53－67．

② GIOIA D A，SCHULTZ M，CORLEY K G．Organizational identity，image，and adaptive instability［J］．Academy of management review，2000，25（1）：63－81．

③ 黄河．移动互联时代的政府形象传播［M］．北京：中国人民大学出版社，2018：2．

基于信息要素整合与信息传递加速，公众逐渐能够通过自身的信息交往参与到形象认知活动中；并且由于公众对不同信息来源的认知反应不尽相同，单一媒介传播手段往往不足以覆盖绝大多数目标受众。为了更有效地推广大学形象，必须积极打造整合营销传播活动。“整合营销传播是一个商务过程，针对消费者、顾客、潜在顾客和其他相关的内外部目标受众，用以计划、发展、执行和评估合作的、可测的、说服性的长期品牌传播项目。”① 大学需要通过丰富的宣传途径强化公众对大学的认知程度，同时更要强化他们对于大学进行品牌化的认可度。整合营销的最终目标是让大学的利益相关者都能理解大学的使命、愿景和价值观。②

综上，大学形象战略一方面塑造大学统一的良好形象，使人们对大学产生认同感和信赖感，从而达到宣传大学的目的；另一方面，大学形象战略创立高品质的组织文化，有助于取得社会认同和公众信任。大学形象本质上也是一种认同，在日常实践中，大学通过重复的传播行为对一整套象征符号进行具象呈现和意义生产，不断形成或者巩固公众对有关大学组织合法性的认同维系。大学形象传播是一个系统工程，其成效取决于传播主体的能力、传播客体的接受能力、传播内容和形式的科学适用性以及传播渠道的畅通等诸多要素。大学社会声誉的最终形成是大学利益相关者对大学形象感知与评价的综合结果。

3.2.5　大学危机管理是大学社会声誉维持的保障

组织声誉是公众对组织的“情感评估”，③ 但是公众对组织建立的评价不是静态的，在声誉受损和修复阶段也会发生变化。对于外部利益相关者而言，在与组织交往互动的过程中，如果其当前形象与先前形象、声誉和期待足够相似，其形象和声誉便会得到强化；若存在偏差，则可能会出现两种结果：其一，利益相关者会改变对该组织先前的印象，并开始质疑其声誉；其二，利益相关者会拒绝制造和维持当前形象和声誉的保护行为。而这些结果最终都会作为组织社会绩效反馈回到组织内部，影响内部成员对组织的认知。④

---

① SCHULTZ D E, SCHULTZ H F. Transitioning marketing communication into the twenty-first century [J]. Journal of marketing communications, 1998, 4 (1): 9－26.

② 阿尔布林顿，托马斯. 高等院校对外关系管理 [M]. 杨树兵，等译. 南京：江苏教育出版社，2010：171.

③ FOMBRUN C J, SHANLEY M. What's in a name? Reputation building and corporate strategy [J]. Academy of management journal, 1990, 33 (2): 233－258.

④ JO HATCH M, SCHULTZ M. Relations between organizational culture, identity and image [J]. European Journal of marketing, 1997, 31 (5/6): 356－365.

唐纳德·菲什曼（Fishman，1999）认为危机是“发生不可预测的事件、组织重要价值受到威胁、组织对外回应的时间较短、危机沟通情境涉及多方面关系的剧烈变迁”。① 声誉危机是指组织活动或行为违背道德、法律，侵害公众利益，从而使社会丧失对组织的信任和支持，或者是组织遭遇突发困难时处理不当，最终使组织形象受损，导致生存和发展危机。② 在现实中，组织污名化（organizational stigmatization）可能引发组织成员的身份危机。“污名”是指个体具备或被认为具备了某种属性，而这种属性让个体社会身份受到贬损，从而影响其社会声誉。组织污名化便是指组织在一个或者多个利益相关者心目中的名声受到了破坏，③ 激发了人们对组织深层次缺陷的感知并由此对其产生较大的不信任感④。已有研究表明，因组织污名而导致声誉受损的公司很难获得新客户和维持现有客户，⑤ 还会产生产品及服务销量降低、股价下跌、收入减少以及员工离职等问题⑥。这些结果常常促使组织进行身份调整，以尽量减少或缓解组织污名化可能给成员带来的严重负面影响。

企业的声誉风险往往取决于企业声誉和现实间（外部信念和期望）的差距。部分学者直接将企业的声誉危机称为负面曝光事件，⑦ 并对不同的负面曝光事件进行了分类，例如蒂莫西·库姆斯（Coombs，2004）把负面曝光事件区分为三类：一是受害性负面曝光事件，包括流言、产品被篡改等；二是偶发性负面曝光事件，包括产品伤害事件、技术故障等；三是有意性负面曝光事件，包括企业犯罪、人为负面曝光事件等⑧。克里斯·普利格（Pullig）、理查德·内特迈耶（Netemeyer）和阿比吉特·比斯瓦斯（Biswas，2006）则把负面曝光事件概括为与绩效相关的事件和与价值观相关的事件两大类，前

---

① FISHMAN D A. ValuJet Flight 592: Crisis communication theory blended and extended [J]. Communication quarterly, 1999, 47 (4): 345－375.

② 张冉. 中国社会组织声誉管理研究 [M]. 北京：北京大学出版社，2017：137.

③ POZNER J E. Stigma and settling up: an integrated approach to the consequences of organizational misconduct for organizational elites [J]. Journal of business ethics, 2008, 80 (1): 141－150; WIESENFELD B M, WURTHMANN K A, HAMBRICK D C. The stigmatization and devaluation of elites associated with corporate failures: a process model [J]. Academy of management review, 2008, 33 (1): 231－251.

④ DEVERS C E, DEWETT T, MISHINA Y, et al. A general theory of organizational stigma [J]. Organization science, 2009, 20 (1): 154－171.

⑤ WILSON T E, GRIMLUND R A. An examination of the importance of an auditors reputation [J]. Auditing－a journal of practice & theory, 1990, 9 (2): 43－59.

⑥ ELSBACH K D, SUTTON R I, PRINCIPE K E. Averting expected challenges through anticipatory impression management: a study of hospital billing [J]. Organization science, 1998, 9 (1): 68－86.

⑦ AHLUWALIA R, BURNKRANT R E, UNNAVA H R. Consumer response to negative publicity: the moderating role of commitment [J]. Journal of marketing research, 2000, 37 (2): 203－214.

⑧ COOMBS W T. Impact of past crises on current crisis communication: insights from situational crisis communication theory [J]. Journal of business communication, 2004, 41 (41): 265－289.

者指企业产品可能造成或已经造成重大伤害的事件被曝光，后者指与企业社会形象或伦理表现相关的负面事件被曝光。① 沃托拉和乌纳瓦（2006）把负面曝光事件提炼为与能力相关的事件和与道德相关的事件，② 这与普利格（Pullig）、内特迈耶（Netemeyer）和比斯瓦斯（Biswas）的分类思路基本一致。

学术界对企业声誉的研究主要围绕两个议题展开：一是企业声誉在危机情境中的作用；二是企业声誉对企业应对策略作用发挥的相关影响。企业原有不良声誉加剧危机的负面影响，这一结论已经得到一致性验证③；而关于原有良好声誉作用表现的研究结论则仍然存在分歧。一部分学者支持原有良好企业声誉发挥保护性作用：企业声誉越高，消费者对产品缺陷的危机感知越小，认为企业应当承担的责任程度越低。④ 而不良声誉的品牌在发生危机后，消费者倾向于将责任归因于企业内部，企业受到的责备程度最高。⑤ 乔治·西姆科斯（Siomkos）和保罗·施里瓦斯塔瓦（Shrivastava，1993）⑥、尼拉杰·达瓦尔（Dawar）和马丹·皮卢特拉（Pillutla，2000）⑦、丽莎·里昂（Lyon）和格伦·卡梅伦（Cameron，2004）⑧ 等研究也都证实了声誉较佳的企业通常能够较快拾回消费者对企业的信赖；而危机事件对声誉不佳的企业

---

① PULLIG C，NETEMEYER R G，BISWAS A. Attitude basis，certainty，and challenge alignment：a case of negative brand publicity [J]. Journal of the academy of marketing science，2006，34（4）：528－542.

② VOTOLA N L，UNNAVA H R. Spillover of negative information on brand alliances [J]. Journal of consumer psychology，2006，16（2）：196－202.

③ 相关研究参见：KLEIN J，DAWAR N. Corporate social responsibility and consumers' attributions and brand evaluations in a product-harm crisis [J]. International journal of research in marketing，2004，21（3）：203－217；TIMOTHY COOMBS W，HOLLADAY S J. Unpacking the halo effect：reputation and crisis management [J]. Journal of communication management，2006，10（2）：123－137.

④ 相关研究参见：SIOMKOS G J，KURZBARD G. The hidden crisis in product-harm crisis management [J]. European journal of marketing，1994，28（2）：30－41；SIOMKOS G J. On achieving exoneration after a product safety industrial crisis [J]. Journal of business & industrial marketing，1999，14（1）：17－29；EINWILLER S A，FEDORIKHIN A，JOHNSON A R，et al. Enough is enough! When identification no longer prevents negative corporate associations [J]. Journal of the academy of marketing science，2006，34（2）：185－194.

⑤ 相关研究参见：LACZNIAK R N，DECARLO T E，RAMASWAMI S N. Consumers' responses to negative word－of－mouth communication：an attribution theory perspective [J]. Journal of consumer psychology，2001，11（1）：57－73；LAUFER D，GILLESPIE K，SILVERA D H. The role of country of manufacture in consumers' attributions of blame in an ambiguous product－harm crisis [J]. Journal of international consumer marketing，2009，21（3）：189－201.

⑥ SIOMKOS G，SHRIVASTAVA P. Responding to product liability crises [J]. Long range planning，1993，26（5）：72－79.

⑦ DAWAR N，PILLUTLA M M. Impact of product－harm crises on brand equity：the moderating role of consumer expectations [J]. Journal of marketing research，2000，37（2）：215－226.

⑧ LYON L，CAMERON G T. A relational approach examining the interplay of prior reputation and immediate response to a crisis [J]. Journal of public relations research，2004，16（3）：213－241.

往往是致命的。另一部分学者则支持原有良好声誉不能发挥保护性作用，良好声誉不仅没有给企业带来额外收益，反而导致更多的责任归因。德万·哈尔·迪恩（Dean，2004）认为企业无论原有声誉如何，只有采取恰当的反应策略才能削弱危机对企业产生的影响。[①] 蒂莫西·库姆斯（Coombs）和雪莉·霍拉迪（Holladay，2006）研究发现，在归因不清的情况下，良好声誉并没有积极影响责任归因，消费者依然选择将责任归因于企业。[②]

声誉危机的响应策略是组织/企业对重建制度和行动的正当性努力。从伦理道德角度来讲，当品牌丑闻发生后，企业的首要任务是通过提供指引性信息（instructing information）和适应性信息（adapting information）保护利益相关者不受伤害。[③] 保罗·特雷西（Tracey）和尼尔森·菲利普斯（Phillips，2016）提出了一个污名化组织的身份管理模型（见图3－14）。组织污名化可能导致组织形象危机，此时组织需要采取相应的形象管理工作，以更好地管理外部利益相关者对于组织的感知。组织通常可以采取两种策略：一是辩护（advocacy），即组织努力寻求建立对污名化群体的内部支持，以更积极的方式影响该群体，并证明组织与该群体保持一致是恰当的。这一辩护也是努力让员工更多地站在组织这边，避免产生二次污名。二是稳定（valorization），即组织努力重新梳理组织污名化的原因，并尽力向组织成员灌输对其中价值的自豪感，以激发员工的积极认知。

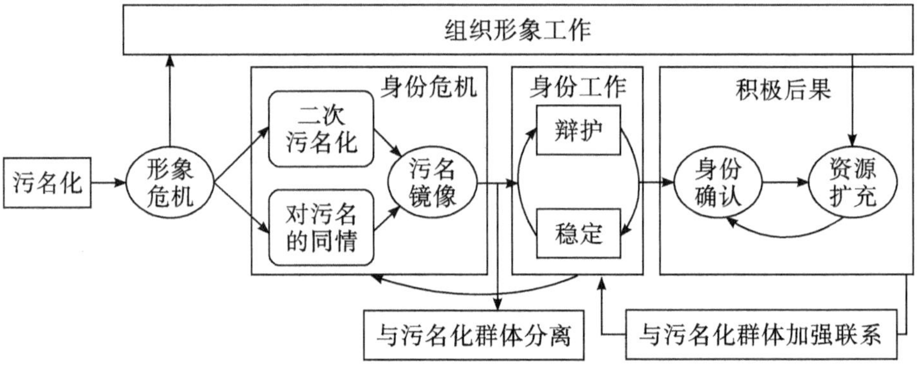

图3－14　污名化组织的身份管理模型

资料来源：TRACEY P，PHILLIPS N. Managing the consequences of organizational stigmatization：identity work in a social enterprise [J]. Academy of management journal，2016，59（3）：765.

---

① DEAN D H. Consumer reaction to negative publicity：effects of corporate reputation，response，and responsibility for a crisis event [J]. Journal of business communication，2004，41（2）：192－211.

② TIMOTHY COOMBS W，HOLLADAY S J. Unpacking the halo effect：reputation and crisis management [J]. Journal of communication management，2006，10（2）：123－137.

③ STURGES D L. Communicating through crisis：a strategy for organizational survival [J]. Management communication quarterly，1994，7（3）：297－316.

声誉管理通常被视为公共关系（public relationships）的核心职责。在此，公共关系的角色应该是：广泛传播组织的信息，提升组织的形象，保护组织的声誉。当声誉危机发生时，组织及时与外部多元主体沟通，有利于减少舆论混乱引起的误会，赢得社会公众的理解和原谅，减缓危机恶化趋势。组织外部沟通主体主要包括危机受害者、政府部门、新闻媒体以及社会公众。经常与社会公众保持沟通并及时调整自身行为规则的组织，在出现负面事件时相对更容易获得谅解。[①] 正如前文所述，大学不仅是争夺有限资源的行动者，也处于与外界环境相互渗透的互动关系中。塑造良好的社会声誉是大学公共关系工作的重要目标。对于大学而言，声誉危机管理包括两个方面：一是主动防范，大学针对潜在的可能对声誉产生不良影响的各种问题主动制定相应的预防措施，力求在损害发生前加以解决。二是公关危机的妥善处理。如果公关危机能够得到有效控制，不但可以维护大学社会声誉，还可以使其得到巩固。

大学公共危机通常是指能够导致大学组织失序的重大群体性事件。英格兰高等教育基金委员会（Higher Education Funding Council for England）在其研究报告中提出，大学主要在健康、安全、财政、财产、战略、管理系统、学生事务、信誉、教职工事务、教学、海外办学和研究等领域面临潜在危机。[②] 唐钧（2014）也从校园安全、校园管理、教育制度、校园服务、教师形象和校园卫生等方面具体分析了校园形象危机的风险要素（见表3－7）。王志强（2014）研究认为，受知识的公共物品属性与市场的不确定性影响，研究型大学的知识交易过程呈现出价格机制失灵和信息不对称等特征，加剧了大学市场化行为的潜在风险。[③] 建立科学有效的大学公共危机治理机制是大学危机管理的重要策略，目标是形成一个系统而通畅的危机公关渠道，使组织免于在危机面前盲目决策，甚至陷入束手无策的被动局面，从而在危机发展的各个阶段进行妥善应对，使大学公共危机的冲击力降到最低限度。[④]

---

① ASTLEY W G，FOMBRUN C J. Collective strategy：social ecology of organizational environments [J]. Academy of management review，1983，8（4）：576－587.

② 周谷平，等. 全面从严治党战略布局下高校校院两级治理结构与风险防控：以综合性大学为例［M］. 杭州：浙江大学出版社，2017：43.

③ 王志强. 研究型大学与美国国家创新系统的演进［M］. 北京：中国社会科学出版社，2014：129.

④ 孙华. 大学公共危机研究［M］. 青岛：中国海洋大学出版社，2010：14.

表3－7 校园形象危机的“风险地图”

风险项目	风险要素
1. 校园安全问题	(1) 校园暴力；(2) 意外伤亡；(3) 校园踩踏；(4) 学生自杀
2. 校园管理不善	(1) 监管漏洞；(2) 校园腐败；(3) 推卸责任；(4) 虚假宣传；(5) 蓄意欺骗；(6) 信息外泄；(7) 目标定位不明；(8) 校车安全问题
3. 教育制度问题	(1) 教育缺位；(2) 制度漏洞
4. 校园服务失当	(1) 服务缺失；(2) 设施隐患
5. 教师形象危机	(1) 校园性侵；(2) 体罚学生；(3) 教师失职
6. 校园卫生危机	(1) 食物安全问题；(2) 食物中毒；(3) 环境污染

资料来源：唐钧. 形象危机应对研究报告（2013—2014）[M]. 北京：社会科学文献出版社，2014：383.

公共关系通常由三个完整的要素构成：作为主体的组织、作为客体的公众以及将主体与客体连接起来的沟通传播过程。作为连接大学与社会公众的桥梁，良好的公共关系是大学发展的隐性动力，也是大学进行声誉管理的重要手段。特别是在互联网大发展的背景下，积极开展公关活动，搭建有效传播渠道，把自身的知名度、美誉度不断提升并扩展到全社会是大学应当重视的一项重要工作。大学公共关系是大学与其目标受众结成的社会关系，包括学校与师生的关系、与家长的关系、与社区的关系、与特殊公众的关系、与媒体的关系、与政府的关系等。大学公共关系管理就是对大学内部公众关系和外部公众关系及其相关传播沟通事务的管理，其中内部公共关系是大学品牌定位和价值体系的内部生成和传递渗透过程，外部公共关系是大学与外部利益相关者之间关系管理的过程。内部公共关系和外部公共关系的相互作用，最终达成大学身份和大学形象的一致性，向社会公众传达对大学有利的信息，增加社会公众对大学的了解，培育公众对大学的信任，建立大学在公众心目中的声誉。

危机管理议题是大学公共关系议题中的特殊部分。近年来，大学危机事件在被曝光之后引起社会群体性围观，进而引发大规模的网络舆情，对大学社会声誉产生巨大的冲击。从中国大学负面舆情的典型案例及其舆情来源来看，微博因其高传播率的特点，已经成为大学负面舆情曝光和发酵的主要平台；从舆情类型来看，网民对师德师风、学生言行、学术伦理等相关话题保持着较高的关注度。特别是由于教师道德行为失范导致的舆情事件总能引发社会各界的高度关注和广泛讨论，此类事件的发生不仅损害了教师行业的整体形象，也为当事高校带来了巨大的舆论压力。面对社会的舆论关切，不少高校能够在最短时间内以最大诚意向社会公布事情的处理情况，最大限度地保障了公众的知情权，使得社会舆论积极向好的方面发展。当危机事件发生后，大学只有通过政府公关、媒体公关等为大学创造一个良好的舆论氛围，削弱大学在利益相关者心中的负面印象，才能为大学发展创造和谐的内外部环境。

公共关系是一个组织运用双向沟通和管理的交流手段，使组织适应环境、改变环境或维持现状，从而达成组织目标。对于高等教育机构来说，实施对外关系策略的落脚点在于确保学校享有名副其实的最佳声誉。如图 3－15 所示，有效的对外关系有利于院校开展各方面的工作，它可以帮助院校争取到更好的生源和教职员工，提高研究收益，还可以提高资金招募的成功率，也使得教职员工更有工作动力。以香港中文大学为例，传讯及公共关系处（Communications and Public Relations Office）是大学的主要对外窗口，主要负责透过媒体、活动及接待服务，向社区推广香港中文大学的核心价值、抱负、使命、愿景和成就；向大学成员清楚传达大学的目标及策略计划。作为公共关系的一部分，香港中文大学传讯及公共关系处专门成立了三个工作团队：一是媒体关系团体（Media team），负责媒体宣传、传媒报道监察和议题管理等；二是活动及项目团队（Event team），负责讲座、晚宴、典礼及嘉

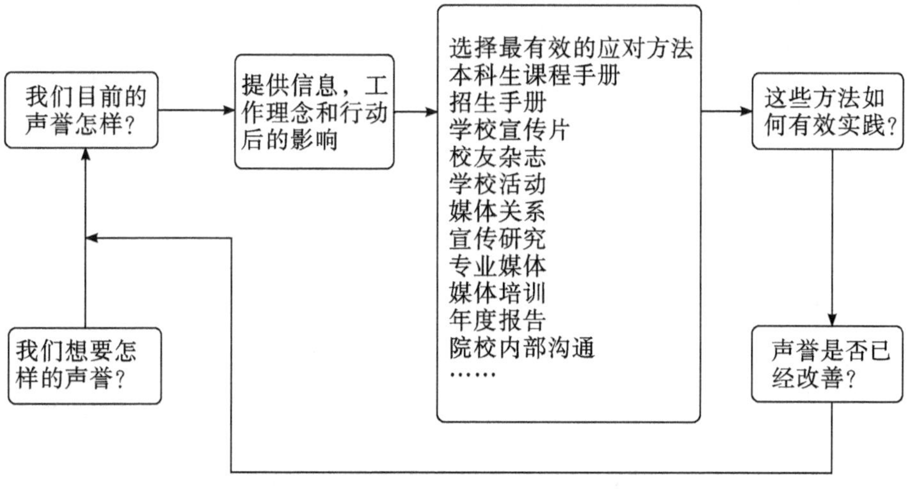

图 3－15 大学对外关系中的策略方针

资料来源：阿尔布林顿，托马斯. 高等院校对外关系管理［M］. 杨树兵，等译. 南京：江苏教育出版社，2010：8.

宾到访等活动筹划；三是市场推广团队（Marketing team），负责机构形象的推广活动管理、制作宣传工具、整理图片资料库及机构录像和撰写新闻分析报告等。① 在部门领导的统筹协调下，各团队分工合作，不断推进香港中文大学的形象建设工作。

总之，大学危机管理是一个过程，总体上包括了危机预警—危机处理—危机善后三个部分。一般而言，在常态环境下，大学要加强危机意识教育，与利益相关者建立良好关系；在危机潜伏期，要做好信息的监测、危机的预报和相关传播预案的建立；在危机爆发期和持续期，要及时公开信息，与利益相关者进行沟通并及时引导舆论；在危机恢复期，传播的重点则转移到信息评估和大学形象的恢复重建。在网络环境中，大学在做好日常宣传工作的同时，也有必要加强舆情监测，及时回应舆情主体需求，通过建立舆情传播窗口和品牌，有意识地培养舆情"意见领袖"，潜移默化地塑造和扩散大学网络舆情的正面形象。

3.3 整合框架

新制度主义学派的重要见解就是对制度环境（Institutional Environment）的确认。组织受到外界驱使，需要不断调整自身以回应及符合外界的要求增强其合法性。高等教育制度环境中存在着政府主导和院校竞争两种组织分层原则。作为"高深知识"的探究场所，研究型大学只有不断提供高水平的教育服务，才能满足日益扩展的社会期待。而政府、社会捐助机构等利益相关者正是根据大学社会声誉所反映的办学质量信息进行资源投放，政府政策调控了院校的学术地位与发展空间。同时，为了追求卓越声誉，院校之间也必然互相竞争，这在客观上推动了办学成本的上升。

获得良好的社会声誉是研究型大学在竞争群体中脱颖而出的关键。使命和愿景体现了大学的核心价值和理想的发展方向，追求卓越的清晰使命有助于大学声誉管理战略的成功实施。大学追求声望和资源的内在动力驱使学术分层更加效率化。综上所述，本研究在"身份—形象—声誉"多维分析框架的基础上，尝试构建研究型大学社会声誉形成的整合框架，如图 3 – 16 所示。政策导向、使命驱动和市场竞争是大学社会声誉形成的基本动力源，而

① 香港中文大学. 关于传讯及公关处［EB/OL］.［2018 – 07 – 01］. https://www.cpr.cuhk.edu.hk/sc/about.php.

身份建构、形象传播与危机管理则共同构成了大学声誉管理周期的全过程。大学一流的理念、管理和产出造就了大学良好的形象，并经过传播过程逐渐积累为大学良好的社会声誉；大学良好的社会声誉又为大学吸引了一流的资源投入，彼此之间循环往复，形成螺旋上升的发展态势。由于内外部利益相关者在评判大学显性绩效或隐性价值时存在差异性，大学社会声誉的形成和维持是一个相当复杂的过程，大学不仅需要制定一套长远、稳健、符合定位的发展战略，还需要在声誉形成之后，有效采取各种公共关系手段，尽力规避危机事件的发生，将声誉保持在一个相对稳定的水平上。

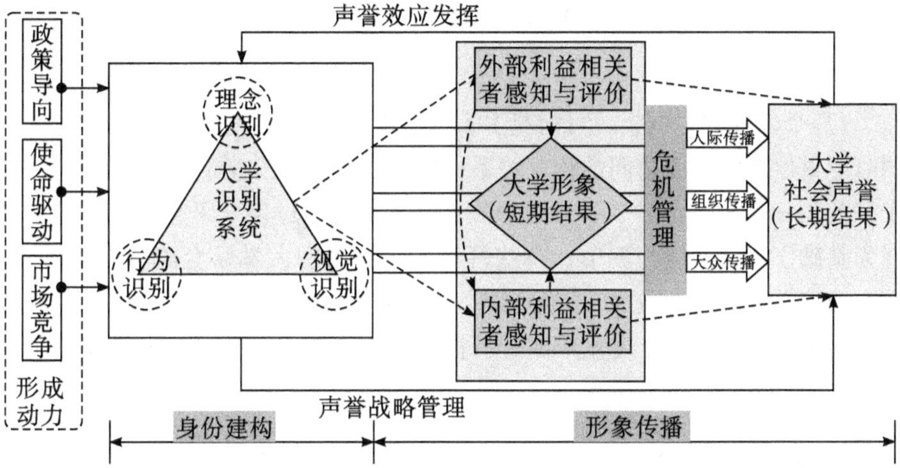

图3－16　研究型大学社会声誉形成的整合框架

第四章　研究型大学社会声誉形成机理的实证研究设计

4.1　研究假设

“一个好的理论框架，可辨析并归类出与问题相关情境的重要变量，它同时逻辑性地解释变量间的相互关系，包括自变量与因变量间的关系。”① 基于“身份—形象—声誉”多维分析框架，本书将通过实证研究探索以理性选择为基础、社会网络为调节、合法性认同为中介的大学社会声誉形成机理。综合前述分析，本书选取资源要素、组织功能、科研合作网络、组织合法性、大学社会声誉五个变量形成分析框架的变量体系，进而提出具体的研究假设（见图4－1）。

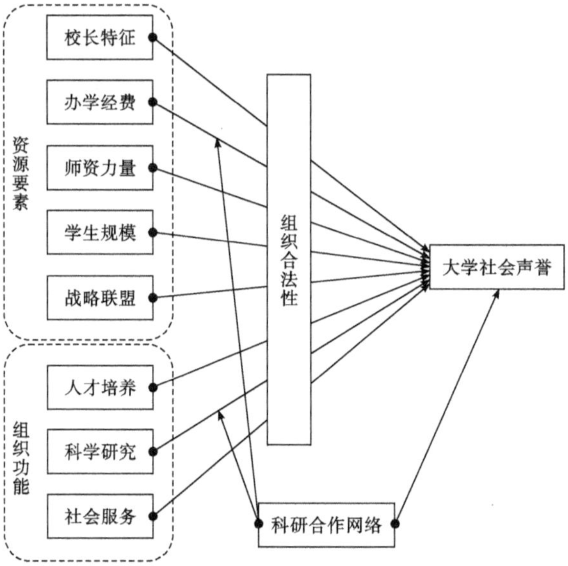

图4－1　研究命题示意图

① 塞克拉，鲍吉．企业研究方法［M］．5版．蓝波涛，张乐群，译．北京：清华大学出版社，2013：56．

4.1.1　研究型大学资源要素与大学社会声誉的关系

1. 校长特征

组织竞争优势的建立是一种非常复杂的现象，但大多数学者认为建立竞争优势高度依赖于优秀高层管理者的才能。企业声誉的获取是对企业管理层管理能力和管理质量的肯定。高层管理者的作用之所以非常重要，原因在于不同的管理者可能对环境做出不同的解释，从而会制定出不同的目标和战略。[①] 根据唐纳德·汉布里克（Hambrick，1984）的观点，CEO 职能的一个主要部分就是代表企业的形象，向外界宣传企业的产品与企业的经营理念，为企业争取更多的资源。[②]

一般认为，企业绩效是企业管理层（代理人）的管理水平与所投入努力程度的综合反映。唐纳德·汉布里克（Hambrick）和菲利斯·梅森（Mason，1984）提出的“高阶理论”拉开了高管团队研究的序幕，该理论认为高管团队成员的人口统计学特征能够反映认知、价值观等心理特征以及团队内部的沟通和冲突等运作过程，进而影响组织的战略选择与绩效水平。[③] 由于内外部环境的复杂性，管理者的既有知识结构和价值观决定了其对相关信息的理解。高管的素质在某种程度上可以理解为是高管人员的年龄、职业背景、学历、职称和经验等对高管胜任能力产生重要影响的因素综合形成的个人技能和工作能力。[④] 高阶理论为学者们考察高管素质对组织战略行为的影响提供了理论依据。

由于大学需要多元化的利益合作，大学领导的内部角色、战略规划和独立的决策能力对于大学的发展就显得非常重要。随着竞争局面的日益加剧，大学校长逐渐从早期的荣誉象征发展成为拥有治校权责的管理实职，而大学校长的个人职权也在发生变化，对大学成败的影响也越来越大。[⑤] 一所好的大学离不开优秀的校长，特别是在高等教育市场化潮流中，大学校长的经营者角色更加凸显。

---

① 达夫特. 组织理论与设计［M］. 12 版. 王凤彬，等译. 北京：清华大学出版社，2017：57.

② HAMBRICK D C. Taxonomic approaches to studying strategy：some conceptual and methodological issues［J］. Journal of management，1984，10（1）：27 – 41.

③ HAMBRICK D C，MASON P A. Upper echelons：The organization as a reflection of its top managers［J］. Academy of management review，1984，9（2）：193 – 206.

④ 郑秀杰. 中国上市公司声誉对公司绩效的影响研究［M］. 北京：经济科学出版社，2010：166 – 167.

⑤ 眭依凡. 大学校长的办学定位理念与治校［J］. 高等教育研究，2001，22（4）：49 – 52.

在美国高等教育崛起的历史上，大学校长在制定战略规划、组织战略实施等方面发挥着举足轻重的作用。在哈佛大学校长查尔斯·艾略特（Charles W. Eliot）、加州大学校长克拉克·科尔（Clark Kerr）、斯坦福大学校长弗雷德里克·德曼（Frederick E. Terman）等一批杰出校长的领导下，一所所让世人惊羡的一流大学相继建立，他们的气质和办学理念都沉淀在美国高等教育前进的每一个脚步中。因历史传统、社会环境、学校类型和办学条件的不同，不同大学校长的工作性质、地位作用和任职条件等也大相径庭。但从总体上看，大学校长都承担着制定、执行、监督、修正学校决策等管理职能。大学校长引领、影响甚至在某一个关键时期决定着一所大学的办学理念，大学校长强烈的主观理想追求和价值判断关系着所在大学的方向选择和发展模式。如今，大学校长的外部角色已经成为大学的主要角色。校长的许多工作通常都在校外，如表达学校的要求，以合法的方式寻求外部机构对学校的支持，会见校友和优秀学生，发展与社区的关系，推介学校的公众人物以扩大影响等。越来越多的学校期望校长能够通过私人关系来增加学校资金来源。①

根据已有研究，企业管理质量与企业高管的性别、年龄、任期与受教育水平等因素有很大的关联性。

首先，高管性别的差异表现为：一是处理信息能力的差异。朱迪·格雷厄姆（Graham）等（2002）研究指出，女性管理者倾向于综合分析所掌握的各种信息，而男性管理者倾向于选择支持自己一贯行为的信息线索。② 二是面对风险态度的差异。安娜·马丁（Martin）等（2009）指出，女性 CEO 能够显著降低企业风险管理的水平，而拥有较高风险水平的企业同样更倾向于任命女性 CEO。③ 三是自信心的差异。大量研究表明，男性管理者在进行决策中容易表现出过度自信。④ 在管理风格上，女性 CEO 相对于男性 CEO 通常更人性化。爱丽丝·伊格利（Eagly）等（1995）把高管的领导模式区分为女性化领导模式和男性化领导模式，前者注重团队交流与互助关系，后者更强调控制与效率、命令与服从。⑤ 詹姆斯·萨罗斯（Sarros）和约瑟夫·桑托拉（Santora，2001）发现，女性 CEO 的价值观与心智模式在管理过程

---

① 都昌满. 从走近到走进：美国高等教育纵览［M］. 上海：上海交通大学出版社，2017：139.

② GRAHAM J F, STENDARDI JR E J, MYERS J K, et al. Gender differences in investment strategies: an information processing perspective［J］. International journal of bank marketing, 2002, 20 (1): 17-26.

③ MARTIN A D, NISHIKAWA T, WILLIAMS M A. CEO gender: effects on valuation and risk［J］. Quarterly Journal of Finance and Accounting, 2009, 48 (3): 23-40.

④ BENGTSSON C, PERSSON M, WILLENHAG P. Gender and overconfidence［J］. Economics letters, 2005, 86 (2): 199-203.

⑤ EAGLY A H, KARAU S J, MAKHIJANI M G. Gender and the effectiveness of leaders: a meta-analysis［J］. Psychological bulletin, 1995, 117 (1): 125-145.

中能够更好地发挥出来，她们的情感更丰富，交流劝说能力也更强。①

其次，由于在成长环境和职业经历等方面存在差异，年轻与年长的高层管理者在进行决策时经常表现出不同的行为观念，原因包括：一是决策相关能力的不同。罗纳德·泰勒（Taylor，1975）提出，年轻管理者在认知、创新和应变等能力上强于高龄管理者。② 一般而言，年轻管理者倾向于实施战略变革，③ 容易接受新鲜事物。二是对待风险态度的不同。研究发现，随着年龄增长，管理者更重视个人职业与收入安全，更愿意执行保守战略，④ 而年轻管理者则倾向于风险性策略。基于学习理论，唐纳德·汉布里克（Hambrick）和格雷戈里·福富（Fukutomi，1991）认为，一方面，年长的高层管理者在学习新思想和新行为上有较大困难；但另一方面，他们随时间而积累的社会关系和经验也十分重要。⑤ 阿尔·蒂耶尔（Iyer）和米歇尔·瑞恩（Ryan，2009）研究年龄与胜任力之间的关系，分析领导胜任力因素与年龄之间存在显著的差异。通过实证研究，发现年轻领导人被认为比年长领导人更注重社会沟通，但在战略规划和战略实施方面的差异并不显著。⑥

再次，除了年龄因素，高层管理者在企业中的任期会对他们在企业经营活动中的需求产生影响。任期长的高层管理者通常更重视自身的名誉与声望地位，重视自我价值的实现，而这些多是建立在企业良性发展的基础上的。由此，他们对于企业的长期发展会更为重视，在做战略决策时更乐于从企业长远利益出发考虑。⑦ 威廉·贾奇（Judge）和亚历克斯·米勒（Miller，1991）发现，较长的任期将增进高层管理者对组织政策的理解并且可能不太愿意改变已

---

① SARROS J C，SANTORA J C. The transformational-transactional leadership model in practice [J]. Leadership & organization development journal，2001，22（8）：383－394.

② TAYLOR R N. Age and experience as determinants of managerial information processing and decision making performance [J]. Academy of management journal，1975，18（1）：74－81.

③ WIERSEMA M F，BANTEL K A. Top management team demography and corporate strategic change [J]. Academy of management journal，1992，35（1）：91－121.

④ CARLSSON G，KARLSSON K. Age，cohorts and the generation of generations [J]. American sociological review，1970，35（4）：710－718；VROOM V H，PAHL B. Relationship between age and risk taking among managers [J]. Journal of applied psychology，1971，55（5）：399－405.

⑤ HAMBRICK D C，FUKUTOMI G D S. The seasons of a CEO's tenure [J]. Academy of management review，1991，16（4）：719－742.

⑥ IYER A，RYAN M K. Why do men and women challenge gender discrimination in the workplace? The role of group status and in-group identification in predicting pathways to collective action [J]. Journal of social issues，2009，65（4）：791－814.

⑦ 白洁. 高管特征与股权激励对企业绩效的交互影响研究 [M]. 北京：中国社会科学出版社，2016：67.

有业务方式。①

最后，高层管理者的受教育水平与其管理质量之间存在联系。不同学历层次的个体之间，其认知能力存在明显的差异，受教育程度高者通常具有较强的学习力和洞察力。② 较高学历的高层管理者往往拥有更广阔的视野、更丰富的信息、更高层次的社会关系网络，从而能够更有效地领导企业的发展。理查德·普里姆（Priem，1990）③、斯蒂芬·沃利（Wally）和罗伯特·鲍姆（Baum，1994）④ 的研究都证明 CEO 的学历越高，其信息处理能力和创新变革意识也越强。相关研究表明，CEO 的学历与对创新的接受度呈正相关，⑤ 这是因为高等教育水平可以提高 CEO 的认知水平，而高水平的认知能力更适宜处理复杂问题，以及接受新的思想。文森特·巴克（Barker）和乔治·穆勒（Mueller，2002）研究发现，具有高学历的 CEO 更倾向于增加企业的 R&D 投资。⑥ 教育水平也会影响 CEO 的交流与劝说能力，例如本杰明·赫尔马林（Hermalin）和迈克尔·魏斯巴赫（Weisbach，1988）的研究表明教育水平越高的 CEO 在董事会所面临的阻力越小、其提案被否决的概率越小。⑦

---

① JUDGE W Q, MILLER A. Antecedents and outcomes of decision speed in different environmental context [J]. Academy of management journal, 1991, 34 (2): 449 - 463.

② BANTEL K A, JACKSON S E. Top management and innovations in banking: does the composition of the top team make a difference? [J]. Strategic management journal, 1989, 10 (S1): 107 - 124.

③ PRIEM R L. Top management team group factors, consensus, and firm performance [J]. Strategic management journal, 1990, 11 (6): 469 - 478.

④ WALLY S, BAUM J R. Personal and structural determinants of the pace of strategic decision making [J]. Academy of management journal, 1994, 37 (4): 932 - 956.

⑤ KIMBERLY J R, EVANISKO M J. Organizational innovation: the influence of individual, organizational, and contextual factors on hospital adoption of technological and administrative innovations [J]. Academy of management journal, 1981, 24 (4): 689 - 713.

⑥ BARKER III V L, MUELLER G C. CEO characteristics and firm R&D spending [J]. Management science, 2002, 48 (6): 782 - 801.

⑦ HERMALIN B E, WEISBACH M S. The determinants of board composition [J]. Rand journal of economics, 1988, 19 (4): 589 - 606.

学术界对大学校长的角色和其教育与职业经历方面做过一些重要研究，[①]不过较少学者把研究聚焦于大学校长的学术背景上。在大学这类知识密集型的组织中，专家或者一流学者能够使个人更深刻地理解组织的核心职能，这种理解反过来会对领导行为产生有利影响。美国学者阿曼达·古多尔（Amanda Goodall）认为优秀学者所具备的专业知识会让身为校长的他们为学校制定出更出色的战略，原因是他们可以用别人不具备的独特眼光深入解读大学的发展方向。[②] 由学者担任领导会向其所任职的大学传达出科研重要性的信号，这一信号可能对学校的资金筹集、校友关系和学校公关产生显著影响。

高层管理继任者涉及两种类型：一是内部继任者，二是外部继任者。企业从内部培养接班人具有诸多好处。首先，得益于在企业长期工作的经验积累，对组织的了解程度让内部继任者选择使用内部成员更熟悉的方式进行管理。其次，在企业长期工作也会形成组织的内部网络，内部继任者在上任后更容易得到组织成员的支持。最后，当内部继任者是根据企业继任计划确定并培养出来的候选人时，其目标愿景可能与组织的长期战略更为一致。[③] 但其缺点也很明显：内部产生的高管通常在创新和变革程度上不及外部引进的高管。[④] 相对于内部继任者，企业从外部选聘高管具有以下优势[⑤]：一是外部继任者拥有更加新颖的知识技能，可以为企业带来新奇的想法，有助于推动企业从战略到结构等诸多方面的改革。二是外部继任者在其他企业或行业中形成了自己的社会资本，拥有相对在职企业而言异质性的社会网络，这些

---

① 代表性研究如 SZRETER R. An academic patriciate-vice-chancellors 1966 – 7［J］. Higher education quarterly, 1968, 23（1）: 17 – 45; HALSEY A H, TROW M A, FULTON O. The British academics［M］. London: Faber and Faber, 1971; COHEN M D, MARCH J G. Leadership and ambiguity: the American college president［M］. Brighton: Harvard Business School Press, 1986; TIERNEY W G. Organizational culture in higher education: defining the essentials［J］. The journal of higher education, 1988, 59（1）: 2 – 21; BENSIMON E M. The meaning of "good presidential leadership": a frame analysis［J］. The review of higher education, 1989, 12（2）: 107 – 123; MIDDLEHURST R. Leading academics［M］. NewYork: McGraw – Hill Education, 1993; BRODIE H K H, BANNER L. The research university presidency in the late twentieth century: A life cycle/case history approach［M］. Santa Barbara: Greenwood Publishing Group, 2005; KEOHANE N O. Higher ground: ethics and leadership in the modern university［M］. Durham: Duke University Press, 2006.

② 古多尔. 世界一流大学：校长必须是科学家吗?［M］. 孙蕾，沈悦青，译. 上海：上海交通大学出版社，2011：85.

③ 刘新民，吴士健，王垒. 企业高层管理人员更替：机理与实证研究［M］. 北京：经济科学出版社，2014：165.

④ 吴德军. 高管变更对盈余质量的影响研究［M］. 大连：大连出版社，2009：53.

⑤ 刘新民，吴士健，王垒. 企业高层管理人员更替：机理与实证研究［M］. 北京：经济科学出版社，2014：167.

因素有利于减少企业发展的不确定性。

大学校长的领导力与大学的社会期望和大学校长的社会声望密切相关。一位社会声望很高的大学校长，往往众望所归，其领导行为也相对容易获取大家的信任。① 鉴于大学校长在大学管理工作中发挥的重要作用，本书借鉴高阶理论，以大学校长的人口统计学特征、教育背景和任职背景等为出发点，研究大学校长背景特征与大学社会声誉之间的关系。根据上述分析，本书提出以下研究假设：

H1：校长性别对大学社会声誉具有显著影响；

H2：校长年龄对大学社会声誉具有显著影响；

H3：校长任期对大学社会声誉具有显著影响；

H4：校长最高学位是否为博士对大学社会声誉具有显著影响；

H5：校长来源对大学社会声誉具有显著影响。

2. 办学经费

高等教育经费是大学赖以发展的物质保障，是影响大学扩大规模和提高教育质量的关键性因素。大学经费筹措的主要任务包括②：一是当学校资金短缺时，如何以最小的代价筹措到适当数额的资金；二是当学校有盈余资金或其他投资资金时，如何以最低的风险投放出去，以取得最大的收益；三是通过资金的合理流动，充分提高资金收益，促进大学发展。

美国大学由于其学校类型迥异，经费来源不尽一致，形成了多层次、多形式的资金筹集渠道。多数大学的收入来源依赖于以下各项：学生所支付的学费及其他费用，政府拨款，③ 联邦科研补助及合同，捐赠与基金收益，附属设施收益（如医院、住宿公寓和竞技比赛）。④ 公私立高等教育结构在很大程度上表现为政府和私人资金在高等教育经费收入中的比例。多元化的融资渠道，为美国高等教育带来了巨额的经费投入，从而保证了高水准的教学和科研质量。研究表明，大学经费和资产来源的多元化有利于大学提高办学

① 闫拓时. 当代中国大学校长领导力研究［M］. 北京：高等教育出版社，2014：89.

② 杨明. 政府与市场：高等教育财政政策研究［M］. 杭州：浙江教育出版社，2007：21.

③ 美国高等教育经费的政府投入主要来自联邦政府、州级政府和地方政府。联邦政府投入主要包括联邦政府以拨款（appropriations），补助（grants），契约（contracts）（通过与政府签署的研究或其他项目的合同中获得的政府投入），以及联邦政府资助的研究和发展中心（Federally Funded Research and Development Centers）等形式对高等教育的经费投入，通常不包括学生的联邦贷款。相似地，州政府和地方政府也对高等教育机构进行拨款、补助和契约等经费投入。参见：韩梦洁. 美国高等教育结构变迁：市场机制、公共选择与学术逻辑［M］. 北京：科学出版社，2016：48－49.

④ 杜德斯达. 21 世纪的大学［M］. 刘彤，译. 北京：北京大学出版社，2005：139.

自主性，形成自身的办学风格。① 在研究型大学办学经费中，最受关注的是大学的捐赠资产和科研经费。

除政府拨款和学生学费外，社会筹资是美国大学教育经费来源的重要组成部分。大学获得社会捐赠的多寡，是衡量其社会声誉高低的重要标志。影响大学捐赠收入的因素通常包括：院校的筹资方式和努力程度、毕业生收入水平、院校专业设置、毕业生在校学习的满意程度、潜在捐赠人年龄及生涯状态以及政府的捐赠免税政策等。② 美国大学的社会筹资范围较广，主要包括捐赠收入、合同款项、销售和地方服务，这些款项都是由校方直接从社会中获得。在西方发达国家，大学捐赠基金（University Endowment Fund）是指由大学长期拥有并通过投资产生收益以满足大学现时和未来发展需要的资金总和。大学捐赠基金的积极作用体现在③：一是保持资金的流动性以支持大学财政支出和日常运营的需要；二是保证基金规模和资本回报的持续增长。大学捐赠基金除了引导大学自身发展外，还为大学与社会发展的良性互动提供可能。获得大额捐赠的大学通常也受到外部治理机构的监督，包括来自校友、家长、企业对大学的监督。大学只有内部决策科学，管理有序，民主透明，才能获得更多捐助，所以大学捐赠基金对大学的管理运作可以形成有效的激励机制。④

“在美国创新与研发策略这一更大的框架内，联邦政府应该使用稳定而有效的政策、惯例和资金来支持大学承担的研发工作和研究生教育工作，这样，我们的国家就会源源不断地获得新知识和受过高等教育的优秀人才，为我国的未来提供发展的动力，帮助我们实现国家目标，确保国家繁荣与安全。”⑤ 理查德·纳尔逊（Nelson，1962）从社会分工的角度出发，基础研究的生产认为由于存在高风险、收益不确定性和较强的外部效应等特点，无法通过市场得到足够的资金支持，因而需要政府和社会资金的支持。⑥ 在美国，

---

① 罗公利，杨选良，李怀祖. 社会捐赠与大学发展：中美大学社会捐赠的对比分析［J］. 高等教育研究，2006，27（1）：99-104.

② 陈晓宇. 中国教育财政政策研究［M］. 北京：北京大学出版社，2012：110.

③ 杨坦，何小锋，苟继尧，等. 大学捐赠基金的运作与管理模式研究［M］. 上海：上海交通大学出版社，2017：15.

④ 鲁育宗. 大学的财富管理［M］. 上海：复旦大学出版社，2012：57.

⑤ 国家研究院国家研究委员会. 研究型大学与美国未来：美国繁荣与安全的十大突破性举措［M］. 朱健平，译. 长沙：湖南大学出版社，2015：8.

⑥ NELSON R R. The rate and direction of inventive activity［M］. Princeton：Princeton University Press，1962：609-625.

研究型大学主要通过三个渠道获取科研资助[①]：一是联邦政府基于项目的竞争性科研经费，这类资金来源相对集中，约90%的经费由卫生与公众服务部（Department of Health and Human Services）、能源部（Department of Energy）、国家科学基金会（National Science Foundation，简称NSF）、国家航空和宇宙航行局（National Aeronautics and Space Administration）、国防部（Department of Defense）和教育部（Department of Education）等六部门支配；二是联邦政府基于国家科研平台的公共科研预算经费，各大学通过承担国家实验室职能获取专项拨款，改善科研条件；三是地方州政府基于绩效拨款的经常性科研经费，其中州政府通过各类预算拨款方式为本州的公立大学提供研究项目经费、科研辅助经费和科研基础设施经费等。

1950年，美国国家科学基金会的成立标志着多元性联邦科学政策制度的建立。NSF的资助是战后推动美国研究型大学发展的最大外部动因之一，其资助模式的特点表现为：一是基于严格立项评价的择优支持；二是重点资助科学研究与教育培训项目；三是实行科研间接成本补偿的支持方式。[②] NSF通过项目选择、资金分配和顾问咨询参与科技政策的制定和实施，并通过管理各种资助计划为其他机构树立良好的榜样。赞助研究不仅仅是提高教师质量的措施和研究生资金支持的来源，而且也是决定大学社会声誉的重要因素。[③] 由于联邦政府对大学的研究捐款与合约主要通过竞争性程序获得，科研人员的素质不仅决定了科研方案的质量，也决定了是否能为大学吸引到尽可能多的外部支持。[④]

根据上述分析，本书提出以下研究假设：

H6：捐赠资产数对大学社会声誉具有显著影响；

H7：科研经费数对大学社会声誉具有显著影响。

3. 师资力量

大学教师是学术职业的社群性实在主体，大学最重要的学术资源是它的教师。对一所大学而言，教师的素质及其拥有的使命感决定了学科专业的优秀程度、学生的质量、教学和研究的水平以及通过公共服务满足更广泛社会需求的能力。高水平研究型大学的建设离不开一流的大学师资，“大学的声

① 于辉. 中国农业科研基础条件投资效果研究［M］. 北京：中国农业科学技术出版社，2014：114－115.

② 王元，张先恩. 科教结合与国家创新体系建设［M］. 北京：科学技术文献出版社，2013：366.

③ 杜德斯达，沃马克. 美国公立大学的未来［M］. 刘济良，译. 北京：北京大学出版社，2006：45.

④ 杜德斯达. 21世纪的大学［M］. 刘彤，译. 北京：北京大学出版社，2005：118.

誉依赖于它所聚集起来的教师和学者的声望"[①]。对于研究型大学的学术发展而言，最有意义的竞争是"为了那些具有研究能力的教授"[②]。大学尤其是研究型大学能够获得社会的认可、具有较高社会声誉的根本原因在于它们拥有一批保存、创造和传播高深知识的优秀人力资源。事实上，在学术声誉市场中，具有卓越学术声誉的大学始终占据着优势地位。而学术声誉的高低主要取决于大学教师的整体质量和水平。并且，大学教师还用他们的科学精神、治学态度、职业伦理影响大学成员和社会公众的价值选择、学术风气、人格养成和学术文化。毫无疑问，这些都会直接给大学社会声誉加分。"学校的师资教学品质是提高学校社会声誉和品牌效应的最本质的原因。"[③]

大学是一个由学术单位与行政单位相互交叉形成的矩阵组织，这种特殊结构决定了学术管理与行政管理并存于大学的合理性。罗伯特·伯恩鲍姆（2003）认为，大学内部基层学术组织的松散结构和行政管理的科层结构组成了二元控制系统，它们分属于各自的权力系统，在结构上并非一个整体，而是一个复杂交叉的结合体。[④] 大学教师和管理人员作为大学内部最为重要的两类群体，两者数量和的比例（师管比）变化趋势深刻地反映着大学的组织特性和权力结构转移。许多学者将大学管理人员的增加和管理事务的专门化等同于大学的官僚化。如埃斯·戈尔尼茨卡等（1998）将大学管理人员数量的增长称为管理的官僚化。[⑤] 威廉·沃（Waugh，1998）认为，官僚化使职员们拥有越来越多的责任和威权，引发了学术文化和管理文化之间的冲突局势。[⑥] 陈超（2014）指出，大学的师管比反映了大学的资源和权力配置关系，合理控制师管比的变化幅度，有助于减少资源投入偏差，提高大学的运行效率。[⑦]

近年来，资产专用性理论被企业理论家誉为交易费用经济学取得实质性

---

① BRUBACHER J S, RUDY W. Higher education in transition: an American history: 1636－1956 [M]. New York: Harper & Row, 1958: 176.

② 盖格. 增进知识：美国研究型大学的发展（1900—1940）[M]. 王海芳，魏书亮，译. 保定：河北大学出版社，2008：10.

③ LOWRY R C, SILVER B D. A rising tide lifts all boats: political science department reputation and the reputation of the university [J]. PS: political science & politics, 1996, 29 (2): 161－167.

④ 伯恩鲍姆. 大学运行模式 [M]. 别敦荣，译. 青岛：中国海洋大学出版社，2003：11.

⑤ GORNITZKA Å, KYVIK S, LARSEN I M. The bureaucratisation of universities [J]. Minerva, 1998, 36 (1): 21－47.

⑥ WAUGH W L. Conflicting values and cultures: the managerial threat to university governance [J]. Review of policy research, 1998, 15 (4): 61－74.

⑦ 陈超. 试论大学的师管比及其意义：基于美国公立旗舰大学的统计分析 [J]. 教师教育研究，2014，26（4）：99－105.

进展的重要发展方向之一。所谓专用性资本是指替代性较低、稀缺性较高以及难以复制的资本，即需要利益相关者长期的或者较高的投入，而这种投入产生的资本难以在别的组织发挥作用。因此，专用性资本投入对于投入人而言风险较大，而对于组织而言具有较高的边际产出水平。① 胡浩志（2014）将企业专用性人力资本定义为，专用于某一特定企业，一旦离开（不管是辞职还是被解雇）该企业，其生产价值就会大大降低的人力资本，换句话说，该人力资本在特定企业中的生产率远远高于在其他任何企业的生产率。② 因此，专用性人力资本的价值体现在人力资本的所有者与其所在企业之间的相互依赖性，长期雇佣和内部晋升更有利于专用性人力资本的积累。③

对于研究型大学来说，大学教师的职业发展需要长期的知识学习和学术训练过程，这个过程贯穿其职业生涯。为了鼓励教师投入更多的专用性人力资本，西方大学普遍采取终身教职（Tenure－Track）制度。“学术自由是最终目的，正当程序、教授终身教职、教师评价机构是保障条件。”④ 终身教职彰显了教师在治学上的水平和声望，终身制教师也是一所大学最独特的人力资源，有助于提升所在大学的整体价值和竞争力。传统观念认为，终身聘任制的好处在于从制度层面保证教师的职业稳定性，并且在客观上形成了一种目标激励，激励尚未取得终身教职的中青年教师多出成果，使大学成为最优秀人才的聚集地。而非终身制聘任保证了经济方面的优势，发挥了学校人力资源管理的灵活度，但对于教师的保护程度则有所降低。⑤ 为了实现大学之间的比较，本书在后续实证研究中，参考黄振羽和丁云龙（2016）的做法，⑥ 将大学中获得终身教职的教师数占教学科研人员数的比重作为计量大学专用性人力资本的替代变量。

伴随大学之间竞争日趋激烈，大学社会声誉的提高和资源获取的增加主要依赖于教师工作业绩的提高，大学管理层为了提高业绩也相应地制定了高标准的评聘要求。由于地位象征性资源的差别分配，在大学学术系统中逐渐

① 杨成名．大学与大学治理：基于利益相关者价值优化的视角［M］．北京：经济管理出版社，2017：77.

② 胡浩志．企业专用性人力资本研究：理论及中国的经验证据［M］．北京：经济科学出版社，2014：14.

③ 刘文．企业隐性人力资本形成和作用机理研究［M］．北京：中国经济出版社，2010：169.

④ 梅兹格．美国大学时代的学术自由［M］．李子江，罗慧芳，译．北京：北京大学出版社，2010：236.

⑤ 莫蕾钰．美国公立高校非终身制教师聘用制度的理论与实践研究：投入与产出的视角［M］．北京：知识产权出版社，2013：191.

⑥ 黄振羽，丁云龙．大科学工程组织的治理结构与治理策略研究［M］．哈尔滨：哈尔滨工业大学出版社，2016：80.

形成了一种地位获得的激励机制和竞争机制。在学术共同体内部，研究者之间也呈现出不同的学术声望和符号权力分层，知识生产的制度化主要体现在认知身份和专业身份两方面。① 在美国，院士称号被普遍认为是学术优秀的象征，是科学家可获得的崇高荣誉。② 作为学科前沿的领军人物和风向标，院士是一支高水平的卓越科学家队伍，他们在各自领域的学术研究方面拥有极高造诣。“学术传统和当前流行的常识性观念共同给大学施加双重压力，迫使大学雇用杰出的学者和科学家；因为，作为吸引公众注意的手段，这个阶层中有名望的人，具有很高的声誉价值；并且，在这方面，大学必须拥有一定数量的名人。通常，名声远扬是卓越显赫之物的应得之果，大学要想增强其竞争力，就必须将其运用于著名人士的选择。”③ 大学教学科研人员拥有的荣誉越多，大学的地位和声望通常也会越高。

美国研究型大学专职科研人员通常包括研究型教授（research professor）、研究员（research staff）和博士后（postdoctoral fellow）三大系列。特别是“二战”后，美国加大力度推进博士后培养工作，博士后人数呈上升趋势，博士后的科研能力也逐渐受到社会各界的认可。“博士后研究职位的诱人之处在于其众多的好处，这些好处相互联系，彼此交织，形成两大主题：拓展你的科学背景、技能、兴趣及研究经历；增加你获得第一份大学教职并在该职位上事业有成的机会。”④ 博士后教育的出现是战后美国高等教育的一个新现象，博士后的设立为培养高级研究人员提供了雄厚的后备力量，推动了科研活动的发展。⑤ 国外许多大学都把博士后作为专职科研队伍的重要组成部分，博士后在高校服务国家地方科技创新中发挥着越来越重要的作用。在美国博士后制度创立初期，博士后研究人员通常可以如意地获得学术界的相对固定的工作职位。但这一情况在最近的 30 多年里发生了很大的改变，博士

---

① THACKRAY A, MERTON R K. On discipline building: the paradoxes of George Sarton [J]. Isis, 1972, 63 (4): 473 –495.

② 在美国，国家科学院（National Academy of Sciences，简称 NAS）成立于 1863 年，后来逐渐发展成为由国家科学院、国家工程院（National Academy of Engineering，简称 NAE）、医学科学院（National Academy of Medicine，简称 NAM）和国家研究理事会（National Reseach Council，简称 NRC）构成的国家科学院体系。其中，国家科学院、国家工程院和医学科学院都是由杰出科学家组成的非营利性团体，是荣誉性咨询机构。

③ 凡勃伦. 学与商的博弈：论美国高等教育 [M]. 惠圣，译. 上海：上海人民出版社，2009：166.

④ 达利，扎纳，罗迪格. 规则与潜规则：学术界的生存智慧 [M]. 卢素珍，译. 北京：北京大学出版社，2008：3.

⑤ 邱学青，李正，李敏. 大学师资管理模式研究：基于教学与科研相结合的视角 [M]. 北京：化学工业出版社，2011：65.

后研究人员的学习和工作经历变得异常艰辛，职业前景变得暗淡；待遇过低等问题也开始引起社会关注。[①] 因此，博士后规模对所在大学社会声誉的影响也有待检验。

根据上述分析，本书提出以下研究假设：

H8：师管比对大学社会声誉具有显著影响；

H9：终身教授规模对大学社会声誉具有显著影响；

H10：高层次人才数对大学社会声誉具有显著影响；

H11：博士后数对大学社会声誉具有显著影响。

4. 学生规模

世界一流大学不仅需要优秀的教师，也需要大量拥有杰出才能的学生。学生是接受教育的主体，优秀的学生往往能够与教师进行高水平的互动，激发教师的教学热情，从而提高教学质量和效率。[②] 大学组织生产的人力资本其实可以分为两类：[③] 其一是教研人员能够在工作过程中通过研习、实验、交流等方式提高自身的沟通、科研、理解等诸多能力；其二则是学生能够在大学的学习和参与研究的过程中收获知识、掌握方法和提升领悟力。

大体量的科研资助和大规模的研究生教育构成了研究型大学内部的根本特征。科学研究和研究生教育是研究型大学的标志性特征，也是其安身立命之源。战后美国研究型大学的发展主要体现在科学研究职能的加强和研究生教育“量”与“质”的发展。研究生教育位于国民教育体系的顶端，不仅是高素质、高层次创新人才培养的重要基地，更是基础研究和技术创新的重要源泉，是建设现代化国家创新体系和夺取世界知识经济制高点的重要支撑力量。研究生教育质量评价已经成为大学评价的重要组成部分，是衡量大学综合办学实力的关键指标。[④] 拥有完整的研究生培养体系也是一流大学的成熟标志。对大学而言，研究生教育是人才培养和科学研究有机结合的主要场域，因而具有提升教育教学质量、促进科学研究和人才队伍建设、增强办学效益和服务社会的辐射力、扩大学校影响力与社会声誉等全方位的功能。

根据上述分析，本书提出以下研究假设：

H12：研究生数对大学社会声誉具有显著影响。

---

① 姚锐. 美国博士后制度：经验与问题［J］. 中国高教研究，2009（11）：57－60.

② 喻恺，徐扬，查岚. 转危为机：世界一流大学在国际金融危机中的应对策略［M］. 北京：知识产权出版社，2015：82.

③ 程北南. 美国大学治理结构的经济学分析［M］. 北京：中国财政经济出版社，2010：77.

④ 冯用军，赵德国. 中国大学评价研究报告（2015）［M］. 北京：科学出版社，2015：117－118.

5. 战略联盟

联盟通常是指两个或两个以上的组织为了实现各自的战略目标以及构建自身的竞争优势而达成的一种资源共享、风险共担的合作性协议。① 从本质上看，战略联盟是一种合作战略，并且是合作战略的主要类型，企业间通过战略联盟组合它们的资源和能力，形成新的竞争优势。② 企业组建战略联盟有两个作用：一方面，它是资源传递的路径；另一方面，它是企业社会地位高低的信号。③ 资源基础理论所定义的资源具有不可模仿和不可流动的特性，但在企业联盟实践中，即使是因果模糊性（causal ambiguity）和社会复杂性（social complexity）等因素，也很难阻止资源在联盟伙伴间的流动，以及伙伴间对彼此的模仿。这主要是因为联盟为企业提供了接触合作伙伴资源的机会，员工之间频繁的交流接触造成因果模糊性和社会复杂性的下降；联盟还会带来外部资源的内化，通过联盟治理，双方企业建立信任，使资源和知识的流动更为顺畅。④

与企业战略联盟相似，大学战略联盟是指两个或两个以上的大学为了特定战略目标，通过一定方式组成的优势互补、要素双向或多向流动的松散型网络组织。⑤ 阿德里安娜·凯扎尔（Kezar，2005）指出大学联盟成员受共同的规范或规则所约束。⑥ 作为大学战略联盟的一种特例，世界一流大学战略联盟具有如下特点⑦：成员选择上的一流对等性，合作相关性，精英排他性，高度国际化，对非成员大学的带动和示范作用。大学战略联盟具有社会性建构特征，“由于精英型大学协会具有高度的选择性，拥有其会员资格就表明了学校所拥有的实力、声誉和地位，而且办学层次类似的学校面临更多的共同挑战，也有更多的共同问题。因此，在很多情况下，研究型大学对精英型大学协会有更高的认同度和归属感”⑧。

---

① JARILLO J C. On strategic networks [J]. Strategic management journal, 1988, 9 (1): 31-41.

② 汤普森，斯特里克兰三世，甘布尔. 战略管理：获取竞争优势［M］. 17版. 蓝海林，黄嫚丽，译. 北京：机械工业出版社，2011：167.

③ STUART T E. Interorganizational alliances and the performance of firms: A study of growth and innovation rates in a high-technology industry [J]. Strategic management journal, 2000, 21 (8): 791-811.

④ LAVIE D. The competitive advantage of interconnected firms: an extension of the resource-based view [J]. Academy of management review, 2006, 31 (3): 638-658.

⑤ 阳荣威. 后合并时代高校的选择：战略联盟［J］. 高等教育研究，2005，26（9）：57-61.

⑥ KEZAR A. Redesigning for collaboration within higher education institutions: an exploration into the developmental process [J]. Research in higher education, 2005, 46 (7): 831-860.

⑦ 郭鑫. 世界一流大学战略联盟［M］. 北京：北京师范大学出版社，2011：36.

⑧ 胡娟，李立国. 大学协会组织研究［M］. 北京：中国人民大学出版社，2007：10.

实施大学资源共享策略以解决办学经费困难问题，是组建大学联盟的重要动因。吴越（2016）研究认为大学之所以选择与其他大学结盟来满足自己的利益需求，主要原因在于大学与外部环境形成了相互依赖的关系，而组建校际联盟亦是大学回应环境的适切手段。[①] 李小娟和许广（2016）同样认为通过大学联盟体系网络的构建以获取资源是大学实现发展战略的重要途径。[②] 20 世纪 90 年代以来，世界各国著名大学纷纷建立和参与大学联盟（见表 4-1），利用协同优势寻求合作共赢，以确保在激烈的高等教育竞争中占据有利位置。

表 4-1　国外主要大学联盟

成立时间	联盟名称	成员数量	所属区域
1925 年	克莱门特大学联盟（Claremont University Consortium）	7	美国洛杉矶
1954 年	常春藤联盟（Ivy League）	8	美国东北部
1958 年	CIC 大学联盟（Committee on Institutional Cooperation）	12	美国中西部
1965 年	五大联盟（Five Colleges，Incorporated）	5	美国马萨诸塞州
1991 年	G13 联盟（Group of Thirteen）	13	加拿大
1994 年	罗素集团（Russell Group）	20	英国
1994 年	1994 集团（1994 group）	19	英国
1997 年	白玫瑰大学联盟（White Rose University Consortium）	3	英国约克郡
1998 年	弗吉尼亚州教育技术联盟（Virginia Educational Technology Alliance）	7	美国弗吉尼亚州
1999 年	八校集团（Group of Eight）	8	澳大利亚

资料来源：吴越. 中国高校联盟运行机制研究［M］. 北京：人民出版社，2016：4-5.

1900 年，美国成立了美国大学联合会（Association of American Universities，简称 AAU），创始成员包括 11 所私立大学和 3 所公立大学。AAU 成立的最初目的是建立统一的哲学博士培养要求，监督博士生教育质量，在此后的半

① 吴越. 中国高校联盟运行机制研究［M］. 北京：人民出版社，2016：237.

② 李小娟，许广. 高校知识联盟合作创新与绩效研究［M］. 长沙：中南大学出版社，2016：3.

个世纪里，美国大学联合会一直承担着学术标准评判者的角色。① AAU 的建立也标志着美国研究型大学形成了自己的群落，意味着其成员在文化心理和社会认可度方面已经逐渐同美国其他大学产生了区别。② 如今，AAU 的成员已经包括 60 所美国大学和 2 所加拿大大学，几乎囊括了美国所有一流的顶尖研究型大学。因而，该协会也常被誉为一流研究型大学的"贵族俱乐部"。③ AAU 长期以提高美国研究型大学的国际地位为宗旨，关注研究型大学的科研资助、研究政策的制定，关注研究生和本科生教育。目前，作为美国一流研究型大学的集体代言人和利益维护者，AAU 通过关系协调，为成员大学搭建了影响联邦政府关于学术研究、研究生和专业教育政策的平台，方便成员大学之间沟通信息，讨论学校层面的问题，履行行业自律的职能。④ 基于 AAU 的经验，本书认为世界一流大学战略联盟促进了联盟内部各成员之间以及联盟与外界的交流合作，履行了高等教育中介组织的职责，为一流大学的自由发展提供了宽松适宜的外部环境，同时也为普通大学向一流大学发展提供了参考标杆。

根据上述分析，本书提出以下研究假设：

H13：美国大学联合会成员资格对大学社会声誉具有显著影响。

4.1.2　研究型大学组织功能与大学社会声誉的关系

从履行社会责任的角度看，大学的使命是多样的。自欧洲中世纪大学成立以来，随着科学技术、经济和社会的不断变革，大学的功能经历了从低级到高级的复杂演化过程。这一复杂的过程主要体现为基于知识形态的演化和发展，大学从最初只具有传播知识职能的行会性组织，发展成为具有传播知识、生产与创造知识和知识应用、创新和社会服务于一体的复杂性组织。⑤ 决定大学社会影响、整体价值和核心竞争力的主要因素是其人才培养、科学研究和社会服务的产出水平。所以，大学的关键绩效指标提取也主要立足于这三项核心功能领域。

1. 人才培养

大学的出现将知识分子集中在一起，并形成了一个稳定的知识分子社

---

① 徐来群. 美国公立大学系统治理模式研究［M］. 上海：上海交通大学出版社，2016：43.

② 曾开富，王孙禺. 战略性研究型大学的崛起：1917—1980 年的麻省理工学院［M］. 北京：科学技术文献出版社，2016：10.

③ 饶燕婷，王琪. 走进世界名校：美国［M］. 上海：上海交通大学出版社，2012：132.

④ 胡娟，李立国. 大学协会组织研究［M］. 北京：中国人民大学出版社，2007：50.

⑤ 张学文，陈劲. 面向创新型国家的产学研协同创新：知识边界与路径研究［M］. 北京：经济科学出版社，2014：77.

群，从而使知识和文化得以延续和发展。从此，人才培养便一直作为大学的主体功能不断被传承下去。[①] 大学的产品是其为学生提供的专业知识和技能，以及为社会和用人单位提供的人才。不断地满足社会对人才的需求，正是大学存在和发展的根本。

社会声誉是大学组织教育服务生产的重要生产要素，良好的社会声誉使大学获得充足的优质生源、办学和科研资金。其中拥有高素质的生源是高质量教学的一大前提。学生对进入某一特定院校的渴望程度随院校声望上升而不断增长，具有高选拔性的高校是由其声望和信誉所铸就的。拥有越优秀学生的大学，其对优秀学生的吸引力也越大，从而招收的学生也越具有竞争力。在美国，尽管各所大学的招生程序差别较大，但是多数大学在录取新生时大都参考以下因素：如高中所修课程、高中平均分数、入学考试成绩、推荐信、论文或代表作、面试及专业申请书等。[②] 近年来，越来越多的大学将自己归为“竞争性大学”，这也意味着大学的整体录取标准在逐年提高。录取率（selectivity rate）代表被录取的学生数占向该校提交入学申请的学生数的比率。在一般情况下，录取率低而选择性高，可以保证优秀的生源。这是因为：声誉较高的学校，吸引众多优秀考生报考，学校选择余地大，录取率偏低；声誉较低的学校，往往报考人数少、入学要求低，相应地具有较高的录取率。萨维茨卡娅（Savitskaya）和阿尔图尼娜（Altunina，2017）认为名牌大学之所以能够从传统的高等教育机构中脱颖而出，主要在于其选择最好的申请者并从这些学生共同学习的同伴效应中受益。通过这种方式，这些大学可以培养优秀的毕业生，确保他们在雇主眼中的良好声誉。[③]

市场是富有竞争性的，而努力招满学生的院校确实展开了基于效率和消费者导向的竞争。同时，大学生离开大学或者所学专业通常发生在第一年，[④] 因此对于一年后专业学生的保有率（retention rates）的统计，可以部分地反映学生对院校专业的忠诚度。新生保有率即指在第一年之后，决定留在大学继续修习的学生比例。美国大学生在入学后的专业调整甚至转学上都拥有较大的自主性，因为实行完全的学分制，他们通常会在入学后的第一年首先对学校整体质量、本专业的质量以及与自己兴趣的匹配度进行评估，然后根据

① 邓磊. 中世纪大学组织权力研究［M］. 北京：人民出版社，2014：192.

② 王伟宜. 美国大学招生录取二十年变迁研究［J］. 教育与考试，2010（3）：86.

③ SAVITSKAYA E V, ALTUNINA N S. Higher education: reputation effects, signal distortions, and propitious selection［J］. Russian education & society, 2017, 59（1/2）: 94 – 120.

④ BLOM R, DAVENPORT L D. Searching for the core of journalism education: program directors disagree on curriculum priorities［J］. Journalism & mass communication educator, 2012, 67（1）: 70 – 86.

自身职业规划进行大学和专业的调整，所以大学都将维护新生入学一年后的保有率作为重要工作。[①] 保有率高，表明大学能够为学生提供高质量的教学服务，确保学生顺利完成学业。

大学的知识溢出机制主要体现在作为知识载体的毕业生身上。安娜莉·萨克森（Saxenian，2002）指出，大学毕业生是把知识从大学转移到高技术企业的重要渠道。[②] 通常，人们认为一所大学的社会声誉，取决于它培养的学生为推动社会进步所做出的贡献。只有高质量的毕业生，才能在劳动力市场具有强竞争力，并给大学带来良好的声誉。[③] 毕业率（graduation rate）是指某教育阶段入学总人数中，按规定学制如期获得毕业证书的学生所占比例，反映了学校培养合格学生的整体情况。毕业率通常受到教师的学术要求和学生的努力程度两个因素的影响。邬大光、滕曼曼和李端淼（2016）通过数据分析发现美国大学本科毕业率相对较低，即使是在相同类型的大学中也存在着明显差异。这种差异在一定程度上可以反映美国大学人才培养质量的差距，即竞争力越强的大学，其毕业率越高。[④] 作为衡量大学办学效益的重要指标，毕业率的理想状态是：学生通过努力学习，达到学业要求，满足毕业条件。毕业率低通常说明学校严把质量关，严格执行学位授予程序，坚持较高的学术标准；然而学生只有顺利获得学位，才能算是真正完成高等教育过程，提高毕业率意味着学生、家庭的巨大投入能够获得回报，学校也能够提高内部办学效益。[⑤]

除了上述指标，高等教育大众化常伴随着学生规模扩大，在讨论大众化与教育质量的关系时，生师比（student-teacher ratio）是一个重要变量。生师比是指在校学生数与教师数的比例。在保证教育质量的前提下，生师比越高，表明一定的资源被更多的学生享用，因此社会资源利用率就越高。但在教学实践中，由于教师精力和能力是有限的，生师比越高教学质量往往就越难保证。[⑥] 一般认为，生师比较低有助于师生之间的交流互动和对学生进行

---

① 柳旭东，张瑞瑶．美国新闻专业学生专业忠诚度分析［J］．新闻记者，2018（2）：48.

② SAXENIAN A L. Silicon Valley's new immigrant high-growth entrepreneurs［J］. Economic development quarterly，2002，16（1）：20－31.

③ 田恩舜．高等教育质量保证模式研究［M］．青岛：中国海洋大学出版社，2007：4.

④ 邬大光，滕曼曼，李端淼．大学本科毕业率与高等教育质量相关性分析：基于中美大学本科毕业率数据的比较分析［J］．高等教育研究，2016，37（12）：56－65.

⑤ 胡伟卿．美国大学毕业率相关因素分析及启示［J］．中国高等教育，2009（15）：76.

⑥ 陈泽，胡弼成．生师比：人才培养质量的重要指示器［J］．大学教育科学，2013（3）：118.

个性化指导，从而保证较高的教育质量。①

此外，校友的成就也是衡量大学教育服务质量的重要指标，校友是一个大学质量的信号。由于高等教育质量的衡量具有间接性和滞后性，因而，公众往往是根据其已经毕业的学生情况来判断一所学校的教育质量。② 校友是大学精神和办学理念的实践者和传播者，是大学与社会沟通交流的桥梁，是大学办学实力的体现者。胡萍（2007）认为，校友个人的成就，对社会贡献的大小，是大学办学水平的现实体现，它能给大学带来良好的社会赞誉和广泛的社会好评，能够提高社会对大学的认知度，是对大学评估的巨大支持和贡献。③

根据上述分析，本书提出以下研究假设：

H14：学生录取率对大学社会声誉具有显著影响；

H15：学生保有率对大学社会声誉具有显著影响；

H16：学生毕业率对大学社会声誉具有显著影响；

H17：生师比对大学社会声誉具有显著影响；

H18：杰出校友数对大学社会声誉具有显著影响。

2. 科学研究

作为创造和传播知识的重要机构，现代大学不仅是基础科学的发祥地，还是世界范围内各类杂志、书籍和数据库系统的摇篮。④ 在知识经济时代，大学的科学研究功能越来越突出，大学不断创造新知识，成为输出知识资源的重要来源，并凭借知识优势在区域创新系统中居于主导地位。⑤ 和追逐声誉动力相关的是，大学为了满足竞争需要而将高学术水准作为一种打响品牌的营销手段。

科学研究能力成为世界一流研究型大学的核心，主要出于以下原因⑥：其一，知识是研究型大学与同行和外界开展交流合作的“通用货币”。其二，以研究的形式对知识进行创作、解析和应用，是研究型大学区别于其他组织

---

① 张和平．办学规模与办学成就：基于 USNEWS 美国大学排名的实证分析［J］．外国教育研究，2018，45（1）：56.

② 王守军．论大学：我国高校支出特征及影响机制研究［M］．北京：中国社会出版社，2010：53.

③ 胡萍．高等学校校友工作概论［M］．成都：电子科技大学出版社，2007：25.

④ ALTBACH P G. The knowledge context：comparative perspectives on the distribution of knowledge［M］. Albany：State University of New York Press，1987.

⑤ GUNASEKARA C. Reframing the role of universities in the development of regional innovation systems［J］. The journal of technology transfer，2006，31（1）：101 – 113.

⑥ MARGINSON S，KAUR S，SAWIR E. Higher education in the Asia-Pacific：strategic responses to globalization［M］. New York：Springer Publishing，2011：107 – 122.

的一项核心功能。其三，研究能力和大学的价值理念密切相关，并逐渐成为国家创新驱动发展战略中不可或缺的因素。大学科学研究与国家科技竞争力的联系愈发紧密。“二战”后，在第三次产业革命的推动下，技术与智力密集型产业部门在美国迅速兴起，亟待研究型大学提供大量的研究型人才和科研成果予以支撑，社会需求使科学研究在研究型大学越来越受重视，研究型大学的教师也日益重视科研，愿意在科学研究方面投入更多精力。①

美国大学的基础研究主要基于教授的自由探索和兴趣研究，以教授为主体自主开展基础理论研究和知识创新；同时大学适度采取合作竞争机制，鼓励教授之间的合作研究，推动学科自身的交叉融合并培育新兴学科。对于应用科学研究，美国研究型大学采取与产业界联合组建产业合作中心的模式，以解决经济社会重大问题为目标，通过紧密的产学研合作、多渠道的科研经费筹措和操作性较强的科技成果转化机制开展联合研究和协同创新。以项目为中心的扁平化管理模式、多渠道的研发资金投入、合理的科研经费使用制度、高效的产学研合作机制支撑着美国研究型大学丰硕的科研产出，巩固了美国研究型大学的全球领先地位。②

研究型大学只有产出高水平的科研成果，并促成高科技转移，促进产学研合作，才能具备较高的学术声誉和广泛的社会影响力。③ 对于研究型大学教师个体而言，他们的职业生涯（涉及薪酬、晋升与终身制等）主要取决于自己的科研生产率，而科研生产率主要是通过公开发表的出版物和争取到的研究项目来衡量。④

科研成果是科研人员在实验观察、理论研究、开发应用等科研活动中，所取得的有价值的创新性劳动成就，是科研人员脑力劳动和体力劳动的创造性结晶。大学的科研产出与效益通常包括两个方面⑤：一是直接的科技成果，该指标可以分解为论文、专著、鉴定成果数、技术转让、知识产权、国际会议和获奖等；二是应用型科研活动对科学研究事业和社会所产生的影响，该指标可以分解为社会经济影响指标、教育文化影响指标和成果信息反馈指标

---

① 吴振利. 美国大学教师教学发展研究［M］. 北京：教育科学出版社，2012：6.

② 周勇. 护航科技创新：高等学校科研经费使用与管理实务［M］. 北京：中国科学技术出版社，2013：141.

③ COWAN J. Effectiveness and efficiency in higher education［J］. Higher education，1985，14（3）：235 – 239；DILL D D，SOO M. Academic quality，league tables，and public policy：a cross-national analysis of university ranking systems［J］. Higher education，2005，49（4）：495 – 533.

④ 杜德斯达. 舵手的视界：在变革时代领导美国大学［M］. 郑旭东，译. 北京：教育科学出版社，2010：163.

⑤ 戚湧，李千目. 科学研究绩效评价的理论与方法［M］. 北京：科学出版社，2009：74 – 75.

等。作为研究成果的物化形式之一，科学论文产出是衡量学者个人、科研机构的学术水平和科研能力的重要评价基准。尤其是高水平论文和高被引论文体现了大学科研活动的规模大小和显示度，并逐渐成为衡量大学学科竞争力的重要指标。①

同时，在美国研究型大学，应用研究一直占有重要地位。产学研合作与知识产业化中知识产品的表现形式主要有专利、商标、版权和专有技术等。产学研合作与知识产业化市场机制的产权制度安排就是通过市场的资源配置功能，协调解决各种形式的知识和技术转移过程中的权益分配问题。② 美国研究型大学技术转移制度的建立，深受20世纪80年代以来联邦政府关于技术转移立法的影响。而大学校内最重要的技术转移制度安排就是技术许可办公室（Office of Technology Licensing，简称OTL）。如今，绝大多数大学都制定了规范的专利转让管理条例，明确学校、教师和研究资助者之间的利益分配关系（见表4-2）。

表4-2　美国研究型大学技术转移制度安排形式及利益分配情况

模式与制度安排	内涵	实例	利益分配
技术许可办公室	不仅具有技术评估的专业职能，而且为确保获得专利许可的企业开发该技术，要求企业事先递交技术开发计划，并将有关条款写入许可协议中，企业一旦违约，技术许可办公室有权收回技术许可	斯坦福大学	OTL提取15%的许可收益，其余的由被发明者、所在系和学院三者分配
		麻省理工学院	15%归OTL；剩下的1/3归发明者；剩下的2/3扣除费用后在系和麻省基金之间进行分配
		加州大学	15%归OTL；40%归发明者；15%上缴加州；30%进入大学系统

① 相关研究参见：ZHU X，WU Q，ZHENG Y，et al. Highly cited research papers and the evaluation of a research university：a case study：Peking University 1974-2003［J］. Scientometrics，2004，60（2）：237-347；MARY A R，SURULINATHI M. Highly cited papers from Annamalai University，Annamalainagar［J］. Journal of advances in library and information science，2017，6（2）：156-163；陈淑云，杜慰纯，秦小燕. 中美“常春藤”高校学科对比分析：基于高水平论文的计量学分析［J］. 图书情报工作，2011，55（8）：44-78；徐春，刘红，张静. 研究型大学高水平论文分析及对高校一流学科建设的启示：以中国药科大学为例［J］. 中国药科大学学报，2016，47（6）：755-759.

② 许长青. 产学合作与法律制度创新：大学知识产业化的立法促进研究［M］. 北京：高等教育出版社，2013：267.

续上表

模式与制度安排	内涵	实例	利益分配
研究基金会	是一种非营利的独立法人组织，在行政上不隶属于大学，运行方式类似于私人企业或技术顾问公司，内部组织与 OTL 大同小异，主要任务是经营管理大学的技术转移，并把收入剩余交还给大学	威斯康星大学校友研究基金会、华盛顿大学基金会	收入的 20% 给发明人，80% 给学校，根据大学的政策，基金会收入的 15% 归发明人所在的学院或系所
技术关联公司	以专业知识代理大学与研究机构从事发明的经营管理，通过提供服务收取费用	中小型大学	根据提供的服务收取合理的费用
新创公司	大学师生通过技术专利"入股"形式创办高新技术公司，人员主要由技术发明人、风险投资公司和经营管理人员组成	哥伦比亚大学	按照三方参股比例来分享利润

资料来源：何建坤，周立，张继红，等. 研究型大学技术转移——模式研究与实证分析［M］. 北京：清华大学出版社，2007：38.（略有修改）

发明专利是满足新颖性、创造性和实用性条件的自主研发成果的产权化。作为基于特定技术内容的法律权利，发明专利是连接 R&D 活动产出与未来市场应用的重要桥梁。专利是创新活动的核心产出成果，是大量创新信息的载体，具有创新性、实用性、效益性和独占性等基本特征，其数量和质量已经成为衡量一个地区或城市创新发展能力的重要标志。① 如今，衡量大学科研产出的指标不仅局限于科学论文的发表数量，专利数也逐渐成为评价大学科研成效的重要依据。② 例如曼弗雷德·费舍尔（Fischer）和阿提拉·瓦尔加（Varga，2003）以专利作为知识生产的主要绩效产出分析奥地利高校研发活动对区域内高技术行业的知识溢出效应，发现高校知识溢出会超越行政区

① 杨鹏，张鹏飞，文建新. 中国中心城市专利合作网络研究［M］. 北京：社会科学文献出版社，2017：26.

② WALLMARK J T，MCQUEEN D H，SEDIG K G. Measurement of output from university research：a case study［J］. IEEE transactions on engineering management，1988，35（3）：175 – 180.

域的空间范围，但这种溢出效应会随着地理空间距离的增加而逐渐衰减。①

总的来看，大学科研产出通过扩散最终形成了科学、经济、政治、文化等多方面的社会效应，这中间的扩散过程涉及两种传递机制：一是以交易关系为主的市场机制，通过合同、专利等载体实现；二是由外部性产生的溢出机制，通过学术发表、科学家流动、正式与非正式交流等方式实现。② 大学科学研究的溢出效应并非局限于促进企业创新行为等纯粹经济层面，也包括提升国民素质、促进社会发展等直接或间接的社会文化效应，为大学自身发展创造有利外部环境。根据上述分析，本书提出以下研究假设：

H19：专利数对大学社会声誉具有显著影响；

H20：高水平论文数对大学社会声誉具有显著影响；

H21：高被引论文数对大学社会声誉具有显著影响。

3. 社会服务

大学的社会服务功能有广义和狭义两种含义③：广义的社会服务是指大学作为一个学术组织为社会做出的所有贡献，包括直接贡献和间接贡献；狭义的社会服务是指大学依托自身在人才和知识等方面的优势向社会提供直接性的、服务性的、以促进经济和社会发展为目标的活动。这类社会服务通常是需要通过市场进行交易的有偿服务。它以大学科研活动为基础，是大学科研活动的延伸，但又相对独立于科研活动。

美国学者亨利·埃茨科维兹（Henry Etzkowitz）通过构建三螺旋模型，分析企业、政府以及大学三类主体在创新过程中的合作关系。④ 三螺旋模型的核心价值在于将具有不同价值体系的政府、企业和大学统一起来，形成行政领域、生产领域和知识领域的三力合一，从而为改善创新条件、推动经济发展提供坚实基础。推动知识流动和转移的内生动力是大学的资源交换需要和社会契约责任。大学通过以知识为依托的服务形式与市场之间进行知识的扩散、交流和聚合，密切了大学与社会的关系，巩固了自身的合法性基础。⑤ 越来越多的研究表明，大学的科技创新和知识转化对于研究与开发、新技术

---

① FISCHER M M, Varga A. Spatial knowledge spillovers and university research: evidence from Austria [J]. The annals of regional science, 2003, 37 (2): 303-322.

② 周寄中. 创新的基础和源泉：基础研究的投入、评估和协调 [M]. 北京：科学出版社，2008：124.

③ 郑鹏程. 促进高等教育竞争法律问题研究 [M]. 北京：中国监察出版社，2015：15-16.

④ 埃茨科维兹. 国家创新模式：大学、产业、政府“三螺旋”创新战略 [M]. 周春彦，译. 北京：东方出版社，2014：3-4.

⑤ 钱志刚，刘慧. 论大学社会服务的理论基础 [J]. 教育探索，2015 (12)：69.

的形成以及新兴企业的成长都具有重要意义。[①] 研究型大学服务社会的直接途径之一是将新的思想和技术商业化，从而创造财富和就业机会。目前，美国研究型大学科研成果转化主要通过技术许可（Technology Licensing）和衍生企业（Spin - offs）两种基本模式。[②] 大学科研成果转化是将科研成果推向社会、为广大劳动者服务的过程，其实质是科研成果的一种推广活动。这个过程通常包含两个方面：一是将一系列投入大学的人、财、物等资源转化为人才和科研成果等知识产出；二是将知识成果应用于社会。

研究型大学创生的新知识要转化为具有现实意义的应用知识，需要知识流动的载体；而企业正是在技术产业化的过程中实现创新知识的扩散。企业和大学之间具有相互支持的互动关系：一方面，科技成果只有从大学进入企业才能从潜在生产力转化为现实生产力；另一方面，企业创新能力的提升离不开大学的合作与技术支持。西方研究型大学与企业合作的历史并不算长，二者真正实现产学研有机结合是在20世纪50年代以后，经过不断的发展演化，现已达到多种合作形式的成熟阶段，标志是以知识为基础的高技术产业的迅速崛起和科技园区的兴办。[③] 以美国斯坦福大学为主导发展起来的“硅谷”科学工业园，以哈佛大学、麻省理工学院为核心的波士顿科研中心，以及英国剑桥科学园等，都是以研究型大学为中心、以高新技术产业群为基础形成的产学研合作基地。[④] 关于硅谷的成功要诀，曼努埃尔·卡斯特尔斯（Castells）和彼得·霍尔（Hall，1994）认为除了通过工业园项目把信息时代的三个重要生产要素（即大学科研成果的贡献、高风险资金的投入、高端科研人员的参与）结合起来之外，还必须依靠能够使工程人员、管理团队和企业家产生协同效应的社区网络，[⑤] 这也成为了设计现代大学城及科学园区的必要根据。产学研结合的生产模式逐渐造就了集教育活动、研发科技、成

① 代表性研究如 ANSELIN L，VARGA A，ACS Z. Geographical spillovers and university research：a spatial econometricperspective［J］. Growth and change，2000，31（4）：501 - 515；COHEN W M，NELSON R R，WALSH J P. Links and impacts：the influence of public research on industrial R&D［J］. Management science，2002，48（1）：1 - 23；AGHION P，BLOOM N，BLUNDELL R，et al. Competition and innovation：an inverted-U relationship［J］. The quarterly journal of economics，2005，120（2）：701 - 728；CLEMMONS J R. Science and industry：tracing the flow of basic research through manufacturing and trade［J］. Economics of innovation & new technology，2008，17（5）：473 - 495；BRAMWELL A，WOLFE D A. Universities and regional economic development：the entrepreneurial University of Waterloo［J］. Research policy，2008，37（8）：1175 - 1187.

② 蓝晓霞. 美国产学研协同创新机制研究［M］. 北京：北京交通大学出版社，2014：146.

③ 张世爱. 地方高校基层学术组织研究［M］. 济南：山东人民出版社，2016：131.

④ 朱丽献. 高校科研绩效考核与激励问题研究［M］. 沈阳：东北大学出版社，2016：3.

⑤ CASTELLS M，HALL P G. Technopoles of the world：the making of twenty-first-century industrial complexes［M］. London：Routledge，1994：27 - 28.

果转化为一体的生产空间。

在整个美国，州政府和地方政府、企业、非营利机构和大学正在努力地发展创新生态系统——鼓励聚焦市场的创新和培养新创公司，以推动就业。它们拥有共同目标："寻找在新产业中创造数以百万计的就业机会的方法，以保持美国经济上的领先地位，抢占市场份额，或者创造全新的产业。"① 美国研究型大学与政府、企业、社区积极互动，形成了"大学主导型"社会服务模式。从合作关系形式看，美国研究型大学与外界合作的主要模式是企业或非营利机构资助大学科研或与大学开展联合研究。在美国，私营基金会（private foundation）具有支持大学从事科学研究的传统，典型代表如卡耐基基金会、洛克菲勒基金会和福特基金会等。19 世纪末到 20 世纪初，公共慈善机构（public charity）对科研的捐赠经历了从关注科学家个体到关注大学整体发展的转变，资金捐助的流向也出现了适应性调整。② 基金会和公共慈善机构支持大学科研的突出特点是捐助领域较为集中、注重应用科学。从经费支持的途径看，既有为学者开展科研提供直接资助，也有在特定领域设立项目供学者申请，从而对大学科研产生积极影响。③

大学与其他组织之间交互作用的增强以及合作机制的形成，充分体现了创新生态系统中互相合作的基本态势。大学与企业或非营利机构合作的本质是构建知识创造、流动和应用的网络，其效率取决于知识能否从大学有效地流动到其他组织，实现跨机构间的知识共享，以及这种流动对大学学术研究的反馈机制和引领作用。④ 阿文德·帕克（Parkhe，1993）指出组织间知识联盟治理结构的核心是抑制各方的投机行为，这就需要事先设计知识联盟治理结构，依靠信誉机制发展彼此间的信赖关系。⑤ 关于组建知识联盟的积极影响，林莉（2010）认为知识转移除了给盟友带来直接收益，知识接受方还可以获得转让方的声誉溢出。⑥ 大学教师也希望通过和产业界的合作获得更高的收入，同时提升自己的学术声誉；而获得产业界的资助以增加研究经费亦是大学管理层的主要兴趣所在。⑦

---

① 美国商务部创新创业办公室. 创建创新创业型大学：来自美国商务部的报告［M］. 赵中建，卓泽林，译. 上海：上海科技教育出版社，2016：15.

② 克拉克. 研究生教育的科学研究基础［M］. 王承绪，译. 杭州：浙江教育出版社，2001：34.

③ 张庆琳，陈国文. 美国慈善基金会对高等教育的影响及启示：高等学校人力资源培训团赴美综合考察报告之一［J］. 国家教育行政学院学报，2009（3）：84.

④ 苏竣. 公共科技政策导论［M］. 北京：科学出版社，2014：227.

⑤ PARKHE A. Strategic alliance structuring：a game theoretic and transaction cost examination of interfirm cooperation［J］. Academy of management journal，1993，36（4）：794－829.

⑥ 林莉. 大学—企业知识联盟的理论与实证研究［M］. 北京：科学出版社，2010：72.

⑦ 韩宇. 美国高技术城市研究［M］. 北京：清华大学出版社，2009：304.

组织间的信任是知识转移和共享的基础。企业选择与大学合作时考虑的因素包括：知识的匹配性、大学的研究能力以及大学的社会声誉。① 在产学研合作过程中，企业更愿意选择与具有良好声誉的机构建立合作伙伴关系，以使其产品质量在市场中赢得更高的可信度。② 声誉的作用在于为关注长期利益的参与人提供一种隐性激励以保证其短期承诺行动。例如伊娃·莫拉·瓦伦丁（Mora - Valentin）、安吉利斯·蒙托罗·桑切斯（Montoro - Sanchez）和路易斯·阿格拉斯·马丁（Guerras - Martin，2004）对西班牙574家参与工业技术发展中心产学研合作项目的企业进行调研后发现，对研究机构而言，合作者的声誉与产学研联盟绩效之间具有正相关关系。③

为了实证检验大学社会服务功能对大学社会声誉的具体影响，我们有必要对校企合作、校社合作进行变量操作化。在校企合作指标的选取方面，由于概念定义本身的模糊以及数据信息的不足，对大学和企业之间的合作状况进行准确度量比较困难，因而可采用体现机构间财务关系的中间指标作为校企合作联系的替代指标。④ 具体计算公式如下⑤：

$$校企合作强度=\frac{大学科研经费筹集额中来自企业的数额}{大学科研经费总额}$$

同理，笔者也用“校社合作强度”作为测量大学与非营利机构合作联系的代理变量：

$$校社合作强度=\frac{大学科研经费筹集额中来自非营利机构的数额}{大学科研经费总额}$$

---

① 刘敦虎. 产学研创新联盟知识转移机制及运行效果的实证研究［M］. 北京：科学出版社，2015：72 - 73.

② 相关研究参见：BARRINGER B R，HARRISON J S. Walking a tightrope：creating value through interorganizational relationships［J］. Journal of management，2000，26（3）：367 - 403；ADAMS J D. Comparative localization of academic and industrial spillovers［J］. Journal of economic geography，2002，2（3）：253 - 278；LAURSEN K，REICHSTEIN T，SALTER A. Exploring the effect of geographical proximity and university quality on university - industry collaboration in the United Kingdom［J］. Regional studies，2011，45（4）：507 - 523.

③ MORA - VALENTIN E M，MONTORO - SANCHEZ A，GUERRAS - MARTIN L A. Determining factors in the success of R&D cooperative agreements between firms and research organizations［J］. Research policy，2004，33（1）：17 - 40.

④ 李习保. 区域创新环境对创新活动效率影响的实证研究［J］. 数量经济技术经济研究，2007，24（8）：13 - 24.

⑤ 相关研究参见：PERKMANN M，TARTARI V，MCKELVEY M，et al. Academic engagement and commercialization：A review of the literature on university - industry relations［J］. Research policy，2013，42（2）：423 - 442；BANAL - ESTAÑOL A，JOFRE - BONET M，LAWSON C. The double - edged sword of industry collaboration：evidence from engineering academics in the UK［J］. Research policy，2015，44（6）：1160 - 1175；王鹏. 区域创新产出的宏观因素与微观机制研究［M］. 广州：暨南大学出版社，2015：162.

大学与企业及非营利机构之间的资源双向配置，既通过市场供求关系得以实现，也受到政府宏观调控方式的深刻影响。孙伦轩和施晓路（2016）基于我国1999—2011年的省际面板数据，分别检验了大学R&D经费来源中的政府资金和企业资金的长期、短期影响及其区域差异。结果表明：无论是全国层面还是区域层面，大学的企业来源R&D经费对经济增长的短期促进作用要大于政府来源R&D经费；但从长期来看，政府资金对经济增长的促进作用在全国层面、东部地区得到了明显提高，表明大学R&D经费中的政府资金对经济增长的促进作用存在一定时滞性。① 也有一些学者研究了政府投入对大学获得企业经费的“挤出效应”。如亚瑟·戴蒙德（Diamond，1999）指出，由于学者申请经费和进行研究的精力有限，因此获得政府经费可能降低学者对其他类型经费的申请需求。② 杨希（2018）根据我国54所部属高校2000—2013年的面板数据，分析了一流大学建设对高校科研经费的影响。研究发现，一流大学建设短期内对来自企事业单位的科研经费有“挤出效应”，经费累积效应在应用研究领域不显著。③

根据上述分析，本书提出以下研究假设：

H22：校企合作强度对大学社会声誉具有显著影响；

H23：校社合作强度对大学社会声誉具有显著影响。

4.1.3 研究型大学科研合作网络与大学社会声誉的关系

社会网络理论的基本假设是，个体与网络中的其他个体联系越多，密度越大，获得认可的可能性也就越大。而那些在系统中拥有较高等级地位的个体，往往占据着网络的中心位置，能够获得更多的资源。④ 行动者在社会网络中的位置决定其影响力，网络中心性是衡量行动者在网络中所处位置居于核心地位程度的指标。林顿·弗里曼（Freeman）等（1979）提出了社会网络的三个中心性指标⑤：点度中心性（Degree centrality）、接近中心性（Closeness centrality）和中介中心性（Betweenness centrality）。点度中心性越

---

① 孙伦轩，施晓路．中国高校R&D经费来源结构及影响差异：经济增长的视角：基于省际面板数据的实证研究（1999—2011）[J]．教育与经济，2016（6）：70－76.

② DIAMOND JR A M. Does federal funding “crowd in” private funding of science? [J]. Contemporary economic policy，1999，17（4）：423－431.

③ 杨希．一流大学建设的效果可持续吗？——高校经费累积效应及其对科研产出的影响研究[J]．教育与经济，2018，34（1）：80－87.

④ 阎光才．精神的牧放与规训：学术活动的制度化与学术人的生态[M]．北京：教育科学出版社，2011：69.

⑤ FREEMAN L C，ROEDER D，MULHOLLAND R R. Centrality in social networks：II. Experimental results [J]. Social networks，1979，2（2）：119－141.

高，表示行动者在网络中联系的成员越多，掌握权力越大；接近中心性越高，表明行为者与其他成员的距离越短，获取信息越快；中介中心性考察行为体的中介位置，中介中心性越高，表明行为体越占据控制信息流动的关键位置。

网络观视角（Network - based View）把企业视为嵌入到网络中的个体，强调企业外部网络关系对其创新绩效的影响，① 社会网络的信任机制使企业之间的信息沟通更为坦诚和有效，可以提高合作关系的运作效率，并有效降低企业之间组织学习的交易费用。② 企业合作伙伴的互补性资源、合作伙伴的社会地位，以及网络结构性特征等各因素，共同作用于企业创新绩效。③ 一般认为，处于网络中的企业与分散的企业相比，具有创新环境优势，这种优势主要源于网络所带来的知识溢出效应、创新资源的可得性以及追赶效应等。创新网络增进了企业间的信任和联系，促进了知识的流动以及信息的传播。④ 在企业合作网络中，中心度特征与企业创新绩效高度相关，具体表现在⑤：首先，中心度高的企业在网络中更容易获取与创新相关的信息；其次，中心度高的企业拥有多重信息渠道；再次，中心度高的企业更容易汇聚不同企业的互补性技能；最后，合作能够使企业充分挖掘创新的规模经济。

在声誉市场上，存在三种作为大学质量中介信号的关系：与消费者的交换关系、与第三方的关系以及与其他大学的关系。⑥ 如今，科研合作是实现研究资源共享、学术思想交流、降低科研难度及学者获得学术声誉的重要形式。越来越多的学者对大学科研合作的网络特征及影响机理进行了研究。例如，马歇尔·梅多夫（Medoff，2003）以论文引用率作为论文质量的评判标准，探讨作者人数、论文长度、期刊水平、所属学科及是否合作对论文引用次数的影响，得出科研合作对论文质量并没有显著性影响的结论。⑦ 石军伟

---

① PODOLNY J M，PAGE K L. Network forms of organization [J]. Annual review of sociology，1998，24 (1)：57 - 76；BRASS D J，GALASKIEWICZ J，GREVE H R，et al. Taking stock of networks and organizations：a multilevel perspective [J]. Academy of management journal，2004，47 (6)：795 - 817.

② 肖冬平. 知识网络导论：理论与应用 [M]. 北京：人民出版社，2012：78.

③ GULATI R，HIGGINS M C. Which ties matter when? The contingent effects of interorganizational partnerships on IPO success [J]. Strategic management journal，2003，24 (2)：127 - 144；STUART T E. Interorganizational alliances and the performance of firms：a study of growth and innovation rates in a high - technology industry [J]. Strategic management journal，2000，21 (8)：791 - 811.

④ 黄玮强，庄新田. 复杂社会视角下的创新合作与创新扩散 [M]. 北京：中国经济出版社，2012：96.

⑤ 钱锡红. 网络位置、吸收能力与企业创新绩效 [M]. 北京：经济科学出版社，2017：91 - 92.

⑥ 周光礼. 从同型竞争到错位竞争：高校品牌形成机制研究 [J]. 中国高教研究，2017 (10)：6.

⑦ MEDOFF M H. Collaboration and the quality of economics research [J]. Labour economics，2003，10 (5)：597 - 608.

和付海艳（2012）从社会资本理论视角阐述科研合作影响大学声誉的实现机理，研究结果发现：科研合作行为对大学声誉和创新能力具有显著的正向影响；而相较于校内合作网络，跨校合作网络对大学声誉具有更强的正向影响。[①] 郭崇慧和王佳嘉（2013）收集了我国39所“985工程”高校1996—2011年间每年的校际合作发文数量，从整体、个体和社区三个方面分别对国内和国际期刊校际科研合作网络的结构特征进行比较。研究表明，“985工程”高校在国内外期刊中都建立了广泛的科研合作；清华大学、北京大学和浙江大学在国内外期刊的科研合作网络中处于核心位置，且极具影响力。[②] 张雯、李勇泉和孙瑾瑾（2018）在SSCI数据库的22本旅游类期刊中选取了1983—2015年间由中国大陆和港、澳、台地区学者发表的文章，构建教师合作关系网络，研究教师科研合作网络特征对知识创新绩效的影响作用，结果表明网络中心性、结构洞对知识创新绩效具有显著的正向影响。[③]

根据上述分析，本书为了探究大学社会网络与大学社会声誉的关系，提出以下研究假设：

H24：大学在科研合作网络中的点度中心度对大学社会声誉具有显著影响；

H25：大学在科研合作网络中的接近中心度对大学社会声誉具有显著影响；

H26：大学在科研合作网络中的中间中心度对大学社会声誉具有显著影响。

4.1.4　研究型大学科研合作网络在大学资源要素、组织功能与大学社会声誉关系间的调节效应

资源获取与资源共享是社会网络的另一项重要功能。通过合作网络，行动者有机会获取到自身无法独自获得的各种资源。[④] 社会网络理论认为，社会网络的大小、构成、位置和关系结构都会影响到企业资源运用的过程。[⑤]

---

① 石军伟，付海艳．激励机制、科研合作网络与大学声誉之间的关系研究［J］．教育研究，2012（1）：81－88.

② 郭崇慧，王佳嘉．“985工程”高校校际科研合作网络研究［J］．科研管理，2013（S1）：211－220.

③ 李颖，赵文红，薛朝阳．创业导向、社会网络与知识资源获取的关系研究：基于信号理论视角［J］．科学学与科学技术管理，2018，39（2）：130－141.

④ SEIBERT S E，KRAIMER M L，LIDEN R C．A social capital theory of career success［J］．Academy of management journal，2001，44（2）：219－237.

⑤ 詹湘东．外部知识网络的创新效应及其知识管理模型研究［M］．北京：经济科学出版社，2017：36.

通过社会关系网络，取得某种身份、地位或资格，可以获得非网络成员无法获得的稀缺资源或资本，还可以在此基础上实现优势互补、资源共享，使得社会资源得到更有效的利用，进而促成现有社会资源的优化配置和最大产出，从而创造出更优秀的个人绩效和社会效益。① 网络还被认为是企业获取信息、资源、社会支持以便识别与利用机会的机会结构。② 组织借助网络结构不仅可以协调网络成员之间的资源流动，还可以通过协调个体利益、借助网络中的承诺与信任机制实现网络成员之间的目标一致性。

网络中心性（Network Centrality）是社会网络研究的重点，它根据行动参与者在社会网络中所处的位置或拥有话语权的多少来判断该行动者在网络内取得资源、控制资源的情况。赫米尼亚·伊瓦拉（Ibarra，1993）认为，行动者如果在群体中处于核心（或中心）位置，那么他在由该群体形成的网络中就可以控制相关的资源并获得较多的利益。③ 乔尔·波多尼（Podolny，1993）也指出，生产者在市场中的地位可以为其他市场主体传递其产品质量的信息，因而地位具有信号发送的功能；由于生产者的网络联结状况在地位与产品质量间起中介作用，因此生产者的网络联结状况可以间接衡量地位并发送有关产品质量的信息。④ 网络中心性常被用来观测网络节点取得资源/信息、控制资源/信息的可能性。中心性不仅使个体拥有接近和获取其他个体所拥有的信息的机会，还强化了个体控制资源的能力，因此在涉及信息交换时，中心性的个体能够从相互替代的其他个体间进行选择。⑤

组织间要构建知识网络，必然涉及组织间的关系以及各自的位置，合作关系质量直接影响知识网络的运行效率；构建知识网络的目标在于获取竞争优势，而竞争优势源于组织的知识创造能力。组织知识创造能力不仅取决于自身实力，更取决于组织在知识网络中获取关键性资源的能力，这种能力同样与组织在知识网络中的位置密不可分。⑥ 占据网络中心位置可以使个体更好地与群体中的其他成员建立和维持联系。中心位置能够传递正式的权力以及非正式的社会影响。由中心位置带来的资源能够为个体创造机会，从而更

① 肖冬平，王春秀．社会资本研究［M］．昆明：云南大学出版社，2013：93.

② ALDRICH H，ZIMMER C，JONES T. Small business still speaks with the same voice：a replication of "the voice of small business and the politics of survival"［J］. The sociological review，1986，34（2）：335－356.

③ IBARRA H. Network centrality，power，and innovation involvement：determinants of technical and administrative roles［J］. Academy of management journal，1993，36（3）：471－501.

④ PODOLNY J M. A status-based model of market competition［J］. American journal of sociology，1993，98（4）：829－872.

⑤ COOK K S，EMERSON R M. Power，equity and commitment in exchange networks［J］. American sociological review，1978，43（5）：721－739.

⑥ 肖冬平．基于社会网络视角的知识网络研究［M］．北京：人民出版社，2011：2.

有效地控制外部环境，因此人们普遍认为处于中心位置的人更值得信赖。①

大学网络治理结构中的高中心度利益相关者处于网络中心位置，具有更多与其他内外部利益相关者建立合作关系的机会，能够促进网络边缘的利益相关者与网络核心之间的信息与资源交流，进而为大学的稳定运行和快速发展创造出更多机会。② 同理，大学科技创新网络由许多创新机构组成，参与者是多元的，各种不同信息彼此交换、流动，以完成各自的创新目的。一所大学成为所在的科技创新网络中的主体，或者是网络中最活跃的行为主体，意味着该机构在各种信息的交换中起主导作用，有更强的主动性，有更多获取科技发展所需的技术、资金、信息等资源的机会，更有利于控制整个科技创新网络中创新要素的流动，有利于创新创业活动的开展。③

网络能够推动创新的根本原因在于：第一，网络联系提高了节点的交叉思维能力；第二，网络联系为节点提供了大量的知识和信息通道，使每个节点所拥有的知识和信息存量成倍增加。④ 对企业而言，网络主要通过存量机制、流量机制和结构机制影响其技术创新。⑤ 网络还可以促使小企业借助大企业的资源更好地开展与创新相关的商业化活动，迈入新的市场。⑥ 已有研究表明，网络化导向的企业拥有更多的创新产出。⑦ 特别是专利实施这种创新活动具有较强的复杂性、不确定性，在开放式创新及组织合作关系不断发展的背景下，专利实施需要通过组织间良好的合作才能取得成功。⑧ 综上，研究型大学校际科研合作网络对大学社会声誉的影响极有可能发挥情境条件的作用。

根据上述分析，本书提出以下研究假设：

H27：科研合作网络中心度特征在大学科研经费对大学社会声誉影响中发挥调节效应；

---

① 邓建国．强大的弱连接：中国 Web 2.0 网络使用行为与网民社会资本关系研究［M］．上海：复旦大学出版社，2011：93.

② 陶元磊．基于财权配置的高校网络治理研究［M］．北京：经济科学出版社，2017：76.

③ 易高峰．崛起中的创业型大学：基于研究型大学模式变革的视角［M］．上海：上海交通大学出版社，2011：88.

④ 滕堂伟，曾刚，等．集群创新与高新区转型［M］．北京：科学出版社，2009：198.

⑤ SAMPSON R C．R&D alliances and firm performance：the impact of technological diversity and alliance organization on innovation［J］．Academy of management journal，2007，50（2）：364－386.

⑥ TOLSTOY D，AGNDAL H．Network resource combinations in the international venturing of small biotech firms［J］．Technovation，2010，30（1）：24－36.

⑦ HUGGINS R，JOHNSTON A．Knowledge flow and inter-firm networks：the influence of network resources，spatial proximity and firm size［J］．Entrepreneurship & regional development，2010，22（5）：457－484.

⑧ 周全．市场导向下的专利实施战略联盟研究：组织合作创新的视角［M］．北京：经济科学出版社，2016：6－7.

H28：科研合作网络中心度特征在大学专利数对大学社会声誉影响中发挥调节效应；

H29：科研合作网络中心度特征在大学高水平论文数对大学社会声誉影响中发挥调节效应；

H30：科研合作网络中心度特征在大学高被引论文数对大学社会声誉影响中发挥调节效应。

4.1.5　研究型大学组织合法性与大学社会声誉的关系

声誉是社会承认逻辑的产物。相较于污名化组织，合法性组织能够获得更多的资源积累和社会理解，[①] 尽管不能保证每个组织都能获得广泛的社会接纳，但是许多组织都想要克服非合法性和增加合法性，以获得更多的社会认同。

作为新制度主义学派的核心理念和行动逻辑，组织合法性是组织生存能力的决定性因素，缺乏合法性的组织容易被外界认为是非理性的和不值得信任的，[②] 而失去合法性的组织甚至还会面临突然的消亡。[③] 对于组织而言，合法性的意义在于帮助其获得社会承认，巩固组织文化，团结组织成员，明确组织使命，凝结组织力量，进而更好地获取各类资源、维持组织发展。[④] 人们通常认为具有合法性的组织更具有价值、更值得信赖。所以，合法性提高了组织行为的可信性。

社会声誉是大学的“名片”，是社会对大学办学的综合评价，已经成为衡量一所大学综合办学水平高低的重要尺度。大致来说，外部社会对大学的控制可以有两种方式：一是政府对大学的管制；二是大学之间竞争形成的声誉约束。[⑤] 社会舆论是高等教育质量的晴雨表，它通过广播、报刊、电视、网络等媒介，把公众对高等教育相关议题所持有的观点、意见以及建议进行反映和传播，使某些议题成为社会舆论关注的焦点。社会舆论对大学既是压力，也是动力，促使大学采取具体措施把舆论反映的问题提上议事日程，加以解决，这就对大学社会声誉形成了一种监督和约束。在信息化时代，大学的各种行为都暴露在公众和媒体的视野中，舆论导向也因此可以在很大程度

---

① DEEPHOUSE D L. Does isomorphism legitimate? [J]. Academy of management journal, 1996, 39 (4): 1024-1039.

② MEYER J W, ROWAN B. Institutionalized organizations: formal structure as myth and ceremony [J]. American journal of sociology, 1977, 83 (2): 340-363.

③ HAMILTON E A. An exploration of the relationship between loss of legitimacy and the sudden death of organizations [J]. Group & organization management, 2006, 31 (3): 327-358.

④ 孙华. 大学之合法性 [M]. 北京：中国社会科学出版社，2010：1.

⑤ 余小波. 高等教育质量保障研究论纲 [M]. 西宁：青海人民出版社，2009：190.

上影响其社会声誉。

媒体影响力是衡量大学社会影响力和社会声誉的核心指标，直接体现社会对大学人才培养、科学研究与社会服务的水平、层次和效果的认同度，也是体现大学与社会深度互动关系的重要标志。① 在传播学研究中，媒介传播效果通常包含两层含义②：一方面，该效果是指传播者宣传具有劝说或说服动机的相关信息，引起受传者在心理、态度和行为等方面发生变化；另一方面，该效果是指传播活动经过大众传媒的“放大”，对社会产生一切直接或间接影响、显性或隐性影响的综合。媒体反映并影响公众认知，所以媒体既是组织合法性的重要指示器，同时也是组织合法性的重要来源。在西方国家，媒体被视为立法、司法和行政之外的“第四种权力”，媒体主要通过挖掘新信息，对信息进行收集、选择、甄别和重新整合以及及时传播信息等途径来增进社会认知。③ 依据感情色彩的不同，媒体报道可以被细分为正面报道、负面报道和中性报道。由于媒体曝光率可以提高组织的受关注程度，激起公众对组织更多的审视，因此当媒体发觉组织存在不可接受的行为时，负面报道的威胁将对组织形成强制压力。④ 杜赖拉杰·马赫斯瓦兰（Maheswaran）和琼·迈耶斯·利维（Meyers－Levy，1990）⑤ 以及保罗·赫尔等（1991）⑥ 都发现当消费者在处理产品信息时，负面信息比正面信息的影响力更加有效，究其原因在于负面信息比正面信息更具诊断性（diagnostic）和告知性（informative）。约夫·甘扎克（Ganzach）和妮莉·卡尔萨希（Karsahi，1995）的研究也表明，与正面信息相比，负面信息对消费者的决策行为具有更显著的说服效果。⑦ 克雷格·卡罗尔（Carroll）和麦克斯韦·麦库姆斯（McCombs，2003）在研究媒介传播效果时指出，媒体对企业的新闻报道数量与公众对该企业的关注度呈正相关；并且媒体对企业某一

---

① 冯用军，赵德国．中国大学评价研究报告（2015）［M］．北京：科学出版社，2015：341．

② 李正良．传播学原理［M］．北京：中国传媒大学出版社，2007：34．

③ 罗炜，何顶，洪莉莎，等．媒体报道可以预测创业企业的发展前景吗？［J］．金融研究，2017（8）：179．

④ 左娟．制度合法化与电信运营企业可持续发展［M］．北京：知识产权出版社，2015：69．

⑤ MAHESWARAN D，MEYERS-LEVY J．The influence of message framing and issue involvement［J］．Journal of marketing research，1990，27（3）：361－367．

⑥ HERR P M，KARDES F R，KIM J．Effects of word-of-mouth and product-attribute information on persuasion：an accessibility-diagnosticity perspective［J］．Journal of consumer research，1991，17（4）：454－462．

⑦ GANZACH Y，KARSAHI N．Message framing and buying behavior：a field experiment［J］．Journal of business research，1995，32（1）：11－17．

方面的报道越正面，公众对企业的评判也越正面，反之亦然。①

在媒体曝光后，负面信息在公众中不断扩散和传播，将极大地伤害企业和管理者的声誉。一般而言，媒体负面报道所占比例越多，舆论监督力度相应地就越强。② 因此，媒体曝光能够对企业管理者施加可信的威胁。新闻报道越多，随之产生的舆论压力越大，越能促使企业披露更多的社会责任信息。③ 亚历山大·戴克（Dyck）等（2008）认为媒体报道加速了资本市场的信息流动，降低投资者收集与获取信息的成本，提高声誉的社会效应。④ 媒体的负面报道相对容易产生"轰动效应"，在短时间内可以迅速引起受众群体的广泛关注。因此，媒体针对企业治理的负面报道可以通过声誉机制迫使企业管理者采取改正行动。⑤

必须指出的是，单纯用媒体对于某一个事件的报道篇数来衡量媒体的反应，这在研究事件的声誉效应方面也存在一些局限：一方面，对于某个事件的媒体报道，不管正面或者负面，对媒体可见度（visibility）较小的企业的影响比对著名、高调的企业的影响要大，因为媒体可见度高的企业声誉相对稳定。⑥ 另一方面，一个负面事件对于声誉的影响将受到既往行为的影响。⑦ 企业的先前行为将影响公众对于某个事件的解释和感知。⑧ 正是为了克服上述缺点，越来越多的学者选择引入组织合法性的研究。组织合法性可以引导组织的各种行为符合社会主流价值观要求；公众也可以借助新闻报道深化对

---

① CARROLL C E, MCCOMBS M. Agenda - setting effects of business news on the public's images and opinions about major corporations [J]. Corporate reputation review, 2003, 6 (1): 36 - 46.

② BESLEY T, PRAT A. Handcuffs for the grabbing hand? Media capture and government accountability [J]. American economic review, 2006, 96 (3): 720 - 736; BEDNAR M K. Watchdog or lapdog? A behavioral view of the media as a corporate governance mechanism [J]. Academy of management journal, 2012, 55 (1): 131 - 150.

③ BRAMMER S, PAVELIN S. Factors influencing the quality of corporate environmental disclosure [J]. Business strategy and the environment, 2008, 17 (2): 120 - 136.

④ DYCK A, VOLCHKOVA N, ZINGALES L. The corporate governance role of the media: evidence from Russia [J]. The journal of finance, 2008, 63 (3): 1093 - 1135.

⑤ LIU B, MCCONNELL J J. The role of the media in corporate governance: do the media influence managers' capital allocation decisions? [J]. Journal of financial economics, 2013, 110 (1): 1 - 17.

⑥ CARROLL C E, MCCOMBS M. Agenda-setting effects of business news on the public's images and opinions about major corporations [J]. Corporate reputation review, 2003, 6 (1): 36 - 46; FLANAGAN D J, O'SHAUGHNESSY K C. The effect of layoffs on firm reputation [J]. Journal of management, 2005, 31 (3): 445 - 463.

⑦ FROST S, WELFORD R, CHEUNG D. CSR Asia news review: October - December 2006 [J]. Corporate social responsibility and environmental management, 2007, 14 (1): 52 - 59.

⑧ COOMBS W T, HOLLADAY S J. An extended examination of the crisis situations: a fusion of the relational management and symbolic approaches [J]. Journal of public relations research, 2001, 13 (4): 321 - 340.

企业声誉的认可，进而帮助企业扫除行业内的外部认知障碍。① 丹尼斯·帕藤（Patten，1992）研究发现，合法性压力对企业的实际影响与媒体对企业的曝光程度密切相关，企业受关注程度越高，利益相关者对企业的实际影响力也会越强。②

由于组织合法性是一种无形资源，对它的衡量通常是采用研究合法性来源的估计方式，③ 因此缺乏一个统一标准。在已有研究中，部分学者尝试开发直接测度组织合法性的感知性主观量表，④ 也有部分学者采用不同的客观指标作为代理变量测度组织合法性水平。其中，Janis－Fadner 系数（简称“J－F 系数”）是目前测度组织合法性的常见方法。J－F 系数最早由大卫·迪普豪斯（Deephouse，1996）引入到企业合法性的研究中。⑤ 之后，许多学者也陆续使用相同方法测量企业合法性水平。⑥ 为了比较媒体不同倾向的报道对大学社会声誉的影响程度，本书借鉴上述学者的做法，采用 J－F 系数衡量舆论监督形成的大学合法性压力。具体计算公式如下：

$$\mathrm{J-F}=\begin{cases}\dfrac{e^2-ec}{t^2} & (e>c)\\ \dfrac{ec-c^2}{t^2} & (e<c)\\ 0 & (e=c)\end{cases}$$

其中，e 为媒体正面报道篇数，c 为媒体负面报道篇数，t 为 e 和 c 的加

① FOMBRUN C J，SHANLEY M. What's in a name? Reputation building and corporate strategy [J]. Academy of management journal，1990，33（2）：233－258.

② PATTEN D M. Intra-industry environmental disclosures in response to the Alaskan oil spill：a note on legitimacy theory [J]. Accounting，organizations and society，1992，17（5）：471－475.

③ ZIMMERMAN M A，ZEITZ G J. Beyond survival：achieving new venture growth by building legitimacy [J]. Academy of management review，2002，27（3）：414－431.

④ 代表性研究如 CERTO S T，HODGE F. Top management team prestige and organizational legitimacy：an examination of investor perceptions [J]. Journal of managerial issues，2007，19（4）：461－477；杜运周，张玉利，任兵．展现还是隐藏竞争优势：新企业竞争者导向与绩效 U 型关系及组织合法性的中介作用 [J]．管理世界，2012（7）：96－107.

⑤ DEEPHOUSE D L. Does isomorphism legitimate? [J]. Academy of management journal，1996，39（4）：1024－1039.

⑥ BANSAL P，CLELLAND I. Talking trash：legitimacy，impression management，and unsystematic risk in the context of the natural environment [J]. Academy of management journal，2004，47（1）：93－103；CLARKSON P M，LI Y，RICHARDSON G D，et al. Revisiting the relation between environmental performance and environmental disclosure：an empirical analysis [J]. Accounting，organizations and society，2008，33（4/5）：303－327；AERTS W，CORMIER D. Media legitimacy and corporate environmental communication [J]. Accounting，organizations and society，2009，34（1）：1－27；KUO L，YI－JU CHEN V. Is environmental disclosure an effective strategy on establishment of environmental legitimacy for organization? [J]. Management decision，2013，51（7）：1462－1487.

总。J-F 系数的取值范围为 -1 ~1：如果媒体正面报道越多，其值越接近于 1，表明大学组织合法性水平越高；媒体负面报道越多，其值越接近于 -1，表明大学组织合法性水平越低。

根据上述分析，本书提出以下研究假设：

H31：媒体报道数对大学社会声誉具有显著影响；

H32：媒体负面报道数对大学社会声誉具有显著影响；

H33：大学组织合法性水平对大学社会声誉具有显著影响。

4.1.6　研究型大学组织合法性在大学资源要素、组织功能与大学社会声誉关系间的中介效应

高水平的合法性有利于组织获得利益相关者的认可与支持，[①] 提高组织的可信性与可靠性。出于对合法性的追求，企业高管的管理认知往往会受到组织场域中利益相关者共享管理认知的影响。[②] 在组织研究的文献中，组织合法性还被学者们视为组织的无形资产，决定了组织获取资金、技术、顾客、管理人员以及社会网络等关键资源的能力。[③] 而在实践中，企业通过利益相关者获得相关资源的一大前提也是企业具有合法性。[④] 总之，企业获取和加强合法性的能力对企业整合与配置资源至关重要。

组织合法性影响着利益相关者对组织的态度与行为，利益相关者也更愿意为那些符合社会期望的组织提供资源。考虑到企业的资源与战略决策影响企业的合法性水平，而合法性又是企业获得良好绩效的重要条件，所以合法性在企业战略行为与企业绩效之间可能发挥着一定的中介作用，而这一潜在的中介效应也吸引了越来越多学者的关注。例如，克里斯汀·奥利弗（Oliver，1997）认为通过参与战略联盟行动，新创企业能够获取合法性，战

---

① KOSTOVA T, ZAHEER S. Organizational legitimacy under conditions of complexity: the case of the multinational enterprise [J]. Academy of management review, 1999, 24 (1): 64-81; SHEPHERD D A, ZACHARAKIS A. A new venture's cognitive legitimacy: an assessment by customers [J]. Journal of small business management, 2003, 41 (2): 148-167.

② MAITLIS S, SONENSHEIN S. Sensemaking in crisis and change: inspiration and insights from Weick (1988) [J]. Journal of management studies, 2010, 47 (3): 551-580.

③ DOWLING J, PFEFFER J. Organizational legitimacy: social values and organizational behavior [J]. Pacific sociological review, 1975, 18 (1): 122-136; LOUNSBURY M, GLYNN M A. Cultural entrepreneurship: stories, legitimacy, and the acquisition of resources [J]. Strategic management journal, 2001, 22 (6/7): 545-564; ZYGLIDOPOULOS S C. The issue life-cycle: implications for reputation for social performance and organizational legitimacy [J]. Corporate reputation review, 2003, 6 (1): 70-81.

④ LOUNSBURY M, GLYNN M A. Cultural entrepreneurship: stories, legitimacy, and the acquisition of resources [J]. Strategic management journal, 2001, 22 (6/7): 545-564.

略联盟的合法化功能能够成为企业竞争优势的一个重要来源。① 杜运周和张玉利（2012）整合了互动导向视角和组织合法性视角，分析新企业互动导向对组织合法性和新企业绩效的作用机制。研究结果表明新企业互动导向通过组织合法性的部分中介作用影响新企业绩效。② 彭伟、顾汉杰和符正平（2013）以珠江三角洲地区新创企业为研究样本，对新创企业联盟网络对企业成长绩效的影响进行实证分析。研究结果证实新创企业联盟网络通过组织合法性这一中介变量对其成长绩效产生显著的间接影响。③

在对大学组织合法性的研究中，李斌琴（2012）认为，合法性机制既约束了组织的行为，也提高了组织的社会地位和生存能力。④ 武学超（2015）以卢加诺大学、纳沙泰尔大学、南方应用科学大学为案例，剖析瑞士大学不同组织战略模式的转型经验，指出处理好集权决策与合约认同、环境适应性与身份合法性之间的关系是一所大学成功发展的关键所在。⑤ 大学并非一种"自在"的机构，大学既是社会的产物，又随着社会变迁而不断发展变化。大学的社会性突出表现为服务社会是大学存在的合法理由。大学的社会属性也表明大学在依赖社会提供的资源与支持条件的同时，需要适应社会、服务社会、引领社会的发展变革，同时满足社会对大学的人才培养要求。⑥ 大学组织功能既是一定历史条件下的产物，又随着经济社会环境的变化与时俱进，其履行效果深受学术力量、市场力量与社会力量的影响。

组织为了获得社会公众的认可，需要找到合适的渠道和方法向社会公众传递合法性信息。如今，现代网络媒体打破了传统新闻媒体在舆论监督上的垄断地位，网络对高等教育质量实施的舆论监督具有开放、自由、低成本以及互动性等优势，大众可以更方便、更真实地表达自己对高等教育发展的意见或建议，极大地提高了外部利益相关者参与大学事务的积极性。⑦ 因此，在大学组织战略上，需要解决的突出问题是推动大学组织与外部环境保持高度协调，并在国家高等教育体系中予以准确定位，赢得社会声誉。

根据上述分析，本书提出以下研究假设：

---

① OLIVER C. Sustainable competitive advantage: combining institutional and resource-based views [J]. Strategic management journal, 1997, 18 (9): 697 - 713.

② 杜运周，张玉利. 互动导向与新企业绩效：组织合法性中介作用 [J]. 管理科学，2012，25 (4)：22 - 30.

③ 彭伟，顾汉杰，符正平. 联盟网络、组织合法性与新创企业成长关系研究 [J]. 管理学报，2013，10 (12)：1760 - 1769.

④ 李斌琴. 寻求合法性：我国大学趋同化机制解析：从重点大学政策说起 [J]. 高教探索，2012 (1)：14 - 17.

⑤ 武学超. 瑞士大学组织战略模式转型及思考 [J]. 比较教育研究，2015，37 (8)：1 - 6.

⑥ 周进. 大学理念的知识审视与社会建构 [M]. 北京：中国社会科学出版社，2017：41.

⑦ 余小波. 高等教育质量的社会调节机制研究 [M]. 长沙：湖南大学出版社，2014：127.

H34：大学组织合法性水平在大学资源要素与大学社会声誉间存在中介效应；

H35：大学组织合法性水平在大学组织功能与大学社会声誉间存在中介效应。

4.2　变量与模型设定

4.2.1　研究变量的选取

对社会现象的测量是社会科学实证研究中极为重要的一个环节，只有把研究对象转化为一系列可以测度的概念和指标，才能开展后续的实证分析。

美国高校的分层原则以院校之间相互竞争为基础，即各个院校通过市场竞争获得有助于提高学术名望的条件，进而提高社会地位。① 卡内基教学促进基金会对美国高校的分类体系自问世以来，受到社会各界的高度重视，政府依据这个分类体系对高等教育资源进行配置，美国高等教育的权威性数据统计和专业报告也大都以此分类体系为基准，其在美国乃至全世界高等教育领域具有重要的影响力。基于数据的可得性、一致性和连贯性，本书根据最新版的卡内基高等教育机构分类标准，搜集Ⅰ类研究型大学（总计 115 所，具体名单参见附录）2011—2016 年度相关变量数据，建立面板数据集。为了兼顾不同大学的差异性，本书选取大学校龄、年度总收入、教学科研人员数和学生总数作为控制变量。② 而为了消除异方差性，本书对大学捐赠资产数、科研经费数和年度总收入三个变量进行对数化处理。在实证研究中，基于前述研究假设，选取合适的变量建立计量模型进行统计检验，并结合稳健性检验综合判断各因素的影响效应。各变量的操作化测量及数据搜集途径详见表 4－3。

---

① 王占军．高等院校组织趋同机制研究［M］．北京：北京师范大学出版社，2012：224.

② 在多元线性回归模型经典假设中，其重要假定之一是解释变量之间不存在线性关系，即解释变量 X_1，X_2，…，X_k 中的任何一个都不能是其他解释变量的线性组合。如果违背这一假定，线性回归模型将存在多重共线性而使模型估计失真。在基于文献和理论筛选变量时，笔者也留意到需要避免多重共线性，如在回归模型中加入变量“研究生数”和“学生总数”时，不宜在同一模型中加入“本科生数”。

表 4－3　变量说明表

变量类型	变量名称		变量符号	变量说明	数据搜集途径
因变量（Y）	大学社会声誉	知名度	vis	大学的受关注度	谷歌趋势数据库
		美誉度	qs	QS 世界大学排名中的声誉指标得分	QS 世界大学排名官方网站
自变量（X_1 ~ X_{11}）	校长特征（X_1）	校长性别	dum_sex_2	虚拟变量：男 =1，女 =0	各大学官方网站上校长的简历信息、维基百科等
		校长年龄	age	—	
		校长任期	term	任期指从上任到样本年度担任校长一职的年数	
		校长教育背景	dum_edu_2	虚拟变量，校长拥有的最高学位层次：博士 =1，其他 =0	
		校长来源	dum_sour_2	虚拟变量，校长来自外部聘用还是内部晋升：校内 =1，校外 =0	
自变量（X_1 ~ X_{11}）	办学经费（X_2）	捐赠资产数	ln_endoe	对原始数据进行对数化处理	各大学官方网站、美国国家科学基金会网站、美国国家科学院网站、美国中学后教育数据综合系统①、美国大学绩效评估中心网站、相关统计年鉴等
		科研经费数	ln_fund	对原始数据进行对数化处理	
	师资力量（X_3）	师管比	ser	教学科研人员数与管理服务人员数的比重	
		终身教授规模	ten	获得终身教职的教师数占教学科研人员数的比重	
		高层次人才数	tal	美国国家科学院院士数	
		博士后数	pdoc	只统计科学、工程和健康相关专业领域的博士后	
	学生规模（X_5）	研究生数	post	—	

① 国家教育统计中心（National Center for Education Statistics，简称 NCES）隶属于美国教育科学院（Institute of Education Sciences，简称 IES），是发布美国教育信息与统计数据的权威机构，美国国内高校每年都要把自己办学的各项数据信息通过一定程序上报给该中心。国家教育统计中心根据统计数据建设的中学后教育数据综合系统（Integrated Postsecondary Education Data System，简称 IPEDS），通过专门网站（https://nces.ed.gov/ipeds/Home/UseTheData）面向社会公开，为公众提供各类信息查询和学生择校服务等。

续上表

变量类型	变量名称		变量符号	变量说明	数据搜集途径
自变量（X_1 ~ X_{11}）	战略联盟（X_6）	AAU 联盟	dum_aau_2	虚拟变量，是否为美国大学联合会成员：是 =1，否 =0	美国大学联合会官方网站
	人才培养（X_7）	学生录取率	sel	录取学生数与总申请人数的比重	美国中学后教育数据综合系统
		学生保有率	ret	只统计全日制学生	
		学生毕业率	gra	只统计四年制本科生	
		生师比	rat	全日制在校生总数与全职教学人员总数的比值	
		杰出校友数	alu	获诺贝尔奖和菲尔兹奖的校友折合数	软科世界大学学术排名官方网站
自变量（X_1 ~ X_{11}）	科研产出（X_8）	专利数	pat	美国发明授权专利数①	国际发明人研究院（NAI）和知识产权所有者协会（IPO）网站
		高水平论文数	arti	被 SCI、SSCI、A&HCI 收录的论文数	Web of Science 数据库、InCites 数据库、美国国家科学基金会网站
		高被引论文数	top	Web of Science 平台根据同一年同一 ESI 学科统计发表论文中被引用次数进入世界前 1% 的论文数	
	社会服务（X_9）	校企合作强度	indr	大学来自企业的科研经费在全部科研经费总额中的比重	
		校社合作强度	npor	大学来自非营利机构的科研经费在全部科研经费总额中的比重	

① 根据 Grupp 和 Schmoch（1999）的研究，因为美国是世界上最为发达的技术和市场中心，一项发明如果能够获得美国专利和商标局授予的专利，则证明该发明位于世界科技的先进行列，并且具有巨大的商业价值。因此，在创新研究中，大量学者采用美国专利数据作为衡量一个国家和企业的技术创新水平。参见：GRUPP H，SCHMOCH U. Patent statistics in the age of globalization：new legal procedures，new analytical methods，new economic interpretation [J]. Research policy，1999，28（4）：377 –396.

续上表

变量类型	变量名称		变量符号	变量说明	数据搜集途径
自变量（X_1 ~ X_{11}）	科研合作网络（X_{10}）	大学在校际合作网络中的点度中心度	deg	基于 Ucinet 6.0 软件计算中心性指标	
		大学在校际合作网络中的接近中心度	clo		
		大学在校际合作网络中的中间中心度	betw		
自变量（X_1 ~ X_{11}）	组织合法性（X_{11}）	媒体报道数	med	—	EBSCO 旗下学术资源数据库和商业资源数据库
		媒体负面报道数	neg	—	
		大学组织合法性水平	leg	基于内容分析计算 Janis - Fadner 系数	
控制变量（X）	校龄		est	校龄指从建校到样本年度经历的年数	各大学官方网站、美国中学后教育数据综合系统
	年度总收入		ln_rev	对原始数据进行对数化处理	
	教学科研人员数		staf	包括教学为主型、教学科研并重型、科研为主型三类全职教职工	
	学生总数		stu	—	

关于大学社会声誉这一核心因变量，基于概念界定，本研究从知名度和美誉度两个维度对其进行衡量。对知名度的测度，主要采用谷歌搜索引擎的关注度指标，即“谷歌趋势”（Google Trends）报告的某一搜索关键词（即大学英文校名）在某一时间范围内被搜索的相对频数。由于该指标是通过某个关键词的搜索量除以谷歌搜索总量计算而来，基本上排除了互联网普及所

导致的上网绝对人数增加对该指标的影响。① 而对美誉度的测度，主要借鉴国外学者的常见做法，② 对相关大学排行榜的统计数据进行分析。具体而言，本研究主要以 QS 世界大学排名（QS World University Rankings）为基准，通过“学术声誉”（academic reputation）和“雇主声誉”（employer reputation）两项指标得分的加总值考察一所大学社会声誉的高低。上述大学排名结果为本研究从整体上把握美国研究型大学的社会认可度提供了可参照的标准。

Web of Science 是美国科学情报研究所（Institute for Scientific Information）基于网络环境推出的数据库产品，包括著名的科技信息检索工具——科学引文索引（SCI）、社会科学引文索引（SSCI）和艺术与人文科学引文索引（A&HCI）。Web of Science 数据库涵盖了自然与社会科学、艺术与人文学科的大量期刊，并以论文之间相互引用关系为线索，反映科学文献的数量变化和内在逻辑关系。③ 通常认为，两个科研机构的研究人员如果合作撰写一篇论文，则认为它们在科研合作网络中是相连的。④ 笔者将 115 所研究型大学视为社会行动者，将研究型大学之间科研合作关系的集合视为社会网络。为了获得研究型大学在校际科研合作网络中的中心性指标，本书在 Web of Science 平台上，基于机构名称检索 2011—2016 年间每两所大学之间的合作发文篇数，构建 115 × 115 的初始矩阵；并以当年度每两所大学之间平均合作发文篇数为阈值，大于或等于阈值赋值为 1，小于阈值赋值为 0，将初始矩阵转换为 0 - 1 邻接矩阵。笔者使用 Ucinet 6.0 软件对邻接矩阵进行社会网络分析，计算每一所研究型大学在各年度校际合作网络中的点度中心度、接近中心度和中介中心度；进而借助 NetDraw 软件绘制出美国研究型大学科研合作网络演化图（见图 4 - 2）。在这个网络中，以研究型大学为节点，以它们之间的联系为线。

---

① 相关研究参见：CHOI H，VARIAN H. Predicting the present with Google Trends [J]. Economic record，2012，88：2 -9；沈苏彦，赵锦，徐坚. 基于“谷歌趋势”数据的入境外国游客量预测 [J]. 资源科学，2015，37（11）：2111 -2119.

② 相关研究参见：STANDIFIRD S S. Reputation among peer academic institutions：an investigation of the US news and world report's rankings [J]. Corporate reputation review，2005，8（3）：233 -244；VOLKWEIN J F，SWEITZER K V. Institutional prestige and reputation among research universities and liberal arts colleges [J]. Research in higher education，2006，47（2）：129 - 148；PORTER S R，TOUTKOUSHIAN R K. Institutional research productivity and the connection to average student quality and overall reputation [J]. Economics of education review，2006，25（6）：605 - 617；BOWMAN N A，BASTEDO M N. Anchoring effects in world university rankings：exploring biases in reputation scores [J]. Higher education，2011，61（4）：431 -444.

③ 张冬玲. 科学合作及其产出计量 [M]. 大连：大连理工大学出版社，2012：48.

④ NEWMAN M E J. Scientific collaboration networks. I. Network construction and fundamental results [J]. Physical review E，2001，64（1）：1 -8.

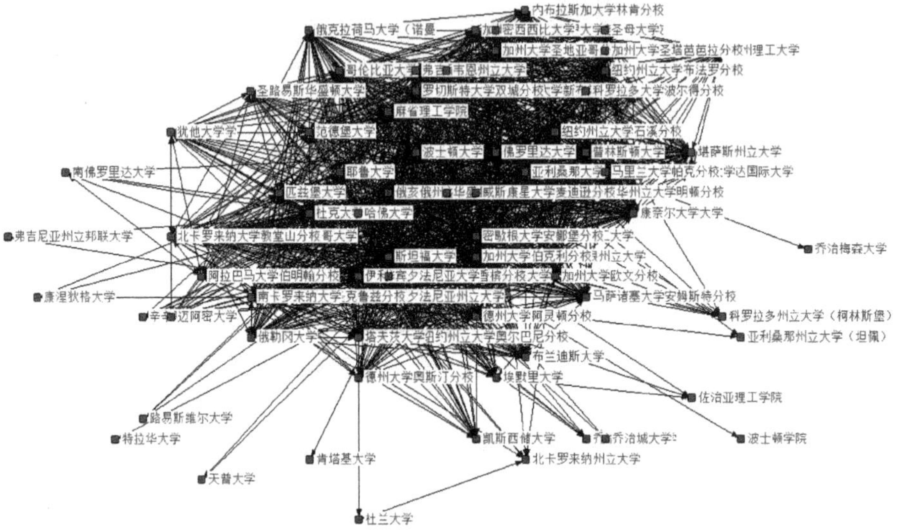

（1）2011 年

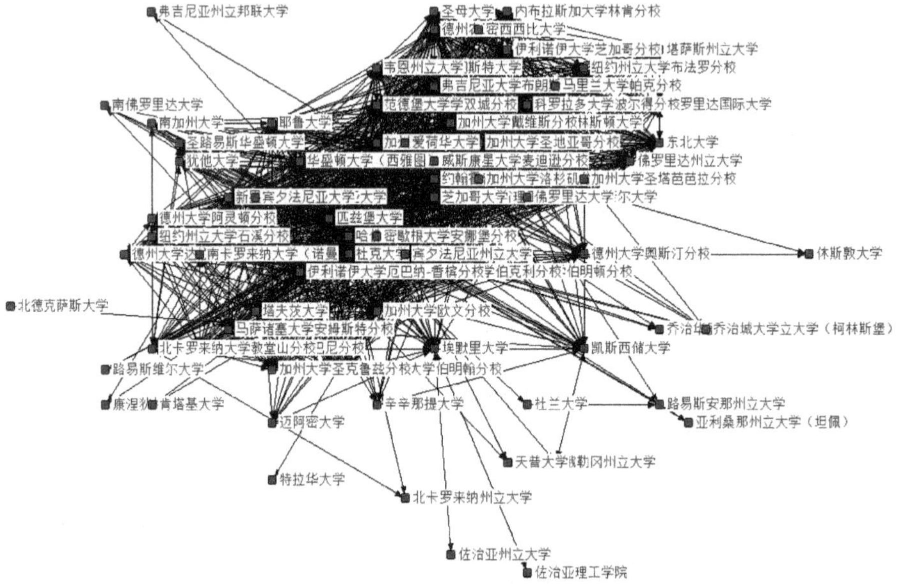

（2）2012 年

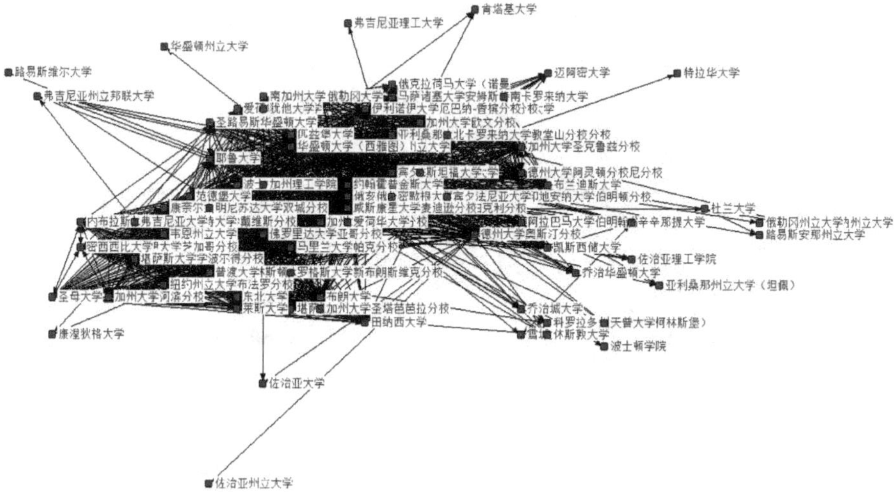

（3）2013 年

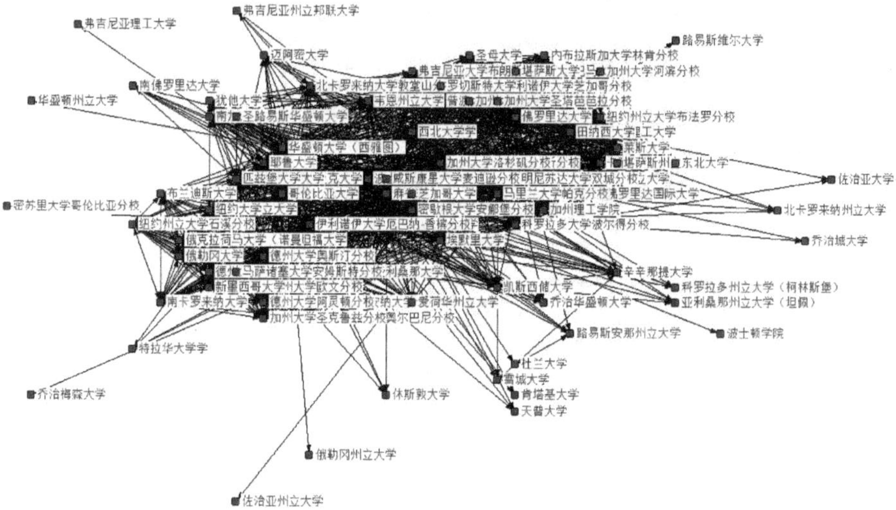

（4）2014 年

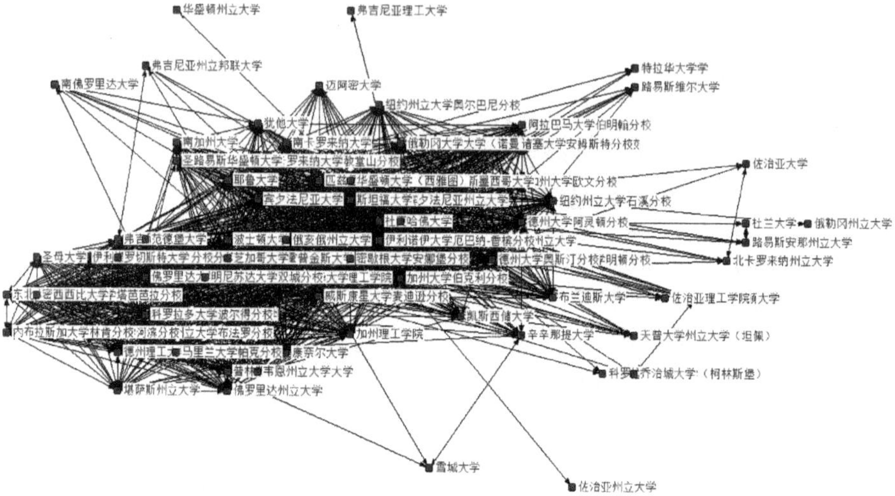

(5) 2015 年

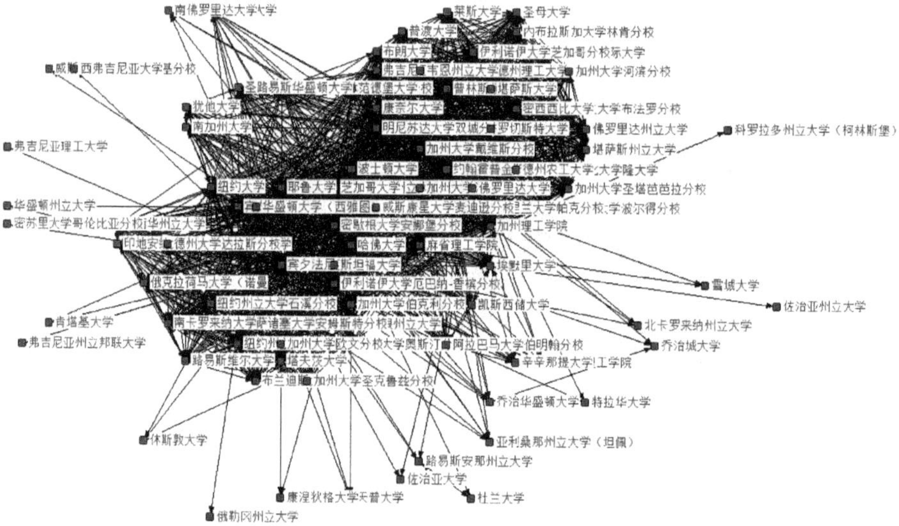

(6) 2016 年

图 4-2 美国研究型大学科研合作网络演化图

在分析研究型大学组织合法性时，笔者留意到部分学者对新闻报道内容进行主观评价，即通过人工阅读报纸文章的方式，判断媒体报道的主基调。[①]笔者参考已有研究，同样采用人工阅读方法判断媒体报道的倾向性，进而衡量大学的组织合法性：首先基于 EBSCO 旗下学术资源数据库（Academic Source Complete）和商业资源数据库（Business Source Complete）网站（覆盖了《纽约时报》《华尔街日报》《高等教育纪事报》《基督教科学箴言报》《国家杂志日报》等众多主流媒体），以大学校名作为检索词，查找与大学相关的新闻媒体报道，其次进行内容分析，对报道内容进行编码分类（正面的、负面的和中立的），然后运用 J－F 系数进行计算，实现对大学组织合法性的测量。笔者将媒体正面报道界定为，媒体对大学包含赞赏、夸奖、肯定等评价及倾向性的报道；如果媒体对大学所做的报道的标题和内容包含明显的质疑、批评、负面评价的词语和语气，则将此报道标记为负面报道。此外，一些媒体在报道时也可能采用中性的语言来反映大学存在的问题，此类报道也被作为负面报道处理。

在采用内容分析法进行编码时，通常使用信度表示两位或两位以上的研究者依照相同分析维度，对同一材料进行评判结果的一致性程度，它是保证内容分析结果可靠性、客观性的重要指标。[②]一致性越高，内容分析的可信度也越高；一致性越低，内容分析的可信度也越低。计算内容分析信度的公式为：[③]

$$R=\frac{n\times \overline{K}}{1+(n-1)\times \overline{K}}$$

式中，R 为信度，n 为评判人数量，$\overline{K}$为平均相互同意度。

相互同意度是指两个评判者之间互相同意的程度，计算公式为：

---

① 代表性研究如 BHATTACHARYA U，GALPIN N，RAY R，et al. The role of the media in the internet IPO bubble［J］. Journal of financial and quantitative analysis，2009，44（3）：657－682；LAUTERBACH B，PAJUSTE A. The media and firm reputation roles in corporate governance improvements：lessons from European dual class share unifications［J］. Corporate governance：an international review，2017，25（1）：4－19；李培功，沈艺峰. 媒体的公司治理作用：中国的经验证据［J］. 经济研究，2010（4）：14－27；戴亦一，潘越，刘思超. 媒体监督、政府干预与公司治理：来自中国上市公司财务重述视角的证据［J］. 世界经济，2011（11）：121－144；徐莉萍，辛宇. 媒体治理与中小投资者保护［J］. 南开管理评论，2011（6）：36－47.

② 进行信度分析的基本过程如下：第一步，对评判者进行培训；第二步，由两个或两个以上的评判者，按照相同的分析类目（评判系统），对同一材料独立进行评判分析；第三步，使用信度公式对评判者各自的评判结果进行信度计算；第四步，根据信度结果修订分析类目或对评判者重新进行培训；第五步，重复评判过程，直到取得可接受的信度为止。

③ 侯典牧. 社会调查研究方法［M］. 北京：北京大学出版社，2014：161.

$$K_{12} = \frac{2M}{N_1 + N_2}$$

上式被称为霍斯提（Holsti）公式。式中，M 为两者都完全同意的栏目数，N_1为第一评判员所分析的栏目数，N_2为第二评判员所分析的栏目数。

通常，进行内容分析都是由研究者本人作为内容分析的主评判员，同时安排另外一人以上的其他人作为助理评判员，相互同意度是把每个评判员与主研究员之间的评判分析进行比较并确定。本研究中，笔者分别邀请了来自校内外的两名博士研究生参与编码工作。最终$\overline{K}=0.9624$，$R=0.9871$，信度大于0.90，根据一般经验，[①] 可以把主评判员的评价结果作为内容分析的结果。

4.2.2 模型的设定

本书根据上述研究型大学社会声誉的影响因素以及面板数据的特征，初步构建以下计量模型：

（1）资源要素模型：

$$Y_{it} = \beta_0 + \beta_1 X_{1,it} + \beta_2 X_{2,it} + \beta_3 X_{3,it} + \beta_4 X_{3,it} + \beta_5 X_{5,it} + \beta_6 X_{6,it} + \beta_7 X_{it} + \varepsilon_{it}$$

（2）组织功能模型：

$$Y_{it} = \beta_0 + \beta_1 X_{7,it} + \beta_2 X_{8,it} + \beta_3 X_{9,it} + \beta_4 X_{it} + \varepsilon_{it}$$

（3）科研合作网络模型：

$$Y_{it} = \beta_0 + \beta_1 X_{10,it} + \beta_2 X_{it} + \varepsilon_{it}$$

（4）组织合法性模型：

$$Y_{it} = \beta_0 + \beta_1 X_{11,it} + \beta_2 X_{it} + \varepsilon_{it}$$

式中，下标 i 和 t 分别表示样本大学和时间（年份），Y_{it}为大学社会声誉，$X_1 \sim X_6$代表资源要素相关解释变量，$X_7 \sim X_9$代表组织功能相关解释变量，X_{10}代表社会网络相关解释变量，X_{11}代表组织合法性相关解释变量，X 为一系列控制变量，β_0为常数项，$\beta_1 \sim \beta_7$为估计系数，ε_{it}为随机干扰项。对面板数据进行模型估计，通常涉及固定效应模型（Fixed-effects Models，简称 FE）或随机效应模型（Random-effects Models，简称 RE）的选择问题，此时需根据豪斯曼检验（Hausman test）结果判断采用固定效应还是随机效应。本书将通过较为合理的数据处理和方程拟合方法，以获得最优的回归模型。

调节变量的含义是：如果自变量 X 与因变量 Y 之间的关系受到另一个变量 M 的权变影响，使 X 与 Y 的关系增强或者减弱，抑或是使其关系方向发

① 王颖吉．传播与媒介文化研究方法［M］．北京：北京大学出版社，2017：197.

生改变（正方向或负方向），就称 M 是 X 与 Y 关系的调节变量。[①] 本研究通过以下步骤检验调节效应[②]：首先，将自变量和调节变量中心化，即每个观测值减去平均值，使样本平均值为 0，以减小多重共线性的影响。其次，将中心化后的自变量和调节变量相乘构造乘积项。最后，将乘积项和被调节变量放入方程中检验，若乘积项的回归系数显著，则证明存在调节效应。

中介效应（mediation effect）通常被应用于解释自变量和因变量关系的构成机制，反映研究者如何看待自变量和因变量之间的关系。在中介效应的检验方法中，被研究者广泛接受的是鲁克·巴伦（Baron）和大卫·肯尼（Kenny）提出的三步骤检验法。基于巴伦（Baron）和肯尼（Kenny，1986）的建议，[③] 首先，检验自变量和因变量之间的关系是否存在；其次，检验自变量和中介变量之间的关系是否存在；最后，在整体模型中引入中介变量后，[④] 检验自变量和因变量之间直接关系发生的变化。根据自变量和因变量之间关系显著性的变化，研究者可以做出以下判断：如果原有关系变得不再显著，证明存在完全中介效应；如果原有关系的显著性水平下降，证明存在部分中介效应；如果原有关系的显著性水平没有变化，则证明不存在中介效应。[⑤]

---

① JAMES L R, BRETT J M. Mediators, moderators, and tests for mediation [J]. Journal of applied psychology, 1984, 69 (2): 307 -321.

② WATTS D J, STROGATZ S H. Collective dynamics of "small - world" networks [J]. Nature, 1998, 393 (6684): 440 -442.

③ BARON R M, KENNY D A. The moderator-mediator variable distinction in social psychological research: Conceptual, strategic, and statistical considerations [J]. Journal of personality and social psychology, 1986, 51 (6): 1173 -1182.

④ 并且在控制了自变量的影响后，中介变量对因变量的效应必须显著，此时对中介效应的判断才成立。参见：温忠麟，叶宝娟. 中介效应分析：方法和模型发展 [J]. 心理科学进展，2014，22 (5): 731 -745.

⑤ WONG C W Y, LAI K, NGAI E W T. The role of supplier operational adaptation on the performance of IT-enabled transport logistics under environmental uncertainty [J]. International journal of production economics, 2009, 122 (1): 47 -55.

第五章 实证结果分析与讨论

5.1 实证分析

5.1.1 当期效应

本章对研究型大学社会声誉形成的解释模型进行检验，以验证第四章的理论逻辑推导与变量假设关系。本章的数据统计分析均由 STATA 11.0 软件包完成。表 5－1 是面板数据的基本描述性统计，包含了所有的因变量、自变量和控制变量。面板数据起始于 2011 年，结束于 2016 年，包含大学 115 所，各年相加的总观测样本大学共 690 所。

表 5－1 变量描述性统计

变量	样本数	平均值	标准差	最小值	最大值	变量	样本数	平均值	标准差	最小值	最大值
vis	690	755.0	165.1	148	1103	fac	690	14.45	12.63	0	101
qs	690	74.05	70.83	0	200	pdoc	690	450.5	636.3	0	6120
est	690	147.3	58.16	42	380	stu	690	32336	14321	2274	81789
dum_ aau_ 2	690	0.520	0.500	0	1	post	690	9676	4735	1266	27738
dum_ sex_ 2	690	0.829	0.377	0	1	sel	690	49.91	24.34	5	100
age	690	61.81	6.236	44	78	ret	690	89.97	6.538	69	100
term	690	5.949	4.660	1	24	gra	690	53.88	23.12	0	91
dum_ edu_ 2	690	0.939	0.239	0	1	rat	690	15.58	5.337	3	32
dum_ sour_ 2	690	0.252	0.435	0	1	alu	690	13.30	18.26	0	100
ln_ rev	690	21.22	0.721	19.15	22.97	pat	690	71.07	107.7	0	505
ln_ endoe	690	20.70	1.415	17.30	24.35	arti	690	3182	2648	35	22082

续上表

变量	样本数	平均值	标准差	最小值	最大值	变量	样本数	平均值	标准差	最小值	最大值
ln_ fund	690	12. 67	0. 857	8. 728	14. 70	top	690	85. 21	103. 1	0	925
indr	690	0. 0476	0. 0327	0	0. 243	deg	690	31. 92	22. 44	0	77. 19
npor	690	0. 0581	0. 0397	0. 0009	0. 338	clo	690	7. 542	2. 949	0	10. 92
staf	690	2050	1088	194	6344	betw	690	0. 484	1. 310	0	13. 63
ser	690	0. 486	0. 167	0. 168	1. 128	med	690	54. 51	84. 05	0	1102
tenr	690	0. 436	0. 103	0. 128	0. 745	neg	690	6. 426	11. 91	0	155
tal	690	34. 22	58. 24	0	371	leg	690	0. 661	0. 326	－1	1

在表5－2中，模型1－1和模型1－2分别检验了控制变量对大学知名度和美誉度的影响。随后模型2－1至模型6－2依次检验了校长特征、办学经费、师资力量、学生规模和战略联盟对大学知名度和美誉度的影响。模型7－1和模型7－2为汇总模型，加入了全部资源要素相关解释变量。从结果来看，在控制了其他因素的情况下，女性校长比男性校长在提升大学知名度方面更具优势；校长任期对大学知名度具有显著负向影响；拥有博士学位的校长比没有博士学位的校长在提升大学知名度方面更具优势；从校外聘用的校长比从校内晋升的校长在提升大学美誉度方面更具优势。大学捐赠基金对大学知名度和美誉度同时具有显著正向影响；科研经费数对大学知名度具有显著负向影响。终身教授规模对大学知名度具有显著负向影响，但是对大学美誉度具有显著正向影响；高层次人才数、博士后数和研究生数也都与大学知名度具有显著正向影响。其他变量对大学知名度或美誉度的影响在统计意义上不显著。

表 5-2 研究型大学资源要素对大学社会声誉影响回归结果

因变量	模型 1-1	模型 1-2	模型 2-1	模型 2-2	模型 3-1	模型 3-2	模型 4-1	模型 4-2	模型 5-1	模型 5-2	模型 6-1	模型 6-2	模型 7-1	模型 7-2
	vis	qs	vis	qs	vis	qs	vis	qs	vis	qs	vis	qs	vis	qs
est	-65.38***	-1.007***	-64.78***	-1.083***	-67.07***	-1.596***	-66.98***	-0.876**	-64.89***	-0.999***	-65.36***	-1.026***	-67.45***	-1.677***
	(-54.59)	(-2.93)	(-53.34)	(-3.10)	(-46.90)	(-3.87)	(-52.16)	(-2.37)	(-53.20)	(-2.85)	(-54.51)	(-2.99)	(-42.75)	(-3.67)
ln_rev	-3.647	6.071*	-3.652	5.850*	-9.062	4.894	-5.327	7.547**	-3.767	6.069*	-3.890	6.262*	-11.21	6.256*
	(-0.32)	(1.83)	(-0.32)	(1.76)	(-0.78)	(1.47)	(-0.45)	(2.23)	(-0.33)	(1.83)	(-0.34)	(1.89)	(-0.96)	(1.85)
staf	-0.0219***	0.0050***	-0.0224***	0.0052***	-0.0212***	0.0052***	-0.0259***	0.0082***	-0.0228***	0.0050***	-0.0217***	0.0048***	-0.0243**	0.0090***
	(-4.20)	(3.34)	(-4.31)	(3.47)	(-4.10)	(3.49)	(-2.65)	(2.91)	(-4.37)	(3.32)	(-4.16)	(3.24)	(-2.51)	(3.22)
stu	0.0014	-0.0004	0.0014	-0.0004	0.0013	-0.0005	0.0013	-0.0004	-0.0009	-0.0004	0.0014	-0.0004	-0.0004	-0.0006
	(1.40)	(-1.27)	(1.35)	(-1.34)	(1.27)	(-1.57)	(1.27)	(-1.41)	(-0.60)	(-0.91)	(1.39)	(-1.25)	(-0.27)	(-1.27)
dum_sex_2			-25.21**	2.264									-26.55**	2.682
			(-2.29)	(0.72)									(-2.46)	(0.86)
age			1.018	-0.143									0.889	-0.162
			(1.55)	(-0.76)									(1.37)	(-0.86)
term			-2.241**	0.225									-1.805*	0.437
			(-2.32)	(0.81)									(-1.87)	(1.57)
dum_edu_2			22.59	-1.273									11.39	-3.157
			(1.65)	(-0.32)									(0.83)	(-0.80)
dum_sour_2			4.031	-5.762**									8.130	-7.684***
			(0.46)	(-2.29)									(0.93)	(-3.02)
ln_endoe					31.04***	6.932***							28.57***	8.184***
					(3.53)	(2.74)							(3.18)	(3.15)
ln_fund					-29.02	2.856							-38.83**	4.271
					(-1.48)	(0.51)							(-1.98)	(0.75)

续上表

因变量	模型1-1	模型1-2	模型2-1	模型2-2	模型3-1	模型3-2	模型4-1	模型4-2	模型5-1	模型5-2	模型6-1	模型6-2	模型7-1	模型7-2
	vis	qs	vis	qs	vis	qs	vis	qs	vis	qs	vis	qs	vis	qs
ser							-39.08	2.631					-54.07	3.060
							(-0.97)	(0.23)					(-1.35)	(0.26)
tenr							-121.0*	54.23***					-133.2**	61.61***
							(-1.94)	(3.02)					(-2.14)	(3.41)
tal							2.162***	0.0526					2.139**	-0.0141
							(2.62)	(0.22)					(2.55)	(-0.06)
pdoc							0.0594*	-0.0048					0.0634*	-0.0081
							(1.71)	(-0.48)					(1.82)	(-0.81)
post									0.0075**	0.0001			0.0051	0.0001
									(2.00)	(0.11)			(1.33)	(0.12)
dum_aau_2											-29.36	23.08	-23.21	22.06
											(-0.58)	(1.60)	(-0.47)	(1.54)
_cons	10462.8***	95.12	10325.9***	119.5	10554.6***	29.72	10717.0***	14.83	10396.8***	94.09	10479.6***	81.91	10802.9***	-62.03
	(39.57)	(1.26)	(38.33)	(1.54)	(32.83)	(0.32)	(37.62)	(0.18)	(39.12)	(1.23)	(39.38)	(1.08)	(31.17)	(-0.62)
N	690	690	690	690	690	690	690	690	690	690	690	690	690	690
R^2	0.885	0.0295	0.887	0.0394	0.888	0.0425	0.888	0.0466	0.886	0.0295	0.885	0.0338	0.894	0.0814
F检验/Wald值	1100.3	4.335	495.0	2.580	752.3	4.207	562.8	3.467	885.7	3.464	879.3	3.991	275.6	2.908
采用模型形式	FE	FE	FE	FE	FE	FE	FE	FE	FE	FE	FE	FE	FE	FE

注：括号内数值为对应系数的 *T* 统计量；***、**、* 分别表示通过1%、5%、10%的显著性水平。

在表5－3中，模型8－1至模型10－2依次检验了人才培养、科学研究和社会服务对大学知名度和美誉度的影响。模型11－1和模型11－2为汇总模型，加入了全部组织功能相关解释变量。从结果来看，在控制了其他因素的情况下，学生录取率对大学美誉度具有显著反向关系，即录取率越低，大学美誉度越高；学生保有率对大学知名度具有显著反向关系，但是对美誉度具有显著正向关系；生师比对大学美誉度具有显著反向关系，即生师比越低，大学美誉度越高。专利数对大学知名度具有显著负向关系，但是对大学美誉度具有显著正向关系；而高水平论文数对大学知名度具有显著正向关系，但是对大学美誉度具有显著负向关系。校企合作强度和校社合作强度对大学美誉度都具有显著负向关系。

表5－4报告了研究型大学科研合作网络中心度特征对大学社会声誉的影响。从结果来看，点度中心度对大学美誉度具有显著负向关系；接近中心度对大学知名度具有显著负向关系，但是对大学美誉度具有显著正向关系；中间中心度对大学知名度和美誉度的影响都不显著。

表5－5和表5－6分别报告了研究型大学科研合作网络中心度特征在大学资源要素（科研经费数）、组织功能（专利数、高水平论文数和高被引论文数）与大学社会声誉关系间的调节效应。从结果来看，点度中心度对科研经费数与大学知名度关系间的正向调节效应显著，这表明点度中心度对大学知名度的作用和科研经费数对大学知名度的作用间存在着相互促进的作用。同理，点度中心度对专利数、高水平论文数与大学美誉度关系间的正向调节效应也是显著的。

表5－7报告了研究型大学组织合法性对大学社会声誉影响回归结果。从结果来看，媒体报道数对大学知名度具有显著正向影响，但是对大学美誉度具有显著负向影响；媒体负面报道数对大学知名度具有显著正向影响；大学组织合法性水平对大学知名度也具有显著正向影响。表5－8和表5－9进一步报告了研究型大学组织合法性在大学资源要素、组织功能与大学社会声誉关系间的中介效应。由于大学组织合法性水平在模型30－1和模型30－2中都不显著，因此本书关于研究型大学组织合法性中介效应的假设被拒绝，这也意味着大学相关资源要素及组织功能对大学社会声誉的影响不需要通过组织合法性进行传导。

表 5－3　研究型大学组织功能对大学社会声誉影响回归结果

因变量	模型 1－1	模型 1－2	模型 8－1	模型 8－2	模型 9－1	模型 9－2	模型 10－1	模型 10－2	模型 11－1	模型 11－2
	vis	qs	vis	qs	vis	qs	vis	qs	vis	qs
est	－65.38***	－1.007***	－65.25***	－1.323***	－68.58***	－0.918*	－65.90***	－0.794**	－68.76***	－1.171**
	(－54.59)	(－2.93)	(－43.11)	(－3.08)	(－41.59)	(－1.95)	(－53.64)	(－2.26)	(－34.96)	(－2.11)
ln_rev	－3.647	6.071*	0.335	6.262*	5.048	4.194	－2.324	5.498*	10.09	3.751
	(－0.32)		(0.03)	(1.87)	(0.43)	(1.25)	(－0.20)	(1.66)	(0.85)	(1.12)
staf	－0.0219***	0.0050***	－0.0217***	0.0045***	－0.0264***	0.0050***	－0.0230***	0.0055***	－0.0266***	0.0048***
	(－4.20)	(3.34)	(－4.14)	(3.03)	(－4.87)	(3.25)	(－4.40)	(3.65)	(－4.87)	(3.10)
stu	0.0014	－0.0004	0.0011	－0.0002	0.0014	－0.0004	0.0015	－0.0004	0.0012	－0.0002
	(1.40)	(－1.27)	(1.11)	(－0.72)	(1.41)	(－1.29)	(1.51)	(－1.42)	(1.23)	(－0.83)
sel			－0.482	－0.286**					－0.523	－0.212*
			(－1.16)	(－2.42)					(－1.24)	(－1.79)
ret			－3.592*	0.659					－4.060**	0.963*
			(－1.93)	(1.24)					(－2.18)	(1.83)
gra			0.643	－0.146					0.893	－0.168
			(0.76)	(－0.61)					(1.06)	(－0.71)
rat			1.791	－1.194**					1.276	－1.312**
			(1.00)	(－2.34)					(0.70)	(－2.53)
alu			0.0473	－0.160					－0.0046	－0.133
			(0.06)	(－0.67)					(－0.01)	(－0.56)

续上表

因变量	模型 1 – 1	模型 1 – 2	模型 8 – 1	模型 8 – 2	模型 9 – 1	模型 9 – 2	模型 10 – 1	模型 10 – 2	模型 11 – 1	模型 11 – 2
	vis	qs	vis	qs	vis	qs	vis	qs	vis	qs
pat					–0. 129 (–1. 36)	0. 107 *** (3. 92)			–0. 165 * (–1. 66)	0. 106 *** (3. 79)
arti					0. 0236 *** (2. 89)	–0. 0053 ** (–2. 27)			0. 0230 *** (2. 82)	–0. 0049 ** (–2. 10)
top					0. 0495 (0. 30)	0. 0472 (1. 02)			0. 0257 (0. 16)	0. 0552 (1. 20)
indr							259. 9 (1. 59)	–101. 4 ** (–2. 17)	221. 8 (1. 35)	–98. 12 ** (–2. 12)
npor							135. 4 (1. 09)	–64. 65 * (–1. 82)	94. 85 (0. 74)	–26. 75 (–0. 74)
_cons	10462. 8 *** (39. 57)	95. 12 (1. 26)	10652. 3 *** (34. 94)	117. 2 (1. 35)	10689. 1 *** (37. 33)	127. 0 (1. 56)	10490. 0 *** (39. 61)	84. 94 (1. 12)	10928. 4 *** (33. 28)	129. 4 (1. 40)
N	690	690	690	690	690	690	690	690	690	690
R^2	0. 885	0. 0295	0. 886	0. 0563	0. 888	0. 0608	0. 886	0. 0426	0. 890	0. 0961
F 检验/Wald 值	1100. 3	4. 335	490. 9	3. 750	642. 0	5. 253	736. 2	4. 224	323. 2	4. 260
采用模型形式	FE	FE	FE	FE	FE	FE	FE	FE	FE	FE

注：括号内数值为对应系数的 *T* 统计量；***、**、* 分别表示通过 1%、5%、10% 的显著性水平。

表 5－4　研究型大学科研合作网络对大学社会声誉影响回归结果

因变量	模型 1－1	模型 1－2	模型 12－1	模型 12－2	模型 13－1	模型 13－2	模型 14－1	模型 14－2	模型 15－1	模型 15－2
	vis	qs	vis	qs	vis	qs	vis	qs	vis	qs
est	－65. 38***	－1. 007***	－65. 34***	－1. 048***	－63. 43***	－1. 626***	－65. 39***	－1. 007***	－63. 28***	－1. 756***
	(－54. 59)	(－2. 93)	(－54. 50)	(－3. 07)	(－42. 63)	(－3. 82)	(－54. 56)	(－2. 93)	(－42. 33)	(－4. 13)
ln_rev	－3. 647	6. 071 *	－4. 603	6. 993**	0. 0257	4. 902	－3. 270	6. 090*	－0. 741	5. 704*
	(－0. 32)		(－0. 40)	(2. 11)	(0. 00)	(1. 47)	(－0. 28)	(1. 83)	(－0. 06)	(1. 72)
staf	－0. 0219***	0. 0050***	－0. 0217***	0. 0048***	－0. 0212***	0. 0048***	－0. 0212***	0. 0050***	－0. 0198***	0. 0043***
	(－4. 20)	(3. 34)	(－4. 15)	(3. 21)	(－4. 07)	(3. 19)	(－4. 00)	(3. 30)	(－3. 72)	(2. 83)
stu	0. 0014	－0. 0004	0. 0015	－0. 0004	0. 0013	－0. 0003	0. 0014	－0. 0004	0. 0013	－0. 0004
	(1. 40)	(－1. 27)	(1. 46)	(－1. 50)	(1. 34)	(－1. 20)	(1. 36)	(－1. 28)	(1. 37)	(－1. 41)
deg			0. 567	－0. 547***					0. 873	－0. 631***
			(0. 86)	(－2. 91)					(1. 28)	(－3. 25)
clo					－2. 594**	0. 825**			－2. 723**	0. 937***
					(－2. 19)	(2. 43)			(－2. 29)	(2. 77)
betw							－3. 246	－0. 163	－4. 512	0. 904
							(－0. 64)	(－0. 11)	(－0. 87)	(0. 61)
_cons	10462. 8***	95. 12	10456. 2***	101. 5	10118. 5***	204. 6**	10457. 1***	94. 84	10083. 3***	228. 5***
	(39. 57)	(1. 26)	(39. 52)	(1. 35)	(32. 98)	(2. 33)	(39. 51)	(1. 25)	(32. 74)	(2. 61)
N	690	690	690	690	690	690	690	690	690	690
R^2	0. 885	0. 0295	0. 885	0. 0437	0. 886	0. 0395	0. 885	0. 0295	0. 887	0. 0571
F 检验/Wald 值	1100. 3	4. 335	880. 0	5. 206	887. 1	4. 682	879. 4	3. 464	633. 8	4. 911
采用模型形式	FE	FE	FE	FE	FE	FE	FE	FE	FE	FE

注：括号内数值为对应系数的 *T* 统计量；***、**、* 分别表示通过 1%、5%、10% 的显著性水平。

表 5-5 研究型大学科研合作网络调节效应检验结果 I

因变量	模型 16-1	模型 16-2	模型 17-1	模型 17-2
	vis	qs	vis	qs
est	-63.42*** (-40.71)	-1.882*** (-4.26)	-63.40*** (-40.71)	-1.903*** (-4.28)
ln_ rev	-0.675 (-0.06)	5.763* (1.73)	0.839 (0.07)	5.967* (1.79)
staf	-0.0200*** (-3.74)	0.0041*** (2.72)	-0.0201*** (-3.53)	0.0036** (2.20)
stu	0.0013 (1.32)	-0.0004 (-1.53)	0.0013 (1.23)	-0.0004 (-1.48)
fund	0.0000 (0.33)	0.0000 (1.03)	-0.0000 (-1.00)	0.0000 (0.50)
deg	0.870 (1.27)	-0.634*** (-3.27)	0.918 (1.32)	-0.674*** (-3.39)
clo	-2.717** (-2.28)	0.943*** (2.79)	-2.550** (-2.03)	1.081*** (3.01)
betw	-4.572 (-0.88)	0.852 (0.57)	-7.401 (-0.92)	0.967 (0.42)
fund * deg			0.0000 * (1.94)	4.14e-08 (0.07)
fund * clo			0.0000 (0.83)	0.0000 (1.25)
fund * betw			-0.0000 (-0.02)	-0.0000 (-0.14)
_ cons	10098.1*** (32.42)	241.6*** (2.73)	10077.4*** (32.37)	243.4*** (2.74)
N	690	690	690	690
R^2	0.887	0.0588	0.888	0.0617
F 检验/Wald 值	553.8	4.430	405.7	3.372
采用模型形式	FE	FE	FE	FE

注：括号内数值为对应系数的 *T* 统计量；***、**、* 分别表示通过 1%、5%、10% 的显著性水平。

表 5-6 研究型大学科研合作网络调节效应检验结果Ⅱ

因变量	模型 18-1	模型 18-2	模型 19-1	模型 19-2	模型 20-1	模型 20-2	模型 21-1	模型 21-2	模型 22-1	模型 22-2	模型 23-1	模型 23-2
	vis	qs	vis	qs	vis	qs	vis	qs	vis	qs	vis	qs
est	-62.96***	-2.203***	-62.95***	-2.150***	-67.14***	-1.453***	-66.86***	-0.788	-64.28***	-1.813***	-64.15***	-1.693***
	(-40.18)	(-5.00)	(-39.74)	(-4.85)	(-35.95)	(-2.71)	(-32.58)	(-1.35)	(-40.99)	(-4.05)	(-40.30)	(-3.74)
ln_rev	-0.353	5.159	0.508	5.642*	7.980	5.021	8.229	5.096	2.305	5.879*	3.518	6.445*
	(-0.03)	(1.56)	(0.04)	(1.72)	(0.67)	(1.47)	(0.68)	(1.48)	(0.20)	(1.75)	(0.30)	(1.90)
staf	-0.0196***	0.0034***	-0.0207***	0.0036**	-0.0242***	0.0046***	-0.0234***	0.0045***	-0.0229***	0.0041***	-0.0233***	0.0040**
	(-3.67)	(2.63)	(-3.83)	(2.38)	(-4.46)	(2.97)	(-4.21)	(2.86)	(-4.15)	(2.61)	(-4.18)	(2.51)
stu	0.0014	-0.0004	0.0012	-0.0005	0.0013	-0.0004	0.0012	-0.0004	0.0014	-0.0004	0.0014	-0.0004
	(1.37)	(-1.42)	(1.17)	(-1.87)	(1.30)	(-1.38)	(1.19)	(-1.53)	(1.36)	(-1.41)	(1.34)	(-1.50)
deg	0.832	-0.574***	0.882	-0.532***	0.433	-0.597***	0.693	-0.477**	0.731	-0.640***	0.731	-0.601***
	(1.21)	(-2.97)	(1.27)	(-2.74)	(0.63)	(-3.02)	(0.96)	(-2.31)	(1.07)	(-3.27)	(1.03)	(-2.99)
clo	-2.696**	0.899***	-2.842**	0.910***	-2.703**	0.936***	-3.200**	1.043***	-2.863**	0.929***	-2.528**	1.071***
	(-2.26)	(2.68)	(-2.30)	(2.63)	(-2.29)	(2.76)	(-2.51)	(2.88)	(-2.41)	(2.74)	(-1.99)	(2.97)
betw	-4.414	0.766	-5.083	0.156	-6.611	1.069	-8.038	1.347	-5.168	0.867	-2.993	1.636
	(-0.85)	(0.52)	(-0.96)	(0.10)	(-1.27)	(0.72)	(-1.04)	(0.61)	(-0.99)	(0.58)	(-0.41)	(0.80)
pat	-0.0649	0.0913***	-0.111	0.0335								
	(-0.68)	(3.40)	(-0.77)	(0.83)								
pat * deg			0.0074	0.0050***								
			(1.15)	(2.79)								
pat * clo			-0.0059	-0.0000								
			(-0.48)	(-0.01)								
pat * betw			-0.0038	-0.0255								
			(-0.05)	(-1.20)								

续上表

因变量	模型 18 – 1	模型 18 – 2	模型 19 – 1	模型 19 – 2	模型 20 – 1	模型 20 – 2	模型 21 – 1	模型 21 – 2	模型 22 – 1	模型 22 – 2	模型 23 – 1	模型 23 – 2
	vis	qs	vis	qs	vis	qs	vis	qs	vis	qs	vis	qs
arti					0.0244*** (3.40)	–0.0019 (–0.93)	0.0219** (2.08)	–0.0081*** (–2.72)				
arti * deg							0.0003 (1.16)	0.0002** (2.39)				
arti * clo							–0.0005 (–1.01)	0.0001 (0.95)				
arti * betw							–0.0001 (–0.16)	–0.0004 (–1.37)				
top									0.289** (2.05)	0.0167 (0.41)	0.171 (0.83)	–0.0748 (–1.27)
top * deg											0.0032 (0.45)	0.0033 (1.64)
top * clo											0.0088 (0.71)	0.0034 (0.96)
top * betw											–0.0182 (–0.73)	–0.0100 (–1.42)
_cons	10033.4*** (31.68)	298.7*** (3.35)	10019.3*** (31.42)	284.9*** (3.19)	10416.6*** (32.50)	202.4** (2.20)	10365.9*** (30.80)	113.5 (1.18)	10153.4*** (32.86)	232.5*** (2.64)	10114.4*** (32.36)	205.2** (2.31)
N	69	690	690	690	690	690	690	690	690	690	690	690
R^2	0.887	0.0759	0.887	0.0897	0.889	0.0585	0.889	0.0740	0.887	0.0574	0.888	0.0670
F 检验/Wald 值	554.1	5.825	402.7	5.050	566.3	4.404	411.2	4.100	558.2	4.312	404.8	3.684
采用模型形式	FE	FE	FE	FE	FE	FE	FE	FE	FE	FE	FE	FE

注：括号内数值为对应系数的 *T* 统计量；***、**、*分别表示通过1%、5%、10%的显著性水平。

表 5－7　研究型大学组织合法性对大学社会声誉影响回归结果

因变量	模型 1－1	模型 1－2	模型 24－1	模型 24－2	模型 25－1	模型 25－2	模型 26－1	模型 26－2	模型 27－1	模型 27－2
	vis	qs	vis	qs	vis	qs	vis	qs	vis	qs
est	－65.38***	－1.007***	－64.65***	－1.142***	－65.25***	－1.025***	－65.30***	－1.003***	－64.62***	－1.137***
	(－54.59)	(－2.93)	(－54.00)	(－3.30)	(－54.78)	(－2.99)	(－54.45)	(－2.91)	(－53.97)	(－3.28)
ln_rev	－3.647	6.071*	－5.549	6.425*	－3.687	6.077*	－3.253	6.090*	－4.383	6.420*
	(－0.32)	(1.83)	(－0.48)	(1.94)	(－0.32)	(1.83)	(－0.28)	(1.83)	(－0.38)	(1.94)
staf	－0.0219***	0.0050***	－0.0172***	0.0041***	－0.0215***	0.0049***	－0.0218***	0.0045***	－0.0181***	0.0041***
	(－4.20)	(3.34)	(－3.26)	(2.70)	(－4.16)	(3.31)	(－4.19)	(3.34)	(－3.41)	(2.70)
stu	0.0014	－0.0004	0.0014	－0.0004	0.0015	－0.0004	0.0014	－0.0004	0.0015	－0.0004
	(1.40)	(－1.27)	(1.45)	(－1.30)	(1.51)	(－1.32)	(1.38)	(－1.28)	(1.47)	(－1.30)
med			0.161***	－0.0300**					0.118**	－0.0288**
			(3.92)	(－2.52)					(2.43)	(－2.05)
neg					0.652***	－0.0958			0.497*	－0.0132
					(2.81)	(－1.43)			(1.69)	(－0.16)
leg							7.147	0.349	12.49*	0.163
							(1.12)	(0.19)	(1.80)	(0.08)
_cons	10462.8***	95.12	10376.8***	111.1	10437.2***	98.87	10439.1***	93.97	10339.0***	110.5
	(39.57)	(1.26)	(39.60)	(1.47)	(39.69)	(1.30)	(39.36)	(1.23)	(39.39)	(1.45)
N	690	690	690	690	690	690	690	690	690	690
R^2	0.885	0.0295	0.888	0.0402	0.887	0.0330	0.885	0.0295	0.889	0.0403
F 检验/Wald 值	1100.3	4.335	905.4	4.775	892.5	3.885	880.9	3.469	649.9	3.406
采用模型形式	FE	FE	FE	FE	FE	FE	FE	FE	FE	FE

注：括号内数值为对应系数的 *T* 统计量；***、**、* 分别表示通过 1%、5%、10% 的显著性水平。

表 5－8　研究型大学组织合法性中介效应检验 I

因变量	模型 28－1
	leg
est	－0.0007* （－1.95）
ln_rev	－0.0639 （－1.51）
staf	－0.0000 （－0.12）
stu	0.0000 （0.53）
dum_sex_2	－0.0092 （－0.22）
term	－0.0047 （－1.48）
dum_edu_2	0.167*** （2.76）
dum_sour_2	0.0177 （0.51）
ln_endoe	0.0054 （0.25）
ln_fund	0.0908** （2.38）
tenr	0.0206 （0.10）
tal	0.0006 （0.91）
pdoc	0.0001 （1.44）
post	0.0000 （0.78）
sel	0.0004 （0.34）
ret	0.0000 （0.01）
rat	－0.0150** （－2.50）
pat	0.0000 （0.08）
arti	－0.0000*** （－3.04）
indr	－0.490 （－0.92）
npor	－0.108 （－0.22）
_cons	0.970 （1.16）
N	690
R^2	0.0765
F 检验/Wald 值	37.63
采用模型形式	RE

注：括号内数值为对应系数的 T 统计量；***、**、* 分别表示通过 1%、5%、10% 的显著性水平。

表 5-9 研究型大学组织合法性中介效应检验Ⅱ

因变量	模型 29-1	模型 29-2	模型 30-1	模型 30-2
	vis	qs	vis	qs
est	-68.19*** (-40.82)	-0.874* (-1.81)	-68.17*** (-40.83)	-0.874* (-1.81)
ln_rev	4.946 (0.42)	5.049 (1.50)	5.468 (0.47)	5.040 (1.50)
staf	-0.0269**** (-5.06)	0.0054**** (3.51)	-0.0269**** (-5.06)	0.0054**** (3.51)
stu	0.0016 (1.59)	-0.0003 (-1.07)	0.0016 (1.55)	-0.0003 (-1.07)
dum_edu_2	14.49 (1.17)	1.108 (0.31)	13.02 (1.05)	1.131 (0.32)
ln_fund	-41.58** (-2.09)	4.163 (0.73)	-40.63** (-2.04)	4.148 (0.72)
rat	1.123 (0.64)	-1.337**** (-2.63)	1.269 (0.72)	-1.340**** (-2.62)
arti	0.0260**** (3.66)	-0.0027 (-1.32)	0.0263**** (3.71)	-0.0027 (-1.32)
leg			7.560 (1.19)	-0.120 (-0.07)
_cons	11111.2**** (31.51)	70.26 (0.69)	11080.4**** (31.35)	70.75 (0.69)
N	690	690	690	690
R^2	0.889	0.0458	0.889	0.0458
F 检验/Wald 值	565.6	3.401	503.3	3.018
采用模型形式	FE	FE	FE	FE

注：括号内数值为对应系数的 *T* 统计量；***、**、* 分别表示通过 1%、5%、10% 的显著性水平。

除了本研究重点关注的自变量以外，上述计量模型对控制变量与大学社会声誉的关系也进行了检验。从回归结果来看，大学校龄对大学知名度和美誉度都具有显著负向关系，这一结果可能与本研究采用的精英研究型大学群体有关。对于这些大学而言，如果能够在较短时间内快速崛起，似乎更容易吸引到社会的关注和好评。年度总收入对大学美誉度具有显著正向关系。教学科研人员数对大学知名度具有显著负向关系，但是对大学美誉度具有显著正向关系。学生总数对大学知名度或美誉度的影响都不显著。在后续的讨论部分，本书还将对实证结果进行更为深入的评析。

5.1.2 滞后效应

为保证估计系数的合理性，进行有效的因果推断需要关注模型的内生性（endogeneity）问题。内生性通常表现为自变量与干扰项存在相关性，从而影响回归结果的有效性。回归模型产生内生性的原因包括：一是遗漏重要解释变量；二是解释变量和被解释变量相互影响。为了尽量避免遗漏变量的问题，在避免多重共线性的前提条件下，在模型中加入足够多的控制变量，可以减少难以识别的干扰项。而为了避免解释变量和被解释变量相互影响，本研究利用面板数据的天然优势，将全部自变量和控制变量滞后一期，再度进行回归分析。当期的因变量是无法影响过去的自变量和控制变量的，这从时间上能够保证因果发生的先后性。

解释变量滞后一期的计量模型给出的回归结果与当期的计量模型存在若干处差异。如表5－10所示，男性校长比女性校长在提升大学美誉度方面更具优势；捐赠资产数对大学美誉度的影响以及科研经费数对大学知名度的影响都变得不显著；终身教授规模对大学美誉度的正向影响仍然显著，但是对大学知名度的影响不显著；博士后数、研究生数对大学知名度的影响也不显著。在表5－11报告的研究型大学组织功能对大学社会声誉影响回归结果中，生师比对大学知名度具有显著正向影响，校企合作强度对大学知名度也具有显著正向影响。

在表5－12报告的研究型大学科研合作网络对大学社会声誉影响回归结果中，主要变化是点度中心度对大学知名度具有显著正向影响。而从表5－13、表5－14中可以发现，点度中心度和接近中心度在专利数与大学美誉度关系间的正向调节效应是显著的。其他几组调节效应都不显著。

表 5 - 10 研究型大学资源要素对大学社会声誉影响回归结果（解释变量滞后一期）

因变量	模型 1 - 3	模型 1 - 4	模型 2 - 3	模型 2 - 4	模型 3 - 3	模型 3 - 4	模型 4 - 3	模型 4 - 4	模型 5 - 3	模型 5 - 4	模型 6 - 3	模型 6 - 4	模型 7 - 3	模型 7 - 4
	vis	qs	vis	qs	vis	qs	vis	qs	vis	qs	vis	qs	vis	qs
est	-60.74***	-2.925***	-59.93***	-3.087***	-63.35***	-3.130***	-61.68***	-3.075***	-60.23***	-2.956***	-60.73***	-2.947***	-63.09***	-3.657***
	(-44.98)	(-6.61)	(-44.45)	(-6.92)	(-39.89)	(-5.94)	(-43.80)	(-6.66)	(-43.29)	(-6.47)	(-44.88)	(-6.65)	(-36.68)	(-6.35)
ln_rev	-16.60	-1.709	-15.86	-2.006	-20.68*	-2.062	-21.64	-0.148	-18.77	-1.577	-16.69	-1.502	-27.50**	-0.453
	(-1.32)	(-0.41)	(-1.28)	(-0.49)	(-1.66)	(-0.50)	(-1.64)	(-0.03)	(-1.49)	(-0.38)	(-1.33)	(-0.36)	(-2.10)	(-0.10)
staf	0.0011	0.0026*	0.0006	0.0030**	0.0024	0.0027*	0.0026	0.0036	0.0005	0.0026*	0.0012	0.0025*	0.0037	0.0046
	(0.25)	(1.75)	(0.13)	(2.00)	(0.52)	(1.81)	(0.30)	(1.23)	(0.10)	(1.76)	(0.26)	(1.69)	(0.42)	(1.59)
stu	-0.0008	0.0001	-0.0008	0.0001	-0.0011	0.0000	-0.0008	0.0001	-0.0024*	0.0002	-0.0008	0.0001	-0.0020	0.0002
	(-0.89)	(0.23)	(-0.92)	(0.17)	(-1.21)	(0.16)	(-0.82)	(0.20)	(-1.71)	(0.36)	(-0.89)	(0.23)	(-1.39)	(0.43)
dum_sex_2			-31.85***	7.311**									-33.07***	7.184**
			(-3.12)	(2.16)									(-3.25)	(2.11)
age			1.066*	-0.0300									0.925	-0.0317
			(1.72)	(-0.15)									(1.49)	(-0.15)
term			-2.509***	0.0481									-2.072**	0.175
			(-2.70)	(0.16)									(-2.21)	(0.56)
dum_edu_2			30.34**	-3.805									19.74	-5.161
			(2.25)	(-0.85)									(1.45)	(-1.13)
dum_sour_2			9.623	-6.485**									11.12	-7.027**
			(1.15)	(-2.34)									(1.32)	(-2.49)
ln_endoe					28.71***	2.618							26.92***	3.783
					(3.53)	(0.97)							(3.24)	(1.36)
ln_fund					-7.305	-2.419							-12.98	-1.037
					(-0.38)	(-0.38)							(-0.68)	(-0.16)

续上表

因变量	模型 1 – 3	模型 1 – 4	模型 2 – 3	模型 2 – 4	模型 3 – 3	模型 3 – 4	模型 4 – 3	模型 4 – 4	模型 5 – 3	模型 5 – 4	模型 6 – 3	模型 6 – 4	模型 7 – 3	模型 7 – 4
	vis	qs	vis	qs	vis	qs	vis	qs	vis	qs	vis	qs	vis	qs
ser							−37. 04 (−0. 95)	5. 713 (0. 45)					−48. 49 (−1. 26)	4. 172 (0. 32)
tenr							−35. 06 (−0. 61)	35. 24 * (1. 88)					−47. 36 (−0. 83)	38. 21 ** (2. 01)
tal							2. 079 ** (2. 55)	0. 358 (1. 34)					2. 301 *** (2. 82)	0. 309 (1. 13)
pdoc							−0. 0190 (−0. 56)	−0. 0102 (−0. 92)					−0. 0145 (−0. 43)	−0. 0130 (−1. 15)
post									0. 0055 (1. 48)	−0. 0003 (−0. 27)			0. 0032 (0. 86)	−0. 0007 (−0. 56)
dum_aau_2											−7. 036 (−0. 17)	14. 84 (1. 09)	−11. 77 (−0. 29)	13. 52 (0. 99)
_cons	10010. 6 *** (38. 20)	533. 6 *** (6. 21)	9822. 1 *** (37. 20)	564. 2 *** (6. 46)	9986. 1 *** (31. 51)	548. 0 *** (5. 21)	10222. 6 *** (35. 34)	494. 9 *** (5. 22)	9982. 1 *** (38. 04)	535. 4 *** (6. 21)	10014. 7 *** (38. 01)	524. 9 *** (6. 08)	10135. 0 *** (29. 58)	518. 7 *** (4. 52)
N	575	575	575	575	575	575	575	575	575	575	575	575	575	575
R^2	0. 874	0. 111	0. 878	0. 130	0. 877	0. 113	0. 876	0. 125	0. 874	0. 111	0. 874	0. 113	0. 884	0. 149
F 检验/ Wald 值	788. 6	14. 26	362. 3	7. 455	540. 1	9. 671	398. 5	8. 067	632. 9	11. 40	629. 5	11. 65	198. 7	4. 576
采用模型形式	FE	FE	FE	FE	FE	FE	FE	FE	FE	FE	FE	FE	FE	FE

注：括号内数值为对应系数的 *T* 统计量；***、**、* 分别表示通过 1%、5%、10% 的显著性水平。

表 5－11 研究型大学组织功能对大学社会声誉影响回归结果（解释变量滞后一期）

因变量	模型 1－3	模型 1－4	模型 8－3	模型 8－4	模型 9－3	模型 9－4	模型 10－3	模型 10－4	模型 11－3	模型 11－4
	vis	qs	vis	qs	vis	qs	vis	qs	vis	qs
est	－60.74*** (－44.98)	－2.925*** (－6.61)	－60.89*** (－37.07)	－2.947*** (－5.49)	－61.94*** (－34.45)	－3.375*** (－5.72)	－61.33*** (－44.90)	－2.915*** (－6.47)	－62.37*** (－29.94)	－3.445*** (－5.01)
ln_rev	－16.60 (－1.32)	－1.709 (－0.41)	－14.51 (－1.14)	－1.243 (－0.30)	－15.54 (－1.24)	－1.735 (－0.42)	－18.00 (－1.44)	－1.748 (－0.42)	－14.59 (－1.14)	－1.489 (－0.35)
staf	0.0011 (0.25)	0.0026* (1.75)	0.0014 (0.32)	0.0025* (1.66)	－0.0017 (－0.35)	0.0022 (1.37)	0.0005 (0.10)	0.0027* (1.79)	－0.0012 (－0.24)	0.0020 (1.27)
stu	－0.0008 (－0.89)	0.0001 (0.23)	－0.0010 (－1.09)	0.0001 (0.38)	－0.0007 (－0.81)	0.0001 (0.27)	－0.0007 (－0.72)	0.0001 (0.24)	－0.0008 (－0.86)	0.0001 (0.46)
sel			0.145 (0.37)	－0.230* (－1.81)					0.132 (0.33)	－0.187 (－1.43)
ret			－0.652 (－0.37)	－0.312 (－0.54)					－1.063 (－0.59)	－0.246 (－0.42)
gra			0.910 (1.08)	－0.210 (－0.77)					1.058 (1.26)	－0.197 (－0.71)
rat			3.525** (2.00)	－1.009* (－1.75)					3.348* (1.84)	－1.145* (－1.91)
alu			－0.307 (－0.40)	0.0711 (0.28)					－0.124 (－0.16)	0.0877 (0.34)

续上表

因变量	模型 1 – 3	模型 1 – 4	模型 8 – 3	模型 8 – 4	模型 9 – 3	模型 9 – 4	模型 10 – 3	模型 10 – 4	模型 11 – 3	模型 11 – 4
	vis	qs	vis	qs	vis	qs	vis	qs	vis	qs
pat					–0.0723 (–0.78)	0.0405 (1.33)			–0.0962 (–1.00)	0.0359 (1.13)
arti					0.0091 (0.80)	0.0016 (0.43)			0.0088 (0.77)	0.0021 (0.55)
top					0.148 (0.93)	0.0056 (0.11)			0.117 (0.73)	0.0051 (0.10)
indr							368.1** (2.44)	–4.430 (–0.09)	327.3** (2.15)	2.584 (0.05)
npor							–89.87 (–0.77)	–25.88 (–0.67)	–143.1 (–1.21)	–10.27 (–0.26)
_cons	10010.6*** (38.20)	533.6*** (6.21)	9945.5*** (33.86)	591.3*** (6.15)	10131.9*** (34.24)	592.5*** (6.10)	10111.2*** (38.34)	534.3*** (6.14)	10156.0*** (30.55)	653.9*** (5.96)
N	575	575	575	575	575	575	575	575	575	575
R^2	0.874	0.111	0.875	0.127	0.875	0.116	0.875	0.112	0.878	0.131
F 检验/Wald 值	788.6	14.26	351.9	7.276	451.8	8.474	532.0	9.553	229.3	4.798
采用模型形式	FE	FE	FE	FE	FE	FE	FE	FE	FE	FE

注：括号内数值为对应系数的 *T* 统计量；***、**、* 分别表示通过 1%、5%、10% 的显著性水平。

表 5－12 研究型大学科研合作网络对大学社会声誉影响回归结果（解释变量滞后一期）

因变量	模型 1－3	模型 1－4	模型 12－3	模型 12－4	模型 13－3	模型 13－4	模型 14－3	模型 14－4	模型 15－3	模型 15－4
	vis	qs	vis	qs	vis	qs	vis	qs	vis	qs
est	－60.74***	－2.925***	－60.54***	－2.995***	－61.36***	－3.257***	－60.74***	－2.928***	－61.07***	－3.378***
	(－44.98)	(－6.61)	(－44.75)	(－6.76)	(－40.65)	(－6.59)	(－44.90)	(－6.60)	(－40.17)	(－6.80)
ln_rev	－16.60	－1.709	－19.11	－0.823	－19.27	－3.150	－16.57	－1.685	－21.18	－2.373
	(－1.32)	(－0.41)	(－1.51)	(－0.20)	(－1.49)	(－0.75)	(－1.32)	(－0.41)	(－1.64)	(－0.56)
staf	0.0011	0.0026*	0.0015	0.0025*	0.0007	0.0024	0.0012	0.0027*	0.0018	0.0021
	(0.25)	(1.75)	(0.33)	(1.67)	(0.16)	(1.59)	(0.26)	(1.74)	(0.38)	(1.35)
stu	－0.0008	0.0001	－0.0007	0.0000	－0.0008	0.0001	－0.0008	0.0001	－0.0007	0.0000
	(－0.89)	(0.23)	(－0.74)	(0.07)	(－0.84)	(0.30)	(－0.89)	(0.22)	(－0.73)	(0.15)
deg			1.038*	－0.367*					1.082*	－0.420**
			(1.67)	(－1.80)					(1.67)	(－1.98)
clo					0.975	0.526			0.803	0.599*
					(0.91)	(1.50)			(0.75)	(1.71)
betw							－0.372	－0.307	－2.876	0.478
							(－0.07)	(－0.18)	(－0.55)	(0.28)
_cons	10010.6***	533.6***	9996.7***	538.5***	10150.1***	608.9***	10010.7***	533.7***	10111.5***	624.8***
	(38.20)	(6.21)	(38.20)	(6.28)	(33.45)	(6.13)	(38.16)	(6.21)	(33.24)	(6.28)
N	575	575	575	575	575	575	575	575	575	575
R^2	0.874	0.111	0.874	0.117	0.874	0.116	0.874	0.111	0.875	0.123
F 检验/Wald 值	788.6	14.26	633.9	12.11	630.8	11.89	629.5	11.39	451.7	9.099
采用模型形式	FE	FE	FE	FE	FE	FE	FE	FE	FE	FE

注：括号内数值为对应系数的 *T* 统计量；***、**、* 分别表示通过 1%、5%、10% 的显著性水平。

表 5－13　研究型大学科研合作网络调节效应检验结果Ⅰ（解释变量滞后一期）

因变量	模型 16－3	模型 16－4	模型 17－3	模型 17－4
	vis	qs	vis	qs
est	－61.52*** （－39.09）	－3.433*** （－6.67）	－61.48*** （－38.77）	－3.410*** （－6.57）
ln_rev	－21.96* （－1.69）	－2.470 （－0.58）	－22.85* （－1.76）	－2.804 （－0.66）
staf	0.0016 （0.34）	0.0021 （1.33）	－0.0005 （－0.09）	0.0013 （0.77）
stu	－0.0008 （－0.85）	0.0000 （0.10）	－0.0007 （－0.77）	0.0001 （0.19）
fund	0.0001 （1.09）	0.0000 （0.42）	0.0000 （0.50）	－0.0000 （－0.16）
deg	1.081* （1.66）	－0.420** （－1.97）	0.926 （1.38）	－0.468** （－2.14）
clo	0.852 （0.79）	0.605* （1.72）	1.275 （1.13）	0.754** （2.05）
betw	－3.452 （－0.65）	0.407 （0.24）	－6.088 （－0.76）	－0.866 （－0.33）
fund * deg			0.0000 （0.25）	0.0000 （0.20）
fund * clo			0.0000 （1.44）	0.0000 （1.55）
fund * betw			0.0000 （0.31）	0.0000 （0.51）
_cons	10173.2*** （32.89）	632.5*** （6.25）	10199.3*** （32.82）	640.8*** （6.30）
N	575	575	575	575
R^2	0.875	0.124	0.876	0.130
F 检验/Wald 值	395.6	7.969	287.8	6.102
采用模型形式	FE	FE	FE	FE

注：括号内数值为对应系数的 *T* 统计量；***、**、* 分别表示通过 1%、5%、10% 的显著性水平。

表 5－14　研究型大学科研合作网络调节效应检验结果Ⅱ（解释变量滞后一期）

因变量	模型 18－3	模型 18－4	模型 19－3	模型 19－4	模型 20－3	模型 20－4	模型 21－3	模型 21－4	模型 22－3	模型 22－4	模型 23－3	模型 23－4
	vis	qs	vis	qs	vis	qs	vis	qs	vis	qs	vis	qs
est	－60.81***	－3.591***	－60.48***	－3.338***	－62.61***	－3.983***	－60.15***	－3.764***	－61.78***	－3.496***	－61.39***	－3.328***
	(－37.82)	(－6.84)	(－37.16)	(－6.39)	(－31.67)	(－6.17)	(－27.88)	(－5.31)	(－38.60)	(－6.67)	(－37.81)	(－6.28)
ln_rev	－21.04	－2.493	－20.69	－2.431	－20.07	－1.935	－27.94**	－2.443	－20.61	－2.277	－23.61*	－3.759
	(－1.62)	(－0.59)	(－1.59)	(－0.58)	(－1.55)	(－0.46)	(－2.11)	(－0.56)	(－1.59)	(－0.54)	(－1.79)	(－0.87)
staf	0.0019	0.0021	0.0023	0.0018	－0.0001	0.0013	0.0021	0.0012	－0.0000	0.0018	0.0005	0.0016
	(0.40)	(1.32)	(0.49)	(1.18)	(－0.02)	(0.82)	(0.40)	(0.69)	(－0.00)	(1.11)	(0.10)	(1.00)
stu	－0.0007	0.0000	－0.0007	－0.0001	－0.0006	0.0001	－0.0008	0.0001	－0.0008	0.0000	－0.0007	0.0001
	(－0.73)	(0.15)	(－0.71)	(－0.32)	(－0.67)	(0.21)	(－0.85)	(0.19)	(－0.73)	(0.15)	(－0.76)	(0.19)
deg	1.061	－0.402*	1.014	－0.480**	0.868	－0.504**	1.241*	－0.513**	0.986	－0.436**	1.062	－0.454**
	(1.63)	(－1.89)	(1.55)	(－2.28)	(1.29)	(－2.29)	(1.78)	(－2.24)	(1.51)	(－2.04)	(1.60)	(－2.09)
clo	0.823	0.582*	1.264	0.854**	0.921	0.645*	1.045	0.759**	0.760	0.592*	0.885	0.811**
	(0.77)	(1.66)	(1.13)	(2.39)	(0.85)	(1.83)	(0.92)	(2.04)	(0.71)	(1.68)	(0.76)	(2.14)
betw	－2.652	0.292	－2.369	－0.268	－3.706	0.152	－12.41*	0.902	－3.280	0.411	－7.013	0.367
	(－0.50)	(0.17)	(－0.45)	(－0.16)	(－0.70)	(0.09)	(－1.77)	(0.39)	(－0.62)	(0.24)	(－1.08)	(0.17)
pat	－0.0457	0.0380	－0.142	－0.0892**								
	(－0.49)	(1.26)	(－1.07)	(－2.10)								

续上表

因变量	模型 18 – 3	模型 18 – 4	模型 19 – 3	模型 19 – 4	模型 20 – 3	模型 20 – 4	模型 21 – 3	模型 21 – 4	模型 22 – 3	模型 22 – 4	模型 23 – 3	模型 23 – 4
	vis	qs	vis	qs	vis	qs	vis	qs	vis	qs	vis	qs
pat * deg			-0.0013 (-0.22)	0.0043** (2.18)								
pat * clo			0.0178 (1.52)	0.0102*** (2.71)								
pat * betw			-0.0209 (-0.29)	0.0035 (0.15)								
arti					0.0121 (1.21)	0.0048 (1.46)	-0.0122 (-0.91)	0.0019 (0.44)				
arti * deg							0.0004 (1.36)	0.0001 (0.90)				
arti * clo							0.0004 (0.79)	0.0002 (1.04)				
arti * betw							0.0009 (0.87)	-0.0004 (-1.06)				
top									0.187 (1.40)	0.0311 (0.71)	0.0038 (0.02)	-0.0503 (-0.80)

续上表

因变量	模型 18-3	模型 18-4	模型 19-3	模型 19-4	模型 20-3	模型 20-4	模型 21-3	模型 21-4	模型 22-3	模型 22-4	模型 23-3	模型 23-4
	vis	qs	vis	qs	vis	qs	vis	qs	vis	qs	vis	qs
top * deg											0.0054 (0.82)	0.0022 (1.04)
top * clo											0.0043 (0.32)	0.0068 (1.57)
top * betw											0.0074 (0.30)	-0.0085 (-1.06)
_cons	10074.3*** (32.13)	655.8*** (6.41)	10021.1*** (31.77)	628.1*** (6.21)	10284.9*** (30.62)	693.1*** (6.32)	10141.2*** (29.97)	677.7*** (6.10)	10195.1*** (32.93)	638.8*** (6.30)	10207.6*** (32.79)	648.6*** (6.38)
N	575	575	575	575	575	575	575	575	575	575	575	575
R^2	0.875	0.126	0.876	0.162	0.875	0.127	0.877	0.133	0.875	0.124	0.876	0.134
F 检验/Wald 值	394.6	8.171	287.1	7.867	395.9	8.250	291.6	6.248	396.4	8.017	288.0	6.322
采用模型形式	FE	FE	FE	FE	FE	FE	FE	FE	FE	FE	FE	FE

注：括号内数值为对应系数的 *T* 统计量；***、**、* 分别表示通过 1%、5%、10% 的显著性水平。

表 5 - 15　研究型大学组织合法性对大学社会声誉影响回归结果（解释变量滞后一期）

因变量	模型 1 - 3	模型 1 - 4	模型 24 - 3	模型 24 - 4	模型 25 - 3	模型 25 - 4	模型 26 - 3	模型 26 - 4	模型 27 - 3	模型 27 - 4
	vis	qs	vis	qs	vis	qs	vis	qs	vis	qs
est	-60.74***	-2.925***	-60.58***	-2.989***	-60.72***	-2.926***	-60.69***	-2.914***	-60.45***	-3.036***
	(-44.98)	(-6.61)	(-44.76)	(-6.74)	(-44.97)	(-6.60)	(-45.21)	(-6.60)	(-44.82)	(-6.87)
ln_rev	-16.60	-1.709	-16.51	-1.744	-16.78	-1.704	-15.80	-1.529	-16.04	-1.319
	(-1.32)	(-0.41)	(-1.32)	(-0.42)	(-1.33)	(-0.41)	(-1.26)	(-0.37)	(-1.28)	(-0.32)
staf	0.0011	0.0026*	0.0026	0.0020	0.0009	0.0026*	0.0012	0.0026*	0.0030	0.0018
	(0.25)	(1.75)	(0.56)	(1.33)	(0.21)	(1.75)	(0.26)	(1.76)	(0.65)	(1.17)
stu	-0.0008	0.0001	-0.0008	0.0001	-0.0009	0.0001	-0.0010	0.0000	-0.0010	0.0000
	(-0.89)	(0.23)	(-0.88)	(0.21)	(-0.93)	(0.23)	(-1.06)	(0.11)	(-1.06)	(0.11)
med			0.0503	-0.0199*					0.0727*	-0.0356**
			(1.42)	(-1.72)					(1.73)	(-2.58)
neg					-0.195	0.0056			-0.243	0.177**
					(-0.97)	(0.08)			(-0.94)	(2.10)
leg							14.69**	3.302*	12.03*	5.260**
							(2.53)	(1.73)	(1.86)	(2.48)
_cons	10010.6***	533.6***	9978.8***	546.2***	10014.9***	533.5***	9981.3***	527.0***	9946.0***	541.8***
	(38.20)	(6.21)	(37.98)	(6.35)	(38.21)	(6.20)	(38.28)	(6.14)	(38.04)	(6.33)
N	575	575	575	575	575	575	575	575	575	575
R^2	0.874	0.111	0.874	0.117	0.874	0.111	0.875	0.117	0.876	0.131
F 检验/Wald 值	788.6	14.26	632.7	12.05	631.0	11.39	639.6	12.05	0.876	0.131
采用模型形式	FE	FE	FE	FE	FE	FE	FE	FE	FE	FE

注：括号内数值为对应系数的 *T* 统计量；***、**、* 分别表示通过 1%、5%、10% 的显著性水平。

在表 5 - 15 给出的研究型大学组织合法性对大学社会声誉影响回归结果中，大学组织合法性水平对大学知名度和美誉度都具有显著正向影响，证明合法性认同机制的作用发挥存在一定的时滞。而从表 5 - 16、表 5 - 17 的结果来看，大学组织合法性水平在校长教育背景与大学知名度间存在部分中介效应；大学组织合法性水平在生师比与大学知名度和美誉度间也都存在部分中介效应。

表 5 - 16　研究型大学组织合法性中介效应检验 I （解释变量滞后一期）

因变量	模型 28 - 2
	leg
est	-0.0005 （ -1.46）
ln_rev	-0.0357 （ -0.87）
staf	-0.0000 （ -0.10）
stu	0.0000 （1.29）
dum_sex_2	-0.0039 （ -0.09）
term	-0.0066* （ -1.91）
dum_edu_2	0.117* （1.69）
dum_sour_2	-0.0056 （ -0.15）
ln_endoe	0.0039 （0.19）
tenr	-0.0466 （ -0.22）
tal	0.0005 （1.13）
rat	-0.0126** （ -2.17）
indr	-0.370 （ -0.65）
_cons	1.506* （1.83）
N	575
R^2	0.0352
F 检验/Wald 值	13.91
采用模型形式	RE

注：括号内数值为对应系数的 *T* 统计量；***、**、* 分别表示通过 1%、5%、10% 的显著性水平。

表 5-17　研究型大学组织合法性中介效应检验Ⅱ（解释变量滞后一期）

因变量	模型 29-3	模型 29-4	模型 30-3	模型 30-4
	vis	qs	vis	qs
est	-59.84*** (-43.52)	-3.113*** (-6.87)	-59.80*** (-43.73)	-3.103*** (-6.86)
ln_rev	-15.31 (-1.23)	-2.114 (-0.51)	-14.51 (-1.17)	-1.930 (-0.47)
staf	0.0018 (0.39)	0.0026* (1.71)	0.0018 (0.40)	0.0026* (1.72)
stu	-0.0010 (-1.09)	0.0001 (0.37)	-0.0012 (-1.26)	0.0001 (0.25)
term	-1.082 (-1.60)	-0.0659 (-0.30)	-0.989 (-1.47)	-0.0447 (-0.20)
dum_edu_2	24.62* (1.94)	-2.738 (-0.65)	22.78* (1.80)	-3.158 (-0.76)
rat	3.852** (2.22)	-1.100* (-1.92)	3.969** (2.30)	-1.073* (-1.88)
leg			14.22** (2.45)	3.244* (1.69)
_cons	9778.5*** (35.80)	588.6*** (6.54)	9749.9*** (35.86)	582.1*** (6.47)
N	575	575	575	575
R^2	0.876	0.120	0.878	0.125
F 检验/Wald 值	458.5	8.802	406.4	8.092
采用模型形式	FE	FE	FE	FE

注：括号内数值为对应系数的 *T* 统计量；***、**、* 分别表示通过 1%、5%、10% 的显著性水平。

综上，本书研究假设的检验结果如表 5-18 所示。从对大学知名度的影响来看，H1、H3、H4、H6、H10、H33 这六个研究假设通过了较为严格的内生性检验；从对大学美誉度的影响来看，H5、H9、H24、H28、H31 这五个研究假设通过了较为严格的内生性检验，研究结论更令人信服。

表 5-18　研究假设检验结果汇总表 I

机制	研究假设	是否通过检验/影响方向			
		以知名度作为因变量		以美誉度作为因变量	
		当期	滞后一期	当期	滞后一期
理性选择机制	H1：校长性别对大学社会声誉具有显著影响	通过/-	通过/-	不通过	通过/+
	H2：校长年龄对大学社会声誉具有显著影响	不通过	不通过	不通过	不通过
	H3：校长任期对大学社会声誉具有显著影响	通过/-	通过/-	不通过	不通过
	H4：校长最高学位是否为博士对大学社会声誉具有显著影响	通过/+	通过/+	不通过	不通过
	H5：校长来源对大学社会声誉具有显著影响	不通过	不通过	通过/-	通过/-
	H6：捐赠资产数对大学社会声誉具有显著影响	通过/+	通过/+	通过/+	不通过
	H7：科研经费数对大学社会声誉具有显著影响	通过/-	不通过	不通过	不通过
	H8：师管比对大学社会声誉具有显著影响	不通过	不通过	不通过	不通过
	H9：终身教授规模对大学社会声誉具有显著影响	通过/-	不通过	通过/+	通过/+
	H10：高层次人才数对大学社会声誉具有显著影响	通过/+	通过/+	不通过	不通过
	H11：博士后数对大学社会声誉具有显著影响	通过/+	不通过	不通过	不通过
	H12：研究生数对大学社会声誉具有显著影响	通过/+	不通过	不通过	不通过
	H13：美国大学联合会成员资格对大学社会声誉具有显著影响	不通过	不通过	不通过	不通过

续上表

机制	研究假设	是否通过检验/影响方向			
		以知名度作为因变量		以美誉度作为因变量	
		当期	滞后一期	当期	滞后一期
理性选择机制	H14：学生录取率对大学社会声誉具有显著影响	不通过	不通过	通过/－	不通过
	H15：学生保有率对大学社会声誉具有显著影响	通过/－	不通过	不通过	不通过
	H16：学生毕业率对大学社会声誉具有显著影响	不通过	不通过	不通过	不通过
	H17：生师比对大学社会声誉具有显著影响	不通过	通过/＋	通过/－	不通过
	H18：杰出校友数对大学社会声誉具有显著影响	不通过	不通过	不通过	不通过
	H19：专利数对大学社会声誉具有显著影响	通过/－	不通过	通过/＋	不通过
	H20：高水平论文数对大学社会声誉具有显著影响	通过/＋	不通过	通过/－	不通过
	H21：高被引论文数对大学社会声誉具有显著影响	不通过	不通过	不通过	不通过
	H22：校企合作强度对大学社会声誉具有显著影响	不通过	通过/＋	通过/－	不通过
	H23：校社合作强度对大学社会声誉具有显著影响	不通过	不通过	通过/－	不通过
社会网络机制	H24：大学在科研合作网络中的点度中心度对大学社会声誉具有显著影响	不通过	通过/＋	通过/－	通过/－
	H25：大学在科研合作网络中的接近中心度对大学社会声誉具有显著影响	通过/－	不通过	通过/＋	不通过

续上表

机制	研究假设	是否通过检验/影响方向			
		以知名度作为因变量		以美誉度作为因变量	
		当期	滞后一期	当期	滞后一期
社会网络机制	H26：大学在科研合作网络中的中间中心度对大学社会声誉具有显著影响	不通过	不通过	不通过	不通过
	H27：科研合作网络中心度特征在大学科研经费对大学社会声誉影响中发挥调节效应	通过/ +	不通过	不通过	不通过
	H28：科研合作网络中心度特征在大学专利数对大学社会声誉影响中发挥调节效应	不通过	不通过	通过/ +	通过/ +
	H29：科研合作网络中心度特征在大学高水平论文数对大学社会声誉影响中发挥调节效应	不通过	不通过	通过/ +	不通过
	H30：科研合作网络中心度特征在大学高被引论文数对大学社会声誉影响中发挥调节效应	不通过	不通过	不通过	不通过
合法性认同机制	H31：媒体报道数对大学社会声誉具有显著影响	通过/ +	不通过	通过/ -	通过/ -
	H32：媒体负面报道数对大学社会声誉具有显著影响	通过/ +	不通过	不通过	通过/ +
	H33：大学组织合法性水平对大学社会声誉具有显著影响	通过/ +	通过/ +	不通过	通过/ +
	H34：大学组织合法性水平在大学资源要素与大学社会声誉间存在中介效应	不通过	通过/ +（部分中介）	不通过	不通过
	H35：大学组织合法性水平在大学组织功能与大学社会声誉间存在中介效应	不通过	通过/ +（部分中介）	不通过	通过/ +（部分中介）

5.2 稳健性检验

稳健性检验考察的是评价方法和指标解释能力的稳定性，也就是当改变某些参数时，评价方法和指标是否仍然对评价结果保持相对一致的解释。回归模型的稳健性检验方法通常包括：重新界定自变量、因变量或控制变量；采用不同层面的样本数据；剔除可能影响分析结果的样本；选择区别于主回归模型的其他回归模型；采用其他有效的统计方法等。

首先，本书重新选取了控制变量。一方面剔除了不具有显著性的变量“学生总数”（stu），另一方面考虑到近年来大学排名的社会影响力逐渐凸显，笔者搜集了各大学在样本年度前一年中在全球四大大学排行榜中的名次，通过取平均值的方式确定“机构名次”（rank）这一变量，[①] 进而将其纳入到前述四个基础模型中进行回归分析。主要检验结果如表 5－19 所示，模型 7－5、模型 7－6 对应资源要素模型，模型 11－5、模型 11－6 对应组织功能模型，模型 15－5、模型 15－6 对应科研合作网络模型，模型 27－5、模型 27－6 对应组织合法性模型。从结果来看，自变量对因变量的影响并未发生实质性变化。而机构名次对大学知名度具有显著正向影响，在一定程度上验证了大学排名与媒体报道一样具有“曝光效应”；但相反地，机构名次对大学美誉度具有显著负向影响，证明了大学排名靠后确实不利于美誉度的提升，符合经验上的预期。

① 一般地，大学排行榜对排名靠后的大学只提供区间排名，不提供详细位次排名。当遇到此类情况时，本研究使用该区间的中位数作为该大学的排名结果。如排名区间“101－150”赋值为125。如果一所大学未被相应年度的某个大学排行榜收录，则只选取其他三个排行榜的排名结果计算平均值。以此类推。对于极个别没有被任一排行榜收录的大学，本研究默认将其排名区间设定在 ARWU 排名的最外围，赋值为 550。

表 5－19 稳健性检验结果

因变量	模型 7－5	模型 7－6	模型 11－5	模型 11－6	模型 15－5	模型 15－6	模型 27－5	模型 27－6
	vis	qs	vis	qs	vis	qs	vis	qs
est	－67.62*** (－43.60)	－1.745*** (－3.88)	－68.62*** (－35.21)	－1.186** (－2.16)	－63.35*** (－42.46)	－1.736*** (－4.09)	－64.67*** (－54.12)	－1.119*** (－3.23)
ln_rev	－9.335 (－0.80)	5.526 (1.63)	13.21 (1.12)	3.076 (0.92)	2.910 (0.25)	4.653 (1.41)	－0.681 (－0.06)	5.435* (1.65)
staf	－0.0237** (－2.47)	0.0085*** (3.05)	－0.0253*** (－4.67)	0.0045*** (2.96)	－0.0183*** (－3.48)	0.0038** (2.57)	－0.0166*** (－3.17)	0.0038** (2.47)
rank	0.0779** (2.05)	－0.0210* (－1.91)	0.0661* (1.72)	－0.0174 (－1.61)	0.0756* (1.96)	－0.0213* (－1.95)	0.0759** (1.99)	－0.0211* (－1.91)
dum_sex_2	－27.34** (－2.54)	2.806 (0.90)						
age	0.928 (1.44)	－0.153 (－0.82)						
term	－1.745* (－1.82)	0.421 (1.51)						
dum_edu_2	12.20 (0.89)	－3.214 (－0.81)						

续上表

因变量	模型 7 – 5	模型 7 – 6	模型 11 – 5	模型 11 – 6	模型 15 – 5	模型 15 – 6	模型 27 – 5	模型 27 – 6
	vis	qs	vis	qs	vis	qs	vis	qs
dum_sour_2	8. 043 (0. 92)	−7. 403 *** (−2. 92)						
ln_endoe	27. 94 *** (3. 13)	8. 160 *** (3. 14)						
ln_fund	−43. 73 ** (−2. 24)	4. 589 (0. 81)						
ser	−53. 99 (−1. 35)	3. 534 (0. 30)						
tenr	−129. 6 ** (−2. 09)	59. 51 *** (3. 30)						
tal	2. 205 *** (2. 68)	0. 0341 (0. 14)						
pdoc	0. 0619 * (1. 79)	−0. 0091 (−0. 90)						
post	0. 0041 * (1. 67)	−0. 0009 (−1. 24)						
dum_aau_2	−23. 07 (−0. 47)	22. 16 (1. 55)						

续上表

因变量	模型 7 - 5	模型 7 - 6	模型 11 - 5	模型 11 - 6	模型 15 - 5	模型 15 - 6	模型 27 - 5	模型 27 - 6
	vis	qs	vis	qs	vis	qs	vis	qs
sel			-0.517 (-1.23)	-0.213* (-1.79)				
ret			-4.120** (-2.23)	0.958* (1.84)				
gra			0.783 (0.93)	-0.143 (-0.60)				
rat			1.411 (0.77)	-1.332*** (-2.59)				
alu			0.0254 (0.03)	-0.138 (-0.58)				
pat			-0.160 (-1.62)	0.105*** (3.75)				
arti			0.0226*** (2.77)	-0.0048** (-2.06)				
top			0.0241 (0.15)	0.0554 (1.20)				
indr			210.9 (1.29)	-96.32** (-2.09)				
npor			101.0 (0.79)	-28.36 (-0.79)				

续上表

因变量	模型 7 – 5	模型 7 – 6	模型 11 – 5	模型 11 – 6	模型 15 – 5	模型 15 – 6	模型 27 – 5	模型 27 – 6
	vis	qs	vis	qs	vis	qs	vis	qs
deg					0. 842 (1. 24)	– 0. 622 *** (– 3. 21)		
clo					– 2. 711 ** (– 2. 28)	0. 934 *** (2. 77)		
betw					– 4. 992 (– 0. 96)	1. 043 (0. 71)		
med							0. 118 ** (2. 43)	– 0. 0287 ** (– 2. 05)
neg							0. 486 * (1. 66)	– 0. 0103 (– 0. 12)
leg							12. 86 * (1. 85)	0. 0618 (0. 03)
_cons	10838. 6 *** (31. 87)	– 45. 07 (– 0. 46)	10875. 8 *** (33. 22)	141. 2 (1. 53)	10045. 7 *** (32. 76)	239. 4 *** (2. 75)	10298. 2 *** (39. 38)	121. 3 (1. 60)
N	690	690	690	690	690	690	690	690
R^2	0. 894	0. 0847	0. 890	0. 0991	0. 887	0. 0601	0. 889	0. 0436
F 检验/Wald 值	277. 9	3. 037	324. 1	4. 410	636. 3	5. 186	652. 3	3. 695
采用模型形式	FE	FE	FE	FE	FE	FE	FE	FE

注：括号内数值为对应系数的 *T* 统计量；***、**、* 分别表示通过 1%、5%、10% 的显著性水平。

其次，本书尝试采取分组的方式进行检验。亚伯拉罕·林肯总统于1862年签署的《赠地法案》是美国政府首次以法令形式颁布的高等教育政策，也正是在这一时期，公私立大学的类型才得以确立。作为高等教育系统的两大分支，公私立大学在管理与财政方面存在明显差异。[①] 为使实证结果可靠、稳健，本书采用了子样本分组方式，对当期效应进行稳健性检验，即把全样本的115所大学按照大学的公私立属性分成两组（其中公立大学有81所，私立大学有34所）。由于篇幅限制，本节不再赘述回归结果，研究假设的检验结果如表5－20所示。

表5－20 研究假设检验结果汇总表Ⅱ

机制	研究假设	是否通过检验/影响方向			
		以知名度作为因变量		以美誉度作为因变量	
		公立大学	私立大学	公立大学	私立大学
理性选择机制	H1：校长性别对大学社会声誉具有显著影响	通过/－	通过/－	不通过	不通过
	H2：校长年龄对大学社会声誉具有显著影响	通过/＋	通过/－	不通过	不通过
	H3：校长任期对大学社会声誉具有显著影响	通过/－	不通过	不通过	不通过
	H4：校长最高学位是否为博士对大学社会声誉具有显著影响	通过/＋	通过/＋	不通过	不通过
	H5：校长来源对大学社会声誉具有显著影响	不通过	通过/＋	通过/－	通过/－
	H6：捐赠资产数对大学社会声誉具有显著影响	通过/＋	通过/－	通过/＋	通过/＋
	H7：科研经费数对大学社会声誉具有显著影响	通过/－	通过/＋	不通过	通过/＋
	H8：师管比对大学社会声誉具有显著影响	通过/－	通过/＋	不通过	不通过

① 相关研究参见：GRUNIG S D. Research, reputation, and resources: the effect of research activity on perceptions of undergraduate education and institutional resource acquisition [J]. The journal of higher education, 1997, 68 (1): 17－52；韩梦洁. 美国高等教育结构变迁：市场机制、公共选择与学术逻辑 [M]. 北京：科学出版社，2016：79.

续上表

机制	研究假设	是否通过检验/影响方向			
		以知名度作为因变量		以美誉度作为因变量	
		公立大学	私立大学	公立大学	私立大学
理性选择机制	H9：终身教授规模对大学社会声誉具有显著影响	不通过	通过/－	通过/＋	通过/＋
	H10：高层次人才数对大学社会声誉具有显著影响	通过/＋	通过/＋	不通过	通过/＋
	H11：博士后数对大学社会声誉具有显著影响	通过/＋	通过/＋	不通过	不通过
	H12：研究生数对大学社会声誉具有显著影响	通过/＋	不通过	不通过	不通过
	H13：美国大学联合会成员资格对大学社会声誉具有显著影响	不通过	通过/＋	不通过	通过/＋
	H14：学生录取率对大学社会声誉具有显著影响	不通过	不通过	通过/－	不通过
	H15：学生保有率对大学社会声誉具有显著影响	不通过	不通过	通过/＋	不通过
	H16：学生毕业率对大学社会声誉具有显著影响	通过/＋	不通过	不通过	不通过
	H17：生师比对大学社会声誉具有显著影响	不通过	不通过	通过/－	不通过
	H18：杰出校友数对大学社会声誉具有显著影响	通过/－	通过/＋	不通过	不通过
	H19：专利数对大学社会声誉具有显著影响	不通过	通过/－	通过/＋	不通过
	H20：高水平论文数对大学社会声誉具有显著影响	通过/＋	通过/＋	通过/－	不通过
	H21：高被引论文数对大学社会声誉具有显著影响	不通过	不通过	不通过	不通过
	H22：校企合作强度对大学社会声誉具有显著影响	不通过	不通过	不通过	通过/－
	H23：校社合作强度对大学社会声誉具有显著影响	不通过	不通过	通过/－	通过/＋

续上表

机制	研究假设	是否通过检验/影响方向			
		以知名度作为因变量		以美誉度作为因变量	
		公立大学	私立大学	公立大学	私立大学
社会网络机制	H24：大学在科研合作网络中的点度中心度对大学社会声誉具有显著影响	不通过	不通过	通过/－	通过/－
	H25：大学在科研合作网络中的接近中心度对大学社会声誉具有显著影响	通过/－	不通过	通过/＋	通过/＋
	H26：大学在科研合作网络中的中间中心度对大学社会声誉具有显著影响	不通过	通过/－	不通过	不通过
	H27：科研合作网络中心度特征在大学科研经费对大学社会声誉影响中发挥调节效应	通过/＋	通过/＋	不通过	不通过
	H28：科研合作网络中心度特征在大学专利数对大学社会声誉影响中发挥调节效应	不通过	不通过	通过/＋	不通过
	H29：科研合作网络中心度特征在大学高水平论文数对大学社会声誉影响中发挥调节效应	不通过	不通过	通过/＋	不通过
	H30：科研合作网络中心度特征在大学高被引论文数对大学社会声誉影响中发挥调节效应	不通过	不通过	通过/＋/－	不通过
合法性认同机制	H31：媒体报道数对大学社会声誉具有显著影响	通过/＋	通过/＋	不通过	通过/－
	H32：媒体负面报道数对大学社会声誉具有显著影响	不通过	不通过	不通过	不通过
	H33：大学组织合法性水平对大学社会声誉具有显著影响	通过/＋	不通过	不通过	不通过

续上表

机制	研究假设	是否通过检验/影响方向			
		以知名度作为因变量		以美誉度作为因变量	
		公立大学	私立大学	公立大学	私立大学
合法性认同机制	H34：大学组织合法性水平在大学资源要素与大学社会声誉间存在中介效应	不通过	不通过	不通过	不通过
	H35：大学组织合法性水平在大学组织功能与大学社会声誉间存在中介效应	不通过	不通过	不通过	不通过

对比表5－18和表5－20的汇总结果，除了部分解释变量的显著性存在差异外，一些比较重要的研究发现主要体现在以下方面。

在全样本中，校长年龄对大学知名度或美誉度的影响都不显著；但是在公立大学样本组中，校长年龄对大学知名度具有显著正向影响；而在私立大学样本组中，校长年龄对大学知名度具有显著负向影响。在全样本中，校长来源对大学知名度的影响不显著；但是在私立大学样本组中，从校内晋升的校长比校外聘任的校长在提升大学知名度方面更具优势。

在全样本中，科研经费数对大学知名度具有显著负向影响，对大学美誉度的影响不显著；但是在私立大学样本组中，科研经费数对大学知名度和美誉度都具有显著正向影响。

在全样本中，师管比对大学知名度或美誉度的影响都不显著；但是在公立大学样本组中，师管比对大学知名度具有显著负向影响；而在私立大学样本组中，师管比对大学知名度具有显著正向影响。在全样本中，高层次人才数对大学美誉度的影响不显著；但是在私立大学样本组中，高层次人才数对大学美誉度具有显著正向影响。

在全样本中，学生保有率对大学美誉度的影响不显著；但是在公立大学样本组中，学生保有率对大学美誉度具有显著正向影响。在全样本中，学生毕业率对大学知名度或美誉度的影响都不显著；但是在公立大学样本组中，学生毕业率对大学知名度具有显著正向影响。在全样本中，杰出校友数对大学知名度或美誉度的影响都不显著；但是在公立大学样本组中，杰出校友数对大学知名度具有显著负向影响；而在私立大学样本组中，杰出校友数对大学知名度具有显著正向影响。

在全样本中，美国大学联合会成员资格对大学知名度或美誉度的影响都不显著；但是在私立大学样本组中，美国大学联合会成员资格对大学知名度和美誉度都具有显著正向影响。

在全样本中，媒体负面报道数对大学知名度具有显著正向影响；但是在公立大学和私立大学两个子样本组中，媒体负面报道数对大学知名度的影响均不显著。

综上，结合稳健性检验的结果，笔者将适用于全样本和只适用于子样本的结论进行汇总，梳理出对不同类型大学社会声誉提升具有显著影响的因素（见表5－21）。正是因为声誉影响因素的多样性和形成机理的复杂性，不同大学在追求高声誉方面面临多样化的策略组合。

表5－21 影响大学社会声誉的显著因素汇总表

对比项目	适用于全样本	只适用于子样本	
		公立大学	私立大学
对提升知名度和美誉度同时具有显著效果	较多的捐赠资产	—	较多的科研经费、较多的高层次人才、美国大学联合会成员资格
只对提升知名度具有显著效果	女性校长、任期较短的校长、拥有博士学位的校长、较少的科研经费、较多的高层次人才、较多的博士后、较多的研究生、较低的学生保有率、较高的生师比、较高的校企合作强度、科研合作网络中较大的点度中心度、较多的媒体负面报道、较高的组织合法性水平	年龄较大的校长、较低的师管比、较高的学生毕业率、较少的杰出校友	年龄较小的校长、从校内晋升的校长、较高的师管比、较多的杰出校友
只对提升美誉度具有显著效果	男性校长、从校外聘任的校长、较低的学生录取率、较低的生师比、较低的校企合作强度、较低的校社合作强度、科研合作网络中较小的点度中心度、较多的媒体负面报道、较高的组织合法性水平	较高的学生保有率、科研合作网络中较小的中间中心度	科研合作网络中较大的接近中心度

续上表

对比项目	适用于全样本	只适用于子样本	
		公立大学	私立大学
在提升知名度和美誉度方面具有双向效果，需要大学权衡取舍	终身教授规模、专利数、高水平论文数、科研合作网络中的接近中心度、媒体报道数	—	—

注：加下画线的因素表示其效果发挥具有滞后性。

5.3　结果与讨论

世界一流大学的发展历程告诉我们，杰出的大学校长对于大学的发展起着关键性的作用。随着大学组织日趋复杂，大学的内部分权越来越明显，大学治理的复杂程度比以往任何时候都高，需要大学与众多利益相关者相互协调沟通，妥善处理大学的各种社会关系，而大学校长在其中的作用更加凸显。[①] 从实证研究结果来看，校长性别、年龄、任期和教育背景确实对大学社会声誉具有不同程度的影响；而从校外聘用校长，对于大学美誉度具有明显提升作用，原因可能在于其拥有的创造性经验以及在拓宽对外关系方面能够给大学带来的新变化。

从办学经费来看，大学捐赠资产数对大学提升社会声誉具有重要影响，实证检验结果也符合预期判断。社会声誉水平高的大学往往能筹集到更多的捐赠款项，而且也都积累了雄厚的捐赠基金支持大学的长期可持续发展。捐赠基金规模已经成为美国大学核心竞争力的一种表现。知名大学能够培养出有能力的学生并需要其成就来维护、提升自己的声誉，更重要的是，这些学生（也就是校友）认同个人成功与母校教育的关系，并愿意以资金、智力、信息等方式回馈母校。[②]

而科研经费对公立和私立大学的社会声誉产生的影响则有所区别。随着高等教育经费来源日益走向多元化，公立大学更多地争取外部资源似乎容易

① 蒋馨岚. 制度伦理视角下的现代大学制度研究［M］. 北京：中国社会科学出版社，2016：36.
② 罗志敏. 校友文化与世界一流大学创建［M］. 杭州：浙江大学出版社，2013：4.

对自身知名度造成冲击。这可能与外界对公立大学承担更多社会责任的期待有关。特别是当公立大学的科研经费主要依赖于政府时，学术研究的目的和性质确实容易出现受政府支配的问题。美国大学的问责制既关注公平又兼顾效率，在公共服务与市场竞争之间取得平衡是公立大学领导层关注的重要议题。学生保有率以及毕业率对其社会声誉的正向影响同样映证了公立大学注重履行公共职能的突出特征。而私立研究型大学的资源状况及其符号载荷，对其取得优势地位仍然具有重要意义。在本研究中，高层次人才数、杰出校友数、美国大学联合会成员资格都只对私立大学社会声誉具有显著正向影响，也是对其长期坚守的精英化办学战略和卓越属性的一种佐证。争取更多科研经费，包括加强与非营利机构的合作，也都对私立大学美誉度的提升具有明显效果。

在现代大学中，优秀的师生构成、卓越的人才培养与高水平的科研活动互相交织在一起成为大学工作重心。而当研究型大学成为高水平大学的代名词时，具有世界影响力的教师、优秀的生源以及高水平的教学研究成果就共同构成了评价一流大学的重要因素。作为大学专用性人力资本的直接反映，较大的终身教授规模对大学树立美誉度具有突出贡献；作为判断大学教学质量的常用指标，较小的生师比也有助于提升大学美誉度；作为考量大学科技创新水平的重要方面①以及衡量大学服务区域创新活动的重要指标，② 较多的专利数同样是大学赢得社会赞誉的关键。而本研究选取的诸如博士后数、研究生数、高水平论文数等反映规模的指标，更多的是与大学知名度直接相关。美国研究型大学把人才培养和科学研究很好地结合起来，也促使美国大学拔尖人才培养和前沿科研一直处于相互促进的良性循环之中。

另外，实证结果显示，本研究选取的校企合作强度和校社合作强度两个变量都对大学美誉度有显著反向关系，说明美国研究型大学开展社会服务活动的影响因素可能更为复杂，其对大学社会声誉的具体影响还有待深入研究。扬斯·李（Lee，2000）总结了大学参与产学研合作的复杂动机，并按照重要性程度排序如下：保证科研人员和实验室设备的经费；深入洞察研究领域；实地检验某个理论的正确性；弥补研究所需资金的不足；协助大学完成最高使命；帮助学生建立同企业的联系，发现工作机会；获得有用的知识

① 陈振英，陈国钢，殷之明．专利视角下高校科技创新水平比较："十一五"期间我国 C9 大学的发明专利计量分析［J］．情报杂志，2013，32（7）：143－147.

② CROSBY M. Patents，innovation and growth［J］. Economic record，2000，76（234）：255－262.

以运用在教学中；寻找商业机会。① 王晓红和张奔（2018）利用2007—2014年我国88所大学的面板数据，采用系统广义矩估计方法检验校企合作活动对大学科研绩效的影响。研究结果表明：校企合作对大学科研绩效的影响呈倒U形。校企合作强度只有控制在一定范围内，才能对大学科研绩效产生显著正向影响；超过一定限度后，则产生显著负向影响。② 这也启示大学在自身校企合作强度较低时，应积极寻求与企业开展合作，但是不能无限制地提高校企合作强度。

总体看来，理性选择机制在研究型大学社会声誉形成过程中确实发挥着主导性作用。美国高等学校自诞生起就在竞争环境中求生存、求发展，而教育的多样性又有利于院校间良性竞争。美国所有大学都直接面向社会办学，市场作为教育资源配置的主要方式对大学发挥着重要调控作用，由教育市场反映出的教育需求变化支配着大学变革调整的方向。这种市场竞争的机制使得高等学校充满活力。通过竞争，大学可以拓展生存空间，优化资源配置，最大限度地发挥出自身功能。大学通过资源的优化以及功能的延伸，提升教学、科研和服务效率，创造出符合自身定位的社会价值，这是大学社会声誉形成的基本路径。良好的社会声誉形成后，能够为大学吸引到优质资源，进而促进人才培养质量的提高、科研学术水平的提升、社会服务成果的涌现，实现良性循环。

声誉是一种依附于组织自身的无形资源，无法以彼此交换的方式实现资源共享，但可通过合作开展的实际行动体现声誉资源在多元组织之间的共同拥有与彼此共享。组织内交易主体的研发合作项目数量在很大程度上取决于其过去交易的声誉，正是良好声誉的传播和积累，使其获得更多的研发合作机会。③ 本书通过实证研究发现，点度中心度对大学美誉度具有显著负向关系，说明在科研合作网站中，比起一味地扩大合作者数量，大学更应关注与核心合作者构筑紧密联系，加深信任；接近中心度对大学美誉度具有显著正向关系，也说明缩短行为主体与其他合作成员的距离有助于提高合作者的显示度，能够为提升学校声誉创造有利条件。与此同时，点度中心度对科研经费数、专利数、高水平论文数与大学美誉度关系间都存在正向调节效应，这也说明在网络中扩大合作者数量对于自身在资源获取和功能提升方面依然能

---

① LEE Y S. The sustainability of university - industry research collaboration: an empirical assessment [J]. The journal of technology transfer, 2000, 25 (2): 111 - 133.

② 王晓红，张奔. 校企合作与高校科研绩效：高校类型的调节作用 [J]. 科研管理，2018，39 (2): 135 - 142.

③ 文少保. 美国大学跨学科研究资助政策与组织机制 [M]. 北京：科学出版社，2016: 152.

够产生助益。社会网络机制在某种意义上为大学的声誉战略管理提供了更多元化的选择。

研究型大学与外界保持良好的互动关系有利于提升社会声誉。大学不仅需要从环境中吸取资源以维持组织生存，而且需要积极回应外界期待，从环境中得到认同以增强合法性。[①] 中介机构、新闻媒体和研究机构开展的社会评价在美国高等教育质量评价体系中起着主导作用。马修·根茨科（Gentzkow）和杰西·夏皮罗（Shapiro，2006）曾将媒体报道客观事实时选择不同的新闻来源、对新闻内容加以取舍以及带有褒贬含义的评价统称为媒体报道偏差。[②] 媒体报道偏差的成因一方面在于媒体所有者以及新闻记者、编辑的偏好，[③] 另一方面是迎合受众的偏好以及满足广告厂商对报道内容的需求。从实证结果来看，由于“曝光效应”的存在，媒体报道数以及负面报道数都在一定程度上有利于提高大学的受关注度，但媒体报道数对大学美誉度的负向影响也提醒大学更应该关注宣传工作的实际效益。已有研究发现，媒体关注可以对企业绩效和履行社会责任产生影响，特别是媒体负面报道有利于敦促企业重视履行社会责任，加大社会责任方面的投入。[④] 对于大学而言，积极应对负面报道，及时发布回应信息，并与公众保持沟通，也能达到强化舆论引导、赢得话语权的目标。同时，鉴于大学组织合法性水平对大学知名度具有显著正向影响，并且对大学美誉度的显著正向影响具有滞后效应，因此，大学在与外界互动过程中，既要顺应外部环境变化，更要努力获取关键利益相关者的理解、认可与支持。大学的公关工作要取得成效，需要极大的耐心和持之以恒的毅力。

---

① 周光礼．从同型竞争到错位竞争：高校品牌形成机制研究［J］．中国高教研究，2017（10）：9.

② GENTZKOW M，SHAPIRO J M．Media bias and reputation［J］．Journal of political economy，2006，114（2）：280－316.

③ DJANKOV S，MCLIESH C，NENOVA T，et al．Who owns the media?［J］．The journal of law and economics，2003，46（2）：341－382；BESLEY T，PRAT A．Handcuffs for the grabbing hand? Media capture and government accountability［J］．American economic review，2006，96（3）：720－736.

④ KANG J，KIM Y H．The impact of media on corporate social responsibility［J］．Social science electronic publishing，2013，81（1）：41－45.

第六章　研究型大学社会声誉形成机理的案例检验

6.1　案例选择

案例研究法是指基于所搜集的资料对典型个案进行分析，由具体到抽象得出具有一般性、普遍性规律的研究方法。在理论检验方面，大样本回归分析可以帮助我们判断自变量与因变量之间相关关系是否成立，但是并不能说明为什么成立，尤其是说明其中的因果机制。而案例分析可以帮助我们深入剖析案例初始条件如何转化为案例结果，相对容易挖掘因果机理，在理论检验上具有独特优势。[①] 为了使本书对声誉形成机理的揭示具有说服力，笔者对若干所研究型大学的具体行为进行详细考察，梳理大学社会声誉形成的实践脉络。

案例选择与研究目的密切相关。为了验证已有研究模型，研究者需要根据资料是否适合挖掘各研究变量间的逻辑关系而确定案例，从能够提供有理论见解的可能样本中选取有用的案例。在多案例研究中，案例选择往往关注是否具有复制逻辑（replication logic），即把不同案例当作实验样本，相互印证或推翻从不同案例中得到的结论，从而产生更具普遍性或更稳健的结论。[②] 多案例分析包括案例内分析（within - case analysis）和案例间分析（cross - case analysis）两个阶段。案例间分析建立在案例内分析的基础之上，对所有案例进行统一的抽象和归纳，从而得出更有力的解释。[③] 为了通过具体的管理实践检验研究型大学社会声誉的形成机理，本研究选择了四个案例，分别是哈佛大学（Harvard University）、加州大学伯克利分校（University of California,

① 范埃弗拉. 政治学研究方法指南［M］. 陈琪，译. 北京：北京大学出版社，2006：28 - 29.

② EISENHARDT K M. Better stories and better constructs: the case for rigor and comparative logic［J］. Academy of management review，1991，16（3）：620 - 627.

③ EISENHARDT K M. Building theories from case study research［J］. Academy of management review，1989，14（4）：532 - 550.

Berkeley）、上海交通大学（Shanghai Jiao Tong University）和香港科技大学（The Hong Kong University of Science and Technology）。选择案例样本的标准是充分考虑研究型大学在类型及发展阶段上的差异性。

（1）哈佛大学是一所坐落于美国马萨诸塞州剑桥市的私立研究型大学。其因历史、学术影响、财富价值等因素成为世界上最负盛名的学府之一。哈佛大学于1636年由当地的殖民地立法机关立案成立，是全美历史最悠久的高等学府。哈佛大学拥有庞大的资产，每年收到的捐款数目长期位列全球教育机构之首。

（2）加州大学伯克利分校位于美国加利福尼亚州旧金山湾区伯克利市，是一所世界著名的公立研究型大学。其许多科系位于全球大学排行前十名，常被誉为美国乃至世界最顶尖的公立大学。创立于1868年的伯克利分校是加州大学系统的创始大学，也是美国大学联合会的创始会员之一。1964年由伯克利分校发起的“言论自由运动”使得伯克利市成为当时美国社会变革的中心。

（3）上海交通大学是位于中国上海市的一所具有理工特色、涵盖理、工、医、经、管、文、法、农等9个学科门类的教育部直属综合性全国重点大学，是全国首批七所“211工程”和首批九所“985工程”院校之一。其前身是清末洋务派政治家和实业家盛宣怀于1896年创建的南洋公学。作为中国近代历史最悠久的两所大学之一，上海交通大学培养了大批领袖人才和著名科学家。

（4）香港科技大学是一所坐落于香港特别行政区清水湾半岛的公立研究型大学。于1991年成立的香港科技大学是在香港向知识经济社会转型、世界高等教育掀起新一轮国际化浪潮的背景下应运而生的高等学府。香港科技大学目前由商学院、工学院、理学院及人文社会科学院组成，另设一个负责处理跨学科课程的跨学系部门。该校连续多年获评为香港三所最佳高等学府之一。

以上四个案例包含了中美两国从私立到公立不同类型的研究型大学。如表6－1所示，这四所大学在成立时间、治理模式、办学规模及声誉排名等方面存在较大的区分度，构成了最大差异案例（most different cases）。参照图3－16和图4－1，本书重点考察四所大学在以下领域的表现：①关注大学社会声誉形成的驱动因素，了解各大学的使命愿景、发展概况及实现目标或价值的程度；②关注大学的优势资源和核心功能，了解大学与外部行为主体（如政府、企业及其他大学）的互动情况，探讨理性选择机制和社会网络机制对声誉形成的影响；③关注不同利益相关者对各大学的评价或媒体对各大学的报道，探讨合法性认同机制对声誉形成的影响。

表 6－1　案例的基本特征比较

项目		哈佛大学	加州大学伯克利分校	上海交通大学	香港科技大学
创建时间		1636 年	1868 年	1896 年	1991 年
学校类型		私立大学	公立大学、赠地大学	公立大学、中央部属高校	公立大学
现任校长		劳伦斯·巴考（Lawrence S. Bacow）	卡罗尔·克里斯（Carol T. Christ）	林忠钦	史维
专任教师数		2 100	2 389	2 979	531
学生人数		21 225	42 519	41 297	15 555
所属校际联盟		美国大学联合会、全美独立学院及大学协会	美国大学联合会、国际研究型大学联盟、环太平洋大学联盟	九校联盟、Universitas 21 大学联盟	东亚研究型大学协会、亚洲大学联盟、环太平洋大学联盟
全球排名	ARWU	1	5	82	201～300
	QS	3	30	47	27
	THE	3	7	100	56
	USNWR	1	4	122	109
校徽					

注：表格中资料均为 2020 年可获取的最新公开数据。

任何一个组织培育声誉的过程都需要包含组织和社会环境两方面的交互行为。[①] 在这个过程中，组织既是信息的解读者，需要分析和了解环境中对其施压的受众及其特征；同时也是信息的传播者，其战略反应和行为会被环境中的受众所解读并由此决定是否赋予该组织积极的评价。笔者将声誉结果

① NEILSEN E H，RAO M V H. The strategy－legitimacy nexus：a thick description ［J］. Academy of management review，1987，12（3）：523－533.

视为大学与社会环境互动的结果。一方面，大学有目的地采取理性选择策略和社会网络策略，谋求建立能为其自身利益最大化提供帮助的社会关系结构，行动者的能动性影响、塑造着社会结构；另一方面，大学的行动也受到社会环境的制约，只有采取组织合法性战略提升组织合法性水平，才能更好地适应内外部环境的变化。约翰·道林（Dowling）和杰弗里·菲佛（Pfeffer，1975）曾提出组织获得合法性的三种策略[①]：①顺从性策略，即将组织的产出、目标、经营方法与主流合法性的定义保持一致；②操控性策略，即组织可以改变目前社会对于合法性的认知使其与组织目前的行为保持一致；③凸显性策略，组织可以通过沟通宣传策略凸显组织在合法性属性（如标志、价值观、制度）上的表现。笔者借鉴两人的观点，将研究型大学声誉管理过程中的合法性认同策略分为三个维度：顺从、操控和凸显。围绕着对不同机制对应策略的检验，本章案例研究的分析框架如图 6－1 所示。

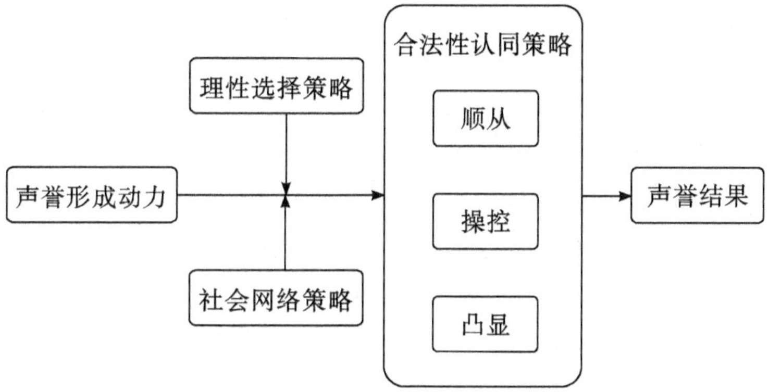

图 6－1 案例研究分析框架

本书所报告的案例研究证据大都来自于正式的公开资料。“采用公开资料的好处是所有被引用的证据已经通过了社会舆论的一次检验，我们也就在学术伦理上能够保证资料具有较高的可信度。”[②] 选择哈佛大学等四所大学作为研究对象，也充分考虑到现有关于上述四所大学的公开报道、文献资料相对丰富，利于开展研究。笔者通过梳理原始资料，总结四所大学提升社会声誉的策略并对其进行编码，形成相对完整的策略体系以便进行展示和比较。通过上述四个案例的研究能够较全面地认识当今研究型大学社会声誉形成和维持的不同侧面，为理论检验提供相对丰富、完整的实证素材。

---

① DOWLING J，PFEFFER J. Organizational legitimacy：social values and organizational behavior [J]. Pacific sociological review，1975，18（1）：122－136.

② 朱旭峰. 政策变迁中的专家参与［M］. 北京：中国人民大学出版社，2012：39.

6.2 哈佛大学

6.2.1 哈佛大学发展概况

哈佛大学成立于1636年，在其380多年的办学历史中，毕业生涵盖了8位美国总统、62位亿万富翁及359位罗德学者，人数均为全美最多；另有150多名诺贝尔奖得主现在或曾经在哈佛大学学习或工作。

1636年以杰·凯茨（Jei Keights）为首的一批英国剑桥大学的毕业生和校友，在教会和殖民政府的支持下，于波士顿附近的剑桥市创建“剑桥学院”，当初建校目的主要是培养教会的神职人员和管理人才。1638年建校委员会委员之一、剑桥大学毕业生约翰·哈佛（John Harvard）牧师的肺病日益严重，他决定将其一生积蓄共780英镑和全部藏书400余册捐赠给剑桥学院。同年，年仅30岁的约翰·哈佛与世长辞。于是建校委员会决定将剑桥学院改名为哈佛学院。在此后的岁月中，哈佛学院有了长足的发展，学校的规模有明显的扩大，并于1780年正式更名为哈佛大学。

哈佛大学的初创时期是学校声誉形成的初级阶段，这时的哈佛大学几乎处于“一穷二白”的境地。哈佛大学从1636年建校起，通过完善学科设置，引进人才，争取社会捐助，设立文理学院、神学院等举措，不断地塑造哈佛大学的影响力。1829年以后，随着约西亚·昆西（Josiah Quincy）、查尔斯·艾略特（Charles W. Eliot）等教育家相继担任哈佛大学校长，哈佛大学开始迎来了真正较快提升影响力的时代。在这一时期，哈佛大学大力倡导理科教学，重视自然科学的发展，筹建了哈佛大学理学院，并率先实施自由选课制度，创办了研究生院，花重金从世界各地聘请优秀教师和科研人才，奠定了哈佛大学向现代研究型大学转变的基础。

1872年哈佛大学在本科学院的基础上成立研究生部，进而成立文理研究生院，把专业学院提高到了研究生教育的层次。自此，哈佛大学正式建立了一种区别于英国和德国的新型大学模式，它是美国在长期借鉴外国经验的过程中，摸索出的适合本国特点的新型高等教育结构。此后，耶鲁大学、哥伦比亚大学、普林斯顿大学、芝加哥大学等纷纷走上了与哈佛大学相同的道路，先后加入到改造成为现代研究型大学的行列中。[①] 进入研究型大学时期

① 郭健. 哈佛大学发展史研究［M］. 石家庄：河北教育出版社，2016：97.

的哈佛大学还形成了比较完善的治理模式，“双会制”是哈佛大学最具特色的治理模式：董事会拥有治理哈佛大学的最终决定权；监事会负责监督哈佛大学董事会的运作和决策。① 近年来，哈佛大学进行了董事会机构与治理改革，扩大了董事会的规模，规定了董事的任期年限，设置了新的专业委员会与校友事务委员会，更加专注于高层次战略规划的制定等。② 哈佛大学的日常事务主要由校长和教务长负责。校长是行政首脑，负责召集董事会会议以及指导大学行政系统。③ 哈佛大学还设有以教务长为主席、各学院院长和研究中心主任组成的教授会，以协调具体的学术事务，并主管校内课程设置、教授聘任、学生招生、经费分配等。

作为大学运转的核心，哈佛大学的历任校长都极为重视大学制度的承袭与创新。特别是在艾略特校长的领导下，哈佛大学从一所典型的英式学院转变为在大学精神上引领潮流的高等学府。“在成为哈佛大学校长时，艾略特博士肩负的重任是塑造整个国家的新教育。直到那时，哈佛大学在公共事务中的作用并不重要。艾略特博士不仅通过自己的管理才能使哈佛大学成为一座国家丰碑，而且使整个国家注意到所有美国主要大学校长肩负的教育责任具有重要价值。”④ 2018 年 7 月，哈佛大学史上第一任女校长德鲁·吉尔平·福斯特（Catharine Drew Gilpin Faust）正式离任，将接力棒交给新一任校长劳伦斯·巴考（Lawrence S. Bacow）。劳伦斯·巴考是美国高等教育行业中最有经验、最受尊敬的领导人之一，曾担任塔夫茨大学校长以及麻省理工学院校长。2018 年 10 月 5 日，新任校长劳伦斯·巴考发表就职演讲，指出：“我希望所有高等教育从业者都恪守我们的基本价值观——真理，卓越和机遇。但我也希望，除了坚守，我们还应该向全世界推广这些价值观。”⑤ 纵观哈佛大学历任校长的治校过程，他们无一不是胸怀将哈佛大学打造为卓越学术共同体的办学理念，并在实际工作中努力践行这一理念。

---

① 徐来群. 哈佛大学史［M］. 上海：上海交通大学出版社，2012：22.

② 刘慧珍，张熙. 哈佛大学董事会组织机构与治理改革：基于资源依赖的理论视角［J］. 现代教育管理，2016（3）：1－7.

③ FRENCH P. The long reach: a report on Harvard Today [M]. New York: Ives Washburn, 1962: 189.

④ WILDMAN E. Famous leaders of character in America: from the latter half of nineteenth century; the life stories of boys who have impressed their personalities on the life and history of the United States [M]. Boston: Page Company, 1922: 114.

⑤ Harvard University. Installation address by Lawrence S. Bacow [EB/OL]. (2018－10－05) [2018－10－10]. https://www.harvard.edu/president/speech/2018/installation－address－by－lawrence－s－bacow.

哈佛大学在内部治理上强调学术自治、教授秩序，采取分权化的方式激活基层组织，采取竞争择优的方式进行校内资源分配。哈佛大学始终将学科发展作为办学活动的中心，充分发挥基层学术组织的自治权力，注重提升教育品质。哈佛大学在其办学历史中，一直坚守寻求真理的办学宗旨，致力于社会精英人才的培养。它以培养有教养的人、全面发展的人为目标，并通过通专结合的课程体系、以培养独立思考能力为取向的教学方法、宽松自由的学术环境、独特的选课制、寄宿制和导师制等措施，最大程度地调动了学生学习的积极性、主动性和创造性，促进人才培养目标的实现。① 为了培养精英人才，哈佛大学各学院都制定了精英教育目标。例如商学院目标是“培养对世界有重要影响的领导者”；教育学院目标是“培养推进教育实践、政策以及研究未来发展的领导人”等。②

在世界各大报刊和研究机构的调查评估中，哈佛大学的排名经常位居世界第一。多年来，美国《普林斯顿评论》（Princeton Review）一直把哈佛大学列为全美“最难申请的大学”之一。今天的哈佛大学无论是在美国还是在全球范围内都具有非凡的影响力，稳居全球大学的翘楚。

6.2.2 哈佛大学社会声誉提升策略

1. 注重视觉识别系统建设，打造哈佛品牌

哈佛大学在学校视觉识别系统设计上具有自己的鲜明特色。哈佛大学的视觉识别系统设计简洁美观、色彩运用醒目，有助于传递学校的办学理念。③

校名：校名承载着学校的历史和理念。哈佛大学的命名源于它的第一个捐资人约翰·哈佛（John Harvard）。1638 年 9 月 14 日，牧师约翰·哈佛病逝，他把个人遗产和 400 余册图书捐赠给这所学校。1639 年 3 月 13 日，马萨诸塞海湾殖民地议会通过决议，把学校命名为哈佛学院，直到 1780 年才正式改为哈佛大学。

校训：哈佛大学的校训源自威廉姆斯·艾米思（William Ames）的一句名言：“Amicus Plato，Amicus Aristotle，sed Magis Amicus VERITAS”（与柏拉图为友，与亚里士多德为友，更要与真理为友）。作为哈佛学子求知和做人的第一准则，哈佛大学的校训包含了两层深远的意义：学校重视传统，相

---

① 刘宝存. 哈佛大学办学理念探析［J］. 外国教育研究，2003，30（1）：48－53.

② 别敦荣，贾杰静. 哈佛大学的发展历程、教育理念及启示［J］. 大学教育科学，2011（6）：77.

③ 谭颖. 哈佛大学视觉识别系统的建设及其对上海高校品牌新形象的启示［J］. 装饰，2015（10）：140.

信在伟大的传统中蕴含深远的智慧；学校强调追求真理是最高原则，无论是世俗权贵还是神圣权威，都不能阻止人们对真理的追求。①

校徽：校徽依据哈佛大学的校训而设计，运用经典盾形图案，内部由三本书构成，呈倒三角形，分别象征过去、现在和未来，书中字母组合起来是拉丁文“VERITAS”，译为“真理”，充分彰显了哈佛大学的办学方针。学校名称和橄榄枝环绕在校徽外圈，底部的校名“HARVARD”增强了校徽的辨识性。

标准色：哈佛大学的标准色是深红色，传达了哈佛大学师生对于真理的热爱与执着。哈佛大学建筑以深红色为主，哈佛大学校报取名《哈佛深红报》（The Harvard Crimson），深红色代表着这座历史悠久的高等学府的无上荣耀。

标准字：哈佛大学的标准字采用新罗马体，规范、经典、醒目。一般情况下使用“HARVARD”表示哈佛大学。

哈佛大学视觉识别系统的建设和使用具有以下特点②：一是管理规范系统化：哈佛大学视觉识别系统享有版权保护，学校制定了专门的管理标准手册，对允许使用哈佛大学标志的场所、物品及条件等进行详细规定。凡是带有哈佛大学标志的商品必须经过学校相关部门的许可后，才能在指定地点销售。二是销售渠道多样化：根据商品种类的差异，哈佛大学设立了多个销售地点，同时在学校网站上也有产品和店铺介绍。哈佛大学还在校园周边租赁规模较大的商铺，专门销售各类印有学校标志的商品。三是商品种类生活化：哈佛大学视觉识别系统几乎应用到了各类日常物品上，并且实用性极高。印有学校标志的商品大都是人们日常生活的必备用品，产品质量精良、美观耐用，深受师生和游客的喜爱。

2. 强化财务管理和捐赠管理，构筑“哈佛帝国”

哈佛大学日常财务工作由财务部（Finicial Administation）负责，捐赠基金的管理由哈佛大学管理公司（Harvard Management Company）负责，校友会（Harvard Alumni Association）则主要对校友联络和捐赠活动负责。③ 哈佛大学校友会由校友会理事会（HAA Board of Directors）、监督委员会（University Board Overseers）和提名委员会（Nominating Committee）组成。哈佛大学所有校友资源均由哈佛大学校友会统筹管理。

---

① 杨立军. 从十大名校看美国式精英教育［M］. 上海：学林出版社，2007：7.

② 谭颖. 哈佛大学视觉识别系统的建设及其对上海高校品牌新形象的启示［J］. 装饰，2015（10）：141.

③ 徐来群. “哈佛帝国”的建立：哈佛大学筹资研究［J］. 高教探索，2010（2）：38.

哈佛大学的募捐活动不仅多元化，而且宣传力度极大。进入20世纪，哈佛大学发动了数次大规模的筹资运动，几乎每一位校长在任期内都进行了筹资活动。哈佛大学的筹资活动是由学校发展办公室协调基金会或校友会利用各种渠道进行筹款，一般包括三种方式：年度募款活动、专项募款活动和校友团聚活动。哈佛大学之所以每年都能吸引到巨额捐赠，得益于学校资金筹措业务能力的娴熟与技巧。哈佛大学有专门的筹资机构连接校友和潜在捐赠者，除了校友会，其他常设机构还有大学发展办公室（Development Office）、捐赠运动交流委员会（Campaign Communication Committee）、哈佛杂志（Harvard Magazine）、哈佛公报（Harvard Gazette）、政府与社区事务办公室（Office of Government and Community Affairs）、人力资源办公室（Office of Human Resources）和大学咨询办公室（Office of University Counsel）等，实现了专业化、职业化的筹资人员和非专业人员相结合。在具体的捐赠活动中还设置各地区校友会的领导，建立各种临时性的组织。

哈佛大学不但接受捐赠和积极组织捐赠活动，而且还根据自己的资产和捐赠基金从事投资经营活动，赚取收益以达到基金保值和增值的目的。[①] 哈佛大学基金管理已经形成了自己的特色和完善的管理体制。1974年，哈佛大学正式成立了哈佛管理公司（Harvard Management Company，简称HMC）。HMC是隶属于哈佛大学的金融管理法人机构，负责管理学校的捐赠基金、养老金资产、营运资本及递延账户等。[②] 2008年美国金融危机后，哈佛大学对其捐赠基金的运作进行了改革：启动大规模的募捐行动、改善捐赠资产配置结构、调整捐赠基金投资管理机构以及加强捐赠基金投资风险管理等。这些措施使哈佛大学的捐赠基金市值逐渐接近金融危机前的水平，为其迅速摆脱财政危机做出了重要贡献。[③] 根据学校公布的2017财年报告，哈佛大学年度总收入为50亿美元，其中捐赠基金收入占36%。捐赠基金收入在各个学院的财政收入中同样占据较高比重（见图6-2）。

---

① 徐来群. 哈佛大学史［M］. 上海：上海交通大学出版社，2012：103.

② 鲁育宗. 大学的财富管理［M］. 上海：复旦大学出版社，2012：6.

③ 王树涛，张德美. 金融危机后哈佛大学的捐赠基金运作改革研究［J］. 复旦教育论坛，2014，12（5）：97-102.

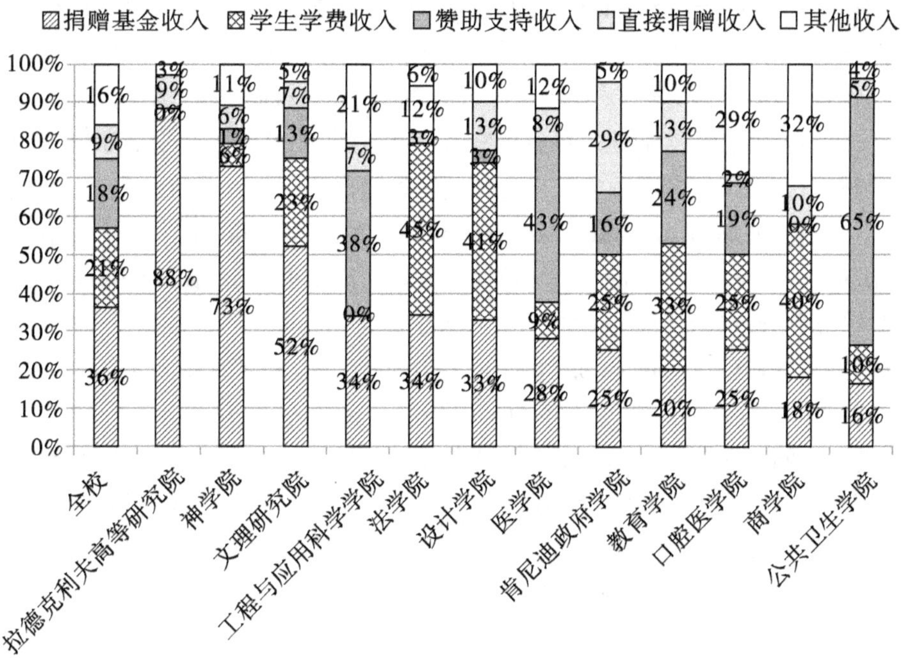

图 6-2 哈佛大学 2017 财年收入结构

资料来源：Harvard University. 2016 - 2017 Annual Financial Report [EB/OL]. [2018 - 09 - 10]. https://finance.harvard.edu/files/fad/files/final_harvard_university_financial_report_2017.pdf.

3. 打造具有引领性的通识核心课程，培养领袖型人才

哈佛大学的社会声誉来自其一届届高质量的本科毕业生，而这些毕业生之所以在走上社会之后，能够成为社会栋梁，与他们在母校读书时接受的高质量本科教育是分不开的。

哈佛大学本科教育极其强调通识教育对于伟大心灵与伟大人格的塑造，因此哈佛大学通识教育明显怀揣着一种精英主义、理想主义的价值取向。[①]从 1869 年查尔斯·艾略特就任哈佛大学校长到今天，哈佛大学持续推进核心课程体系创新，大致经历了五次重大变革。艾略特率先打破了传统教会教育模式，确立了选修课制度；阿伯特·洛厄尔（Abbott L. Lowell）将课程改革由通识教育推进到了专业教育领域；詹姆斯·科特南（James B. Conant）建立了专业教育与通识教育有机结合的课程范式，扩大了通识教育的选课范围；德里克·博克（Derek Bok）给予学生更多自由选课机会；劳伦斯·萨

① 汪霞，钱铭. 世界一流大学通识教育课程研究：以美国大学为例 [M]. 南京：南京大学出版社，2017：234.

默斯（Lawrence H. Summers）通过制定各类标准，实现通识课程与专业课程的相互融入。[①] 21 世纪初，哈佛大学核心课程改革更加强调知识的综合性、学习体验的国际性以及科学技术的重要性，全面培养学生的知识、技能、思维习惯和生活基础，致力于培养世界公民。[②] 哈佛大学从 2009 年开始实施全新的通识教育课程方案，全校通识教育课程分布在 8 大模块中，即审美与诠释理解（Aesthetic and Interpretive Understanding）、文化与信仰（Culture and Belief）、实证与数学推理（Empirical and Mathematical Reasoning）、道德推理（Ethical Reasoning）、生命系统科学（Science of Living Systems）、物理宇宙的科学（Science of Physical Universe）、世界中的社会（Societies of the world）、世界中的美国（The United States in the world）。[③] 每个模块又下设若干不同面向与侧重的子课程，这些课程和模块共同构成了哈佛大学的通识课程体系。此外，新方案中关于国际化人才培养目标的表述更体现了学校对培养学生成为世界公民的高度重视。哈佛大学不同时期领导者的教育理念及其推行的教育改革极好地诠释了何谓大学的“使命”——大学是相对独立的思想智库，是国家的重要人才资源和智力资源中心。正是在这一使命的感召下，哈佛大学与时俱进，引领未来，培养出一代代优秀公民、一批批杰出人才。

在学生培养和课程教学方面，广泛应用于哈佛大学各学院专业课教学的案例教学法（case - based teaching），培养了学生严谨缜密的逻辑思维能力和深刻敏锐的洞察分析能力。为培养学生的创新实践能力，学校格外注重理论学习与社会实践相结合，与众多知名企业建立了产学研联盟，形成了融人才培养、科技创新和产品开发于一体的教育实践平台。这种培养模式加强了哈佛大学与社会各界的密切互动与广泛联系，促使哈佛大学在人才培养方面的“全球意识”和“世界公民”理念得到更好的贯彻。[④] 此外，哈佛大学是全美开展运动项目最齐全的高校，教练员团队多达百人，校级运动队多达 42 支，是全美拥有运动员最多的高校。[⑤] 在近几届奥运会上，来自哈佛大学的

① 张忠年. 哈佛大学核心课程体系创新的阶段性特征及其启示［J］. 国家教育行政学院学报，2011（7）：90 - 95.

② 徐志强. 哈佛大学通识教育课程改革研究［M］. 北京：中国社会科学出版社，2015：146 - 147.

③ Harvard University. Current categories（Until Fall 2019）.［2018 - 09 - 10］. https://generaleducation.fas.harvard.edu/categories.

④ 董泽芳，袁川. 国外高校成功培养创新型人才的经验与启示：以哈佛大学、牛津大学和东京大学为例［J］. 现代大学教育，2014（4）：30.

⑤ 陈庆熙，潘前. 哈佛大学体育述论［J］. 体育文化导刊，2012（11）：127 - 130.

赛艇和冰球运动员都夺得了金牌或奖牌，在美国高校体坛树立了崇高声誉。300 多年间，哈佛大学人才培养体制逐渐走向成熟。丰富的人力与物力资源、以学术研究为轴心的多层次人才培养、多样化的国际学术交流与资源共享是哈佛大学人才辈出的重要原因。

4. 创立终身教授制度，基于国家战略需求开展尖端科研

大学在本质上是师生共处的学术共同体，而拥有一支精英教师队伍无疑是成为卓越学术共同体的关键。基于对卓越的追求，1939 年，科南特校长对教师聘任制度进行改革，执行非升即走的终身教授制度："非终身教职的最长年限为 8 年。然后，根据该系的一个正式的评估和投票决定晋升或者离开。一个由外界专家组成的特别委员会将评估各系提出的晋升推荐名单，然后递交给校长和管理委员会。"这一改革为哈佛大学保留和吸纳了各个学科领域的顶尖人才，成为日后美国大学的标准惯例。① 引进优秀人才，创建良好的人才服务环境是当前研究型大学提高教学科研质量、增强国际竞争力的重要途径之一。哈佛大学为保持其科研能力的世界顶级水平，为人才引进工作制定了具体程序（见图 6－3），在人才引进工作中投入了大量精力。对于一所大学而言，和谐、上进的氛围最能吸引优秀教师的加盟，而优秀人才的引进反过来有利于良好校园氛围的营造。哈佛大学非常重视采集教师满意度信息。从 2013 年的教师对工作环境满意度调查结果看，81% 的教师对工作环境表示满意（其中 49% 表示非常满意）。②

哈佛大学的科学研究强调以国家安全与发展为方向，校内的研究院及研究中心大多是以服务国家战略作为使命担当，这强化了哈佛大学师生对国家发展的使命感和责任感。例如，为了保障国际的安全需要，哈佛大学贝尔福科学及国际事务研究中心（Belfer Center for Science and International Affairs）承担了一系列涉及国际安全、科技与公共政策以及强化民主法规的项目。跨学科独立研究机构也是近年来大学学术组织变革的新形式，其独立性、项目导向性和密切联系社会需求等特征使其迅速成为美国研究型大学促进跨学科发展的重要载体。哈佛大学拉德克里夫高等研究院（Radcliffe Institute for Advanced Study）非常关注波士顿地区的发展，发起了波士顿地区研究首创

① 凯勒，凯勒．哈佛走向现代：美国大学的崛起［M］．史静寰，钟周，赵琳，译．北京：清华大学出版社，2007：90－98．

② Harvard Universtiy. Faculty climate survey 2013［EB/OL］．［2018－09－10］．http://www.faculty.harvard.edu/Faculty_Climate_Survey_2013．

步骤	1.启动一个有效且高效的人才搜索工作 →	2.构建一个广泛、优秀而多元化的人才数据库 →	3.确保公平而彻底的申请审核 →	4.参观信息化校园
具体程序	1.1职位描述； 1.2初始确定搜索计划； 1.3成立搜索委员会； 1.4确定委员会基本规则； 1.5处理委员会共同的问题。 →	2.1负责建立一个广泛的人才库； 2.2检查国内可用的数据库； 2.3检查其他大学相同部门的教师名册； 2.4回顾以前成功的（或疏漏的）搜索经历； 2.5确定大学需要的人才库的具体策略； 2.6积极鼓励候选人进行申请； 2.7发布针对女性和少数族裔员工的招聘广告。 →	3.1制定评价标准； 3.2寻找所有令人兴奋的申请人； 3.3人事档案审查； 3.4确定可靠的候选人“长名单”； 3.5确定需要面试的候选人“短名单”。 →	4.1设计一个有效的面试协议； 4.2规划校园参观； 4.3确保获得最佳的校园参观体验； 4.4选择首选候选人和备用候选人； 4.5为新教师制订初始指导计划。

图6－3　哈佛大学教师招募程序

资料来源：Harvard Universtiy. Best practices for conducting faculty searches [EB/OL]. [2018－09－10]. https://faculty. harvard. edu/files/fdd/files/best_ practices_ for_ conducting_ faculty_ searches_ v1. 2. pdf.

行动（Boston Area Research Initiative），推动改善城市公共政策的研究与制定。① 在人文社会科学领域，哈佛大学的教授们同样与来自亚洲、欧洲、拉丁美洲国家的不同学科的专家建立了学术联系。② 例如，中国历代人物传记数据库（China Biographical Database project，简称 CBDB）项目由哈佛大学东亚语言与文明系教授包弼德（Peter K. Bol）主持，合作单位包括北京大学中国古代史研究中心等。CBDB 是目前全球最大的中国历史人物传记资料库，已经上线的中国历代人物达到 40 万人规模。③

5. 建设高端智库群，借助网络平台扩大舆论宣传影响力

哈佛大学是美国较早开展智库建设的大学之一。以积极延伸社会科学的服务职能为契机，哈佛大学敏锐捕捉公共政策需求、有效拓展经费来源、准

---

① 陈婵，邹晓东. 美国高校跨学科独立研究机构建设的经验与借鉴：以哈佛大学拉德克里夫高等研究院为例［J］. 科技进步与对策，2015，32（2）：35－38.

② BETHELL J T，HUNT R M，SHENTON R. Harvard A to Z［M］. Cambridge：Harvard University Press，2009：304.

③ 中国社会科学网. 从数字化时代到数据库化时代：从哈佛大学的三大人文数据库说起［EB/OL］.（2018－05－10）［2018－09－10］. http://www. cssn. cn/hqxx/201805/t20180510_ 4243871. shtml.

确定位服务领域，在短短的20余年间建成了备受世人瞩目的一流大学“智库群”。哈佛大学高端智库群的崛起，不仅为学校拓展与深化社会服务职能提供了重要阵地，也为学校赢得了广泛的国际声誉。就哈佛大学的智库建设而言，“二战”之后的二十余年是哈佛大学智库发展的第一个高峰期，一批以区域研究和国际关系及外交政策研究为特色的智库机构逐渐兴起。“二战”后到20世纪70年代，哈佛大学相继成立了俄罗斯研究中心（1948年）、中东研究中心（1954年）、费正清东亚研究中心（1955年）、国际事务中心（1958年）、国际发展研究所（1962年）、贝尔福科学与国际事务研究中心（1973年）、日本研究所（1973年）等智库机构。这批专属类型智库的出现并非偶然，而是哈佛大学认真分析战后国际格局、敏锐捕捉美国对外关系政策研判的外部需求，并在此基础上努力拓展社会科学公共政策服务职能的结果。[①] 享誉世界的费正清东亚研究中心正是美国东亚研究的卓越代表，其对华研究几乎涵盖了中国历史、政治、经济、社会的方方面面。该中心从费正清时代确立了学术研究与现实政治挂钩的研究风格，良好学术声誉也使其在美国对华决策领域产生了非同寻常的影响力。

哈佛大学早在20世纪80年代就成立了公共事务及传讯部（Public Affairs and Communications），该部门负责发布新闻，管理哈佛资讯中心，与媒体建立关系，促进大学与邻里社区的和谐发展。[②] 除了校内职能部门的社交媒体公共主页作为大学利用社交媒体进行大众传播的平台，哈佛大学所有的非社交媒体平台，如哈佛大学校报《哈佛深红报》（*The Harvard Crimson*）、哈佛大学与毕业生联系的杂志《哈佛杂志》（*Harvard Magazine*）、哈佛大学新闻网站哈佛公报（Harvard Gazette）等也都在社交媒体上以公共主页或者应用的形式传递信息，受众不仅可以阅读纸质报刊，还可以通过社交媒体获取内容。[③] 随着互联网的发展，肯尼迪政府学院积极利用现代网络技术，创建和发展新兴的成果发布平台，进一步扩大舆论宣传的影响力。各智库也都开设了脸书（Facebook）、推特（Twitter）等社交账号，学院还在优兔（Youtube）上开辟了专门的视讯频道，定期推送文字或视频简讯，同时将经作者授权的研究成果全文发布到智库官网，便于公众浏览。部分智库还与在

① 田山俊，何振海．一流大学“智库群”的崛起：哈佛大学的智库建设路径［J］．教育研究，2016（4）：141．

② 黄兆玺．创意传播管理理论：高等教育声誉提升策略［M］．台北：学富文化事业有限公司，2017：92．

③ 张晴．美国大学对社交媒体的使用研究：以facebook为例［M］．成都：四川大学出版社，2017：88．

线阅读服务商开展合作，将研究报告制作成电子读物定期推送到客户端，读者可以通过各种在线终端随时随地浏览，使智库成果的传播变得更加便捷。①

6. 推进与社会各界的交流合作，积极参与全球治理

哈佛大学进行科学研究的另一个引人瞩目的策略就是积极推动科学研究的市场化进程。学校积极利用科学研究的市场服务于美国工商业、政府机构以及外国私人机构和政府，通过知识服务获得科学研究所需要的资源。哈佛大学在美国国内是较早启动专业知识市场化来资助研究的。艾略特校长根据社会需求设立院系，丰富了校内组织结构，打破了以往学校与外部世界的隔绝状态，拉近了学校与实业界的关系。哈佛大学第26任校长陆登庭（Neil L. Rudenstine）的目标是将哈佛大学打造成一个旨在培养具有全球化视野的领导和公民的“帝国”。为此，陆登庭不仅提高了对课程国际化的要求，还推动了学生群体的多元化，并招聘更富有国际化特征的教授。陆登庭校长为保障哈佛大学新世纪筹资运动取得成效，雇佣校外专门公司开展调研，实施公共关系和交流计划。② 此外，陆登庭任职期间还创建了国际项目办公室（Harvard International Office），积极推进哈佛大学与世界各国开展交流，使哈佛大学与国际社会接轨，建立良好关系，努力迈向“全球性大学”。③

哈佛大学的社会服务不仅形式多种多样，而且服务范围覆盖到全球许多国家。哈佛大学把自己定位为服务全球发展的社会性组织，各学院也相继建立了一系列国际性服务机构，使学校的社会服务范围尽量延伸到全球。如法学院建立了国际性法律中心，负责培训发展中国家的官员和学者；商学院建立了海外关系办公室，与世界各国分享管理经验。哈佛大学派遣物理学和工程学领域的专家向印度政府提出有关合理利用水资源方面的政策建议。④ 创立于1993年的“哈佛大学中国能源经济环境项目”（Harvard - China Project on Energy, Economy and Environment）就中国的经济、能源、大气环境以及环境健康展开高水平研究，⑤ 与清华大学在北京近郊联合运营大气监测站进

① 何振海. 一流大学智库的孵化器：哈佛大学肯尼迪学院智库建设的历程、路径及其启示［J］. 高等教育研究，2017，38（4）：96.

② 徐诤. 美国著名大学筹资运动的考察［J］. 北京大学教育评论，2005，3（S1）：85.

③ 王凤玉，张晓光，欧桃英. 承袭与创新：哈佛大学校长与大学制度的建构［J］. 现代教育管理，2014（10）：116 - 117.

④ 史密斯. 哈佛世纪：锻造一所国家大学［M］. 程方平，等译. 贵阳：贵州教育出版社，2004：239 - 262.

⑤ 哈佛大学中国能源经济环境项目. 关于哈佛大学中国项目［EB/OL］.［2018 - 09 - 10］. https://cn.chinaproject.harvard.edu/about.

行大气监测，在中美两国之间形成“受益于多方贡献与多元视角”的合作关系。①

哈佛大学在漫长的历史发展过程中取得了辉煌的成就，形成了独具一格的哈佛特色。这些特色的形成与哈佛大学重视和保持自身优秀的文化传统有很大关系。哈佛大学总体上是保守的，在校长任命、教授任命、学生招生、课程设置等方面来看都显示出保守的一面；但是哈佛大学又是不断创新的，不论是办学理念改革、专业学院改革、课程改革还是开创知识市场化先例、建立管理捐赠基金的商业公司等方面都显示出这所拥有380多年历史的大学始终焕发着勃勃生机。这些体制上的创新，当初曾极大地推进了哈佛大学的发展，进而被众多高校模仿，成为现在大家熟知的高校特征。②

6.3 加州大学伯克利分校

6.3.1 加州大学伯克利分校发展概况

虽然公立高等教育的出现要晚于私立高等教育，但它在美国高等教育体系中占据着基础性地位，表现在公立高校招收了比私立高校更多的学生，美国高等教育的公平与民主特征也主要是通过公立大学得以彰显。③ 20世纪，美国成功地实现了高等教育的大众化，而在“把相对较小的精英型学校系统转变为服务社会变革、进行科学研究以及实现高入学率和大众化的载体”的过程中，加州是很多国家的学习榜样与灵感源泉。④

在美国高等教育系统中，加州大学以其独特的多校园系统和卓越的科研质量独树一帜。创办于1868年3月的加州大学，以伯克利分校校址所在的第一所校园为起点，到2005年9月第10所分校即加州大学默塞德分校（University of California，Merced）正式开学，已经发展成为全美最具世界影响力的公立大学系统。加州大学的诞生是当时公立教育理念盛行、《莫里尔

① 新华网. 哈佛大学校长清华演讲谈气候变化挑战中的大学使命［EB/OL］.（2015-03-17）［2018-09-10］. http://www.xinhuanet.com/edu/2015-03/17/c_1114673023.htm.

② 克里斯坦森，艾林. 创新型大学：改变高等教育的基因［M］. 陈劲，盛伟忠，译. 北京：清华大学出版社，2017：7.

③ 何振海. 美国州级公立高等教育发展模式的构建与变迁：以加州为个案的历史研究［M］. 呼和浩特：内蒙古大学出版社，2011：2.

④ DOUGLASS J A. The California idea and American higher education：1850 to the 1960 master plan［M］. Redwood City：Stanford University Press，2000：15.

法案》引发赠地运动等多重因素共同推动的结果。加州大学建校之初本是单一校区的公立大学，之后在与其他大学的激烈竞争中不断壮大，最终形成了一个庞大的多校区系统。在十个分校中，伯克利分校是加州大学最早创建的校区。与加州大学伯克利分校得天独厚的自然环境相媲美的是它享誉世界的学术地位。作为美国大学联合会的创始会员之一，加州大学伯克利分校是全球领先的学术机构，它与斯坦福大学、加州理工学院共同支撑起与美国东部常春藤联盟比肩的西部学术脊梁。学校校训“Let There Be Light”（让此地闪耀）及吉祥物“Oski 小熊”是伯克利分校精神的物化，并在庄重、典雅的校园环境中得到体现。

加州大学各分校的行政事务主要由校长和副校长分工管理。加州大学伯克利分校有现任校长 1 名，副校长 7 名。校长总揽全校行政事务；校长办公室设 2 名校长助理，分别负责法律事务与人事事务。① 1993—2001 年，正值世纪之交，伯克利分校不失时机地启动“迎接新世纪”筹款运动，校长、大学教授和筹款志愿者频繁出席各种有重要工商业界人士参与的会议，建立广泛的社会联系，最终在 7 年内累计筹集社会捐款 11 亿美元，成为美国大学筹款运动的经典案例。伯克利分校还以多元文化著称。1990 年 2 月，加州大学董事会任命华裔教授田长霖为伯克利分校校长——这是全美著名公立大学的首位华裔校长。他治校的第一个方向就是“致力维持伯克利在师资和学术上的杰出地位”。在其任内，伯克利分校吸引了全美更多最有才华也最多元化的学生。

加州大学伯克利分校的社会声誉是历史积淀的结果。伯克利分校建校初期只有 10 名教师和 40 名学生，仅有农业、土木工程、力学、采矿和文学五个学科，到 1873 年才培养出了第一批毕业生 12 人。直到 1899 年，本杰明·惠勒（Benjamin Ide Wheeler）出任校长，才使学校走上发展正轨。在惠勒担任校长的 20 年时间里，学校规模和设备都得到了扩充。学生数量从 2 600 人扩大到 7 380 人，教师数量从 153 人增加到 583 人，另外还新增了 20 个系。惠勒校长带领伯克利分校从一所教会式农业学校转型成为一所现代研究型大学。② 此后，伯克利分校逐渐确立了自身的发展基调，将科学研究作为首要目标纳入到学校发展规划中。③ 到了 20 世纪 30 年代初期，伯克利分校在院

① 李斌琴. 伯克利加州大学内部管理特点及其启示［J］. 现代教育科学，2013（7）：149.

② 叶桂芹，袁本涛. 大学校长与世界一流大学建设：伯克利的案例［J］. 清华大学教育研究，2008，29（1）：78－84.

③ KERR C. The gold and the blue, volume two: a personal memoir of the University of California, 1949－1967, Political turmoil［M］. Oakland: University of California Press, 2003: 56.

系设置和规模上已经不亚于美国其他任何一所研究型大学。[①]"二战"期间，军事因素推动伯克利分校迈入繁荣发展的全盛时代，这一时期的伯克利分校无论是经费投入还是学术发展都取得了惊人成就。特别是罗伯特·斯普劳尔（Robert G. Sproul）任校长时，广招贤才，在每个院系组建一流学术团队。[②] 20世纪60年代，伯克利分校被评为全美学科发展最均衡的大学。经历了战争年代的大发展，伯克利分校奠定了其在美国研究型大学中的优势地位，并在20世纪80、90年代通过为地方服务和发展优势学科进一步巩固其社会声誉。伯克利分校现有14个学院，下辖100多个系和系内研究组。伯克利分校不仅拥有全美最大的研究生部，还设立了许多重要的研究机构，包括三个举世闻名的国家实验室：劳伦斯伯克利国家实验室（Lawrence Berkeley National Laboratory）、劳伦斯利弗莫尔国家实验室（Lawrence Livermore National Laboratory）和洛斯阿拉莫斯国家实验室（Los Alamos National Laboratory）。[③] 如今的伯克利分校已经成为全美乃至世界大学中的卓越代表。

6.3.2　加州大学伯克利分校社会声誉提升策略

1. 完善共同治理模式，为学校追求卓越奠定制度基石

美国公立高等学校的法人身份使它成为市场经济中自主办学的主体，其公法人的法律地位又使政府能够通过政策与法律实现对其公共性目标的管理。[④] 加州大学伯克利分校的核心理念是不断追求卓越，而保证理念实现的基本制度是共同治理模式。董事会是加州大学的最高管理层，其中大部分成员由政府任命。董事会下辖以校长为首的行政体系和以教师为主的学术评议会。伯克利分校学术评议会分为校院两个层级，由全体大会、常务理事会和各分支委员会共同构成，涉及教学科研、学生工作和校园管理等领域。学术评议会功能的发挥主要得益于其组织结构的系统性、章程的规范性以及代表成员的广泛性。伯克利分校学术评议会的运行模式充分彰显了共同治理的治校理念，评议会整体上以学术人员为主，少量吸收行政人员，遵循协商民主制的运行原则。评议会作为保障大学学术权力的重要组织制度，已经植入伯

---

① PELFREY P A, CHENEY M. A brief history of the University of California [M]. Oakland: University of California Press, 2004: 29 - 30.

② 武学超. 加州大学（伯克利）学术卓越的生成逻辑与启示 [J]. 比较教育研究, 2012, 34 (4): 45.

③ 吴尔奕, 孙驭. 美国50所最佳大学 [M]. 北京: 首都师范大学出版社, 2011: 23.

④ 蒋建国. 市场经济中政府与高等学校的法律关系问题研究 [M]. 北京: 科学出版社, 2015: 83.

克利分校组织文化并成为大学治理结构的重要组成部分。① 伯克利分校的共同治理模式具有科学合理性，为教师参与治理提供了一个有效平台，既可以满足教师的治理需要，有助于教师集体责任感的形成和主人翁意识的增强，又可以激发教师的工作热情，增进行政与学术人员之间的互信，培育良好的大学治理文化，实现有效的大学内部治理。② 出于对自身风险的深刻体察，并依托大学全面风险管理框架，伯克利分校开展了全面风险管理的实践探索：运行风险识别、风险测评、风险应对、风险监控的风险管理程序，并在全面风险管理的视野下建立起理赔与保险、环境、健康与安全、危机事件与巨灾防控、道德、合规与内部控制等多个风险管理领域。③

加州大学伯克利分校的行政管理体系主要划分为六个职能领域，它们分别是预算与金融部（Budget & Finance Division），主要负责大学的整体预算和相关经费管理，包括财务、预算、计划与分析、审核和预算外经费管理等；商业与行政服务部（Business & Administrative Services），主要负责人事、物资、交通、环境、社区关系、咨询与健康和有选择性的商业服务等；设备服务部（Facilities Services Division），负责管理校园中的一切仪器设备，还包括校园规划、设计和维护等；科学研究部（Research Division），管理一切与科学研究相关的事务，如设立校企联合研发中心，维护大学富于创造性的科研环境，并帮助大学实现科研成果的收益最大化；学生事务部（Students Affairs Division），主要面向本科生，为学生提供相应的服务，如为有发展潜力的学生提供向外发展的机会，为学生提供学习、生活和就业的咨询服务，对新生的质量进行管理，并保证学生组成的多样性等；大学关系部（University Relations Division），通过交流、公关、筹资等互动提升大学的知名度和社会影响，主要工作对象是校友、企业、媒体、联邦政府和州政府等，帮助大学校长协调大学的外部关系。这六个部分别有相应的副校长或同等地位的领导负责。④ 学校新闻中心特别重视挖掘校内有新闻价值的信息并与媒体进行分享，如学校的典礼或活动、教师的研究发现、新课程的开设以及重大公告等。如表6－2所示，学校拥有丰富的媒体通讯工具，可以根据不同的传播需求迅速地与媒体建立有效的沟通。

---

① 朱守信，杨颉．加州大学伯克利分校学术评议会的组织运行研究［J］．高校教育管理，2016，10（3）：94－98．

② 刘庆斌．美国大学教授治校研究［M］．北京：中国社会科学出版社，2017：158．

③ 郭洁，刘宝存．全面风险管理：加利福尼亚大学的实践与启示［J］．全球教育展望，2011，40（11）：69－72．

④ 马万华．从伯克利到北大清华：中美公立研究型大学建设与运行［M］．北京：教育科学出版社，2004：95－96．

表 6-2　加州大学伯克利分校媒体通讯工具一览

类　型	概　　述
新闻稿（Press release）	新闻稿是学校发布新闻的传统格式。新闻报道通常应包括消息来源以及背景信息
媒体咨询（Media advisory）	学校以简报形式告知媒体关于某新闻事件的基本信息。咨询通常用于宣布新闻发布会、学术论证、校园仪式和具有新闻价值的讲座等
专家名单（Experts lists）	学校新闻中心制定了一份学校专家名单，这些专家愿意就各种问题与记者交谈。当新闻事件发生时，学校会将特定专家的信息通过电子邮件发送给记者
新闻发布会（Press conference）	学校的新闻发布会通常用于发布重大公告，例如新校长的任命，诺贝尔奖的颁发，或新建筑的奠基等
新闻小贴士（Tip）	学校经常通过电话或电子邮件联系选定的记者或电视制作人。当记者必须迅速得到通知并且没有时间进行其他形式的沟通时，也会使用新闻小贴士
视频故事（Video stories）	学校新闻中心通过编辑和发布视频展示学校里的故事（特别是展示学者们的工作成果），并将视频分发给各广播新闻媒体

资料来源：UC Berkeley. Communication tools [EB/OL]. [2018-09-10]. https://www.berkeley.edu/news/media/cc/commtools.shtml.

2. 打造高水平教师队伍，制定严格而持续的评价与激励机制

加州大学伯克利分校努力吸纳和维持着一支世界级的教师队伍，以此支撑其"为加州而教育，为世界而研究"的战略目标。目前伯克利分校拥有2000多名全职教师，包括8位诺贝尔奖得主，14位麦克阿瑟奖得主，3位普利策奖得主，169位科学院院士，94位工程院院士，还有众多世界知名的学者和科学家。学校专门成立了"教学、学习和技术中心"（之后更名为"教学与学习中心"），这一中心通过提供个性化教学咨询、校长讲座教师研修班、课程教师研修班、教学委员会论坛等服务，为教师的教学改革和研究提供全方位指导。[①] 伯克利分校充分利用其自治地位，给予全校师生广泛的学术自由和学术自治的发展空间。加上一流的图书馆和实验室，以及各种研究基金的支持，伯克利分校在众多领域的学术研究都处在世界领先地位，使科

① 王定华. 美国高等教育：观察与研究 [M]. 北京：人民教育出版社，2016：83.

学家能够脱颖而出，成为世界顶尖的学者，并进一步推动学校为当地经济、文化和公民社会发展发挥重要作用。①

为保证高水平的师资力量，加州大学伯克利分校制定了严格的教师绩效评估制度。每隔 2～3 年，学校对每位教师的教学、科研和服务情况进行一次全面评估，并将评估结果与终身教职授予和职称晋升紧密结合。学校专门设计了“阶梯状”的教师等级工资制度（见表 6－3），对教师的工资级别和晋升年限做出明确划分，以鼓励处于不同职位的教师持续提升教学水平、发展学术研究并提供更多的社会服务。② 在对教师的激励方式上，学校不仅通过工资分配实现教师的合理竞争，还注重给予教师精神奖励（见表 6－4），并设立专门委员会监督奖项授予及奖金发放。这些激励措施共同营造了伯克利分校浓郁的学术氛围。

表 6－3　加州大学伯克利分校常任教师学术年薪等级表（单位：美元）

职称	等级	晋升年数	2014 年		2015 年	
			最低年薪	年薪调整值	最低年薪	年薪调整值
讲师	—	—	48 200	49 600	48 900	50 300
助理教授	1 级	2	55 900	57 600	56 700	58 500
	2 级	2	59 200	61 100	60 100	62 000
	3 级	2	62 500	64 400	63 400	65 400
	4 级	2	66 100	68 100	67 100	69 100
	5 级	2	69 300	71 500	70 300	72 600
	6 级	2	72 700	74 900	73 800	76 000
副教授	1 级	2	69 400	71 600	70 400	72 700
	2 级	2	72 800	75 000	73 900	76 100
	3 级	2	76 900	79 200	78 100	80 400
	4 级	3	81 700	84 000	82 900	85 300
	5 级	3	88 000	90 500	89 300	91 900

① 陈苏丹. 从加州伯克利大学的办学模式来反思公立大学与政府的关系［J］. 教育教学论坛，2012（39）：113.

② 江红岩. 从伯克利管理视角谈美国研究型大学的教师绩效评估［J］. 高等农业教育，2007（1）：88.

续上表

职称	等级	晋升年数	2014 年		2015 年	
			最低年薪	年薪调整值	最低年薪	年薪调整值
教授	1 级	3	81 800	84 200	83 000	85 500
	2 级	3	88 100	90 600	89 400	92 000
	3 级	3	94 500	97 300	95 900	98 800
	4 级	3	101 200	104 300	102 700	105 900
	5 级	—	108 600	111 800	110 200	113 500
	6 级	—	117 400	121 000	119 200	122 800
	7 级	—	127 100	130 900	129 000	132 900
	8 级	—	137 600	141 700	139 700	143 800
	9 级	—	149 100	153 700	151 300	156 000

资料来源：University of California. Table 1 faculty-ladder ranks-professor series academic year [EB/OL]. [2018 - 09 - 10]. http://www.ucop.edu/academic-personnel-programs/_files/1516/T1.pdf.

表 6 - 4　加州大学伯克利分校教师奖励项目

奖项名称	奖励范围	备注
克拉克·科尔奖（Clark Kerr Award）	主要奖励对高等教育的发展做出杰出贡献的教师	1968 年设立，每年评出 1 位获奖人，至今已有 49 人获奖
伯克利教师服务奖（Berkeley Faculty Service Award）	主要奖励为加州大学伯克利分校做出突出贡献与服务的教师	从 2003 年设立，至今已有 18 人获奖
利昂·亨金杰出服务奖（Leon Henkin Citation for Distinguished Service）	主要奖励对学术薄弱学生的教育发展做出突出贡献与服务的教师	由教授会下属的差异、平等和校园文化委员会设立
康斯坦丁·潘伦齐阿杰出荣誉奖（Constantine Panunzio Distinguished Emeriti Award）	主要奖励教师杰出的学术工作或教育服务	如专业上的服务；大学、教授会、学院、编辑部或委员会的服务

续上表

奖项名称	奖励范围	备注
爱德华·迪克逊荣誉退休教授奖（Edward A. Dickson Emeriti Professorship）	主要奖励退休后仍然在教学、科研或公共服务上做出贡献的教授	每年奖励 1 万美元

资料来源：UC Berkeley. Awards [EB/OL]. (2014 - 10 - 20)[2018 - 09 - 10]. http://academic - senate. berkeley. edu/awards.

3. 运营国家实验室，重视基础研究与应用研究的结合

政治局势的演进、知识经济的出现及学生来源的变化等多方面因素，使州立大学越来越意识到科学研究的重要性。第二次世界大战期间，无论是核裂变研究还是“曼哈顿计划”，加州大学伯克利分校均为美国军事科技发展做出了巨大贡献。[①] 伯克利分校参与战时军事科研不仅获得了巨额经费投入，也促进了自身学术声誉的迅速提升，是其走向卓越的关键因素。第二次世界大战可谓开创了伯克利分校与政府合作关系的新纪元。目前伯克利分校拥有三个隶属于美国能源部的国家实验室，均承担着关系美国国防的重大课题，并获得了许多世界瞩目的成果。例如，劳伦斯伯克利国家实验室发明了世界上第一台回旋加速器，参与制造了世界上第一颗原子弹。该实验室还先后培养出了 11 位诺贝尔奖得主和 57 位美国科学院院士。[②]

加州大学伯克利分校学术研究的累累硕果源自其庞大的科研项目体系，类型多样的科研项目主要由四类学术机构运行：一是各院系创建的项目；二是各研究中心和研究所创建的项目；三是各博物馆创建的项目；四是各野外研究站创建的项目。[③] 伯克利分校的科研经费主要以跨学科研究单位为资助对象，科研重点逐渐从传统、单一的基础研究转向以支撑国家经济社会发展为导向的全局性、前瞻性问题研究，着力提升原始创新能力。[④] 伯克利分校十分重视基础研究与应用研究的结合，专门成立了知识产权和企业研究联盟办公室（Intellectual Property & Industry Research Alliances，简称 IPIRA），以

① 高云峰，陈希. 美国研究型大学与军事科研的互动发展 [J]. 清华大学教育研究，2004，25 (5)：39 - 45.

② 董美玲. 加州大学的产学研合作创新 [J]. 中国高校科技，2011 (9)：77.

③ 陈乐，高颖玲. 如何促进大学的科研管理：加州大学伯克利分校的经验及启示 [J]. 教育发展研究，2015 (21)：77 - 78.

④ 韩萌. “后危机时代”世界一流公立大学财政结构转型及启示：以加州大学伯克利分校为例 [J]. 教育研究，2016 (5)：136.

负责知识产权、校企合作以及科研成果转化事务。IPIRA 由两个相互配合的机构组成：一个是技术许可办公室（Office of Technology Licensing），主要负责管理专利和执照方面的事务；另一个是企业联盟办公室（Industry Alliance Office），主要负责与企业的合同和捐赠谈判。为了更好地履行职责，IPIRA 还与赞助项目办公室（Sponsored Project Office）在研究合同和资金赞助方面开展合作，与企业及基金关系办公室（Corporate and Foundation Relations Office）在企业研究捐助方面开展合作，为学校的科研发展和成果管理发挥重要作用。

4. *极力发展跨学科研究单位，拓展学科研究边界*

加州大学伯克利分校不断取得重大原创性成果的原因，除了拥有顶尖科学家之外，与其注重学科交叉研究、注重学术组织多样化密切相关。① 从建校初期农业、矿业、机械工程等学科的发展，到 20 世纪上半叶物理、化学学科的崛起，再到 20 世纪后期学科组织间的多样化调整，伯克利分校涌现了许多优势学科。学校为开展跨学科研究建立了组织化的研究部门（Organized Research Units，简称 ORUs），主要包括研究所、实验室、研究中心以及研究站等，由教师、专职研究人员和博士后等组成。学校已经建成了一系列专门针对 ORUs 的创建申请、资助、管理与评估制度。ORUs 是开展跨学科研究的专门机构，是为跨学科研究提供支持的基层组织，保障了学校跨学科研究的持续性和稳定性。②

“按照目前的制度，开展高质量研究的刺激主要来自出色研究工作带来的声誉。专业声誉反过来帮助获得更多研究资助，取得更大成果，建立更高声誉。”③ 加州大学伯克利分校良好学术声誉的获得与校内学术组织的科研工作密切相关，尤其是 80 多个跨学科研究单位更是功不可没。这些跨学科研究单位打破了传统学科界限，与政府和企业签订合约开展研究，实现科研成果的快速转化。④ 例如，泛在安全技术研究中心的建立旨在解决现代社会信

---

① 李学伟. 拓展研究边界　促进学科发展：加州大学伯克利分校学科发展的启示［J］. 现代教育管理，2013（4）：117－122.

② 周朝成. 加州大学跨学科研究的组织结构与制度研究［J］. 高等工程教育研究，2009（3）：101－106.

③ PARTHA D，DAVID P A. Toward a new economics of science［J］. Research policy，1994，23（5）：487－521.

④ 文少保. 跨学科研究、学术声誉与经费资助获得的“马太效应”：以美国加州大学伯克利分校为例［J］. 现代大学教育，2013（6）：85.

息安全问题，构建值得信赖的信息安全系统来保障国家各项信息安全事业。① 总之，伯克利分校的跨学科研究单位为大学获得了大量科研经费，推动了诸如纳米科技、智能微电网、声光电子医疗等一批新兴研究领域的发展，解决了许多基于国家利益和社会需求的重大科技前沿问题，提升了学校的整体声誉和影响力。

5. 服务加州创新集群发展，塑造大学良好社会形象

运用科学研究成果为社会服务是公立研究型大学遵循的基本办学目标。无论是为国家服务还是为社区服务，加州大学伯克利分校都强调以学术水平作为服务的主要基础。随着大学与企业深化合作的趋势不断显现，越来越多的科研机构和拥有高精技术的企业选择建立在科研实力雄厚的大学周围，围绕加州大学伯克利分校、斯坦福大学、加州理工学院而形成的“旧金山—帕洛阿尔托科学工业综合体”是美国西海岸最大的地区性科学工业综合体。伯克利分校为加州工业发展提供了技术、人才支持。同时，作为半导体和信息科学领域的重要研究中心，伯克利分校还是硅谷主导产业（20 世纪 60 年代的半导体、70 年代的中央处理器、80 年代的软件和 90 年代的互联网）的主要技术源。伯克利分校凭借其一流的学科优势，使生物产业在加州迅速成长，让加州在生物技术方面占据世界领先地位，直接拉动了加州经济的增长。② 以伯克利分校为代表的创新型大学与企业共同形成良好的创业氛围和创业文化，进而形成旧金山湾区的创新创业生态系统，也使旧金山湾区赢得了“科技之湾”的美誉。③

“大学的科研与教学活动所生产的智力资产的商业价值不断攀升，再加上技术从学校实验室转化到商业市场的高度非线性的程序，促使大学文化发生变革。公立大学需要得到新政策的协助，来平衡教学、科研和服务等传统责任与一个知识经济的需求之间的关系。”④ 作为一所赠地大学，加州大学伯克利分校始终把自己定位在服务社会的位置上，前校长罗伯特·伯达尔（Robert M. Berdahl）从历史演进的角度，把伯克利分校崛起的基本经验概括为“社会服务”：建校之初，伯克利分校的主要服务内容是农业发展、技

① 邱雯婕. 美国高校智库协同创新运行机制的经验与启示：以加州大学伯克利分校泛在安全技术研究中心为例［J］. 世界教育信息，2018（4）：39－43.

② 徐同文. 大学品牌战略［M］. 北京：高等教育出版社，2008：46－47.

③ 欧小军. 世界一流大湾区高水平大学集群发展研究：以纽约、旧金山、东京三大湾区为例［J］. 四川理工学院学报（社会科学版），2018，33（3）：94.

④ 杜德斯达，沃马克. 美国公立大学的未来［M］. 刘济良，译. 北京：北京大学出版社，2006：3.

术推广和普及中等教育①；20 世纪中期，伯克利分校顺应时代趋势，社会服务转移到以国家的军事和国防需要为中心；“二战”后，学校更多地关注核能利用和民用工业；21 世纪，伯克利分校则将研究重心转移到人类普遍关注的生态环境和健康议题上。大学在公共服务中的一举一动为大学本身树立了良好的形象，并加强了大学与社会的联系。例如，伯克利分校为了科学普及，每年投入大量资金、人力管理和经营劳伦斯科技馆。该馆除免费向公众开放外，还定期为中小学生举办科普讲座和实验等。② 伯克利分校还与邻近社区保持着密切的联系，积极参与社区的各项事务，如住房建设、城市规划、交通运输、减灾防灾、医疗卫生等。

6. 提供可获得、可负担的优质教育，树立公立高等教育典范

美国州立大学的共同特点是为本州服务，从学校的发展方向、办学思想、办学规模，到专业设置、教学方法、学制和学位授予再到毕业生就业，都着眼于本州的发展需求。美国州立大学已经彻底融入了地方社会经济的发展，与地方形成了休戚与共的共生关系。③ 伯克利人最引以自豪的地方是学校秉承了优秀与公平相结合的公立大学理念。加州大学伯克利分校致力于为加州居民提供可获得、可负担的高品质教育，并倚靠卓越的教育学术促进学生的全面发展及本州的经济社会发展。依据这一办学理念和宗旨，学校在运营预算及办学资源配置中充分落实了以学生为本的价值准则，确保大学对合格生源的持续扩招、对学生收费的相对稳定、对贫困学生的有力资助和对人才培养的高度倚重。④ 为帮助本科生参与科研活动，伯克利分校还推出了“本科生科研学徒计划”“校长本科生研究奖学金计划”“本科生研究经验计划”等 20 多项本科生科研计划，每年多达数千名本科生有机会参与到科研活动中，培养科学兴趣。一直以来，伯克利分校十分重视空间资源优化配

---

① 作为一所赠地大学，加州大学伯克利分校建立的第一所学院就是农学院，学校成立之初致力于提供农业教育课程，为农民举办讲座，向农民传授知识，这些工作为伯克利分校赢得了丰厚回报。1905 年，加州政府通过了一项提案，决定给予伯克利分校 779 英亩的土地以作为农业、园艺业、动物养殖业的实践教学用地，继而扩大了学校的发展空间；到了 20 世纪 30 年代，加州水利系统凭借伯克利分校的研究成果，积极发展现代农业，使加州一跃成为美国农业大州。第二次世界大战后，伯克利分校加大对能够产生更多经济效益的农产品生产的研究，帮助加州农业继续维持全国领先地位。

② 刘宝存. 大学对地方社会经济发展的贡献：加州大学伯克利分校的个案研究 [J]. 清华大学教育研究，2005，26 (6)：59 - 65.

③ 余承海. 美国州立大学治理结构研究 [M]. 南京：南京师范大学出版社，2014：26.

④ 周员凡，陈金圣. 以学生为本：大学财务预算工作的核心价值：以加州大学运营预算为例 [J]. 财会月刊，2017 (10)：91 - 97.

置，学校为校内师生提供了良好校园环境。21 世纪以来，伯克利分校已经获得了“可持续校园领导者荣誉奖”等十余项荣誉。①

作为美国公立高等教育的典范，加州大学伯克利分校确立了促进社会流动、维护社会公正的核心价值和办学取向，积极开展多种教育推广项目，持续扩大办学规模，科学实施招生录取，努力调控收费增长，加强学生经济资助，合理设置学科专业，全面保障教育品质，切实培植多元文化，在促进弱势阶层的学生向上流动方面展现了积极的作为，获得了公众的好评。② 伯克利分校设计和实施了一套面向弱势家庭学生的学业扶助项目，涵盖大学招生录取、经济资助、专业设置、教育教学、多样性社区创建以及多元包容价值观培育等全过程、全方位的政策体系，获得了良好的成效。③ 伯克利分校从 2012—2013 学年开始启动了“中产阶级入学计划”（Middle Class Access Plan），加强对中等收入家庭学生的财政资助。④ 作为其努力的结果，伯克利分校近年来在各类强调社会责任标准的大学排名中保持领先地位，获得了《纽约时报》《华盛顿月刊》等媒体对其促进社会流动所做贡献的广泛赞誉。

高居公立高等教育系统顶端的公立研究型大学充分运用其在科学研究中取得的不菲成就服务于社会进步，它们对国家强盛、社会进步和公众生活的影响力与日剧增。在全美众多公立大学当中，加州大学伯克利分校是引领者与榜样。伯克利分校也一直将校友视为学校重要战略资源，例如哈斯商学院专门设置了全职的校友联络主任职位，为学院毕业生提供专业服务，经常邀请校友返校参加各种活动或担任学院顾问委员会成员，强化了校友参与学校建设的责任感，⑤ 进一步增强了校友社区的向心力和凝聚力。

---

① UC Berkeley. Campus architecture [EB/OL]. (2014 - 06 - 28) [2018 - 09 - 10]. http://www. archives. ced. berkeley. edu/campus - architecture.

② 陈金圣. 促进社会流动：加州大学的举措及启示 [J]. 比较教育研究，2017，39 (4)：76 - 83.

③ 陈金圣. 促进社会流动：加州大学的举措及启示 [J]. 比较教育研究，2017，39 (4)：77.

④ UC Berkeley. Middle class access plan [EB/OL]. [2018 - 09 - 10]. https://financialaid. berkeley. edu/middle - class - access - plan.

⑤ 曹平. 加州大学伯克利分校哈斯商学院的学科建设与经营 [J]. 学术论坛，2010，33 (2)：191.

6.4 上海交通大学

6.4.1 上海交通大学发展概况

上海交通大学是中华人民共和国教育部直属、由教育部和上海市共建的全国重点大学，其前身为创办于1896年的南洋公学。南洋公学是继北洋大学堂之后中国人自己创办的第二所大学，也是全国开设最早、办学成绩最好的少数几所新式学堂之一。它不仅奠定了上海交通大学的百年基业，而且引领了全国教育风气之先，在中国近代教育史上具有重要地位。作为创始人，盛宣怀在创办南洋公学过程中，积极倡导兴学救国的办学目的，学习借鉴西方教育经验，努力寻找中西教育的结合点，推动了中国教育近代化进程，是中国近代教育的先驱。纵观中国近代教育史，南洋公学引领了清末教育的新风气，在许多方面作出了可贵的尝试和探索，成为中国近代教育由无系统、零星分散办学的萌芽时期转入有系统、广泛兴学的发展时期的先驱。南洋公学倡导全国教育新风主要体现在以下方面[①]：一是南洋公学在科举体系下打开了一个缺口，推动了科举制度的最终废除；二是南洋公学是我国三级学制的先行者，为近代学制的颁定做出贡献；三是南洋公学间接推动了清末法政类学堂的兴起；四是南洋公学还进行了多种教育模式的初步探索。

被誉为“工科先驱”的唐文治，在治校期间秉持“求实学、务实业”的办学方针，在科学教育中融入传统文化教育，为探索高等工程教育本土化进行了弥足珍贵的教育实践。至1920年离任时，唐文治已将学校初步建成一所较为完善的工科大学，为我国近代高等工程教育体制的创建，以及我国早期科技人才的培养作出较大贡献。[②] 20世纪二三十年代以来，经过一大批高水平教师的长期实践积累，学校逐渐形成了良好教学传统，办学卓有建树，声名远播，当时曾有“东方麻省理工”之美誉。

中华人民共和国成立初期，为响应国家号召，学校调整出一部分优势专业、师资设备，支持国内兄弟院校的发展。20世纪50年代中期，学校经历

---

① 王宗光. 上海交通大学史：第一卷 南洋公学［M］. 上海：上海交通大学出版社，2011：348－353.

② 王宗光. 上海交通大学史：第二卷 创建近代工科大学［M］. 上海：上海交通大学出版社，2011：286－287.

西迁与分设，形成交通大学上海部分和西安部分。1959 年 7 月，经国务院批准，独立建制的交通大学上海部分正式启用“上海交通大学”校名，并逐步建设成为一所社会主义的新型大学。特别是在“文革”结束后，上海交通大学冲破僵化的观念束缚，成为大学改革的破冰者。1978 年 9 月，学校成立 1949 年以来高等教育界的第一个访美代表团，顺利出访美国开展交流。上海交通大学还是中国最早接受海外捐赠、最早在海外招收 MBA 学生、最早在海外成立研究生院、最早规划建设新校区的大学建设。[①] 90 年代至今，上海交通大学始终围绕建设世界一流大学的目标，牢牢把握“211 工程”和“985 工程”建设的政策机遇，努力建设并成为综合性、研究型、国际化的大学。进入 21 世纪，上海交通大学与上海第二医科大学的强强联合，更是我国高等教育改革和布局调整的又一重大举措，是上海市实施“科教兴市”主战略的具体体现，也是加快创建世界一流大学和一流医学院的理性选择。[②]

经过“211 工程”和“985 工程”重点建设，上海交通大学实现了历史性的跨越，综合实力居全国高校前列。具体表现为：一是基本完成向研究型大学的转变，学术声誉与社会影响快速上升。学校在科研经费、国家自然科学基金项目、高水平论文、专利申请、国家和省部级科技奖项等方面走在全国前列（见表 6 -5）。二是基本实现综合性大学的学科布局，三大支柱学科实力明显增强。当前，学校形成了强大的工科、生命医学学科和管理学科三大支柱学科，工科传统优势得到强化，生命医学学科的综合交叉优势日渐凸显，管理学科快速崛起。现有学科布局能够全方位适应国家经济社会发展和上海的产业升级与结构调整，具有追踪国际学术前沿的创新活力。[③]

---

① 张杰. “三位一体”培养创新型领袖人才：上海交通大学人才培养目标探索 [J]. 国家教育行政学院学报，2010（10）：3.

② 盛懿，孙萍，欧七斤. 三个世纪的跨越：从南洋公学到上海交通大学 [M]. 上海：上海交通大学出版社，2006：433.

③ 马德秀. 变革与超越：走中国特色的一流大学之路 [M]. 上海：上海交通大学出版社，2014：45 -46.

表 6－5　C9 高校 2016 年科研成果统计

高校名称		清华大学	北京大学	浙江大学	复旦大学	上海交通大学	南京大学	中国科学技术大学	哈尔滨工业大学	西安交通大学
基金	基金总量	585	682	920	664	1020（1）	461	363	348	475
	国家级基金项目数量	541	646	772	628	969（1）	459	346	345	466
	国家自然科学基金数量	456	549	683	538	888（1）	387	321	329	426
	国家自然科学基金资助金额（万元）	36 984. 69	41 821. 02	44 734. 36	27 852. 3	50 104. 1（1）	27 041. 94	24 716. 45	19 022. 83	20 265. 34
	国家社会科学基金数量	24	43	30	35	28（5）	44	1	7	16
WOS 期刊论文	总发文量	7 818	6 293	6 958	4 713	5 890（4）	4 171	4 474	4 561	4 305
	SCI 论文数量	7 377	5 814	6 569	4 442	5 560（4）	3 950	4 343	4 447	4 143
	SSCI 论文数量	444	604	377	312	338（4）	223	132	98	161
	A&HCI 论文数量	24	45	55	30	32（4）	36	9	3	4

续上表

高校名称		清华大学	北京大学	浙江大学	复旦大学	上海交通大学	南京大学	中国科学技术大学	哈尔滨工业大学	西安交通大学
国内期刊论文	总发文量	7 538	8 760	6 763	4 650	5 734（5）	5 851	1 846	3 320	3 720
	被引频次	1 740	1 794	1 201	754	862（5）	1 137	303	454	764
	篇均被引	0. 23	0. 2	0. 18	0. 16	0. 15（8）	0. 19	0. 16	0. 14	0. 21
	CSSCI 论文数量	1 269	1 974	1 013	1 091	744（7）	2 020	124	147	782
专利	国内专利	763	195	1705	170	540（3）	192	200	474	454
	国内发明专利数量	388	124	619	112	376（3）	147	103	330	249
	国内实用新型专利数量	358	69	1027	53	161（4）	41	96	143	202
	国内外观设计专利数量	17	2	59	5	3（6）	4	1	1	3
奖励	国家科学技术奖	17	7	12	0	5（4）	5	1	4	4
	省部级奖励	24	20	13	11	21（2）	18	3	4	5

注：括号内数值代表上海交通大学各指标在 C9 高校中的名次。

资料来源：中国高校科研成果统计分析数据库（http://usad. cnki. net）。

如今，在我国推进国家治理体系和治理能力现代化进程中，上海交通大学勇于改革创新，积极探索实践“以人为本”的大学治理之道，推动构筑卓越的人才培养、科技创新、文化传承和社会服务支撑体系，① 探索具有中国特色的世界一流大学的治理之路。实施战略管理是上海交通大学实现平稳、快速、持续发展的重要抓手。近年来，学校在国内率先制定了《上海交通大学章程》，经过充分调研形成了2010—2020年中长期发展规划，以战略谋划引领发展；认真细化发展路径和战略举措，形成了学校上水平关键指标体系及学术路线图；在师资、教学、科研、财务、资产、后勤等方面提出了年度量化发展目标，并强化执行和考核，努力实现从“经验管理”向“科学管理”、从“常态管理”到“绩效管理”的转变，极大地提高了管理效能。“十三五”期间，上海交通大学坚持以一流为目标、以学科为基础、以绩效为杠杆、以改革为动力，努力成为世界高等教育改革发展的参与者和推动者。②

6.4.2 上海交通大学社会声誉提升策略

1. 坚持内涵式发展，持续深化校园文化建设

上海交通大学从1896年开始就非常重视文化传承。学校校训“饮水思源、爱国荣校”的精神内核是感恩和责任；学校校名所携带的文化，则是2500年前中国第一本哲学著作《易经》中提到的“天地交而万物通，上下交而其志同”，这是上海交通大学的文化源泉，也是最根本的创新基因。

为了更好地传承百年交大的文化传统，上海交通大学在全国高校中率先制定大学文化建设规划，发挥文化建设的凝聚作用，激发全校师生加快建设一流大学的精神动力；完成八卷本200万字《上海交通大学史》的编撰，成为历史文化传承的厚重载体；通过《上海交大报》《新民晚报》《党史信息报》和“澎湃文化课”等传统纸媒和新媒体平台推送党史校史专栏文章；成立国家级的大学生文化素质教育基地、大学生艺术教育委员会，拓展生动活泼的校园文艺活动；举办国际大学生文化艺术节，打造交大特色的文化艺术品牌；积极建设李政道图书馆项目，弘扬科学精神和科技与艺术交融的文化品格。为了塑造良好的社会形象，上海交通大学正在优化整合传统媒体、

---

① 张杰. 大学治理的核心：上海交通大学以人为本的制度激励［J］. 中国高教研究，2015（7）：3-5.

② 上海交通大学信息公开网. 上海交通大学“十三五”规划［EB/OL］.（2017-11-21）［2018-09-10］. http://gk.sjtu.edu.cn/Data/View/433.

积极利用新媒体方式，[①] 开拓学校形象传播途径，建设立体综合传媒平台，加强学校、宣传部门、新闻媒体三方的联动宣传。通过不同网站之间的联合互动，抓住重大主题、重大庆典、重要节日等契机，积极开展吸引师生参与的网络文化活动，形成焦点合力，不断扩大社会主义意识形态在网络上的覆盖面和影响力。[②] 2017 年，上海交通大学在中央及上海主流媒体上刊发原发新闻 2 200 余条，其中 120 余篇次发表在重要媒体头版、头条上。[③] 为了规范学校视觉形象，上海交通大学还先后编写了《上海交通大学视觉形象识别标准手册（试行）》和《上海交通大学视觉形象识别系统管理办法（试行）》，对校徽、校名、标准色等基础要素给予了严格的、科学的标准定义，并就其延伸的应用系统给出了系统的、规范的示例。

上海交通大学在文明校园创建过程中，着重突出文化育人，探索构建世界一流、中国特色的大学文化内涵体系。上海交通大学将理想信念教育贯穿人才培养全过程，从“选择交大就是选择了责任”到“思源致远，砥砺前行”，坚持党委书记讲授“新生第一课”，组织开展毕业生远航教育，引导大学生“领悟为学之道，秉持做人之本，树立报国之志”；突出杰出校友的引领作用，先后出版钱学森系列学术著作 20 余种，创作校园话剧《钱学森》并进行全国巡演，设立钱学森图书馆、钱学森路、钱学森班，让“爱国、求真、奉献、创新”的“学森精神”成为交大人的“精神内核”。[④] 上海交通大学还先后与故宫博物院、敦煌研究院、南京博物院签署战略合作协议，在遗产保护、文化创新、人才培训等多个领域开展实质合作，将文博育人作为开展传统文化教育的长效载体。[⑤]

上海交通大学文化建设的目标，是力求形成以优良的办学传统、先进的办学理念、鲜明的办学特色、卓越的品牌优势、深厚的文化底蕴、独特的精神品

---

① 上海交通大学在利用网络新媒体时，坚持 85% 以上原创作品生产。每逢开学典礼、毕业典礼、新生第一课、校庆等重大活动，学校都通过新媒体平台第一时间向师生校友进行直播和推送。截至 2018 年 1 月，学校官方微博粉丝 52 万，博文总阅读量超 6 亿人次，获评“全国最具影响力教育微博”；学校官方微信粉丝 22 万，总阅读量过千万。在 2018 中国教育政务新媒体年会上，上海交通大学蝉联年度教育政务新媒体综合力十强，获“年度最具影响力自媒体”称号。

② 上海交通大学新闻网. 上海交通大学扎实做好主流思想文化宣传教育工作［EB/OL］.（2014－01－16）［2018－09－10］. http://oldnews.sjtu.edu.cn/info/1005/189609.htm.

③ 上海交通大学文明网. 上海交通大学 2016－2017 年社会责任报告［EB/OL］.［2018－09－10］. http://wm.sjtu.edu.cn/upload//20191209/99daf08b－8ec2－4578－9f46－fdf3c20ade0d.pdf.

④ 中国文明网. 上海交通大学：以大学文化构建培育时代新人大格局［EB/OL］.（2018－12－11）［2019－03－20］. http://www.wenming.cn/ziliao/jianbao/gddt/201812/t20181211_4932676.shtml.

⑤ 中国文明网. 上海交通大学：将美育传统引入思政实践［EB/OL］.（2019－01－31）［2019－03－20］. http://images1.wenming.cn/web_wenming/ll_pd/gxsxzzjy/201901/t20190131_4992582.shtml.

格为主要内容的大学精神文化，为实现建设世界一流大学这一历史性的奋斗目标提供强大的智力保障与精神支撑。通过理念提升引领改革攻坚，通过文化创新带动体制创新，通过精神驱动促进事业发展，通过和谐文化构建和谐校园。①

2. 探索和实践拔尖人才培养模式，形成教学特色

从1896年诞生之日起，上海交通大学就立下了实业救国的宏愿。清末民初，我国高等工程教育尚处于起步阶段，学制尚未完善，缺乏办理经验，学校主要借鉴西方教育经验，以美国大学的同类课程设置为蓝本，专业教科书也直接购自麻省理工学院、哈佛大学等著名大学，同时结合国情与校情，制定了较为合理的教学计划，并在教学实践中不断加以修订。学校以“功课密，管理严”为教学原则，认真实施各项教学规制，使教学工作逐渐趋于规范化、制度化。在办学过程中，学校严把招生关，重视平时考核与各级考试；注重教学与实践相结合，学以致用，成为学校良好教学传统的一个开端。学校高度重视国文、外语教学，对文理渗透、工文并重的教育模式进行了实际探索，培养出一批品学兼优、文理兼通的科技人才。② 中华人民共和国成立以来，上海交通大学也一直坚持为国家工业化服务，是理、工、管学科齐全的大学。上海交通大学始终把人才培养作为办学的根本任务，培养了包括江泽民、汪道涵、钱学森、陆定一、丁关根、黄炎培、吴文俊等在内的大批优秀毕业生。中国科学院、中国工程院中有200多位院士是上海交通大学校友，在23位“两弹一星”元勋中亦有6位出自上海交通大学。

上海交通大学的根本使命是为祖国、为世界培养领袖人才。2006年，上海交通大学和密西根大学共建密西根学院（University of Michigan-Shanghai Jiao Tong University Joint Institute），学院的首批118名申请留学深造的学生中有111名被录取，且大多数被录取在美国前10名的大学。目前密西根学院的机械工程和电子与计算机工程两个本科专业已经获得了美国工程技术认证委员会（Accreditation Board for Engineering and Technology，简称ABET）的专业认证。密西根学院的实践证明：明确的目标、志同道合的合作伙伴、双方信任的执行人加上适合引进人员快速成长的生态环境和制度建设是实施工程教育国际化改革的成功关键。③ 2009年，上海交通大学提出了“能力建设

---

① 潘敏，李建强．思源致远　百年神韵：上海交通大学文化研究［M］．北京：高等教育出版社，2011：418．

② 王宗光．上海交通大学史：第二卷 创建近代工科大学［M］．上海：上海交通大学出版社，2011：2．

③ 张申生．引进创新走向一流：上海交大密西根学院的工程教育改革探索［J］．高等工程教育研究，2011（2）：16－26．

+知识探究+人格养成”三位一体的育人理念，开始构建“课内与课外相结合、教学与科研相结合、人文与科技相结合”的新型课程体系。为了培养创新型领袖人才，上海交通大学编制了数理科学班和生命科学班的详细培养方案，并以这两个理科班为基础，创立了创新型领袖人才的培养特区——致远学院。由于学校在拔尖创新人才培养方面的积极探索，学校成为教育部“基础学科拔尖学生培养试验计划”和“卓越工程师培养计划”首批高校之一。2014 年学校将基础学科拔尖人才培养计划向全校开放，启动了“致远荣誉计划”，以发掘更多具有创新精神的人才。上海交通大学人才培养正在逐渐形成自己的理念，试点自己的理念，推广自己的理念。① 办学条件的不断改善，教学特色的逐步定型，有效学习西方先进经验，这是一个循序渐进的提升过程，同时在此过程中形成一种合力，提高了上海交通大学课堂教学效果和人才培养质量。

形成于 20 世纪初、定型在 30 年代、中华人民共和国成立后被概括为“起点高、基础厚、要求严、重实践”的教学特色，② 是上海交通大学在长期办学实践过程中摸索出来的经验。上海交通大学教学特色的形成，既是学校学习西方先进教学经验的结果，也是对自身办学传统的继承，对于拔尖人才的培养起到了巨大的推动作用；它更是学校历史上一种无形的精神财富，与在追求民族解放斗争中形成的爱国主义传统相得益彰、交相辉映，为上海交通大学品牌的塑造增添了内涵。③

3. 推进教师聘任制度改革，加大对青年教师的培养和支持

围绕建设世界一流的师资队伍，上海交通大学加快师资队伍分类发展改革步伐。学校于 2006 年启动了全员合同聘用制，于 2007 年启动了人才监察体系，于 2014 年开始构建学术荣誉体系 Tenure 制④，于 2015 年进行新师资和老师资的双轨并轨。2017 年，上海交通大学对长聘教职体系进行了适当梳

---

① 张杰. 大学治理的核心：上海交通大学以人为本的制度激励［J］. 中国高教研究，2015（7）：2－3.

② “起点高”，重视招生质量，坚持择优录取；“基础厚”，重视基础理论教学和基本技能训练，建立基础学科的院系，增加了基础课程的比重；“要求严”，对学生实行严格要求、严格考核；“重实践”，强调理论联系实际，学以致用，“学则中西并重，而以实用为归”。

③ 盛懿，孙萍，欧七斤. 三个世纪的跨越：从南洋公学到上海交通大学［M］. 上海：上海交通大学出版社，2006：130.

④ 2014 年 10 月 16 日，时任上海交通大学校长的张杰在《自然》（*Nature*）杂志发表署名文章《中国大学“三步走”改革——高水平师资队伍是建设世界一流大学的关键》，介绍上海交通大学以激励制度为核心的师资队伍建设战略，引起了国外大学校长的广泛关注，如密西根大学前校长玛丽·柯曼（Mary S. Coleman）评价这篇文章“从战略角度出发，阐述如何提升中国大学在全球高等教育领域的整体表现和地位”。

理与合理优化，对岗位设置、晋升通道、薪酬体系等方面的政策进行完善，建立了更加简明、清晰、稳定的教职体系，稳步推进原有体系与长聘体系的平稳衔接和最终并轨。同年，学校成立党委教师工作部，更加明确和强调“立德树人、教书育人”，在师德师风方面建立了一票否决制，对长聘教授申报资格、岗位职责方面提出更加明确的教学和育人要求。2018 年 1 月，上海交通大学文科学院首次长聘教授评审结果揭晓，来自四个文科学院的 11 位教授通过长聘职位校级评审。至此，面向常规体系教师的长聘教授评聘工作实现学科板块的全覆盖。长聘制度改革是上海交通大学在“人才强校”主战略指引下，借鉴国际成熟经验，在师资队伍建设与人事制度方面进行的积极改革实践。目前，上海交通大学长聘体系各级岗位在聘人数达到 720 人，成为核心师资队伍的主体，在人才培养、科学研究、社会服务方面发挥骨干作用并产生标杆示范效应。①

上海交通大学把培育优秀青年人才作为重要的战略任务。学校实施中青年学术带头人培育计划，加强领军人才梯队建设。加大对青年教师全方位的培养支持，推出“晨星青年学者奖励计划”和“青年教师科研起步基金”，推进青年教师海外培训。同时，大力发展专职科研队伍。聚焦重大项目和大科研团队，完善“专职科研队伍建设基金”。按照“按需设岗、择优聘任”的原则，逐步建立重大项目、产业技术、临床医学、军工科研和农业推广等类型的专职研究员系列岗位，让一大批中青年学术骨干脱颖而出。② 在科研管理服务层面，学校科研系统和人力资源系统、校级机关和院系充分联动，设立人才专项工作，实施“新进青年教师启动计划”，通过全面跟踪、定期培训、重点培养，培养和壮大青年科研骨干人才队伍。上述举措充分调动了学校青年人才的积极性，学校青年基金项目数连续 7 年位居全国第一，基金项目申报数连续 10 年位居全国第一。③

4. 三区联动融合发展，积极开展协同创新和国际合作

协同创新政策话语的出现，使得中国研究型大学不断发挥产学研协同创新优势，在服务地方经济社会发展过程中创造价值和积累声誉。上海交通大学把培养一流人才、创造一流成果和提供一流的社会服务三大功能紧密结合，坚持与中国骨干企业共发展，与中国未来产业紧密结合，服务国家创新

---

① 上海交通大学新闻网. 上海交通大学长聘体系建设实现“全覆盖”[EB/OL]. (2018-01-30)[2018-09-10]. http://oldnews.sjtu.edu.cn/info/1002/1645410.htm.

② 贾德永. 高等学校内涵发展探索［M］. 北京：高等教育出版社，2012：209.

③ 韩海波，张艳，刘萍，等. 上海交通大学 2009-2015 年国家自然科学基金资助情况及管理经验［J］. 中国科学基金，2016（3）：231-232.

体系建设。上海交通大学已经和20多家大型国有企业建立了全面战略合作关系，在重点领域攻关、关键技术研发等方面开展了广泛合作。上海交通大学在闵行区办学30年来，积极参与闵行区经济建设、科技进步、社会发展等各项事业，为闵行区创新驱动发展战略、提升区域创新能力、完善城市功能、保障改善民生、增强知名度和美誉度起到了重要的作用。闵行区政府、上海紫江集团、上海交通大学等多家股东共同出资建设紫竹园区，“政府+高校+民企”三方资金结盟，成为“三区联动”牢固纽带，摸索出了市区镇政府、高等院校和民营企业“三结合”的全新运营模式。如今，紫竹园区各项经济指标连续15年每年都保持两位数以上的高速增长。在全国168家国家级高新区中，紫竹园区的综合排名已攀升至第14位。①

上海交通大学充分发挥教育部与上海市“部市共建”、教育部与卫生部“部部共建”的体制优势，在诸多方面开展积极的协同创新。一是结合国家战略重大需求，促进学校与地方、区域协同创新。在上海市政府支持下成立新兴产业技术研究院，围绕战略性新兴产业的关键、共性技术，建立面向国家重大需求的研发基地，目前已经有7个国家级基地入驻；吸纳了一批包括“千人计划”在内的专职研发队伍；推进地方研究院建设，与中国科学院上海高等研究院、上海理工大学、上海第二工业大学等高校和科研机构全面合作共建，实现优势互补。在人文社会科学领域，与文化部合作，开展国家形象与公共外交研究；与国家图书馆合作，开展东京审判与中日关系研究，取得积极成效。二是结合未来产业发展方向，促进产学研用协同创新。综合临床医学、基础医学等学科的研究力量，成立转化医学研究中心，构建基础研究成果快速转化为临床治疗的研究体系，引领生命医学率先冲击世界一流；与中国核工业集团、中国航空工业集团等深化合作，在深海开发与探测装备、飞机发动机核心部件研发与产业化等方面取得重大突破。

国际合作已成为各国科技政策与战略的一个重要内容。上海交通大学的国际合作与交流项目呈现出点面结合、学科贯通和深度合作的特点。② 近年来，上海交通大学参与组织了多个颇具影响的国际合作项目（见表6-6），这些合作项目的实施增进了研究人员之间的交流，为合作双方的研究工作带来更多附加价值。例如，上海交通大学与新加坡国立大学联合承担的“超大城市的能源环境可持续发展方案（E2S2）”是新加坡卓越研究与技术企业学

---

① 新华网．紫竹高新区探索园区发展新模式［EB/OL］．（2018-07-20）［2018-09-10］．http://sh.xinhuanet.com/2018-07/20/c_137336729.htm.

② 张艳，郦音悦．依托科学基金强化国际合作推动上海交通大学更快发展［J］．中国科学基金，2017（1）：90.

园（Campus for Research Excellence and Technological Enterprise，简称CREATE）项目之一。作为新加坡政府为促进该国及周边地区科技创新研发而推出的重大举措，“CREATE”项目旨在吸引全球顶尖科学家共同合作，实现智力资源的优化整合，推动相关地区的经济社会发展。上海交通大学是中国内地第一家入驻该园区的大学，该项目也是上海交通大学与世界一流大学开展实质性重大科研合作的标志性项目。[①]

表6-6　上海交通大学部分国际合作项目及联合研究实验室

序号	合作名称	项目类别	备注
1	E2S2（超大城市的能源环境可持续发展方案）	重大国际合作项目	大规模、多学科交叉的研究方式；迄今共计举办四次双边学术研讨会；顺利通过中期考察
2	上海交通大学—密西根大学联合研究基金	联合研究基金	该项目是上海交通大学科研国际化战略中合作规模最大、合作程度最深、历史最长的项目
3	上海交通大学—新南威尔士大学联合研究基金	联合研究基金	主要合作领域为计算机科学、生命科学、环境科学和材料科学
4	上海交通大学—鲁汶大学联合研究基金	联合研究基金	开放性交流合作
5	上海交通大学与阿德莱德大学联合中心合作协议	国际联合实验室	主要合作领域为农业与健康
6	上海交通大学代谢与发育科学国际合作联合实验室	教育部国际合作联合实验室	主要合作领域为代谢的遗传和生化基础、代谢与发育互作、代谢发育与生物制造
7	上海交通大学—日立框架合作协议	联合研究项目	主要合作领域为材料科学

资料来源：张艳，郦音悦．依托科学基金强化国际合作推动上海交通大学更快发展［J］．中国科学基金，2017（1）：91．（略有修改）

5．推动高水平智库建设，促进应用型文科发展

近年来，上海交通大学文科紧紧围绕国家战略，主动服务地方经济社会发展需求，相继创办一批创新研究基地，承揽政府、企业研究课题，成为政府和企业可信赖和依托的思想库、智囊团。

---

① 中华人民共和国教育部．上海交大与新加坡签署“CREATE计划”项目合作协议［EB/OL］．（2012-02-27）［2018-09-10］．http://old.moe.gov.cn/publicfiles/business/htmlfiles/moe/s166/201202/131067.html.

上海交通大学大力推动智库建设，专门成立高等教育研究院，坚持学术研究与政策咨询相结合、国内研究与国际合作相结合，为高等教育研究做出贡献，关于“世界大学学术排名（Academic Ranking of World Universities）”的系列研究成果在世界上形成了独树一帜的具有中国特色大学评价体系，引起国际社会广泛关注。美国、加拿大、欧盟委员会等多个国家和国际组织的媒体进行相关报道。从2005年开始，高等教育研究院发起并连续主办世界一流大学研讨会（International Conference on World－Class Universities），成为最有影响力的一流大学研究与实践的国际交流平台。①

上海交通大学秉持创新开放的办学理念，借鉴国际一流商学院办学成功模式，并在上海市的全力支持下，于2009年4月成立了上海交通大学上海高级金融学院。学院在为建设上海国际金融中心提供强大人才支撑的同时，坚持教学和科研并重，紧密结合国内外金融实际，积极开展金融理论和应用研究，致力于为上海乃至全国现代化金融体系建设提供有力支撑。学院成立以来，走出了一条在发展中国家建设世界一流金融学院的办学道路，形成了一支囊括北美及欧洲一流商学院2/3的资深华人金融学教授的“国际一流、亚洲第一”的教授团队，如今被业界称为“金融黄埔”。2017年1月，在由美国宾夕法尼亚大学发布的《全球智库报告2016》中，上海高级金融学院连续第三年荣登“全球最值得关注智库排名100强”榜单，位列第31名，蝉联国内同类智库首位。②

2016年10月，在上海市人民政府支持下，上海交通大学和上海市人民政府发展研究中心合作建设中国城市治理研究院，致力于建成国际知名、具有中国特色的新型智库。中国城市治理研究院依托上海交通大学文理医工农多学科优势，整合校内城市治理相关学术领域，着力构建多学科交叉和协同创新的试验区与开放式平台。该研究院通过跨学科交叉集成与深度融合，凝练了城市应急管理与社会治理、城市创新驱动与可持续发展、城市宜居与公共服务、城市文化与城市形象等研究领域，并组建了跨学科研究团队，为政府科学决策提供智力支持。③ 每年由中国城市治理研究院为主承办的全球城市论坛（Global Cities Forum）致力于为政界、学界、业界提供一个城市治理

① 中华人民共和国教育部．上海交通大学三个“结合”推动高水平智库建设［EB/OL］．(2012－02－16)［2018－09－10］．http://old.moe.gov.cn/publicfiles/business/htmlfiles/moe/s166/201202/130577.html.

② 上海交通大学上海高级金融学院．SAIF简介［EB/OL］．［2018－09－10］．http://www.saif.sjtu.edu.cn/about/introduction.

③ 上海交通大学中国城市治理研究院．研究院简介［EB/OL］．［2018－09－10］．http://ciug.sjtu.edu.cn/Web/Content?w=20&p=1.

模式提炼、传播和推广的高端平台，该论坛正日益成为“世界城市日”系列主题活动中的品牌典范。

6. 对接上海全球科创中心建设，与一流城市互动共生发展

综观世界各大科学城的成功经验，其中较为显著的特点之一是均有相应的研究型大学或科研机构作为核心支持。为响应国家和上海市“加快创新型大学及科研机构向张江集聚”的号召，配合张江科学城建设规划和产业布局，上海交通大学高规格谋划建设张江科学园。据介绍，上海交通大学张江科学园按照“三个科学中心、两个创新平台”的新布局进行规划，[①] 投入包括教师、技术人员、博士后在内的专职科研人员 1 200 余人，促使张江科学城汇聚更多顶尖科学家，推动物理、材料、生物、医药和网络等多个交叉学科前沿领域取得重大原创性成果，实现相关高新产业的跨越式发展。[②] 2018 年 8 月，李政道研究所在张江科学城开建暗物质与中微子、实验室天体物理、拓扑超导量子计算三大实验平台。上海交通大学正以张江科学园、李政道研究所为载体，导入更多高水平的科研设施和创新团队，为上海市打造全球学术新思想、科学新发现、技术新发明、产业新方向的重要策源地提供有力支撑，为上海市建设具有全球影响力的科技创新中心作出具有高显示度的贡献。

在一流大学、一流学科建设进程中，在“博极医源、精勤不倦”的学院精神感召下，上海交通大学医学院立足上海，履行培养人才、创新知识、奉献社会的使命，打响交医品牌声誉。作为拥有附属医院数量最多、质量最高的医学院校之一，上海交通大学医学院积极响应健康中国战略，医疗服务量增质升，附属医院完成了上海市 1/3 的住院手术量并解决了 1/2 的疑难杂症。此外，医学院获批 74 个国家临床重点专科建设项目，占上海市总数的 54%；获批 16 个上海市“重中之重”的临床医学中心和重点学科建设项目，拥有 39 个专病诊治中心、33 个多中心临床研究项目。医学院积极落实上海市医改政策，顺利完成上海市政府“郊区新建三级综合医院项目”，负责承建的 3 所三甲医院投入运营，惠及郊区百姓；率先在全国启动紧密型医联体“新华—崇明区域医联体”，同时成立了 22 个专科医联体。医学院还充分发挥上海市在服务国家“一带一路”建设中的桥头堡作用，与海南省开展医药卫生合作。[③] 上海交通大学医学院已发展成为一所享有较高国际声誉，医、

---

① 包括超快科学中心、材料基因组联合创新科学中心、同步辐射诊疗和医学影像科学中心；国际合成生物学与健康研究创新平台和网络空间安全创新平台。

② 上海浦东门户网站．上海交大开建张江科学园［EB/OL］．(2018 - 04 - 13)［2018 - 09 - 10］．http://www.pudong.gov.cn/shpd/news/20180413/006001_62ec6a49 - abc0 - 4a99 - 852c - f6d1e1d0c471.htm.

③ 上海交通大学医学院新闻网．立足上海打响交医品牌 辐射八方服务健康中国［EB/OL］．(2018 - 05 - 16)［2018 - 09 - 10］．https://www.shsmu.edu.cn/news/info/1002/6918.htm.

教、研以及社会服务全面发展的研究型、创新型院校。

为了服务上海市及长三角新农村建设、对接全面建设小康社会国家战略，上海交通大学围绕都市农产品安全供给保障、都市农村民生改善和西部农村扶贫开发三大主题，进一步深化体制机制创新，全面推进校地企所合作，将新农村发展研究院建设成为推进都市新农村建设和西部农村扶贫开发的系统化创业服务平台，① 先后在浦东新区、闵行区、崇明生态岛等地成立教授工作室，开展科技服务。教授工作室是上海交通大学开展现代农业科技研发、示范、推广和服务“三农”的分布式工作站，是农业与生物学院与各区县农业委员会合作共建，与区县农业技术推广中心、动物疫病预防控制中心、食用农产品监测中心以及蔬菜技术推广站等进行合作的综合型技术服务平台（见图6－4）。作为一种新型的嵌入式农技推广平台，教授工作室与农业推广部门、农户和农业企业共同实现了高校科研成果转化、农技培训的无缝对接，为农民增收和科研经费的增加都做出了重要贡献，同时也发挥了区县政府的智囊团作用，为制定农业科技政策和农业发展规划提供了理论支撑。

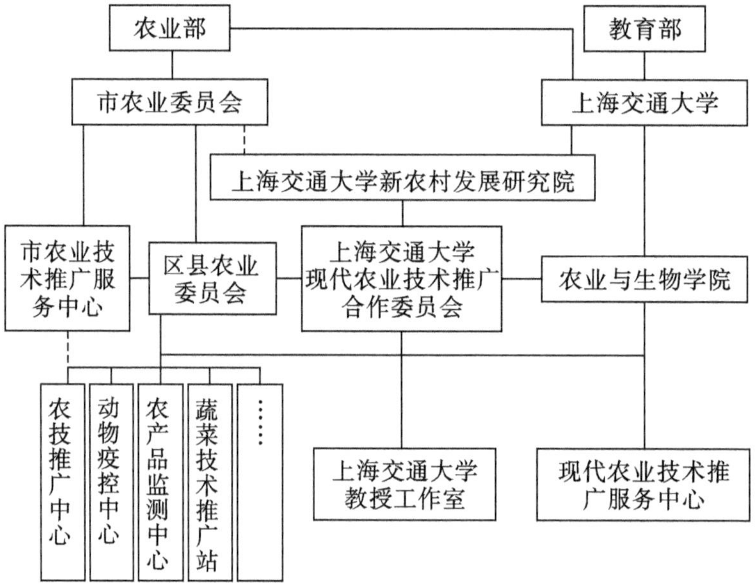

图6－4　上海交通大学嵌入式农业技术推广服务平台

资料来源：王新华，陈火英，周培．上海交通大学教授工作室的模式创新与实践［J］．科技管理研究，2013，33（18）：20.

---

① 上海交通大学新农村发展研究院成立于2006年7月，是国内最早成立的以服务都市新农村建设为宗旨和特色的高校农推服务机构，并于2013年12月被科技部、教育部批准为国家级新农村发展研究院。

已有120多年历史的上海交通大学在艰难中创业，在曲折中前进，在发展中提升，其底蕴深厚的办学传统以及奋发图强的发展历程，越来越让世人瞩目。上海交通大学拥有一大批具有先进办学理念和践行大学精神的校长，拥有一大批学识卓越、众望所归的名师，拥有一大批走出校门后为国家和民族作出杰出贡献的学子。在不同的历史时期，这些校长、教师和校友留下了许多精彩纷呈、可圈可点甚至可歌可泣的历史印记，共同铸就了百年交大的历史丰碑。①

6.5 香港科技大学

6.5.1 香港科技大学发展概况

香港科技大学是香港政府为配合20世纪80年代经济结构转型需要而创办的香港第三所大学，于1986年筹备建校，1991年开始招生，拥有理学院、工学院、工商管理学院和人文社会科学学院四个二级学院以及霍英东研究院、赛马会高等研究院等多个研究机构。如今，香港科技大学已经在全球的学术界跃升，并从2018年起连续三年在“泰晤士报全球年轻大学排名”（THE Young University Rankings）中位列榜首。②

香港科技大学自建校伊始就构建了较为完善的内部治理模式，由顾问委员会、校董会和教务委员会三部分组成学校最高管理层（见图6-5）。由大学校长率领首席副校长和数名副校长组成学校高层管理团队，副校长分管行政、教学、研究及发展和大学拓展工作。香港科技大学内部治理紧紧围绕服务社会这一职能运转，第三任校长陈繁昌更提出了“同一科大”（1-HKUST）的理念，呼吁校董会和顾问委员会、学生、校友、教师、职员以及支持者携手合作，在教育、研究、社会服务等领域“纵横整合”。

---

① 王宗光. 上海交通大学史：第一卷 南洋公学［M］. 上海：上海交通大学出版社，2011：4.

② “泰晤士报全球年轻大学排名”主要根据教学及研究表现、论文引用数目、国际化、业界创新收入等指标来评分，选出250所建校未满50年的大学。

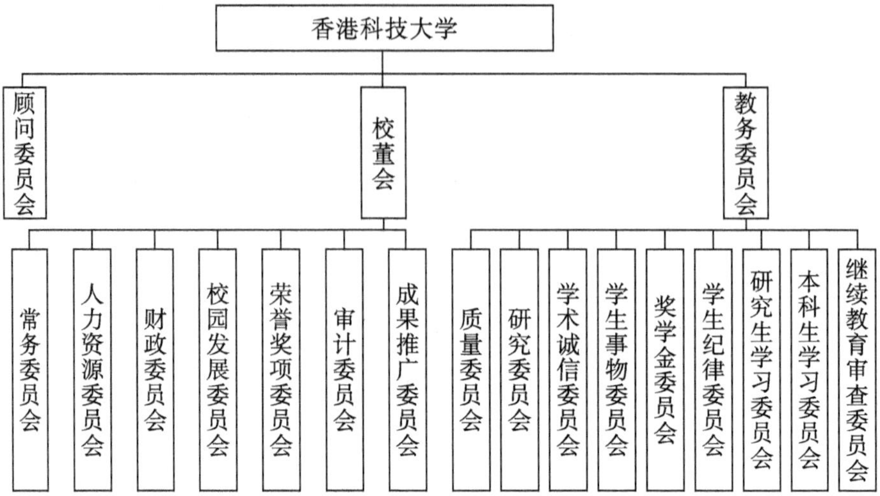

图 6－5　香港科技大学内部治理结构

资料来源：香港科技大学. 治理组织［EB/OL］.［2018－09－10］. https://www.ust.hk/zh－hans/about－hkust/governance/.

根据香港科技大学公布的 2016—2017 年报，学校年度总收入为 4 877 百万港元，其中政府资助及拨款为 2 456 百万港元（占比约为 50%），学费、课程及其他收费为 1 099 百万港元（占比约为 23%），利息及投资收入为 646 百万港元（占比约为 13%），外界捐款为 66 百万港元（占比约为 1%），辅助服务及其他收入为 364 百万港元（占比约为 7%），转拨自递延资本基金为 246 百万港元（占比约为 5%）。① 近年来，面对香港政府对大学整体拨款数额的减少，学校积极联系社会团体，制订筹款计划，并凭借自身科研优势，从社会各界获得大量研究捐助。香港科技大学还设置了校友事务组，定期联系全球校友，充分挖掘校友资源。为了更好地实现愿景和完成使命，2005 年 6 月，香港科技大学制定《2005—2020 策略发展计划：追求卓越》（见图 6－6），提出将世界观、国家观和地区观相结合，在人才培养上注重提升学生的国际化意识与国际竞争力。

① 香港科技大学. 2016—2017 年年报［EB/OL］.［2018－09－10］. https://publications.ust.hk/Annual_Report/2016－2017/chi/.

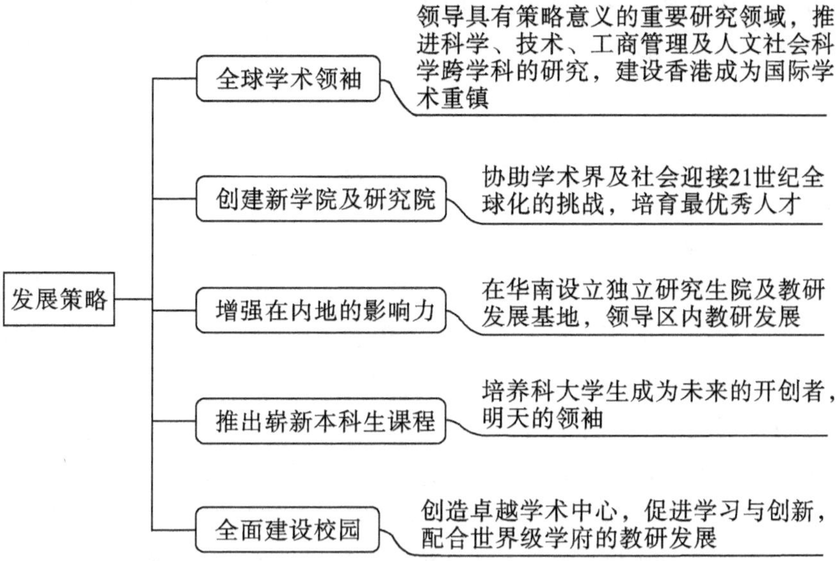

图 6 - 6　香港科技大学 2005—2020 策略发展计划

资料来源：The Hong Kong University of Science and Technology. HKUST strategic plan 2005 - 2020 [EB/OL]. [2018 - 09 - 10]. https://archives. ust. hk/dspace/bitstream/9999/30877/1/oudpa - 05 - a039. pdf.

香港科技大学今天所取得的成就与其着眼世界的办学理念和建成世界知名大学的战略定位密不可分。香港科技大学自创校之日起，就放弃了大而全的发展目标，在办学规模与专业发展上追求“小而精”的效果，在使命陈述中将学校定位为一所在国际上具有深远影响，而又致力为本地服务的优秀学府。[①] 香港科技大学发展理念与定位的形成，既是源于学校所处的特殊地理位置，更是源于学校开拓者们的智慧。[②] 香港科技大学创校校长吴家玮，为学校的发展奠定了基石。身为美国旧金山州立大学前校长，吴家玮不仅为香港科技大学带来了先进的办学思想，也鼓舞了许多杰出海外学者返港贡献所长。如今，香港科技大学 600 多名教师来自世界各地，各级教授全部拥有著名大学的博士学位，这些精英学者的到来，使学校在创办初期就取得了世界同行公认的学术地位，吸引了更多资深学者的加盟。2001 年 3 月，吴家玮辞去香港科技大学校长职务，时任香港特别行政区行政长官董建华先生给予吴家玮校长高度评价：“作为科大的第一任校长，吴教授不但对科大的成立居

① 香港科技大学. 使命及理念 [EB/OL]. [2018 - 09 - 10]. https://www. ust. hk/zh - hans/about - hkust/hkust - at - a - glance/mission - vision/.

② 孔宪铎. 我的科大十年 [M]. 北京：北京大学出版社，2004：13.

功至伟，同时亦带领科大的发展趋向成熟，令该校在短短十年内发展成为一所在科技及商学方面达到世界级水平的院校。在吴教授的领导下，科大的地位在本校、全国乃至国际间已被普遍肯定。”①

6.5.2 香港科技大学社会声誉提升策略

1. 贯彻落实国际化发展理念，重视媒体关系管理

一流的大学需要富有远见的大学规划，并将其转化为具体行动。香港科技大学追求的是小而精，把有限的资源用在少数学科以及专业上。建校初期，学校在选择专业时确定了三条标准：“第一，是否对香港的经济、文化和社会发展起到作用，对中国有贡献；第二，是否能找到、请得起该学科或者是专业的一流学者来带头；第三，是否找得到足够的经费，养得起这么一组科研人员”。② 香港科技大学基于对自身发展的准确定位，在具体实践过程中精于人才、精于制度、精于经费、精于学科，做到了在正确的方向上集中资源，并将特色发挥到极致，实现了学校的跨越式发展。③

国际化不仅改变着社会经济、文化的存在形态，还影响着高等教育发展的进程与大学组织的办学模式。香港科技大学作为一所年轻的现代高等学府，在国际化理念指导下实现了师资队伍、学术研究等方面的国际化，努力将学校建成真正的“跨文化校园”。校领导对学校的国际化发展持非常肯定和支持的态度，规划了国际化多元共治的全面参与框架，通过全方位的国际化战略举措，助推了学校的成功崛起。④ 在具体的组织与执行层面，校长办公室总体规划学校的国际化战略；大学扩展副校长及其下属的副校长办公室统筹管理学校国际化事务；大学发展与校友事务处和公共事务处则具体负责制定拓展策略、提升学校形象。⑤ 不同机构各司其职又紧密配合，既保证了校领导团队对国际化发展状况的全局掌控，又最大限度地集中各方智慧推进学校的国际化发展。

---

① 香港特区政府新闻公报．吴家玮教授辞去香港科技大学校长职务［EB/OL］．（2000－04－27）［2018－09－10］．http://www.info.gov.hk/gia/general/200004/27/0427215.htm.

② 吴宏春，雷利利，魏朋，等．从香港科技大学的迅速崛起谈高校人事制度改革［J］．中国高校师资研究，2011（5）：19.

③ 牛欣欣，洪成文．香港科技大学的成功崛起：“小而精”特色战略的实施［J］．比较教育研究，2011，33（11）：62－66.

④ 牛欣欣．大学国际化战略：香港科技大学的经验及启示［J］．高教探索，2013（5）：62－67.

⑤ 香港科技大学．2015－2016年年报［EB/OL］．［2018－09－10］．https://publications.ust.hk/Annual_Report/2015－2016/chi/annual_report_1516.pdf.

大学只有合理利用各种宣传途径，让世界充分了解自己，才能为走向世界创造有利条件。作为一所逐渐崭露头角的高等学府，香港科技大学一直重视吸引媒体和公众的注意。香港科技大学公共事务处的公共关系和新闻组与媒体和社区保持积极沟通，分享学校的最新信息和卓越成就。公共事务处致力于与公众建立联系，管理一系列展示学校价值和成果的社区项目，包括协助统筹本科入学信息日、邵逸夫奖讲座和创新科技嘉年华等活动，向公众推广大学的文化和价值。① 学校运用有效的传播策略，报道教职员、学生和毕业生的成就，建立学校的良好形象。学校在官方网站上定期更新年报、简介小册、校友通讯、电子书架等刊物和多媒体资源（见图6－7），记载了学校的历史、人物、事件和优美的校园景致，有助于社会各界快速了解学校资讯，展示学校的国际化办学风采。

2. 发挥区位优势，从欧美国家引进高层次人才

香港特殊历史背景以及中西文化交融特征为香港科技大学建设国际化学府提供了独一无二的发展机遇。香港科技大学积极吸引海外人才回流，充分保证其学术自由并鼓励其在西方学术期刊发表成果以提升学校的国际声誉。必须指出的是，香港科技大学的国际化聘任政策依托于巨大的公共经费，但其国际化的办学理念和核心价值也发挥了决定性作用。

创校初期以吴家玮校长为首的科大人积极寻觅世界范围内最优秀的资深学者，组建了一支来自于全球35个国家的顶尖学府的优秀师资队伍。当时学校的教授阵容已初具规模，每个系都有足够的教授提供本系整体性的课程。吴家玮校长为学校选聘的人才做出了定位：“一流的人，带来的是一流的人。二流的人，带来的是三流的人。三流的人，带来的人上不了流。在科技和企业管理这些进展神速、飞越时空的学术领域里，不赶一流，就上不了流。”② 香港科技大学在教师选聘上遵循严格的“三级一界”学术评审制度，即教师候选人需要通过系、院、校三级评审委员会审查和三级学术主管评审，并通过外界评审委员会的学术鉴定，方能最终受聘成功。正是得益于严格的学术评审制度，香港科技大学的教职人员几乎都具备国际化背景和经验。

① 香港科技大学. 传讯及外展［EB/OL］.［2018－09－10］. https://pao.ust.hk/index.php/zh_hk/community－outreach.

② 吴家玮. 同创香港科技大学：初创时期的故事和人物志［M］. 北京：清华大学出版社，2007：29.

图 6－7　香港科技大学刊物和多媒体资源

吴家玮校长认为："科大创校的一群人，八成是华裔留学生，两成是外国人，绝大部分来自美国。共同点之一是华裔同事的民族意识和外国同事的大同思维。之二是美国的务实创业的精神和有话直说的习惯。之三是对回归后的香港的期望和信心。"① 从海外回归的华人学者，他们出于对中华民族文化传统的归属感，能够深切理解香港科技大学的办学理念，成为香港科技大学迈向一流的积极促进因素。② 目前，香港科技大学已经拥有了一支享誉世界的国际化师资队伍，学校十分关注受聘教师的专业成长与国际化发展，设立教学促进中心为教师提供专业发展项目，为教师赴国外交流提供全方位支持，充分保障教师拥有拓展国际视野、增强国际竞争力的机会。

3. 重视全人教育与文化包容，拓展学生国际视野

香港科技大学校园文化呈现多元性，注重营造包容创新的文化氛围。学校坚持"全人教育"的教育哲学，鼓励学生广泛涉猎多学科知识，发挥大学生在认识自我、改造自我和发展自我中的自主性，课程设计兼顾学生的专业发展和个人发展。③ 为培养具有深厚人文素养和过硬专业知识的领袖人才，香港科技大学的教育理念强调开放性，通过优化课程设置，推出有利于学生全面发展的国际化合作项目。本科生毕业要求的120个学分中有四分之一必须来自通识核心课程，并且校内99%的课程均以英文讲授。学校鼓励学生开展跨学科知识的学习，通过成立跨学科课程办事处（Interdisciplinary Programs Office）加强统筹规划，开拓学生们的研究视野。学校还参照麻省理工学院的做法，建立了本科生研究计划，让有科研潜力的本科生加入科研团队，激发本科生参与学术研究的兴趣和能力。④ 香港科技大学每年派出大量教师参加教学互访活动，设立了年度优秀教学奖以及优秀教师奖励基金，着力提升教师的卓越教学水平。⑤ 香港质保局曾于2010年对香港科技大学进行教与学质素核证，结果表明学校提供了优质教学与研究。

香港科技大学视其最重要的使命是为学生提供高质量的教育。一方面，学校非常注重生源的多元性。学校树立营销理念，加强面向海外市场的招生推介力度，从全球多个国家和地区吸纳新生。截至2018年8月，全校非香

---

① 范承刚．港科大创校校长吴家玮谈港科大筹建"改革的关键是规划要清楚"［N］．南方周末，2011-07-07（A6）．

② 王英杰．广义国际化与世界一流大学建设［J］．比较教育研究，2018，40（7）：7．

③ 马早明．港澳台科技大学通识教育模式研究［M］．广州：中山大学出版社，2017：104．

④ 历山，奕奕．到香港读大学：香港八大院校介绍［M］．北京：世界知识出版社，2014：185．

⑤ 朱炎军，宋彩萍．世界新兴大学：内涵、动力机制与发展策略［J］．国家教育行政学院学报，2018（3）：81．

港生源占整体学生人数比例超过37%。另一方面，学校积极建设具有国际竞争力的课程体系，与麻省理工学院、普林斯顿大学等高校合作开展本科生交换计划，为学生提供众多的国际学术交流和实习机会。

4. 确定重点研究领域，集中力量攻占科学发展的前沿

“小而精”的定位使香港科技大学将更多能量投入有价值、有潜力的前沿领域，重点突破，达到全球领先的地位。香港科技大学确立了“重点研究领域”的发展战略，目标在纳米科技、生物科学及生物技术、电子学与无线通讯及资讯科技、能源及环境的可持续发展、工商管理教育及研究五个研究领域培育国际竞争优势。在这一战略的指导下，通过与海内外学术机构开展广泛合作，香港科技大学研制了世界上最小的单壁纳米碳管，揭示了鼻咽癌及食道癌的遗传病因，破译了全球第五个与精神分裂症相关的遗传基因，建成了全球第一座“高楼摆动模拟器”，[①] 学校随着科技成果的涌现而在亚太高等教育中的地位与日俱增。2010 年 6 月，香港科技大学经过严谨的遴选，获科技部批准成立首个“分子神经科学国家重点实验室”，实验室以探索神经系统的各种机制、开展神经科学前瞻性基础研究为目的。2013 年 9 月，香港科技大学与中山大学获科技部批准合作成立“先进显示与光电子技术国家重点实验室”，推动“绿色显示”技术研究。国家重点实验室的成立，将推动香港科技大学为香港及国家的科技发展做出更大的贡献。

随着现代科学技术的发展，学术研究呈现出学科交叉与综合的趋势。为了顺应趋势 2006 年，香港科技大学专门成立了高等研究院，主要开展跨学科与跨院校的协作项目，致力于成为亚洲以至全世界首屈一指的知识中心。[②] 随着交叉学科的兴起，香港科技大学利用其生命科学的优势，在深圳市政府的资助下，与北京大学合办“深圳北京大学香港科技大学医学中心”，打造医教研协同发展的医学基地和研究平台，为深圳市及周边地区提供优质医疗服务。[③]

5. 服务香港及区域经济发展，与工商业界开展密切合作

《香港科技大学条例》明确了学校使命：“通过教学和研究推动学校学术事业的发展——重点着眼于科学、技术、工程、管理和商业等领域；重视

---

① 朱艳. 香港科技大学的成功办学之路及其启示：基于战略创新的视角 [J]. 大连理工大学学报（社会科学版），2011，32（3）：73.

② 香港科技大学赛马会高等研究院. 愿景与使命 [EB/OL]. [2018－09－10]. http://ias.ust.hk/web/ias/chi/about_vision.php.

③ 深圳北京大学香港科技大学医学中心. 医学中心简介 [EB/OL]. [2018－09－10]. http://www.sphmc.org/zxjj.

研究生的培养，通过与政府和工商界的联系，不断促进香港经济发展和社会进步。"[①] 香港科技大学在推行国际化进程中始终致力于服务本地区的社会发展，持续推进国际化与地方化的协调统一。例如，香港科技大学与霍英东基金会及广州市政府共同合作开发南沙资讯科技园（Nansha Information Technology Park），以形成一个以高新技术为核心的工业园区，加强产学研合作，带动珠江三角洲区域经济发展。香港科技大学还与佛山市南海区政府共同组建佛山市香港科技大学 LED - FPD 工程技术研究开发中心（HKUST LED - FPD Technology R&D Center at Foshan），为企业提供产品性能测试、可靠性评估与故障分析、技术人员培训等服务。

伴随科研事业的发展，香港科技大学同样重视兼顾基础研究和应用研究，加强科研成果转化，带动香港及周边地区的经济社会发展。香港科技大学在校内成立了合同与资助管理办公室（Office of Contract and Grant Administration）、应用技术中心（Applied Technology Center）、技术转让中心（Technology Transfer Center）和香港科技大学研发有限公司（HKUST R and D Corporation Ltd.）等机构，与工商业界通力合作，满足了香港当地企业和公众的多层次需求。[②] 香港科技大学创立了知名创业实践王牌平台——香港科技大学百万奖金国际创业大赛，从 2011 年起已经成功举办了八届，发掘和培养了大疆无人机、云洲无人船等创新创业团队项目。[③] 由于向企业转让专利是香港科技大学技术转移的主要途径，学校也专门制定了规范有效的知识产权管理制度。

6. 深化校际学术合作，搭建国际合作网络

"科大的使命是要为经济和社会发展作出贡献，因此在以教学和学术研究为核心任务的主导下，也要与工商企业和社会事业衔接、挂钩。这方面，科大的策略有二：一是运用自身的专业知识和教学能力，向中学、社会团体、科学馆、传媒等提供义务服务；同时又运用自身的科技成果和创新力量，与本港、全国和国际工商界建立合作关系，并进行创业。二是精选学界伙伴，组织联盟，从事'互补、双赢'的外围活动。"[④] 从 1995 年开始，香港科技大学进一步拓展学术交流工作视野。第一个里程碑式的事件是和亚洲

---

① The Hong Kong University of Science and Technology. The Hong Kong University of Science and Technology ordinance [EB/OL]. [2018 - 09 - 10]. https://www.ab.ust.hk/ccss/Ordinance.htm.

② 徐同文. 大学品牌战略 [M]. 北京：高等教育出版社，2008：98.

③ 陈若萌. 独家专访香港科技大学校长史维：香港需构建更完善的科创生态体系 [N]. 21 世纪经济报道，2018 - 09 - 24 (12).

④ 吴家玮. 同创香港科技大学：初创时期的故事和人物志 [M]. 北京：清华大学出版社，2007：358.

八所顶尖的研究型大学建立正式的校际联盟——东亚研究型大学协会（Association of East Asian Research Universities，简称 AEARU），定期开展交流活动，该协会成为以正式组织形式促进亚洲大学合作的先驱者。此后，香港科技大学又扩大了和英国、德国的学术交流，并在校内成立了欧洲研究所。加上学校最初建立的全面而又密切的北美洲关系网，香港科技大学在建校五六年之内已经成功地和欧、亚、美三大洲的杰出大学建立了具有实质意义的学术交流网。①

作为“东亚研究型大学协会”和“环太平洋大学联盟”（Association of Pacific Rim Universities，简称 APRU）在香港的唯一成员大学，目前香港科技大学同全球 36 个国家约 380 个单位结成伙伴关系，如与美国西北大学凯洛格商学院联合开设工商管理课程，与微软亚洲研究院联合培养博士研究生等，形成了一个全球性合作交流网络。香港科技大学与多所世界一流大学和研究机构结成伙伴关系。同时，香港科技大学不断加强与内地的学术联系，多个研究项目获国家级“863”及“973”计划和国家自然科学基金委员会资助，在内地建立了南沙资讯科技园、深港产学研基地、深圳研究院以及浙江香港科技大学先进制造研究所，② 加快建设香港科技大学广州分校。香港科技大学工商管理学院还获得了国际商学院协会（The Association to Advance Collegiate Schools of Business，简称 AACSB）和欧洲质量发展认证体系（European Quality Improvement System，简称 EQUIS）的双重认证。国际合作网络把学校的发展放在国际参照系中进行比较，对于扩大学校的社会影响具有积极意义。国际合作网络也推动了香港科技大学从地方性机构逐渐向全球性机构转变。③

一般认为香港科技大学的崛起由香港的外部环境和学校的内部环境共同决定，并且在很大程度上得益于对保持特色及实施国际化两者关系的正确把握。特色发展与国际化发展逐渐成为香港科技大学提升品牌形象、跻身世界知名大学行列的两大动力。香港科技大学是亚太地区年轻大学的杰出典范，其发展具有“小而精”的显著特色，这种特色战略是其应对挑战的理性选择。香港科技大学的成功崛起，也为年轻大学的发展提供了宝贵经验。

---

① 齐锡生．香港科大，还有什么好说的？［M］．深圳：海天出版社，2014：227．

② 牛欣欣．大学国际化战略：香港科技大学的经验及启示［J］．高教探索，2013（5）：65．

③ 郭强，吴美琴，周颖．全面国际化视域下香港科技大学国际化发展路径及其启示［J］．内蒙古师范大学学报（教育科学版），2017，30（8）：5．

6.6　跨案例比较

跨案例比较能够使案例研究更全面、更有说服力，提高案例研究的有效性。采用跨案例比较，首先要把每个案例作为独立整体进行深入分析；然后依托同一研究主旨，对不同案例进行比较，并总结出相应的研究结论。基于前面各小节的论述，笔者对哈佛大学、加州大学伯克利分校、上海交通大学、香港科技大学四所研究型大学社会声誉提升策略进行汇总，如图 6－8 所示。

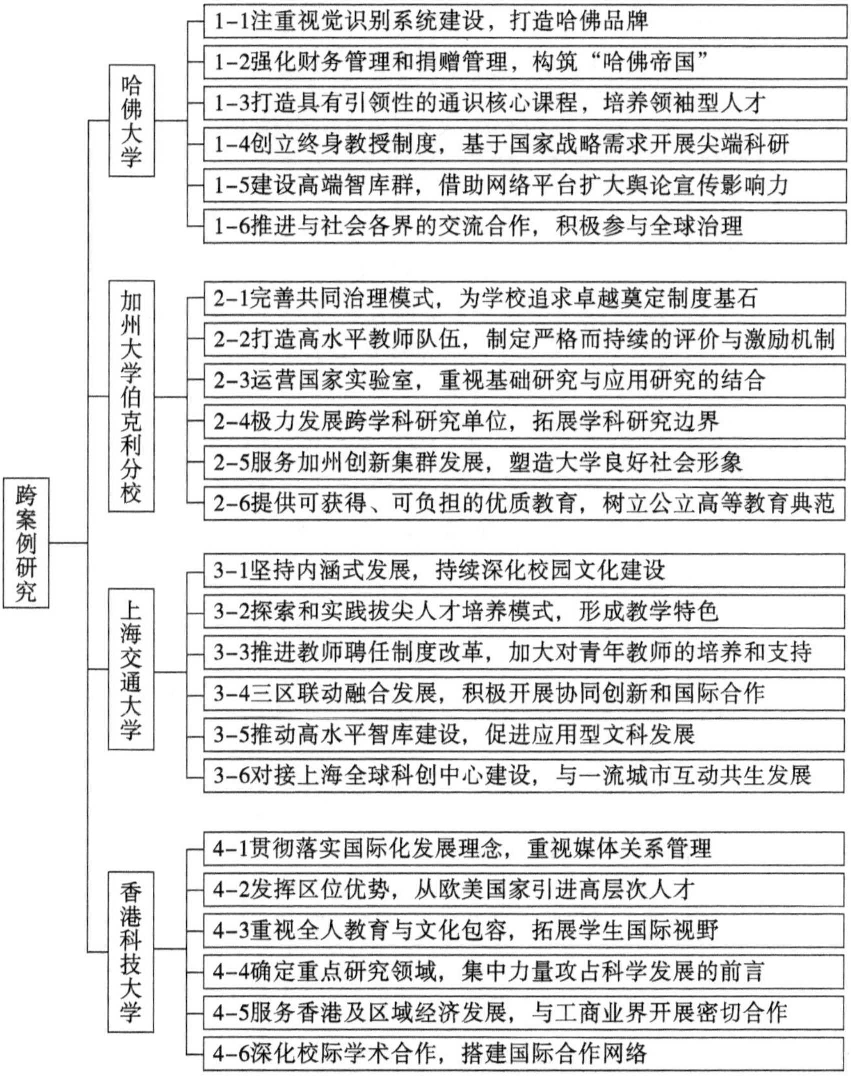

图 6－8　四所研究型大学社会声誉提升策略汇总

如表6－7所示，四所大学都基于一定的使命与愿景，选择了符合自身特点或顺应时代要求的发展路径；但在声誉管理过程中，四所大学的主导机制与策略选择各有侧重。作为高等教育最为发达的国家之一，美国大学在其历史发展进程中既汲取了英国和德国古典大学的精髓，又充分适应了本国高等教育的特定情境。尤其是“二战”后，美国社会期待研究型大学能够培养更多高素质人才，提升科研水平，为社会提供多层次多样化服务，而这一系列要求又和研究型大学的整体学术价值密切相关。凭借悠久的办学历史和深厚的文化底蕴，哈佛大学致力于培养未来的世界领袖，始终引领国际高等教育的发展潮流，主要是通过操控性和凸显性策略获取组织合法性。作为加州大学系统里最具影响力的旗舰大学，加州大学伯克利分校则通过履行公立大学职责回应社会期待，主要是通过顺从性策略获取组织合法性。

表6－7　四所研究型大学社会声誉形成机制比较

项目		哈佛大学	加州大学伯克利分校	上海交通大学	香港科技大学
动力因素		以使命驱动为主，适应市场竞争环境	以使命驱动和政府导向为主，适应市场竞争环境	以使命驱动和政府导向为主	以使命驱动为主
机制作用强度	理性选择机制	强（1－2、1－3、1－4）	强（2－1、2－2、2－3、2－4、2－6）	强（3－2、3－3、3－4、3－6）	强（4－1、4－2、4－3、4－4）
	社会网络机制	强（1－2、1－5、1－6）	较强（2－3、2－5）	强（3－4、3－5、3－6）	较强（4－5、4－6）
	合法性认同机制	强（1－1、1－3、1－4、1－5）	强（2－1、2－5、2－6）	较强（3－1、3－6）	较弱（4－1）
合法性认同策略选择		初期以顺从性策略为主，后期以操控性和凸显性策略为主	以顺从性策略为主	以顺从性和凸显性策略为主	以顺从性策略为主
声誉结果		在全球范围内享有极高声誉	在全球范围内享有高声誉	在本土及区域范围内享有高声誉	在本土及全球年轻大学中享有高声誉

注：括号内数字对应图6－8中的策略编码。

而以西方近代高等教育为外壳、东方传统教育观念为核心的中国近代高等教育机构自诞生以后走过了曲折的发展历程。20 世纪 90 年代至今，我国陆续实施“211 工程”“985 工程”和“双一流建设”等高等教育重点建设项目，调整高等教育资源分配格局，加快世界一流大学建设步伐。经过百余年的不懈努力，上海交通大学已经成为一所国内一流、国际知名大学，为国家发展大局做出了积极贡献，目前主要通过顺从性和凸显性策略获取组织合法性。同样是以顺从性策略为主，香港科技大学凭借后发优势，通过引进西方一流学术人才，移植世界一流大学的管理模式，在短短 20 余年创造了大学发展史上的奇迹，成为新兴研究型大学的楷模。当然，与哈佛大学和加州大学伯克利分校相比，上海交通大学和香港科技大学声誉影响力的覆盖面仍然较小。参考已有的跨案例研究论文，[①] 笔者将上述比较结果进一步整理成表 6－8，可以相对清晰地判断出各个案例对本书研究命题的支持程度。

表 6－8　案例对研究命题支持度总结

研究命题		哈佛大学	加州大学伯克利分校	上海交通大学	香港科技大学
资源要素	校长特征	+ + +	+ +	+ +	+ + +
	办学经费	+ + +	+ +	+ +	+
	师资力量	+ + +	+ + +	+ +	+ +
	学生规模	+ +	+ + +	+ +	+
	战略联盟	+ +	+	+ +	+ + +
组织功能	人才培养	+ + +	+ + +	+ + +	+
	科学研究	+ + +	+ + +	+ + +	+ + +
	社会服务	+ +	+ + +	+ +	+ +
科研合作网络		+ + +	+	+ +	+ + +
组织合法性		+ +	+ + +	+ +	+ +

注：＋＋＋表示案例对研究命题非常支持，＋＋表示较好支持，＋表示较少支持。

① 代表性研究如杨忠，张骁，陈扬，等．“天生全球化”企业持续成长驱动力研究：企业生命周期不同阶段差异性跨案例分析［J］．管理世界，2007（6）：122－136；颜爱民，高超．中国企业文化演化机制：来自制造业的跨案例研究［J］．软科学，2010，24（4）：98－103；王昱，成力为．多样化外部联系对创业团队创新绩效的影响：一个跨案例研究［J］．科学学与科学技术管理，2012，33（12）：127－135．

笔者通过案例研究发现，研究型大学在提升社会声誉时应该考虑其所处的高等教育生态系统。高等教育生态系统包括了不同特征，大学的内部治理因素、资源的调集与分配、学校的区位环境与国际环境都对研究型大学追求卓越取得成功产生了重要影响。大学声誉管理的一个突出特点是大学在关注更广泛的利益相关者话语的情况下，前瞻性地把握内外部环境的变化，更好地实现价值创造。价值创造表现优异的大学，对外能够树立起负责任的形象，获得组织合法性认同，从而实现社会声誉的提升。基于“身份—形象—声誉”多维分析框架，笔者同样将四所研究型大学社会声誉的形成历程分为身份建构、形象传播和声誉积累三个阶段（见图6－9）。第一个阶段是身份建构阶段。该阶段的显著特征是大学基于使命愿景建构组织身份。学校根据外部环境和内部资源合理制定学校发展的目标定位，明确办学理念并逐渐彰显优势，凝聚功能性价值。第二个阶段是形象传播阶段。该阶段的显著特征是大学基于价值认同传播组织形象。伴随资源集聚和功能拓展的过程，学校一方面将核心价值观内化为师生员工的价值追求，另一方面也通过宣传与合作实现自身价值的对外传播，实现大学品牌价值的迁移。第三个阶段是声誉积累阶段。该阶段的显著特征是大学基于价值网络提升社会声誉。学校通过强化声誉的内部管理和外部管理，协调大学与声誉管理价值网络中不同层次关联者之间的关系，在更多元的利益相关者网络中共享价值观，进一步发挥示范引领作用。经过身份建构、形象传播和声誉积累的演化路径，研究型大学的知名度和美誉度不断提升，从而在全国乃至全球层面赢得社会声誉。

现代研究型大学社会声誉的形成往往可以从内外两个方面找到主要动因：一是学校领导能够把握时代发展脉搏，前瞻性地提出引领学校快速发展的办学理念。在战略管理实践中，使命宣言作为一种战略工具，旨在将组织使命清晰化，从而为组织的战略决策指明方向和提供依据。一流大学之所以能够保持较高的学术水准和极佳的社会声誉，与其所坚持的教育传统与办学理念密切相关。研究型大学社会声誉形成模式需要一定的信念价值基础作为支撑，这种信念集中体现在追求卓越的组织文化。综观四所研究型大学的使命及目标定位可以发现，培养精英人才、创新前沿知识、增进社会福祉等追求卓越的品质是享有高声誉大学的共同特征。二是在外部社会需求中寻找适合自身发挥作用的空间，形成准确而鲜明的办学定位。精英化的人才队伍和充足的资金保障给予一所大学成为高水平大学的物质基础，然而这些条件只有与一套科学合理、符合高等教育发展规律的内外制度体系相结合时，才能最终保障大学成为研究学问的圣地，也才能激发大学人才的创造性和生命力，提高大学的整体办学水平。[①]

---

① 王定华. 美国高等教育：观察与研究［M］. 北京：人民教育出版社，2016：366.

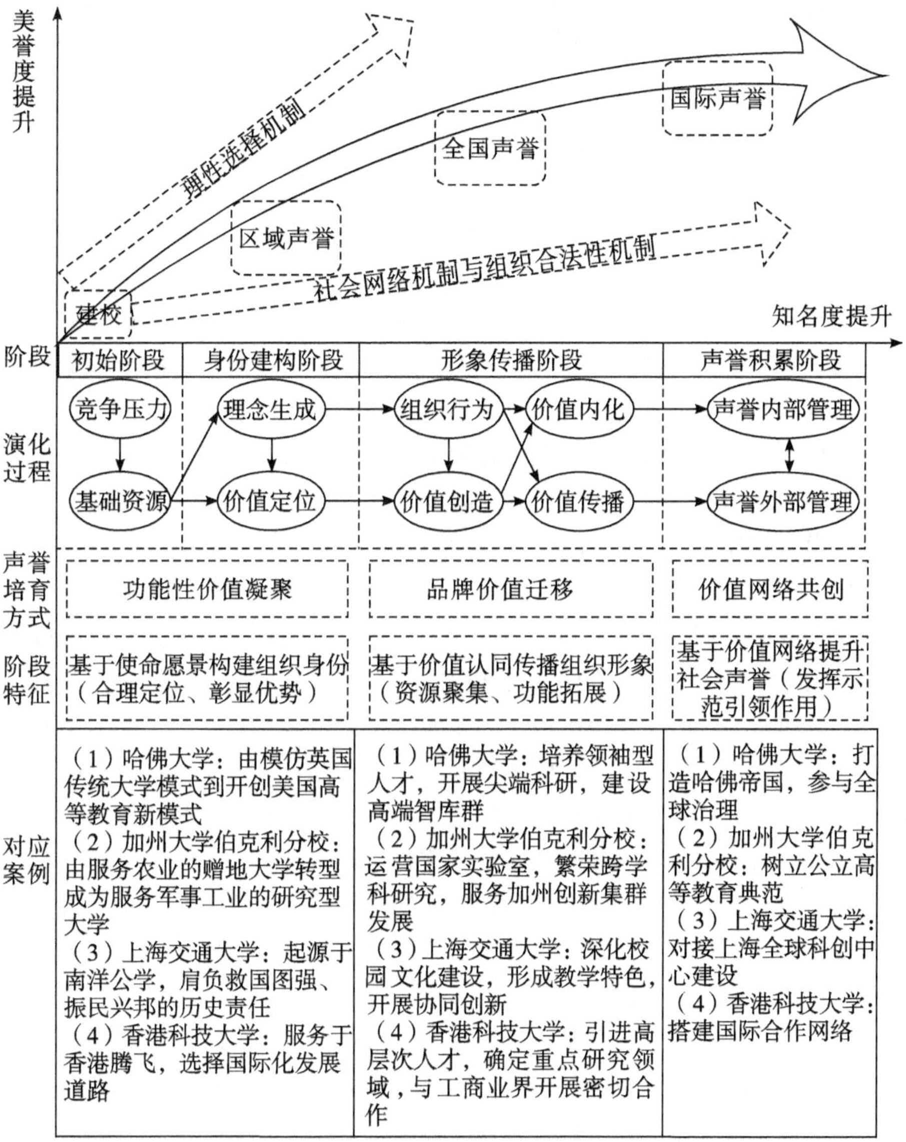

图6－9　研究型大学社会声誉形成路径示意图

对大学发展负责的校长及管理层的战略领导作用的发挥对大学社会声誉具有重要影响。面对多元化社群的利益诉求，除了负责打理学校与内外部支持者群体的公共关系，大学校长还要向社会公众彰显并证明学校的价值。与中国的研究型大学相比，美国的大学，无论是公立大学还是私立大学，学校的最高管理机构都是董事会，董事会聘用校长等高层管理人员，并负责督查工作。董事会作为学校和社会的沟通桥梁，可以反映社会公众利益与教育资源的消费者的利益需求，这样既保证大学的相对独立自主性，又避免大学忽略社会需求，从而提升了大学人才输出与社会需求的对口度。① 而在内部治理方面，美国研究型大学学院和大学的分权系统是更加显著的特征。② 学校的学术事务都通过系一级管理机构落实到基层。在美国大学内部，我们可以观察到董事会、校长和其他校内行政人员以及教师团体的权力相互交织在一起，从而形成了一种相互协作又相互制衡的关系，保证大学内部治理的良性运行。

美国研究型大学获得捐赠的历史十分悠久，哈佛大学就是因社会捐赠而诞生的。为了提高社会各界对大学的捐赠热情，美国政府积极推出减免税收等优惠政策，为捐赠制度的持续发展创造良好的社会环境。各所大学也竞相采取各种手段吸引捐赠，如成立负责筹集和管理捐赠资金的专门机构、定期举行募捐活动和校友会活动、为捐赠者提供咨询服务和名誉鼓励等。③ 美国大学都设有校友会，专门为校友提供互动服务平台，帮助校友了解母校动态，增强毕业生的荣誉感、归属感和向心力。以哈佛大学为代表的美国一流研究型大学通常把捐赠基金的一部分用于维持学校的日常运作，其余通过多元化的投资组合实现基金的保值与增值。大学捐赠基金的投资机制也赢得了社会的普遍认同，为美国高等教育的多元化、竞争化发展提供了源源不断的丰厚资金支持。④ 另外，在尊重捐赠人意愿的前提下，公开透明地使用捐赠收入是美国研究型大学在捐赠收入使用上的一个显著特点。相比较而言，虽然我国高等教育投入总经费一直在持续增长，但来源单一，社会捐赠增长速度相对缓慢，且主要集中于少数名校。其原因包括受限于整个社会环境、文化氛围、经济发展水平、学校自身实力，以及国家对于鼓励各种社会捐助力量的政策仍不完善，还没有形成稳定的社会捐赠机制。⑤

今天的研究型大学一方面面临着公众、政府对于教育绩效诉求的压力，需要展示更多的对于教育教学的投入和成效；另一方面又面临着国内外对于科研卓越的全球竞争，需要以科研为中心提升其组织地位。综观一流研究型大学，在科研管理方面具有推行高效合理的人才聘用与晋升制度，多渠道筹

① 张力，金家新．公立大学法人主体地位与治理结构完善研究［M］．武汉：华中科技大学出版社，2016：112.

② 格拉汉姆，戴蒙德．美国研究型大学的兴起：战后年代的精英大学及其挑战者［M］．张斌贤，於荣，王璞，译．保定：河北大学出版社，2008：212.

③ 杜莉，宋兰旗．中国高校筹资制度创新研究［M］．北京：科学出版社，2012：102.

④ 周贤日．国外高校社会捐赠制度研究［M］．北京：中国法制出版社，2015：45.

⑤ 山鸣峰．高校内涵建设研究：集约、协同与动力机制创新［M］．上海：上海大学出版社，2017：12.

措科研经费，深化产学研合作以及促进学科交叉融合等共同特征。本书考察的四所研究型大学都注重与产业界加强联系，通过强化人才合作与研究开发，建立产学研协同创新体制，把知识转化作为大学的一项重要功能。当然，与国外研究型大学相比，我国研究型大学科技成果转化率还偏低，重大原创性成果还较少，对城市产业升级和区域创新发展的贡献度也还有待提高。

与组织合法性息息相关的是，美国研究型大学特别强调其社会服务功能，履行现代大学的社会责任。在独立和竞争的环境中，大学对利益相关者各方面需求的反应能力关系到大学能否获得经费赞助、良好的师资和生源、社会公众的支持等。这种服务与反应能力的底蕴就是美国的实用主义文化，实用主义文化价值观念有效地调节或缓解了大学与社会之间可能出现的紧张状况，使大学与社会融为一体。① 通过考察加州大学伯克利分校的发展历程，实用主义在不同的历史时期呈现出不同的特征，并以“社会服务”的概念体现在公立大学的办学理念中：19 世纪末大学对农业技术推广和改革起到了积极的作用，第二次世界大战期间大学对战争的支持和核武器的研制，以及 20 世纪 70 年代至今大学与企业联合等方面都可以看成是科学研究愈发讲究实效的结果。② 实践证明，实用主义已成为美国公立研究型大学提升社会声誉的一大优势。

与其他国家相比，美国研究型大学之间的竞争传统更加悠久。它们不仅要竞争科研资助经费，竞争教学服务质量，还要竞争名誉和地位。作为移民国家，美国大学的学生群体本身构成多样复杂，因此美国大学对种族、宗教信仰甚至各种政治理念持有较高的包容性，吸引世界各地学子前往美国大学学习。多元社会参与伴随美国高等教育发展的整个过程，带来了高等教育办学主体的多元化，促进了不同院校之间的竞争。20 世纪以来，多元社会参与日益加强的同时也伴随着社会干预的增强，自治与问责的矛盾成为美国大学自治制度面临的新问题。③ 政府对高等教育的管制趋势也在逐渐加强，以确保大学更好地履行公共责任。④ 美国研究型大学竞争力的发展还跟诸多非营利组织的作用密切相关。它们通过排名、认证、捐赠等方式影响了美国研究

---

① 蔡红生. 中美大学校园文化比较研究 [M]. 北京：中国社会科学出版社，2010：83.

② 马万华. 从伯克利到北大清华：中美公立研究型大学建设与运行 [M]. 北京：教育科学出版社，2004：22.

③ 和震. 美国大学自治制度的形成与发展 [M]. 北京：北京师范大学出版社，2008：216.

④ HOBBS W C. Government regulation of higher education [M]. Cambridge: Ballinger, 1978: 163.

型大学的发展策略选择，成为美国研究型大学社会声誉形成中的重要影响力量。

中国现代大学制度主要通过两条路径形成：一是移植的路径，二是转型的路径。正是通过移植西方大学制度，并结合传统教学机构创造性转化，产生了一种中西交汇的中国模式，使中国的现代大学制度，既结合了西方的普适性，又具有独特的发展道路。[①] 当前，我国绝大多数大学由政府主办，政府投资和激励政策对大学办学取向起到实质性的引导作用。政府对某些大学的差异化定位，决定了大学不同的社会地位以及不同的资源拥有量。这种差异，在很大程度上是政府行政手段的作用，从而人为地导致了大学之间教育资源获取机会的非均等化。以“211 工程”“985 工程”和“双一流建设”为代表的建设高水平大学及重点学科的教育实践，是 1949 年以来我国高等教育界进行的层次最高、规模最大的重点建设工程，其鲜明特征便是“创建一流”的政策目标最初是国家力量推动制定与实施的，而后各所大学为了自身的发展也纷纷推出各项计划，从而形成国家政策与大学发展内在需要相结合的模式。[②] 我国高等教育重点建设政策的本质是一种制度化的精英主义政策，当市场化资源配置还没有形成有效的评价标准时，政府建立的优质教育资源评价准则成为资源配置的风向标。[③] 因此，当前中国大学治理之所以存在合法性不强的问题，原因在于大学治理面临双重有效性危机：一方面，教师、学生等核心利益相关者参与治理的制度化水平不高；另一方面，治理结构趋向精细化和“内卷化”，治理效率偏低。[④] 总体来看，中国大学治理由单一行政系统自上而下的科层制管理转向开放的多元治理仍是今后深化改革的一大重点。

在全球化大背景下，通过实施国际化战略实现高水平办学目标已在高等教育学界达成共识。依托雄厚的经济实力和优质的教育资源，美国在推进高等教育国际化的过程中，一方面注重发展跨国高等教育和建立海外分校，另一方面也特别注重把跨文化的、全球性的观点融会到学校各项工作中，在大学校园形成国际化的精神气质，[⑤] 通过文化渗透策略向全世界传播美国本土

---

① 樊艳艳. 双重起源与制度生成：中国现代大学制度起源研究 [M]. 武汉：华中科技大学出版社，2011：237.

② 胡炳仙. 中国重点大学政策的历史逻辑与制度分析 [M]. 青岛：中国海洋大学出版社，2010：59.

③ 张烨. 中国高等教育发展路径研究 [M]. 北京：人民出版社，2012：125.

④ 朱佳德，周湖勇. 大学有效治理研究 [M]. 北京：中国社会科学出版社，2016：2.

⑤ 付红，聂名华，徐田柏. 中国高等教育国际化的风险及对策研究 [M]. 北京：人民出版社，2015：33－34.

的社会制度和价值观念。香港科技大学国际化战略成功的主要经验则在于其始终将国际观和地区观相结合，致力于为香港乃至整个中国经济社会发展服务。随着香港特区提出建设“国际科技创新中心”的目标，香港科技大学也在构建完善的创新生态体系，积极回应香港的繁荣发展诉求，实现大学与区域社会的良性互动。

同时，随着经济全球化的深入发展，城市特别是超大城市逐渐处于全球竞争网络的枢纽地位。全球城市或区域性国际大都市发挥着经济、科技、文化和社会生活方面的主导带动作用，是引导区域融入世界城市格局的先导力量。① 如今，大学与城市之间往往作为“关系共同体”而存在，哈佛大学与波士顿都市区、加州大学伯克利分校与旧金山湾区、上海交通大学与上海市、香港科技大学与香港特别行政区之间都呈现出协同耦合、共栖共荣的互动发展特点。城市为大学发展提供发展空间和物质基础，大学也为城市繁荣输送人力保障与创新动力。可以说，大学凭借知识资源禀赋服务城市发展的同时，也依托城市卓越品牌进一步彰显自身的价值和声誉。

随着大学科研职能的持续强化以及研究型大学的集体崛起，全球范围内逐渐兴起了一种“科研成就大学，大学仰仗科研”的价值观念，深刻地影响着大学的办学行为和价值取向。后发外生的中国研究型大学在向西方特别是向美国大学模仿和追赶的过程中，也不可避免地受到类似观念的影响。但后发大学相对于先发大学而言具有与生俱来的后发优势②：一是后发大学通过学习借鉴先发大学积累的经验教训，可以加深对高等教育发展规律的认识，减少试错成本；二是后发大学通过引进学科带头人或学术领军人才组建研究团队，攻占科学发展前沿，可以迅速积累学校的竞争优势。不过对于新兴发展中国家和地区的后发大学而言，只有逐步培育独特的办学理念，形成独有的学术价值，加快实现由跟踪模仿向特色发展的跨越，实施操控性的合法性认同策略，才能持续提升社会声誉，提高高等教育制度性话语权。

---

① 张臻．区域中心城市的形成机理与评价研究［M］．北京：科学出版社，2015：1.

② 袁广林．香港科技大学何以成就大学传奇：基于后发优势理论的思考［J］．高教探索，2013（2）：63.

第七章 总结与建议

7.1 研究结论

本研究充分借鉴组织声誉的相关理论，致力于建立一个解释研究型大学社会声誉形成的理论模型。经过理论分析、实证检验和案例研究，本书取得了一定的成果。现将本书主要研究结论总结如下：

第一，作为组织声誉概念的具体延伸，研究型大学社会声誉是大学在长期办学过程中给各利益相关者留下的综合印象，是大学整体价值和竞争力的外显形式，包含知名度和美誉度两个基本的衡量维度。

21 世纪的研究型大学居于产业革命和知识经济的中心，对知识的生产和传播至关重要，在各国高等教育系统中具有显赫影响力。研究型大学以追求学术地位和研究表现为首要目标，在历史演进过程中逐步形成了自身的组织特性。作为典型的利益相关者组织，研究型大学的开放性特征促进了大学与内外部组织之间的沟通交流与合作竞争。而作为反映大学与利益相关者以及更广泛的社会公众之间的动态信任关系的重要标志，大学社会声誉根源于自身整体价值和竞争力给社会各界留下的综合印象。研究型大学社会声誉是一种特殊的无形资产，是大学长期保证其财务与资产管理正常、功能运行良好、学风优秀的综合结果。大学的社会声誉能够传递高等教育质量信息，构建相对稳定的院校层次等级关系，形成以声誉地位为基础的资源配置机制。

声誉作为信号发送机制，收集并报告有关过程交易的信息，帮助交易者识别值得信赖的交易伙伴，因此声誉对机会主义行为具有约束作用。大学的社会声誉兼具客观性、主观性和关系性三重特征；在与利益相关者互动过程中，人才培养、科学研究和社会服务的能力是研究型大学社会声誉的主要表征，这种类似商业品牌的优势给办学主体带来各种丰厚的优质资源。学生在选择大学时考虑最多的因素往往是大学的社会声誉；政府和企业倾向于将重要的科研任务委托给声誉高的大学；社会各界在捐资支持高等教育事业时同样首选声誉高的大学。由于大学的社会声誉与教育资源的要素市场紧密相连，良好的社会声誉是大学实现良性循环发展的基础。

衡量研究型大学社会声誉的主要维度是知名度和美誉度。作为中性概念的“知名度”侧重从量的层面反映声誉的社会传播度，即表示大学被社会公众所认识、知晓的程度；“美誉度”则具有褒贬倾向性，侧重从质的层面反映声誉的社会认可度，即表示公众对大学建立信任的程度。面对激烈的市场竞争，大学的社会声誉已经演变成为一种品牌，由知名度和美誉度构成的社会声誉是社会对大学办学行为的肯定性评价。因此，大学也应重点围绕这两个维度加强声誉管理，一方面要突出自身的差异性，这就要求做好特色建设，强化竞争优势；另一方面要对社会做出必要的品牌承诺，使公众看到大学发展的美好前景，强化公众对大学的信任感。

第二，研究型大学社会声誉的形成过程包含身份建构、形象传播和危机管理三个环节，有效的声誉管理需要同时兼顾内部管理和外部管理。

在现存的组织声誉形成模式中，组织声誉通常是直接声誉和间接声誉合成的产物。本书借鉴经典的组织声誉形成模型，提出解释大学社会声誉形成的理论构想，即“身份—形象—声誉”的金字塔型分析框架，并将理性选择、合法性认同以及社会网络三大机制纳入该框架之中。

身份建构的目的在于建构一个对于自我的一致性的、独特性的并且体现积极价值的理解。大学身份建构过程的重要任务是形成大学识别系统，包括大学理念识别、大学行为识别和大学视觉识别，三者相辅相成、互相贯通。组织形象是他人或组织与代表成员进行互动时形成的一种对组织的社会建构知觉。鉴于外部公众的广泛性以及公众的非同质性，大学在对外进行形象推广时，必须针对不同受众，选择与之相适应的传播手段与媒体。人际传播、组织传播和大众传播是大学形象传播活动的主要方式。大学形象战略通过塑造大学的良好形象，创立高品质的组织文化，取得社会认同和公众信任。公众对组织建立的评价不是静态的，在声誉受损和修复阶段也会发生变化。公关危机的妥善处理，是大学社会声誉维持的重要环节。完善的声誉风险管理过程包括声誉风险爆发前的预警、声誉风险爆发时的应对、声誉风险爆发后的总结，以及同监管部门、媒体、公众之间的沟通协商。

“身份—形象—声誉”多维分析框架试图说明：在潜在机制的作用下，研究型大学首先通过自身实践行为建构大学的身份，其次通过与外界的沟通交流传播大学的形象，最终在与内外部利益相关者的长期互动中形成相对稳定的社会声誉。在身份建构和形象传播过程中，大学的使命与愿景具有独特的价值：确立组织的行动准则和运行方向，加深组织专注于核心任务的程度。以使命与愿景为核心，大学形成了自身的价值体系，赋予组织活动和制度规范以价值意义，并通过价值凝聚与迁移增进组织合法性。大学声誉内部管理即把组织价值传递和渗透到可控的载体和媒介上，借助它们再传递给外部顾客和公众；声誉外部管理则是组织向外部利益相关者传递组织品牌价值的过程，主要指外部信息沟通活动。

第三，理性选择、社会网络以及合法性认同三大机制是解释研究型大学社会声誉形成的中层理论，广义组织声誉理论在高等教育领域具有较好的适用性。

资源是支撑大学获取竞争优势的基础，而功能通过集聚、整合和配置资源来实现这种竞争优势，基于“资源+功能”分析框架的理性选择机制是理解大学社会声誉形成的逻辑起点；组织声誉是一种以构建组织间长期可持续合作关系为目标的行为结果，在一个社会网络中处于中心和支配地位能够有效地促进组织声誉的形成；制度学派则认为声誉等级体系建筑在社会承认的基础之上，良好的社会声誉意味着公众对大学的信任、认同与支持。

在实证研究中，基于前述三大机制引出的研究假设，笔者搜集了美国Ⅰ类研究型大学2011—2016年度的相关变量数据，建立面板数据集，并建立合适的计量模型进行统计检验，最终梳理出对大学社会声誉提升具有显著影响的相关因素。本书研究发现，捐赠资产数对大学知名度和美誉度同时具有显著的正向影响；校长特征（性别、任期、教育背景）、科研经费数、高层次人才数、博士后数、研究生数、学生保有率、生师比、校企合作强度、科研合作网络（点度中心度）、媒体负面报道和组织合法性水平对大学知名度具有显著影响；校长特征（性别、聘任来源）、学生录取率、生师比、专利数、校企合作强度、校社合作强度、科研合作网络（点度中心度）、媒体负面报道和组织合法性水平对大学美誉度具有显著影响。此外，终身教授规模、高水平论文数、科研合作网络中的接近中心度、媒体报道数在提升大学知名度和美誉度方面具有双向效果。科研合作网络中心度特征的调节效应及大学组织合法性的中介效应也在部分模型中得到了验证。这些结论也表明，当面临权衡取舍时，研究型大学应结合自身的发展阶段和现实需求找到最合适的战略平衡点。

本书认为，一方面，理性选择机制在研究型大学社会声誉形成过程中发挥着主导作用。效率是任何组织治理不可避免的核心议题，组织有效治理的特征之一就是高效率。大学的资源获取和功能履行有助于提升大学整体价值和竞争力，对于达成大学使命和培育社会声誉具有基础性的意义。同时，现代研究型大学愈发重视学术价值和商业价值的平衡，除了发展高深知识之外，还要积极承担社会职能，在回应社会发展需求的过程中保持自身特性并积累社会声誉。另一方面，社会网络机制和合法性认同机制为大学的声誉战略管理提供了多元化选择。由于研究型大学的利益相关者具有多样化特点，大学与不同利益群体之间的沟通交流就显得尤为重要。大学应根据自身的目的、受众、范围等因素选择合适的媒体，把学校发展动态、教学改革情况、最新科研成果等有特色的内容及时地传播给特定的公众对象，使社会对大学的教学水平、科研能力及特色专业等形成丰富的认知，营造有利的社会舆论环境，进而从环境中得到认同以筑牢组织合法性根基。

第四，由于声誉影响因素的多样性和形成机理的复杂性，不同研究型大学在追求高声誉方面面临多样化的策略组合。

本书将声誉结果视为大学与社会环境互动的结果。为了检验研究型大学社会声誉的形成机理，笔者选取了哈佛大学、加州大学伯克利分校、上海交通大学和香港科技大学作为案例，通过跨案例比较，研究发现四所大学都基于一定的使命与愿景，选择了符合自身特点或顺应时代要求的发展路径。但在声誉管理过程中，四所大学的主导机制与策略选择各有侧重。尤其是在合法性认同策略选择方面，哈佛大学以操控性和凸显性策略为主，上海交通大学以顺从性和凸显性策略为主，加州大学伯克利分校和香港科技大学则以顺从性策略为主。

通过案例研究，笔者认为研究型大学在提升社会声誉时应该考虑其所处的高等教育生态系统。在确立使命和愿景方面，培养精英人才、创新前沿知识、增进社会福祉等追求卓越的品质是享有高声誉的大学的共同特征。大学实施国际化战略、凭借知识资源禀赋服务城市发展的重要性也逐渐在高等教育界达成共识。在美国大学内部，除了校长发挥核心的战略领导作用外，董事会、校长和其他行政官员以及教师团体的权力相互交织在一起，形成了一种相互协作而又相互制衡的关系，保证大学内部治理的良性运行，并通过建立稳定的捐赠机制吸引大量的社会捐赠。美国研究型大学还特别突出社会服务功能，履行现代大学的社会责任，但多元社会参与日益加强的同时也伴随着社会干预的增强。反观中国大学，政府建立的优质教育资源评价准则往往成为市场资源流向的风向标，一系列重点建设项目促成了大学社会声誉的分层。新兴发展中国家和地区的后发大学面临着由跟踪模仿向特色发展转变的新挑战。

7.2 研究启示与建议

大学如何获得良好社会声誉是理论界和实践界共同关心的课题，如何适应全球范围内的激烈竞争，改革管理体制和营销机制，是高等院校普遍面临的重大挑战。本书透过大学社会声誉形成的机理性研究，得出的相关结论对中国研究型大学开展有效的声誉管理具有一定的实践指导价值。

其一，中国研究型大学要增强声誉管理意识，寻求有效的使命驱动发展途径，选聘富有企业家精神的校领导。

现代高等教育组织已经随着社会发展的需要逐渐由传统的与世隔绝的"象牙塔"走向现实社会。按照加拿大文化学家比尔·雷丁斯（Bill Readings）的理解，西方现代大学经历了三个发展阶段：[①] 康德的理性大学（university of reason），洪堡的文化大学（university of culture）和当代的一流大学（university of excellence）。在中国研究型大学的使命和愿景中，极少见到培养"全球公民"或"世界领袖"的提法，鲜有面向未来的气魄。事实上，卓越是当代一流大学的灵魂，世界一流大学是融实力、贡献和声誉为一体的综合性概念。对世界一流大学而言，实力优势、贡献优势及良好声誉是浑然一体的，拥有良好社会声誉的重要前提便是具有卓越的办学理念和办学实践，而且能够一以贯之，形成自己的特色和价值，对社会产生积极影响。

培养社会精英、开展科学研究、践行社会服务的主旨，只是研究型大学群体性功能的基本定位，作为个体的研究型大学可以依据自己的历史基础和现实条件做出具体选择。因此，研究型大学要重视挖掘内在驱动力，以追求卓越的使命愿景引领改革发展，构建卓越的组织文化体系，创建富有活力的管理机制，发挥自身的优势特长，在竞争中取得有利地位。必须强调的是，大学实现自我发展的努力应该具有战略意义和前瞻性眼光。在资源支撑日益多元化和市场化的今天，大学管理者的作用更加凸显。富有企业家精神的校领导往往具有强烈的国际竞争与忧患意识，强烈关注学校的愿景，将大量精力投入到资金筹集以及与利益相关者的关系协调，重视学校精神文化的传播。建议研究型大学逐步实现校长聘用渠道多元化，重视对优秀女校长、年轻校长的培养和任用，着力培养教育家型和职业化校长，以校长的人格魅力

① 雷丁斯. 废墟中的大学［M］. 郭军，陈毅平，何卫华，等译. 北京：北京大学出版社，2008：207.

引领大学的品质建设和声誉提升。

其二，中国研究型大学要培育共创共享的价值观，在利益相关者价值网络中夯实声誉形成的认同基础。

大学是典型的利益相关者组织，大学社会声誉离不开大学利益相关者网络的价值创造与价值回馈。大学的价值回馈要精准对接利益相关者的利益诉求，降低价值创造的激励成本，提高激励效率，优化利益相关者网络的价值动力系统。[①] 研究型大学必须处理好不同利益相关者群体的期望诉求，利用积极期望，克服消极期望，平衡好利益相关者群体之间的关系，形成合力推动学校发展。通过构建网络治理模式，增强多元利益相关者在大学治理结构中的嵌入度，并在持续的互动与协商过程中逐渐形成信任合作机制；提高核心利益相关者参与大学治理的制度化水平，加强其对大学价值和身份的认同感。通过实施文化立校发展战略，确定学校各个组织成员的发展目标、价值追求和使命担当，在利益相关者群体中凝聚价值共识。

从大学的发展实际来看，政府、教师、学生、行政人员等更可能对大学进行较高的专用性资本投入，属于重要的利益相关者群体。因此，大学要更深入地研究这些群体的利益诉求，形成相对稳定的价值互动关系机制，促使这些利益相关者更多地向大学进行专用性资本投入。特别是针对教师群体，要继续实行内部晋升制度，形成员工职业稳定发展的合理预期和途径，探索长期激励和资历工资的薪酬制度，提高教师的学术产出。在保障大学组织目标实现的同时，促进大学教师的专业发展、自主发展、全面发展。[②] 建设一流的师资队伍，需要建立与一流大学建设目标相适应的高层次人才发现、培养和引进机制，形成人才辈出、人尽其才的优良人事制度与环境。学校也应根据自身实际，确定合适的班级规模和生师比，面向社会需求办出高水平的高等教育。强化师生对大学组织文化的认同感，也有助于实现大学声誉内部管理通道的畅通。

其三，中国研究型大学要逐步构建和发展高等教育市场运作机制，促进社会捐赠生态系统良性运行。

在高等教育成本分担理论的指导下，世界上许多国家相继建立了合理的私立高等教育成本分担机制，实现高等教育经费的多元化。建立大学与市场的互动机制，实现高等教育经费的多元化，有助于大学开展以适应当前经济

---

① 杨成名. 大学与大学治理：基于利益相关者价值优化的视角 [M]. 北京：经济管理出版社，2017：105.

② 王光彦. 大学教师绩效评价研究：基于教师自主发展的探索 [M]. 北京：教育科学出版社，2012：1.

社会发展需要为目的的各项改革，形成各自的办学特色。大学要根据内外部环境的变化，以满足顾客需求为中心，借鉴现代营销理念，采取策略性的行动以争取更多公众的理解与支持，确保组织目标与战略的实现。

校友是大学拓展公共关系的重要媒介，可以为大学与企事业单位的合作牵线搭桥，为大学争取更多的社会支持和发展机会。中国研究型大学要借鉴西方国家的经验，通过引进现代商业营销手段，增进校友乃至社会各界对学校的认同，搭建校友捐赠与合作平台，发挥好校友会的桥梁作用，扩展学校的捐赠网络；要引导校友参与大学治理，探索建立顾问委员会或咨询委员会的组织模式，构建校友与母校文化同根、文脉同源的共同体，形成多元支持的内涵式发展格局；要确立社会捐赠的生态系统观，培育感恩慈善文化，加强品牌建设和募捐管理，精心策划筹款活动与捐赠项目，加强与捐赠主体间的关系联络，实现学校发展与捐赠主体发展的合作共赢，通过维系情感纽带稳步提升社会声誉。

其四，中国研究型大学要重视组织功能向社会全方位辐射，成为助推城市创新发展的新引擎。

现代研究型大学在学术方面的特点之一，是科学研究从过去的辅助性组织行为发展为如今的明示性组织使命，并逐渐演化为大学生存与发展的核心竞争力，直至成为一种国家战略。研究型大学不仅在知识生产、传播等方面起到重要作用，并且不断为社会提供各种各样的研究成果，成为哺育知识型企业的“孵化器”和促进社会发展进步的“思想库”。大学必须树立为区域社会服务的办学理念，积极拓展组织功能，瞄准社会需求，在提供技术支持、开发人力资源、构建科技成果转化和应用的快速通道等方面发挥应有的作用。大学只有主动为经济社会发展做出贡献，才能真正确立自身的社会声望和存在价值。

我国研究型大学作为国家创新体系的重要组成部分，正面临创新型国家发展对高层次创新型人才培养和尖端科技创新的迫切需求。研究型大学要坚持面向国家重大需求和科技前沿，充分发挥人才学科优势，抢占未来科技制高点；激发科研人员的研究热情，加强重大科技项目培育、科技创新平台搭建和创新团队组建，推动新兴学科、交叉学科和高新技术学科的融合发展；培育符合科研规律、适应高校实际、充分体现人文关怀的科研文化，营造一流学术氛围。以提高高等学校原始创新能力为目标，政府也应加大对研究型大学基础研究的投入，特别是形成对研究型大学基础研究的稳定支持机制。当前，开放式创新已成为现代科技发展的重要趋势。企业、研究型大学、科研院所应均衡协调内外部的资源，开展多领域科技创新合作。通过园区、校区、社区在城市建设各个方面的融合互动，打破科技园区、大学校区、公共社区之间的界限，合理配置区域范围内的各种资源，形成基于优势知识创新资源的创新型产业集群，有效提升城市的综合创新功能。积极开展国际科研合作，加强信息报送和宣传报道力度，营造鼓励国际交流合作的浓厚学术氛围，不断推进科研国际化进程。

其五，中国研究型大学要提升传播力和话语力，建立形象监测评估机制和声誉风险应对机制。

引发关注、实现关注、持续关注，是构成大学传播力的三个根本要素，具体而言就是在信息内容上满足受众需要、在传播路径上得到公众认可、在意见交流中形成认知共鸣。研究型大学应采用市场营销原理，在对所处区域环境、社会发展需求、同类院校竞争进行综合分析的基础上，准确定位和形成自己的特色学科、特色课程、特色产品。在此基础上，利用公关、传媒等手段与社会进行沟通，赢得社会的价值认同。研究型大学要把树立一流大学形象放在外宣工作的首位，重点宣传科研成果、展示学术和教学水平以及其对国家、区域经济社会发展的贡献。围绕这个方向，有重点地选择最适宜的宣传内容和宣传方式。

一方面，门户网站作为大学形象塑造与传播的工具，是展示大学理念识别系统、行为识别系统、视觉识别系统的重要平台。大学门户网站可以通过推动对外宣传切入社会网络媒体，建立多条门户网站要闻输送渠道，借助海量浏览平台展示学校发展成就，提升社会影响力。大学还应通过各类网络数字新媒体对学校信息及政策进行分享交流，利用新媒体的优势，在较短的时间内达到较大的宣传效果。

另一方面，研究型大学应与大众传媒形成良好互动，主动联系大众媒体，建立权威的信息发布渠道。鉴于媒体对大学的宣传报道会影响学校的形象与声誉，大学要规范信息披露机制以及危机应对机制，提高信息的透明度，避免媒体闭门造车的想象和编造；大学要建立形象监测评估机制，既要正视媒体对大学的监督，完善学校新媒体建设与网络舆情管理机制，也要对媒体的相关报道进行积极有效的回应，如定期联系媒体和社会公众对学校形象工作提出建议。大学与媒体要建立顺畅的沟通机制，保持良好的互动，确保危机管理中能发挥媒体的积极作用；并强化声誉风险意识，建立风险应对预案，针对学校形象危机事件，及时开展策略性品牌危机公关活动，化解舆情危机，获得更多媒体公众的好感，努力实现知名度和美誉度的同步跃升。

7.3 研究的创新点

现代研究型大学组织的复杂程度、功能扩张、参与社会领域之深入，使得大学管理成为一种专门的学问，大学声誉管理是其中一个极具理论价值又有现实意义的研究课题。本书在借鉴组织声誉理论的基础上，结合国内外研究型大学实际，从理论上拓展了组织声誉管理的研究领域。“身份—形象—声誉”多维分析框架旨在将大学的内部管理要素与外部参与要素统一起来，形成协同效应。在该框架指导下的实证研究也具体阐释了理性选择、社会网络、合法性认同三大机制在研究型大学社会声誉形成过程中发挥的作用。总体而言，本书为大学声誉管理研究提供了新的视角，主要创新之处包括：

其一，本研究提出了系统考察研究型大学社会声誉形成过程的分析框架，区别于侧重特定要素的传统研究。从研究思路上看，“身份—形象—声誉”多维分析框架明确了大学社会声誉形成的动力因素，并将身份建构、形象传播与危机管理囊括到大学声誉管理周期的全过程，构建了一个相对完整的解释框架。“身份—形象—声誉”多维分析框架的突出特点是强调对声誉进行过程管理，组织价值的内部化过程形成组织身份，外部化过程形成组织形象，组织形象的长期积累形成组织声誉，这一系列过程互相依赖和影响。也正是基于分阶段的系统性研究，笔者建议大学应从构筑身份识别系统和强化组织形象传播入手，做好声誉内部管理和声誉外部管理，切实提升大学的知名度和美誉度。

其二，本研究从多元视角切入探索研究型大学社会声誉的形成机理，区别于侧重单一机制的传统研究。基于前期的文献调研和理论梳理，笔者选择将理性选择、社会网络和合法性认同三大机制用于解释研究型大学社会声誉形成的内在逻辑。社会声誉的产生和延续与特定的社会承认逻辑密切相关。研究型大学同时面对两种不同的环境：技术环境和制度环境。前者要求其服从理性选择机制，按最大化原则组织生产；后者要求其服从合法性认同机制，接受和采纳外界公认、赞许的理念或规范。而动态的社会网络机制进一步考虑了关系形成及网络结构演化面临的机会和约束等因素，要求研究型大学扩大关系网络，或增进与既有关系网络联系的紧密程度。在实证研究中，本书从资源要素、组织功能、科研合作网络以及组织合法性等角度剖析了影响研究型大学社会声誉的相关因素，评估了不同机制各自发挥的作用，最终验证了以理性选择为基础、以社会网络与合法性认同为纽带的大学社会声誉形成机理。

其三，本研究结合国内外研究型大学现实情境提出了具有针对性的策略建议，区别于侧重宽泛层面的传统研究。类型化（typology）的思维帮助笔者对大学组织进行甄别和区分。一方面，从回归分析上看，尽管本书的变量操作化并非完美，但通过引入面板数据分析以及滞后变量模型，弥补了以往研究中仅仅使用截面数据的局限，使得参数估计更加准确，并具体给出了公立和私立两类研究型大学的差异化结果。另一方面，通过跨案例分析，本书从动力因素、机制作用强度、策略选择等方面比较了国内外研究型大学社会声誉形成机制的异同点，进而围绕校领导选聘、价值观培育、社会捐赠生态系统完善、组织功能对外辐射以及传播力话语力提升等角度给出指导性建议。特别是考虑到社会声誉的形成离不开社会舆论的支持，研究型大学必须清楚自身所处场域内的各种合法性（实用性、道德性和认知性）约束，严格遵循各种信念规则，避免不良行为或事件的发生。

7.4 研究局限与展望

从本书对研究型大学社会声誉的界定来看，关于大学社会声誉的研究是一项非常复杂的工作，体现动态性和系统性是其发展趋势。本书在已有研究的基础上，从理性选择、社会网络和合法性认同三大机制切入，对研究型大学社会声誉的形成机理做了初步探索，文中涉及“因素+机制”的实证研究内容也都属于新的尝试，但仍然存在一些不足之处有待深入研究。

第一，本书对研究型大学社会声誉机制发挥作用的必要条件缺少足够关注。声誉机制的核心在于声誉使得市场中其他行为主体对声誉的拥有者形成一个稳定的预期，因而一个具有良好声誉的市场主体容易获得人们的信任，也容易与其他行为主体建立长期的合作关系。声誉机制发挥作用有赖于三个基础条件：① 一是交易在社区内部进行；二是交易信息借助网络迅速传播；三是社区内部对违约的人采取集体惩罚。其中，有效的惩罚机制能够对组织形成可置信的威胁，从而抑制组织的投机行为，保护利益相关者权益不受侵害。② 因此，完整的声誉机制应包括声誉形成机制、信息传递机制和失信惩戒机制三个方面。本书重点关注的声誉形成机制只是制度功能发挥的基础，

① 钱炳. 基于双边市场的网络型企业治理研究［M］. 北京：经济管理出版社，2015：25.

② 田高良，封华，于忠泊. 资本市场中媒体的公司治理角色研究［J］. 会计研究，2016（6）：26.

后续研究有必要深入探究声誉信息如何传递以及失信惩戒机制如何发挥效果等议题，探究外在显性声誉与内在隐性品质的相互作用机理，构筑研究型大学社会声誉机制的完整理论框架。并且尝试应用复杂系统建模与仿真方法，对声誉机制开展系统动力学方面的实验研究。

第二，管理者声誉与其所在组织的集体声誉之间的关系，成为近年来声誉理论相关研究的一个重要着眼点。在企业管理研究领域，许多学者把CEO声誉视为企业声誉的替代机制，CEO声誉已然成为企业向公众展示业绩等财务信息以及信用等非财务信息的重要信号。① 特别是伴随高阶理论的发展完善，越来越多的学者认为高层管理团队的胜任力情况是决定企业绩效优劣的关键性因素。从同质性（团队成员特征、态度及价值观的趋同化）与异质性（团队成员认知与经验的差异化）两个角度考察高层管理团队的人口统计学特征也是该领域相关经验研究的重要趋势。② 本书虽然关注了校长特征对大学社会声誉的影响，但主要还是采用人口统计学变量反映校长背景特征，并且尚未涉及校领导行政团队的整体特征。在后续研究中，聚焦由校长、副校长、教务长等组成的行政管理团队的架构及运作，将成为进一步探究大学社会声誉形成机理的重要切入点。

第三，就研究方法与技术而言，本书关于大学社会网络与组织合法性的论述，还限于相对粗略的考察。一方面，研究型大学社会网络是一个内涵丰富的概念，尽管以合著论文为表征的校际科研合作网络是研究型大学社会网络的重要组成部分，但相应地，本书对大学在人才培养、社会服务等其他领域构筑合作网络的讨论尚未系统展开，这也是今后必须加以研究的一个重要方面。另一方面，本书基于内容分析法来观测大学组织合法性水平，在对媒体报道倾向的判断上不可避免地带有一定主观色彩。乌特帕尔·巴塔查里亚（Bhattacharya）等（2009）也认为由于不同的阅读者可能对同样的新闻做出不同的分类，主观判断方法面临潜在的评判误差。③ 而随着Web 2.0技术的蓬勃发展，越来越多的用户选择在互联网上分享体验，评论信息呈现爆炸式

---

① 相关研究参见：FRANCIS J, HUANG A H, RAJGOPAL S, et al. CEO reputation and earnings quality [J]. Contemporary accounting research, 2008, 25 (1): 109 - 147; SANCHEZ-MARIN G, SAMUEL BAIXAULI-SOLER J. CEO reputation and top management team compensation: the moderating role of corporate governance [J]. Management decision, 2014, 52 (3): 540 - 558; LOVE E G, LIM J, BEDNAR M K. The face of the firm: the influence of CEOs on corporate reputation [J]. Academy of management journal, 2017, 60 (4): 1462 - 1481.

② 汤普森，斯特里克兰三世，甘布尔. 战略管理：获取竞争优势 [M]. 17版. 蓝海林，黄嫚丽，译. 北京：机械工业出版社，2011：190.

③ BHATTACHARYA U, GALPIN N, RAY R, et al. The role of the media in the internet IPO bubble [J]. Journal of financial and quantitative analysis, 2009, 44 (3): 657 - 682.

增长，人工方法难以应对海量信息的处理工作，借助计算机进行自然语言理解的情感分析（sentiment analysis）技术应运而生，[①] 在挖掘和分析带有情感色彩的主观性文本方面具有广阔的应用前景。跨学科知识的协同研究，或许将为建构一个更为精致的声誉演化模型提供助力。

第四，关于研究型大学社会声誉形成的地方性知识（local knowledge）将是理论创新的重要增长点。作为一种新兴的知识观念，所谓“地方性”不仅指特定的地域意涵，也涉及知识生成的特定情境，包括基于特定历史条件形成的文化与亚文化群体的价值观念，以及特定利益关系形成的研究视域等。[②] 不同民族国家在教育政策形成与制定过程中，如何把来自全球的高等教育政策价值或理念，与来自本土的政治、经济与教育现实要求相结合，实现教育政策创新，也是影响研究型大学声誉管理的重要变量。在追求世界一流高等教育的过程中，不同地区的不同文化特性也不应屈从于统一的标准。受限于资料获取的途径，本研究主体部分的数据资料更多涉及美国和中国研究型大学最新的发展动态，缺乏对校史事件的深度挖掘，其他国家或地区的研究型大学同样关注较少。在比较高等教育的视域下，通过扩展研究对象和丰富研究工具，关于研究型大学社会声誉形成的竞争性理论或机制将会继续涌现。

第五，在明确研究型大学社会声誉形成机理的基础上，进一步构建研究型大学社会声誉评价指标体系。声誉评价一直是组织声誉研究领域的关键性议题。目前，研究型大学社会声誉评价指标体系仍属于研究空白，包括笔者在内的多数学者在考察大学社会声誉时，主要还是沿用企业声誉的问卷量表或者大学排名机构的声誉调查结果。对于诸多因素与社会声誉形成的相互关系，也需要做进一步的理论联系实际的探究。而本书实证检验结果在一定程度上也反映出，以 QS 声誉指标作为因变量的回归方程拟合优度总体上还比较低。在知识更新日益加速、媒体发展日益迅猛的信息时代，研究型大学的组织边界和功能边界也面临着重组和变革的挑战。通过对国内外案例的比较研究，基于问卷和访谈的实地调研，筛选符合研究型大学特点、适应媒介融合环境的声誉评价维度，构建价值目标导向的声誉评价指标体系，区分声誉

---

① 相关研究参见：PANG B，LEE L. Opinion mining and sentiment analysis［J］. Foundations and Trends® in information retrieval，2008，2（1/2）：1－135；LIU B. Sentiment analysis and opinion mining［J］. Synthesis lectures on human language technologies，2012，5（1）：1－167；赵妍妍，秦兵，刘挺. 文本情感分析［J］. 软件学报，2010，21（8）：1834－1848；杨立公，朱俭，汤世平. 文本情感分析综述［J］. 计算机应用，2013，33（6）：1574－1607.

② 王兆璟. 改革开放以来教育研究的中国经验与自主性问题研究［M］. 北京：中国社会科学出版社，2014：5.

管理中的硬指标和软指标，从而为政府部门宏观调控高等教育、大学实施精细化管理提供更有力的依据。

在高等教育全球化趋势加剧的今天，中国研究型大学正面临着建设现代大学制度、发展科学技术知识、培育社会文明新风等诸多复杂的挑战。而在很大程度上，决定当代大学发展成败的关键取决于硬实力和软实力的互动与平衡。研究型大学如何确定合理的声誉管理目标，如何实施有效的声誉战略规划，如何持续保持一流竞争力并迈向卓越……这些现实问题都是中国高等教育改革发展进入攻坚期后必须面对和着力解决的。也正是在这一渐进的历史进程中，本书初步回应了研究型大学社会声誉形成机理这一具有现实关切的学理问题，为相关领域的知识增长做出实际贡献。

参 考 文 献

中文文献

[1] 阿尔布林顿，托马斯. 高等院校对外关系管理［M］. 杨树兵，等译. 南京：江苏教育出版社，2010.
[2] 阿夫拉哈姆，科特. 地区危机传播：实用媒介策略［M］. 葛岩，等译. 上海：上海交通大学出版社，2013.
[3] 阿特巴赫，波达尔，甘波特. 21 世纪的美国高等教育：社会、政治、经济的挑战［M］. 施晓光，蒋凯，译. 青岛：中国海洋大学出版社，2007.
[4] 阿特巴赫. 比较高等教育：知识、大学与发展［M］. 人民教育出版社，译. 北京：人民教育出版社，2001.
[5] 埃茨科维兹. 国家创新模式：大学、产业、政府“三螺旋”创新战略［M］. 周春彦，译. 北京：东方出版社，2014.
[6] 艾利森，泽利科. 决策的本质：还原古巴导弹危机的真相［M］. 王伟光，王云萍，译. 北京：商务印书馆，2015.
[7] 巴尼，克拉克. 资源基础理论：创建并保持竞争优势［M］. 张书军，苏晓华，译. 上海：上海人民出版社，2011.
[8] 彼得斯，马吉森，墨菲. 创造力与全球知识经济［M］. 杨小洋，译. 上海：华东师范大学出版社，2013.
[9] 伯恩鲍姆. 大学运行模式［M］. 别敦荣，译. 青岛：中国海洋大学出版社，2003.
[10] 达夫特. 组织理论与设计［M］. 12 版. 王凤彬，等译. 北京：清华大学出版社，2017.
[11] 达利，扎纳，罗迪格. 规则与潜规则：学术界的生存智慧［M］. 卢素珍，译. 北京：北京大学出版社，2008.
[12] 杜德斯达，沃马克. 美国公立大学的未来［M］. 刘济良，译. 北京：北京大学出版社，2006.
[13] 杜德斯达. 21 世纪的大学［M］. 刘彤，译. 北京：北京大学出版社，2005.

[14] 杜德斯达．舵手的视界：在变革时代领导美国大学［M］．郑旭东，译．北京：教育科学出版社，2010．
[15] 凡勃伦．学与商的博弈：论美国高等教育［M］．惠圣，译．上海：上海人民出版社，2009．
[16] 范埃弗拉．政治学研究方法指南［M］．陈琪，译．北京：北京大学出版社，2006．
[17] 范瑞尔，福伯恩．企业传播原理：声誉管理的高效实施方式［M］．潘少华，译．北京：中国社会科学出版社，2015．
[18] 弗里曼．战略管理：利益相关者方法［M］．王彦华，梁豪，译．上海：上海译文出版社，2006．
[19] 盖格．增进知识：美国研究型大学的发展（1900—1940）［M］．王海芳，魏书亮，译．保定：河北大学出版社，2008．
[20] 格尔茨，马奥尼．两种传承：社会科学中的定性与定量研究［M］．刘军，译．上海：上海人民出版社，2016．
[21] 格拉汉姆，戴蒙德．美国研究型大学的兴起：战后年代的精英大学及其挑战者［M］．张斌贤，於荣，王璞，译．保定：河北大学出版社，2008．
[22] 古多尔．世界一流大学：校长必须是科学家吗？［M］．孙蕾，沈悦青，译．上海：上海交通大学出版社，2011．
[23] 吉尔林．案例研究：原理与实践［M］．黄海涛，刘丰，孙芳露，译．重庆：重庆大学出版社，2017．
[24] 凯勒，凯勒．哈佛走向现代：美国大学的崛起［M］．史静寰，钟周，赵琳，译．北京：清华大学出版社，2007．
[25] 凯勒．战略品牌管理［M］．3 版．卢泰宏，吴水龙，译．北京：中国人民大学出版社，2009．
[26] 克拉克．高等教育系统：学术组织的跨国研究［M］．王承绪，等译．杭州：浙江教育出版社，1994．
[27] 克拉克．研究生教育的科学研究基础［M］．王承绪，译．杭州：浙江教育出版社，2001．
[28] 克里斯坦森，艾林．创新型大学：改变高等教育的基因［M］．陈劲，盛伟忠，译．北京：清华大学出版社，2017．
[29] 雷丁斯．废墟中的大学［M］．郭军，陈毅平，何卫华，等译．北京：北京大学出版社，2008．
[30] 李特约翰，福斯．人类传播理论［M］．9 版．史安斌，译．北京：清华大学出版社，2009．

[31] 罗宾斯，德森佐，库尔特. 管理学：原理与实践 [M]. 7 版. 毛蕴诗，译. 北京：机械工业出版社，2010.

[32] 洛森茨维格，特林顿. 研究型大学及其赞助者 [M]. 张弛，译. 保定：河北大学出版社，2008.

[33] 马拉沃，德高丹，本纳罗亚，等. 五维传播 [M]. 钟萍，孙利玲，译. 北京：机械工业出版社，2015.

[34] 梅兹格. 美国大学时代的学术自由 [M]. 李子江，罗慧芳，译. 北京：北京大学出版社，2010.

[35] 默顿. 社会理论和社会结构 [M]. 唐少杰，齐心，等译. 南京：译林出版社，2015.

[36] 纽曼，科特瑞亚，斯葛瑞. 高等教育的未来：浮言、现实与市场风险 [M]. 李沁，译. 北京：北京大学出版社，2012.

[37] 诺沃特尼，斯科特，吉本斯. 反思科学：不确定性时代的知识与公众 [M]. 冷民，徐秋慧，何希志，等译. 上海：上海交通大学出版社，2011.

[38] 帕特南. 使民主运转起来 [M]. 王列，赖海榕，译. 南昌：江西人民出版社，2001.

[39] 奇达夫，蔡文彬. 社会网络与组织 [M]. 王凤彬，朱超威，等译. 北京：中国人民大学出版社，2007.

[40] 瑞泽尔. 当代社会学理论及其古典根源 [M]. 杨淑娇，译. 北京：北京大学出版社，2005.

[41] 塞克拉，鲍吉. 企业研究方法 [M]. 5 版. 蓝波涛，张乐群，译. 北京：清华大学出版社，2013.

[42] 塞林. 美国高等教育史 [M]. 2 版. 孙益，林伟，刘冬青，译. 北京：北京大学出版社，2014.

[43] 史密斯，韦伯斯特. 后现代大学来临? [M]. 侯定凯，赵叶珠，译. 北京：北京大学出版社，2014.

[44] 史密斯. 哈佛世纪：锻造一所国家大学 [M]. 程方平，等译. 贵阳：贵州教育出版社，2004.

[45] 汤普森，斯特里克兰三世，甘布尔. 战略管理：获取竞争优势 [M]. 17 版. 蓝海林，黄嫚丽，译. 北京：机械工业出版社，2011.

[46] 托里斯，许心. 新自由主义常识与全球性大学：高等教育中的知识商品化 [J]. 北京大学教育评论，2014，12 (1)：1 - 16.

[47] 维斯特. 一流大学卓越校长：麻省理工学院与研究型大学的作用 [M]. 蓝劲松，译. 北京：北京大学出版社，2008.

[48] 沃森．高等院校战略管理［M］．孙俊华，等译．南京：江苏教育出版社，2010.
[49] 西泰尔．公共关系实务［M］．12 版．潘艳丽，吴秀云，等译．北京：清华大学出版社，2014.
[50] 郑俊新，陶克新，乌尔里希·泰希勒．大学排名：理论、方法及其对全球高等教育的影响［M］．涂阳军，译．长沙：湖南大学出版社，2018.
[51] 白洁．高管特征与股权激励对企业绩效的交互影响研究［M］．北京：中国社会科学出版社，2016.
[52] 白玫．大学评价制度研究［M］．北京：科学出版社，2018.
[53] 鲍宗客．集体声誉下虚假认证的形成机理与治理机制［M］．北京：中国社会科学出版社，2017.
[54] 别敦荣，贾杰静．哈佛大学的发展历程、教育理念及启示［J］．大学教育科学，2011（6）：76－81.
[55] 蔡红生．中美大学校园文化比较研究［M］．北京：中国社会科学出版社，2010.
[56] 曹平．加州大学伯克利分校哈斯商学院的学科建设与经营［J］．学术论坛，2010，33（2）：188－192.
[57] 曾开富，王孙禺．战略性研究型大学的崛起：1917—1980 年的麻省理工学院［M］．北京：科学技术文献出版社，2016.
[58] 茶世俊．研究生教育制度渐进变迁［M］．北京：北京大学出版社，2010.
[59] 查啸虎，王守恒．学校组织形象的构成要素与建设策略［J］．中国教育学刊，2006（12）：28－30.
[60] 常俊丽，汪辉．大学校园景观［M］．上海：上海交通大学出版社，2016.
[61] 陈婵，邹晓东．美国高校跨学科独立研究机构建设的经验与借鉴：以哈佛大学拉德克里夫高等研究院为例［J］．科技进步与对策，2015，32（2）：35－38.
[62] 陈超．试论大学的师管比及其意义：基于美国公立旗舰大学的统计分析［J］．教师教育研究，2014，26（4）：99－105.
[63] 陈功江．精神符号与个性彰显：民国时期知名大学校训研究［M］．武汉：华中科技大学出版社，2011.
[64] 陈怀超．合法性视角下制度距离对中国跨国公司国际市场进入模式的影响研究［M］．北京：经济科学出版社，2013.
[65] 陈金圣．促进社会流动：加州大学的举措及启示［J］．比较教育研究，

2017，39（4）：76－83.
［66］陈乐，高颖玲．如何促进大学的科研管理：加州大学伯克利分校的经验及启示［J］．教育发展研究，2015（21）：76－81.
［67］陈明．现代大学战略管理［M］．武汉：湖北人民出版社，2012.
［68］陈强，鲍悦华，常旭华．高校科技成果转化与协同创新［M］．北京：清华大学出版社，2017.
［69］陈庆熙，潘前．哈佛大学体育述论［J］．体育文化导刊，2012（11）：127－130.
［70］陈苏丹．从加州伯克利大学的办学模式来反思公立大学与政府的关系［J］．教育教学论坛，2012（39）：112－114.
［71］陈晓宇．中国教育财政政策研究［M］．北京：北京大学出版社，2012.
［72］陈泽，胡弼成．生师比：人才培养质量的重要指示器［J］．大学教育科学，2013（3）：118－124.
［73］陈振英，陈国钢，殷之明．专利视角下高校科技创新水平比较："十一五"期间我国 C9 大学的发明专利计量分析［J］．情报杂志，2013，32（7）：143－147.
［74］程北南．美国大学治理结构的经济学分析［M］．北京：中国财政经济出版社，2010.
［75］程瑛．转型期大学的资源竞争研究［M］．北京：中国社会科学出版社，2014.
［76］程莹，刘念才．世界知名大学建校时间的实证分析［J］．清华大学教育研究，2007，28（4）：56－63.
［77］醋卫华．媒体正面报道与公司治理研究［M］．西安：西安交通大学出版社，2017.
［78］党亚茹．科研水平对高校声誉的影响［J］．科技管理研究，2005，25（10）：118－124.
［79］邓建国．强大的弱连接：中国 Web 2.0 网络使用行为与网民社会资本关系研究［M］．上海：复旦大学出版社，2011.
［80］邓磊．中世纪大学组织权力研究［M］．北京：人民出版社，2014.
［81］邓侨侨．机构迁移：高被引科学家名校集聚的特征与原因分析［J］．科学学与科学技术管理，2014，35（8）：135－143.
［82］董美玲．加州大学的产学研合作创新［J］．中国高校科技，2011（9）：77－80.
［83］董泽芳，袁川．国外高校成功培养创新型人才的经验与启示：以哈佛大

学、牛津大学和东京大学为例［J］. 现代大学教育，2014（4）：26－32.
［84］都昌满. 从走近到走进：美国高等教育纵览［M］. 上海：上海交通大学出版社，2017.
［85］杜莉，宋兰旗. 中国高校筹资制度创新研究［M］. 北京：科学出版社，2012.
［86］杜运周，张玉利. 互动导向与新企业绩效：组织合法性中介作用［J］. 管理科学，2012，25（4）：22－30.
［87］段婕. 高等学校声誉管理的维度分析［J］. 社会科学家，2008（2）：68－69.
［88］段婕. 高校声誉管理的价值网络层次维度分析［J］. 山西财经大学学报（高等教育版），2007，10（2）：5－8.
［89］段婕. 高校声誉评价构成要素与驱动要素测度研究［J］. 高教发展与评估，2013，29（4）：30－37.
［90］樊艳艳. 双重起源与制度生成：中国现代大学制度起源研究［M］. 武汉：华中科技大学出版社，2011.
［91］方刚. 企业网络能力与创新绩效：基于资源观的实证研究［M］. 北京：科学出版社，2014.
［92］风笑天. 社会学研究方法［M］. 2 版. 北京：中国人民大学出版社，2005.
［93］冯用军，赵德国. 中国大学评价研究报告（2015）［M］. 北京：科学出版社，2015.
［94］符加林. 声誉效应、联盟关系与机会主义行为治理［M］. 北京：经济管理出版社，2014.
［95］付红，聂名华，徐田柏. 中国高等教育国际化的风险及对策研究［M］. 北京：人民出版社，2015.
［96］高冰. 管理者政治关联与企业绩效的关系研究：基于中国资本市场的经验证据［M］. 北京：经济管理出版社，2016.
［97］高飞.《泰晤士报高等教育》"世界大学声望排名"探析［J］. 江苏高教，2015（1）：61－64.
［98］高云峰，陈希. 美国研究型大学与军事科研的互动发展［J］. 清华大学教育研究，2004，25（5）：39－45.
［99］葛建华. 组织行动的逻辑：中国情境下的理论与实证研究［M］. 北京：经济科学出版社，2018.
［100］顾建民，等. 大学治理模式及其形成机理［M］. 杭州：浙江大学出版社，2017.

[101] 郭崇慧，王佳嘉．“985 工程”高校校际科研合作网络研究［J］．科研管理，2013（S1）：211－220．
[102] 郭海．大学内部财政分化［M］．北京：北京大学出版社，2007．
[103] 郭健．哈佛大学发展史研究［M］．石家庄：河北教育出版社，2016．
[104] 郭洁，刘宝存．全面风险管理：加利福尼亚大学的实践与启示［J］．全球教育展望，2011，40（11）：69－72．
[105] 郭强，吴美琴，周颖．全面国际化视域下香港科技大学国际化发展路径及其启示［J］．内蒙古师范大学学报（教育科学版），2017，30（8）：1－6．
[106] 郭鑫．世界一流大学战略联盟［M］．北京：北京师范大学出版社，2011．
[107] National Research Council of the National Academies．研究型大学与美国未来：美国繁荣与安全的十大突破性举措［M］．朱健平，译．长沙：湖南大学出版社，2015．
[108] 韩海波，张艳，刘萍，等．上海交通大学 2009—2015 年国家自然科学基金资助情况及管理经验［J］．中国科学基金，2016（3）：231－232．
[109] 韩萌．“后危机时代”世界一流公立大学财政结构转型及启示：以加州大学伯克利分校为例［J］．教育研究，2016（5）：132－140．
[110] 韩梦洁．美国高等教育结构变迁：市场机制、公共选择与学术逻辑［M］．北京：科学出版社，2016．
[111] 韩宇．美国高技术城市研究［M］．北京：清华大学出版社，2009．
[112] 何建坤，周立，张继红，等．研究型大学技术转移：模式研究与实证分析［M］．北京：清华大学出版社，2007．
[113] 何振海．美国州级公立高等教育发展模式的构建与变迁：以加州为个案的历史研究［M］．呼和浩特：内蒙古大学出版社，2011．
[114] 何振海．一流大学智库的孵化器：哈佛大学肯尼迪学院智库建设的历程、路径及其启示［J］．高等教育研究，2017，38（4）：91－100．
[115] 和芸琴．企业声誉内部管理：创建持续竞争优势的新视角［M］．北京：经济科学出版社，2012．
[116] 和震．美国大学自治制度的形成与发展［M］．北京：北京师范大学出版社，2008．
[117] 侯典牧．社会调查研究方法［M］．北京：北京大学出版社，2014．
[118] 胡弼成，陈小尘．高等教育质量评议与提升路向［J］．高等教育研究，2010，31（2）：6－11．
[119] 胡炳仙．中国重点大学政策的历史逻辑与制度分析［M］．青岛：中

国海洋大学出版社，2010.
[120] 胡浩志. 企业专用性人力资本研究：理论及中国的经验证据 [M]. 北京：经济科学出版社，2014.
[121] 胡娟，李立国. 大学协会组织研究 [M]. 北京：中国人民大学出版社，2007.
[122] 胡娟. 大学制度论 [M]. 北京：中国人民大学出版社，2015.
[123] 胡萍. 高等学校校友工作概论 [M]. 成都：电子科技大学出版社，2007.
[124] 胡伟卿. 美国大学毕业率相关因素分析及启示 [J]. 中国高等教育，2009 (15)：76-77.
[125] 黄河. 移动互联时代的政府形象传播 [M]. 北京：中国人民大学出版社，2018.
[126] 黄厚明. 大学合法性危机：大学治理的原因探究 [J]. 南京理工大学学报（社会科学版），2009，22 (1)：86-88.
[127] 黄玮强，庄新田. 复杂社会视角下的创新合作与创新扩散 [M]. 北京：中国经济出版社，2012.
[128] 黄兆玺. 创意传播管理理论：高等教育声誉提升策略 [M]. 台北：学富文化事业有限公司，2017.
[129] 黄振羽，丁云龙. 大科学工程组织的治理结构与治理策略研究 [M]. 哈尔滨：哈尔滨工业大学出版社，2016.
[130] 贾德永. 高等学校内涵发展探索 [M]. 北京：高等教育出版社，2012.
[131] 江红岩. 从伯克利管理视角谈美国研究型大学的教师绩效评估 [J]. 高等农业教育，2007 (1)：88-91.
[132] 姜尔岚. 以就业为导向的高校科学发展观 [J]. 教育与职业，2006 (14)：125-126.
[133] 蒋达勇. 现代国家建构中的大学治理：基于中国经验的实证分析 [M]. 北京：中国社会科学出版社，2014.
[134] 蒋建国. 市场经济中政府与高等学校的法律关系问题研究 [M]. 北京：科学出版社，2015.
[135] 蒋馨岚. 制度伦理视角下的现代大学制度研究 [M]. 北京：中国社会科学出版社，2016.
[136] 金鑫，张光磊. 独立学院声誉关键影响因素研究：基于湖北省三所独立学院学生的视角 [J]. 高等工程教育研究，2009 (4)：120-123.
[137] 孔宪铎. 我的科大十年 [M]. 北京：北京大学出版社，2004.

［138］邝泽倩．追求责任心的声誉：世纪之交的加拿大高校［J］．北京大学教育评论，2004，2（1）：32－37．
［139］蓝晓霞．美国产学研协同创新机制研究［M］．北京：北京交通大学出版社，2014．
［140］雷宇．声誉机制的信任基础研究［M］．北京：经济科学出版社，2018．
［141］李斌琴．伯克利加州大学内部管理特点及其启示［J］．现代教育科学，2013（7）：147－150．
［142］李斌琴．寻求合法性：我国大学趋同化机制解析：从重点大学政策说起［J］．高教探索，2012（1）：14－17．
［143］李冲．知识效能与评价：制度分析视角下的大学教师绩效研究［M］．北京：科学出版社，2015．
［144］李福华．利益相关者理论与大学管理体制创新［J］．教育研究，2007（7）：36－39．
［145］李工真．大学现代化之路［M］．北京：商务印书馆，2013．
［146］李进才．高等教育教学评估词语释义［M］．武汉：武汉大学出版社，2016．
［147］李清平，蒋洪池，成中梅．大学核心竞争力的内涵探析：基于要素分析的视角［J］．现代教育科学，2008（3）：99－101．
［148］李世光，王意明．普通高等学校规模与效益研究［J］．现代教育管理，2009（8）：32－34．
［149］李维安，王世权．大学治理［M］．北京：机械工业出版社，2013．
［150］李文冰，等．中国行业特色院校发展研究［M］．北京：中国社会科学出版社，2015．
［151］李文长，等．高校资源配置模式与绩效［M］．北京：北京师范大学出版社，2011．
［152］李习保．区域创新环境对创新活动效率影响的实证研究［J］．数量经济技术经济研究，2007，24（8）：13－24．
［153］李小娟，许广．高校知识联盟合作创新与绩效研究［M］．长沙：中南大学出版社，2016．
［154］李旭．学校声誉制度：学校同质化的制度根源：基于组织社会学的阐释［J］．中国教育学刊，2012（4）：27－30．
［155］李学伟．拓展研究边界 促进学科发展：加州大学伯克利分校学科发展的启示［J］．现代教育管理，2013（4）：117－122．
［156］李颖，赵文红，薛朝阳．创业导向、社会网络与知识资源获取的关系

研究：基于信号理论视角 [J]. 科学学与科学技术管理，2018，39 (2)：130－141.
[157] 李越，叶赋桂，蓝劲松. 跻身世界一流大学的学术基准 [J]. 教育发展研究，2002，22 (12)：50－53.
[158] 李蕴，段婕. 高校声誉机制的经济管理学分析 [J]. 兰州大学学报（社会科学版），2009，37 (2)：129－133.
[159] 李正良. 传播学原理 [M]. 北京：中国传媒大学出版社，2007.
[160] 李智. 中国国家形象：全球传播时代建构主义的解读 [M]. 北京：新华出版社，2011.
[161] 历山，奕奕. 到香港读大学：香港八大院校介绍 [M]. 北京：世界知识出版社，2014.
[162] 林定夷. 论科学中观察与理论的关系 [M]. 广州：中山大学出版社，2016.
[163] 林莉. 大学—企业知识联盟的理论与实证研究 [M]. 北京：科学出版社，2010.
[164] 刘宝存. 大学对地方社会经济发展的贡献：加州大学伯克利分校的个案研究 [J]. 清华大学教育研究，2005，26 (6)：59－65.
[165] 刘宝存. 哈佛大学办学理念探析 [J]. 外国教育研究，2003，30 (1)：48－53.
[166] 刘敦虎. 产学研创新联盟知识转移机制及运行效果的实证研究 [M]. 北京：科学出版社，2015.
[167] 刘刚，吴丹，张雪霞. 彰显与提升：大学形象战略研究 [M]. 北京：科学出版社，2015.
[168] 刘海元，胡永南. 再论开展大学竞技体育的意义 [J]. 体育学刊，2004，11 (4)：85－88.
[169] 刘汉林. 企业声誉资本研究 [M]. 北京：知识产权出版社，2010.
[170] 刘洪深. 国际化企业的合理化营销战略研究：理论模型与实证检验 [M]. 成都：西南财经大学出版社，2014.
[171] 刘慧珍，张熙. 哈佛大学董事会组织机构与治理改革：基于资源依赖的理论视角 [J]. 现代教育管理，2016 (3)：1－7.
[172] 刘军. 整体网分析：UCINET 软件实用指南 [M]. 上海：上海人民出版社，2009.
[173] 刘强，丁瑞常. QS 大学排名体系剖析 [J]. 比较教育研究，2013，35 (3)：44－50.
[174] 刘强，潘鹏飞，王玉清. 变革中的大学学科排名：QS 世界大学学科排名

最新进展与反思［J］. 比较教育研究，2015，37（12）：35－41.
［175］刘庆斌. 美国大学教授治校研究［M］. 北京：中国社会科学出版社，2017.
［176］刘庆红. 日本高校信息公开研究：面向利益相关者的社会责任［M］. 北京：人民出版社，2017.
［177］刘文. 企业隐性人力资本形成和作用机理研究［M］. 北京：中国经济出版社，2010.
［178］刘新民，吴士健，王垒. 企业高层管理人员更替：机理与实证研究［M］. 北京：经济科学出版社，2014.
［179］刘兴华. 国际规范与国内制度改革［M］. 天津：南开大学出版社，2012.
［180］刘旭杰，岳昌君. 对高校毕业生薪酬变化影响因素的实证研究［J］. 会计之友，2013（5）：51－55.
［181］刘璇，张朋柱. 知识管理在科研网络及企业中的应用研究［M］. 上海：上海交通大学出版社，2015.
［182］刘云，Greg W G. 基于评价者视角的组织合法性研究：合法性判断［J］. 外国经济与管理，2017，39（5）：73－84.
［183］刘郑一. 论大学精神与高校声誉：以高校开展海外交流与合作为例［J］. 科技视界，2015（17）：132－132.
［184］刘宗让. 大学利益相关者利益要求及实现方式［J］. 高校教育管理，2012，6（3）：39－44.
［185］柳旭东，张瑞瑶. 美国新闻专业学生专业忠诚度分析［J］. 新闻记者，2018（2）：48－50.
［186］鲁育宗. 大学的财富管理［M］. 上海：复旦大学出版社，2012.
［187］陆一. 世界知名大学使命宣言的文本解析［J］. 比较教育研究，2012，34（9）：23－28.
［188］罗高峰. 基于价值认同视角的企业软实力作用机制研究［J］. 管理世界，2010（3）：184－185.
［189］罗公利，杨选良，李怀祖. 社会捐赠与大学发展：中美大学社会捐赠的对比分析［J］. 高等教育研究，2006，27（1）：99－104.
［190］罗炜，何顶，洪莉莎，等. 媒体报道可以预测创业企业的发展前景吗？［J］. 金融研究，2017（8）：177－191.
［191］罗志敏. 校友文化与世界一流大学创建［M］. 杭州：浙江大学出版社，2013.
［192］吕新萍. 社会转型中的民间组织研究：民间组织合法性机制的建立

［M］. 北京：清华大学出版社，2016.
［193］马德秀. 变革与超越：走中国特色的一流大学之路［M］. 上海：上海交通大学出版社，2014.
［194］马俊杰，等. 大学人力资源管理［M］. 北京：中国人民大学出版社，2007.
［195］马陆亭. 大学声誉的生产战略［J］. 高等工程教育研究，1994（4）：21－26.
［196］马万华. 从伯克利到北大清华：中美公立研究型大学建设与运行［M］. 北京：教育科学出版社，2004.
［197］马早明. 港澳台科技大学通识教育模式研究［M］. 广州：中山大学出版社，2017.
［198］冒荣，宗晓华. 合作博弈与区域集群：后大众化时代我国高等教育发展机制初析［J］. 高等教育研究，2010，31（4）：35－40.
［199］美国商务部创新创业办公室. 创建创新创业型大学：来自美国商务部的报告［M］. 赵中建，卓泽林，译. 上海：上海科技教育出版社，2016.
［200］孟雅君，常永才. 高校追求高声誉的另一种办学模式：法国大学校的启示［J］. 民族教育研究，2004，15（6）：27－31.
［201］苗耘，刘念才. 大学排名的应用行为研究及其价值取向反思［M］. 上海：上海交通大学出版社，2017.
［202］缪建红，冯俊文，钱明，等. 基于灰色聚类的高校声誉危机管理评价［J］. 技术经济，2014，33（5）：125－130.
［203］缪建红，冯俊文，周鎏鎏，等. “四维度”模式高校声誉危机管理策略探析［J］. 技术经济与管理研究，2014（4）：38－42.
［204］缪荣，茅宁. 公司声誉管理模型探讨［J］. 管理现代化，2003（3）：20－23.
［205］缪荣. 公司声誉［M］. 北京：经济管理出版社，2013.
［206］莫蕾钰. 美国公立高校非终身制教师聘用制度的理论与实践研究：投入与产出的视角［M］. 北京：知识产权出版社，2013.
［207］莫申江，王重鸣. 基于行为认知视角的组织声誉研究前沿探析与展望［J］. 外国经济与管理，2012（3）：65－71.
［208］聂锐，张燚，等. 高校与利益相关者互动发展的组织创新与行为调适研究［M］. 北京：中国经济出版社，2011.
［209］牛欣欣，洪成文. 香港科技大学的成功崛起：“小而精”特色战略的实施［J］. 比较教育研究，2011，33（11）：62－66.

[210] 牛欣欣. 大学国际化战略：香港科技大学的经验及启示 [J]. 高教探索，2013 (5)：62-67.

[211] 欧小军. 世界一流大湾区高水平大学集群发展研究：以纽约、旧金山、东京三大湾区为例 [J]. 四川理工学院学报（社会科学版），2018，33 (3)：83-100.

[212] 潘静. "双一流" 建设的内涵与行动框架 [J]. 江苏高教，2016，189 (5)：24-27.

[213] 潘璐，何蛟. 教学评估、R&D 与高等学校教育效率 [M]. 重庆：重庆大学出版社，2017.

[214] 潘敏，李建强. 思源致远　百年神韵：上海交通大学文化研究 [M]. 北京：高等教育出版社，2011.

[215] 彭伟，顾汉杰，符正平. 联盟网络、组织合法性与新创企业成长关系研究 [J]. 管理学报，2013，10 (12)：1760-1769.

[216] 戚湧，李千目. 科学研究绩效评价的理论与方法 [M]. 北京：科学出版社，2009.

[217] 齐锡生. 香港科大，还有什么好说的？ [M]. 深圳：海天出版社，2014.

[218] 钱炳. 基于双边市场的网络型企业治理研究 [M]. 北京：经济管理出版社，2015.

[219] 钱民辉. 教育社会学概论 [M]. 3 版. 北京：北京大学出版社，2010.

[220] 钱锡红. 网络位置、吸收能力与企业创新绩效 [M]. 北京：经济科学出版社，2017.

[221] 钱再见. 基于公共权力的政策过程研究 [M]. 南京：南京师范大学出版社，2013.

[222] 钱志刚，刘慧. 论大学社会服务的理论基础 [J]. 教育探索，2015 (12)：66-69.

[223] 乔东. 西南联大对我国创建世界一流大学的启示 [J]. 清华大学教育研究，2008，29 (2)：87-91.

[224] 邱均平，陈敬全，段宇锋. 中国大学网站链接分析及网络影响因子探讨 [J]. 中国软科学，2003 (6)：151-155.

[225] 邱雯婕. 美国高校智库协同创新运行机制的经验与启示：以加州大学伯克利分校泛在安全技术研究中心为例 [J]. 世界教育信息，2018 (4)：39-43.

[226] 邱学青，李正，李敏. 大学师资管理模式研究：基于教学与科研相结

合的视角［M］. 北京：化学工业出版社，2011.
［227］瞿立新，杨晓江. 国际大学排行榜对中国建设一流大学的启示［J］. 中国青年政治学院学报，2012（6）：109－114.
［228］曲绍卫. 大学竞争力研究：基于新制度经济学分析框架［M］. 北京：教育科学出版社，2008.
［229］全球大学创新联盟. 2007 年世界高等教育报告：高等教育的质量保证［M］. 汪利兵，阚阅，译. 杭州：浙江大学出版社，2009.
［230］饶燕婷，王琪. 走进世界名校：美国［M］. 上海：上海交通大学出版社，2012.
［231］任玥. 遗失的故园：21 世纪初美国公立大学的组织文化观：以印第安那大学为例［J］. 高等教育研究，2015，36（9）：94－104.
［232］山鸣峰. 高校内涵建设研究：集约、协同与动力机制创新［M］. 上海：上海大学出版社，2017.
［233］沈红. 美国研究型大学形成与发展［M］. 武汉：华中科技大学出版社，1999.
［234］盛懿，孙萍，欧七斤. 三个世纪的跨越：从南洋公学到上海交通大学［M］. 上海：上海交通大学出版社，2006.
［235］石军伟，付海艳. 激励机制、科研合作网络与大学声誉之间的关系研究［J］. 教育研究，2012（1）：81－88.
［236］史秋衡，陈志伟. 发达国家顶尖人才培养体系特征研究［J］. 教育研究，2016（6）：131－141.
［237］舒颖岗. 大学声誉培育与高水平大学建设［J］. 国家教育行政学院学报，2011（12）：21－25.
［238］苏竣. 公共科技政策导论［M］. 北京：科学出版社，2014.
［239］苏洋，赵文华. 世界一流大学发展海外分校的特征与启示［J］. 教育发展研究，2013（23）：33－38.
［240］眭依凡. 大学校长的办学定位理念与治校［J］. 高等教育研究，2001，22（4）：49－52.
［241］孙华. 大学公共危机研究［M］. 青岛：中国海洋大学出版社，2010.
［242］孙华. 大学之合法性［M］. 北京：中国社会科学出版社，2010.
［243］孙伦轩，施晓路. 中国高校 R&D 经费来源结构及影响差异：经济增长的视角：基于省际面板数据的实证研究（1999—2011）［J］. 教育与经济，2016（6）：70－76.
［244］谭颖. 哈佛大学视觉识别系统的建设及其对上海高校品牌新形象的启示［J］. 装饰，2015（10）：140－141.

[245] 唐钧. 形象危机应对研究报告（2013—2014）[M]. 北京：社会科学文献出版社，2014.

[246] 唐世平. 观念、行动和结果：社会科学的客体和任务 [J]. 世界经济与政治，2018（5）：33 - 59.

[247] 陶元磊. 基于财权配置的高校网络治理研究 [M]. 北京：经济科学出版社，2017.

[248] 滕堂伟，曾刚，等. 集群创新与高新区转型 [M]. 北京：科学出版社，2009.

[249] 田恩舜. 高等教育质量保证模式研究 [M]. 青岛：中国海洋大学出版社，2007.

[250] 田高良，封华，于忠泊. 资本市场中媒体的公司治理角色研究 [J]. 会计研究，2016（6）：21 - 29.

[251] 田稷，马景娣，等. 世界一流研究型大学联盟综合竞争力分析 [M]. 杭州：浙江大学出版社，2015.

[252] 田山俊，何振海. 一流大学"智库群"的崛起：哈佛大学的智库建设路径 [J]. 教育研究，2016（4）：140 - 145.

[253] 汪霞，钱铭. 世界一流大学通识教育课程研究：以美国大学为例 [M]. 南京：南京大学出版社，2017.

[254] 汪雅霜，王芳. 大学生学校归属感影响因素的实证研究：基于"国家大学生学习情况调查"数据分析 [J]. 现代教育管理，2015（8）：110 - 114.

[255] 王丹丹. 低碳管理：基于组织合法性的企业低碳管理模式构建 [M]. 北京：人民邮电出版社，2016.

[256] 王定华. 美国高等教育：观察与研究 [M]. 北京：人民教育出版社，2016.

[257] 王方华，周洁如. 非营利组织营销 [M]. 上海：上海交通大学出版社，2005.

[258] 王飞. 从外到内的制度拯救："去行政化"与大学合法性的回归——一种基于组织社会学的剖析 [J]. 湖南师范大学教育科学学报，2012，11（1）：68 - 71.

[259] 王凤玉，张晓光，欧桃英. 承袭与创新：哈佛大学校长与大学制度的建构 [J]. 现代教育管理，2014（10）：116 - 117.

[260] 王光彦. 大学教师绩效评价研究：基于教师自主发展的探索 [M]. 北京：教育科学出版社，2012.

[261] 王海洲，徐立清. 高校本科专业设置利益相关者共同治理机制探索

[J]. 中国高教研究，2015 (6)：76 - 80.

[262] 王鲲，马玲娜，孟德昕. 高等医学院校声誉管理的内涵、意义与形成机制研究 [J]. 中国高等医学教育，2017 (12)：52 - 53.

[263] 王莉华，王素文，汪辉. 世界一流大学学科竞争力 [M]. 杭州：浙江大学出版社，2015.

[264] 王连森，陈国军. 声誉管理：大学发展的新课题 [J]. 山西财经大学学报（高等教育版），2006，9 (3)：12 - 15.

[265] 王连森，栾开政. 大学声誉形成机理与管理策略：基于利益相关者的分析 [J]. 现代大学教育，2007 (5)：66 - 70.

[266] 王连森，王秀成. 排名、声誉及大学应有的反应 [J]. 高教发展与评估，2015，31 (2)：44 - 45.

[267] 王奇，等. 高等教育绩效评估研究 [M]. 北京：高等教育出版社，2012.

[268] 王琪，冯倬琳，刘念才. 面向创新型国家的研究型大学国际竞争力研究 [M]. 北京：中国人民大学出版社，2012.

[269] 王守军. 论大学：我国高校支出特征及影响机制研究 [M]. 北京：中国社会出版社，2010.

[270] 王树涛，张德美. 金融危机后哈佛大学的捐赠基金运作改革研究 [J]. 复旦教育论坛，2014，12 (5)：97 - 102.

[271] 王伟宜. 美国大学招生录取二十年变迁研究 [J]. 教育与考试，2010 (3)：86 - 90.

[272] 王晓红，张奔. 校企合作与高校科研绩效：高校类型的调节作用 [J]. 科研管理，2018，39 (2)：135 - 142.

[273] 王晓辉，刘敏，谷小燕. 大学治理：理念、模式与制度 [M]. 北京：北京师范大学出版社，2018.

[274] 王新华，陈火英，周培. 上海交通大学教授工作室的模式创新与实践 [J]. 科技管理研究，2013，33 (18)：19 - 22.

[275] 王学东. 外交战略中的声誉因素研究：冷战后中国参与国际制度的解释 [M]. 天津：天津人民出版社，2007.

[276] 王亚杰，陈岩，谢苗锋. 英国学科特色型大学发展战略特征与政策建议 [J]. 高等工程教育研究，2011 (1)：11 - 17.

[277] 王英杰. 广义国际化与世界一流大学建设 [J]. 比较教育研究，2018，40 (7)：3 - 10.

[278] 王颖吉. 传播与媒介文化研究方法 [M]. 北京：北京大学出版社，2017.

[279] 王元，张先恩．科教结合与国家创新体系建设［M］．北京：科学技术文献出版社，2013.

[280] 王云兰．公立大学章程权威实效性机制研究［M］．北京：中国社会科学出版社，2015.

[281] 王泽福．论新时期我国大学软实力的培育［J］．高等农业教育，2014（1）：11－14.

[282] 王占军．高等院校组织趋同机制研究［M］．北京：北京师范大学出版社，2012.

[283] 王战军，瞿斌．一流大学的层次定位与评估［J］．科学学研究，2002，20（2）：189－192.

[284] 王兆璟．改革开放以来教育研究的中国经验与自主性问题研究［M］．北京：中国社会科学出版社，2014.

[285] 王志强．研究型大学与美国国家创新系统的演进［M］．北京：中国社会科学出版社，2014.

[286] 王宗光．上海交通大学史：第二卷 创建近代工科大学［M］．上海：上海交通大学出版社，2011.

[287] 王宗光．上海交通大学史：第一卷 南洋公学［M］．上海：上海交通大学出版社，2011.

[288] 韦慧民，潘清泉．基于身份观视角的组织行为管理研究［M］．北京：经济科学出版社，2017.

[289] 温忠麟，叶宝娟．中介效应分析：方法和模型发展［J］．心理科学进展，2014，22（5）：731－745.

[290] 文少保．跨学科研究、学术声誉与经费资助获得的“马太效应”：以美国加州大学伯克利分校为例［J］．现代大学教育，2013（6）：85－91.

[291] 文少保．美国大学跨学科研究资助政策与组织机制［M］．北京：科学出版社，2016.

[292] 邬大光，滕曼曼，李端淼．大学本科毕业率与高等教育质量相关性分析：基于中美大学本科毕业率数据的比较分析［J］．高等教育研究，2016，37（12）：56－65.

[293] 吴德军．高管变更对盈余质量的影响研究［M］．大连：大连出版社，2009.

[294] 吴尔奕，孙驭．美国50所最佳大学［M］．北京：首都师范大学出版社，2011.

[295] 吴宏春，雷利利，魏朋，等．从香港科技大学的迅速崛起谈高校人事制度改革［J］．中国高校师资研究，2011（5）：18－21.

[296] 吴家玮. 同创香港科技大学：初创时期的故事和人物志 [M]. 北京：清华大学出版社，2007.
[297] 吴剑平，陈星博，孙茂新. 一流大学评价的基本问题探讨 [J]. 教育发展研究，2002，22（12）：46－49.
[298] 吴晓波，寿涌毅，等. 我国研究型大学的科研组织创新 [M]. 杭州：浙江大学出版社，2010.
[299] 吴娅雄. 产品伤害危机中良好企业声誉的作用研究 [M]. 北京：经济科学出版社，2017.
[300] 吴越. 中国高校联盟运行机制研究 [M]. 北京：人民出版社，2016.
[301] 吴振利. 美国大学教师教学发展研究 [M]. 北京：教育科学出版社，2012.
[302] 武学超. 加州大学（伯克利）学术卓越的生成逻辑与启示 [J]. 比较教育研究，2012，34（4）：44－47.
[303] 武学超. 瑞士大学组织战略模式转型及思考 [J]. 比较教育研究，2015，37（8）：1－6.
[304] 肖冬平，王春秀. 社会资本研究 [M]. 昆明：云南大学出版社，2013.
[305] 肖冬平. 基于社会网络视角的知识网络研究 [M]. 北京：人民出版社，2011.
[306] 肖冬平. 知识网络导论：理论与应用 [M]. 北京：人民出版社，2012.
[307] 肖阳. 品牌价值管理：基于顾客感知与创新驱动的视角 [M]. 北京：经济科学出版社，2015.
[308] 熊庆年，张瑞鸿. 上海市高等学校优势与潜力学科评估 [M]. 上海：同济大学出版社，2017.
[309] 徐金发，等. 企业软实力与声誉管理 [M]. 北京：社会科学文献出版社，2010.
[310] 徐金发，郗河，黄国群，等. 企业软实力的内涵、形成过程及作用机理研究 [J]. 软科学，2008，22（2）：123－127.
[311] 徐警武. 我国公立高校的组织效率及其改善研究 [M]. 青岛：中国海洋大学出版社，2012.
[312] 徐来群. "哈佛帝国"的建立：哈佛大学筹资研究 [J]. 高教探索，2010（2）：36－39.
[313] 徐来群. 哈佛大学史 [M]. 上海：上海交通大学出版社，2012.
[314] 徐来群. 美国公立大学系统治理模式研究 [M]. 上海：上海交通大

学出版社，2016.
［315］徐双敏. 公共管理学［M］. 2版. 北京：北京大学出版社，2014.
［316］徐同文. 大学品牌战略［M］. 北京：高等教育出版社，2008.
［317］徐小波. 提高高校毕业生就业率的有效途径分析［J］. 教育与职业，2008（27）：142－143.
［318］徐雪英，周谷平. 治理模式变迁与教会大学发展：以之江大学为例［J］. 社会科学战线，2011（9）：204－209.
［319］徐诤. 美国著名大学筹资运动的考察［J］. 北京大学教育评论，2005，3（S1）：74－83.
［320］徐志强. 哈佛大学通识教育课程改革研究［M］. 北京：中国社会科学出版社，2015.
［321］许晓凤. 新媒体背景下高校美誉度提升工程创新研究［J］. 高校后勤研究，2016（2）：95－97.
［322］许长青. 产学合作与法律制度创新：大学知识产业化的立法促进研究［M］. 北京：高等教育出版社，2013.
［323］薛澜，何晋秋，等. 国家创新系统的演进与发展：以科教结合为视角［M］. 北京：社会科学文献出版社，2016.
［324］闫拓时. 当代中国大学校长领导力研究［M］. 北京：高等教育出版社，2014.
［325］阎凤桥. 大学的办学质量与声誉机制［J］. 国家教育行政学院学报，2012（12）：16－20.
［326］阎光才. 精神的牧放与规训：学术活动的制度化与学术人的生态［M］. 北京：教育科学出版社，2011.
［327］阳荣威. 后合并时代高校的选择：战略联盟［J］. 高等教育研究，2005，26（9）：57－61.
［328］杨成名. 大学与大学治理：基于利益相关者价值优化的视角［M］. 北京：经济管理出版社，2017.
［329］杨代福. 政策工具选择研究：基于理性与政策网络的视角［M］. 北京：中国社会科学出版社，2016.
［330］杨立军. 从十大名校看美国式精英教育［M］. 上海：学林出版社，2007.
［331］杨明. 政府与市场：高等教育财政政策研究［M］. 杭州：浙江教育出版社，2007.
［332］杨鹏，张鹏飞，文建新. 中国中心城市专利合作网络研究［M］. 北京：社会科学文献出版社，2017.

［333］杨坦，何小锋，荀继尧，等．大学捐赠基金的运作与管理模式研究［M］．上海：上海交通大学出版社，2017.
［334］杨天平．消费主义语境下的高等教育发展［J］．教育发展研究，2011（21）：67－72.
［335］杨希．一流大学建设的效果可持续吗？——高校经费累积效应及其对科研产出的影响研究［J］．教育与经济，2018，34（1）：80－87.
［336］姚锐．美国博士后制度：经验与问题［J］．中国高教研究，2009（11）：57－60.
［337］叶桂芹，袁本涛．大学校长与世界一流大学建设：伯克利的案例［J］．清华大学教育研究，2008，29（1）：78－84.
［338］叶丽芳．大学形象、大学品牌、大学声誉概念辨析［J］．黑龙江教育（高教研究与评估），2006（4）：4－6.
［339］叶琳娜，陈纲．社会声誉与高校筹资工作：关系、作用与机制［J］．理工高教研究，2008，27（5）：50－52.
［340］叶信治，等．美国公立研究型大学教育质量保证研究［M］．厦门：厦门大学出版社，2015.
［341］宣勇，张鹏．激活学术心脏地带：创业型大学学术系统的运行与管理［M］．北京：高等教育出版社，2013.
［342］易高峰．崛起中的创业型大学：基于研究型大学模式变革的视角［M］．上海：上海交通大学出版社，2011.
［343］于辉．中国农业科研基础条件投资效果研究［M］．北京：中国农业科学技术出版社，2014.
［344］于长福．民办高校声誉风险机理分析与管理机制的构建［J］．黑龙江高教研究，2013，31（2）：73－76.
［345］余承海．美国州立大学治理结构研究［M］．南京：南京师范大学出版社，2014.
［346］余红伟，陈东．新兴网络经济运行机理研究［M］．北京：中国社会科学出版社，2015.
［347］余明阳，戴世富．品牌战略［M］．北京：清华大学出版社，2009.
［348］余明阳，韩红星．品牌学概论［M］．广州：华南理工大学出版社，2008.
［349］余小波．高等教育质量保障研究论纲［M］．西宁：青海人民出版社，2009.
［350］余小波．高等教育质量的社会调节机制研究［M］．长沙：湖南大学出版社，2014.

［351］余雪莲．美国研究型大学职能发展演变的经验［J］．比较教育研究，2007，28（5）：18－22．

［352］喻恺，徐扬，查岚．转危为机：世界一流大学在国际金融危机中的应对策略［M］．北京：知识产权出版社，2015．

［353］袁广林．香港科技大学何以成就大学传奇：基于后发优势理论的思考［J］．高教探索，2013（2）：62－66．

［354］袁立莉．论社会声誉对现代大学发展的影响［J］．黑龙江教育（高教研究与评估），2008（1）：6－7．

［355］袁祖望．美国名牌大学的成长道路及其借鉴意义［J］．汕头大学学报（人文社会科学版），1997（S1）：104－110．

［356］詹湘东．外部知识网络的创新效应及其知识管理模型研究［M］．北京：经济科学出版社，2017．

［357］张东娇．公众、事务与形象：学校公共关系管理导论［M］．重庆：重庆大学出版社，2005．

［358］张冬玲．科学合作及其产出计量［M］．大连：大连理工大学出版社，2012．

［359］张和平．办学规模与办学成就：基于 USNEWS 美国大学排名的实证分析［J］．外国教育研究，2018，45（1）：55－66．

［360］张洪忠，方增泉，祁雪晶，等．“双一流”战略背景下中国高校海外网络传播力分析［J］．情报工程，2017，3（5）：21－32．

［361］张杰．“三位一体”培养创新型领袖人才：上海交通大学人才培养目标探索［J］．国家教育行政学院学报，2010（10）：3－5．

［362］张杰．大学治理的核心：上海交通大学以人为本的制度激励［J］．中国高教研究，2015（7）：2－5．

［363］张俊宗．现代大学制度：高等教育改革与发展的时代回应［M］．北京：中国社会科学出版社，2004．

［364］张力，金家新．公立大学法人主体地位与治理结构完善研究［M］．武汉：华中科技大学出版社，2016．

［365］张萌萌．香港认同构建：政媒机制与媒体化再现［M］．北京：社会科学文献出版社，2013．

［366］张清，丁长峰．论高校声誉形成的基础与强化策略：一种制度的解释［J］．黑龙江高教研究，2009（12）：11－13．

［367］张晴．美国大学对社交媒体的使用研究：以 facebook 为例［M］．成都：四川大学出版社，2017．

［368］张庆亮，等．高等学校市场营销研究［M］．合肥：中国科学技术大

学出版社，2006.
[369] 张庆琳，陈国文. 美国慈善基金会对高等教育的影响及启示：高等学校人力资源培训团赴美综合考察报告之一 [J]. 国家教育行政学院学报，2009 (3)：84 -86.
[370] 张冉. 中国社会组织声誉管理研究 [M]. 北京：北京大学出版社，2017.
[371] 张若琼. 高等教育全球化：实践变革与政策应对 [M]. 北京：北京师范大学出版社，2017.
[372] 张申生. 引进创新走向一流：上海交大密西根学院的工程教育改革探索 [J]. 高等工程教育研究，2011 (2)：16 -26.
[373] 张世爱. 地方高校基层学术组织研究 [M]. 济南：山东人民出版社，2016.
[374] 张维迎. 法律制度的信誉基础 [J]. 经济研究，2002 (1)：3 -13.
[375] 张新培，赵文华. 世界一流大学战略联盟的组织管理特征及启示 [J]. 比较教育研究，2013 (4)：89 -94.
[376] 张学文，陈劲. 面向创新型国家的产学研协同创新：知识边界与路径研究 [M]. 北京：经济科学出版社，2014.
[377] 张艳，郦音悦. 依托科学基金强化国际合作推动上海交通大学更快发展 [J]. 中国科学基金，2017 (1)：90 -95.
[378] 张烨. 中国高等教育发展路径研究 [M]. 北京：人民出版社，2012.
[379] 张意忠. 论高校校友资源开发与运用 [J]. 教育学术月刊，2009 (12)：44 -46.
[380] 张臻. 区域中心城市的形成机理与评价研究 [M]. 北京：科学出版社，2015.
[381] 张正军. 大学的起源与演进：组织视角下的历史和逻辑 [M]. 北京：中国社会科学出版社，2015.
[382] 张忠年. 哈佛大学核心课程体系创新的阶段性特征及其启示 [J]. 国家教育行政学院学报，2011 (7)：90 -95.
[383] 张宗伟. 地方高校品牌的创建研究 [M]. 南昌：江西人民出版社，2014.
[384] 赵俊芳. 西方名校“活力”再探 [J]. 大学教育科学，2010 (6)：3 -10.
[385] 赵庆年，向兴华，等. 普通高等学校定位实证研究 [M]. 北京：中国社会科学出版社，2015.
[386] 赵婷婷，张雅莹，宫美凤. 大学排行及其指标体系研究 [J]. 中国大

学教学，2007（2）：86－91.
［387］赵文华，周巧玲. 大学战略规划中使命与愿景的内涵与价值［J］. 教育发展研究，2006，26（13）：61－64.
［388］郑鹏程. 促进高等教育竞争法律问题研究［M］. 北京：中国检察出版社，2015.
［389］郑秀杰. 中国上市公司声誉对公司绩效的影响研究［M］. 北京：经济科学出版社，2010.
［390］郑忠梅. 珍视大学声望守护大学精神："墨尔本模式"发展及其启示［J］. 高等教育研究，2015，36（10）：96－102.
［391］周朝成. 加州大学跨学科研究的组织结构与制度研究［J］. 高等工程教育研究，2009（3）：101－106.
［392］周谷平，等. 全面从严治党战略布局下高校校院两级治理结构与风险防控：以综合性大学为例［M］. 杭州：浙江大学出版社，2017.
［393］周光礼. 从同型竞争到错位竞争：高校品牌形成机制研究［J］. 中国高教研究，2017（10）：4－12.
［394］周光礼. 大学的适切性［M］. 北京：高等教育出版社，2017.
［395］周国平. 社会资本与民办高校资源整合研究［M］. 广州：广东高等教育出版社，2012.
［396］周红玲，刘琪瑾. 中国高等教育捐赠收入影响因素分析［J］. 统计与决策，2011（19）：77－79.
［397］周寄中. 创新的基础和源泉：基础研究的投入、评估和协调［M］. 北京：科学出版社，2008.
［398］周进. 大学理念的知识审视与社会建构［M］. 北京：中国社会科学出版社，2017.
［399］周俊，张冉，宋锦洲. 社会组织与慈善组织管理［M］. 北京：北京大学出版社，2017.
［400］周全. 市场导向下的专利实施战略联盟研究：组织合作创新的视角［M］. 北京：经济科学出版社，2016.
［401］周守亮. 契约视角下知识交易属性与大学组织特征的关系［J］. 高校教育管理，2015，9（3）：73－79.
［402］周贤日. 国外高校社会捐赠制度研究［M］. 北京：中国法制出版社，2015.
［403］周翔. 传播学内容分析研究与应用［M］. 重庆：重庆大学出版社，2014.
［404］周雪光. 组织社会学十讲［M］. 北京：社会科学文献出版社，2003.

［405］周勇．护航科技创新：高等学校科研经费使用与管理实务［M］．北京：中国科学技术出版社，2013．
［406］周员凡，陈金圣．以学生为本：大学财务预算工作的核心价值：以加州大学运营预算为例［J］．财会月刊，2017（10）：91－97．
［407］周长城．经济社会学［M］．2版．北京：中国人民大学出版社，2011．
［408］朱佳德，周湖勇．大学有效治理研究［M］．北京：中国社会科学出版社，2016．
［409］朱丽献．高校科研绩效考核与激励问题研究［M］．沈阳：东北大学出版社，2016．
［410］朱守信，杨颉．加州大学伯克利分校学术评议会的组织运行研究［J］．高校教育管理，2016，10（3）：94－98．
［411］朱旭峰．政策变迁中的专家参与［M］．北京：中国人民大学出版社，2012．
［412］朱炎军，宋彩萍．世界新兴大学：内涵、动力机制与发展策略［J］．国家教育行政学院学报，2018（3）：77－82．
［413］朱艳．香港科技大学的成功办学之路及其启示：基于战略创新的视角［J］．大连理工大学学报（社会科学版），2011，32（3）：71－74．
［414］朱宗顺．蔡元培与蒋梦麟高等教育思想和实践之比较［J］．高等教育研究，2006，27（4）：96－104．
［415］左才．政治学研究中的因果关系：四种不同的理解视角［J］．国外理论动态，2017（1）：28－35．
［416］左娟．制度合法化与电信运营企业可持续发展［M］．北京：知识产权出版社，2015．

外文文献

［1］AAKER D A，BIEL A L. Brand equity and advertising：an overview［M］. Hillsdale：Lawrence Erlbaum Associates，1993.
［2］AAKER D A. Managing brand equity［M］. New York：Macmillan，1991.
［3］AAMIR A，REHMAN S U，RASHEED M F. Influence of social responsibility on university reputation case study of King Saud University（KSU）Saudi Arabia［J］. International journal of academic research，2014，6（2）：108－114.
［4］ABBOTT M，ALI E. The impact of exchange rate variations and university reputation on the choice of destinations of international students in Australia and New Zealand［J］. Journal of economic and social policy，2009，13

(1): 1 - 19.

[5] ABBOTT W F, BARLOW H M. Stratification theory and organizational rank: Resources, functions, and organizational prestige in American universities [J]. The pacific sociological review, 1972, 15 (4): 401 - 424.

[6] ABRAHAMSON E, FOMBRUN C J. Forging the iron cage: interorganizational networks and the production of macro - culture [J]. Journal of management studies, 1992, 29 (2): 175 - 194.

[7] ABRAMSON J, DAMEWOOD E Z. The effect of university prestige on survey response rates, student recruitment and placement of graduates [J]. Southwestern marketing association, 2000: 1 - 6.

[8] ADLER P S, KWON S W. Social capital: prospects for a new concept [J]. Academy of management review, 2002, 27 (1): 17 - 40.

[9] AERTS W, CORMIER D. Media legitimacy and corporate environmental communication [J]. Accounting, organizations and society, 2009, 34 (1): 1 - 27.

[10] AHLUWALIA R, BURNKRANT R E, UNNAVA H R. Consumer response to negative publicity: the moderating role of commitment [J]. Journal of marketing research, 2000, 37 (2): 203 - 214.

[11] ALBERT S, WHETTEN D A. Organizational identity [J]. Administration & society, 1985, 42 (20): 166 - 190.

[12] ALDRICH H E, FIOL C M. Fools rush in? The institutional context of industry creation [J]. Academy of management review, 1994, 19 (4): 645 - 670.

[13] ALDRICH H, ZIMMER C, JONES T. Small business still speaks with the same voice: a replication of "the voice of small business and the politics of survival" [J]. The sociological review, 1986, 34 (2): 335 - 356.

[14] ALTBACH P G. The costs and benefits of world - class universities [J]. Journal of higher education, 2004, 90 (1): 20 - 23.

[15] ALTBACH P G. The knowledge context: comparative perspectives on the distribution of knowledge [M]. Albany: State University of New York Press, 1987.

[16] ARAKI S, KAWAGUCHI D, ONOZUKA Y. University prestige, performance evaluation, and promotion: estimating the employer learning model using personnel datasets [J]. Labour economics, 2016, 41: 135 - 148.

[17] ASTLEY W G, FOMBRUN C J. Collective strategy: social ecology of

organizational environments [J]. Academy of management review, 1983, 8 (4): 576 - 587.

[18] AYOUBI R M, MASSOUD H K. Student aspiration factors, university reputation and the entry standards to UK universities [J]. European journal of social sciences, 2012, 34 (4): 609 - 621.

[19] BADEN - FULLER C, RAVAZZOLO F, SCHWEIZER T. Making and measuring reputations: the research ranking of European business schools [J]. Long range planning, 2000, 33 (5): 621 - 650.

[20] BALMER J M T, GRAY E R. Corporate identity and corporate communications: creating a competitive advantage [J]. Corporate Communications: an international journal, 1999, 4 (4): 171 - 176.

[21] BALMER J M T, LIAO M N. Student corporate brand identification: an exploratory case study [J]. Corporate communications: an international journal, 2007, 12 (4): 356 - 375.

[22] BALMER J M T, WILSON A. Corporate identity: there is more to it than meets the eye [J]. International studies of management & organization, 1998, 28 (3): 12 - 31.

[23] BALTAGI B. Econometric analysis of panel data [M]. Hoboken: John Wiley & Sons, 2008.

[24] BANSAL P, CLELLAND I. Talking trash: legitimacy, impression management, and unsystematic risk in the context of the natural environment [J]. Academy of management journal, 2004, 47 (1): 93 - 103.

[25] BANSAL P. Evolving sustainably: a longitudinal study of corporate sustainable development [J]. Strategic management journal, 2005, 26 (3): 197 - 218.

[26] BANTEL K A, JACKSON S E. Top management and innovations in banking: does the composition of the top team make a difference? [J]. Strategic management journal, 1989, 10 (S1): 107 - 124.

[27] BARKER III V L, MUELLER G C. CEO characteristics and firm R&D spending [J]. Management science, 2002, 48 (6): 782 - 801.

[28] BARNETT M L, JERMIER J M, LAFFERTY B A. Corporate reputation: the definitional landscape [J]. Corporate reputation review, 2006, 9 (1): 26 - 38.

[29] BARNEY J B. Resource-based theories of competitive advantage: A ten-year retrospective on the resource-based view [J]. Journal of management,

2001, 27 (6): 643 -650.

[30] BARNEY J. Firm resources and sustained competitive advantage [J]. Journal of management, 1991, 17 (1): 99 -120.

[31] BARON R M, KENNY D A. The moderator - mediator variable distinction in social psychological research: Conceptual, strategic, and statistical considerations [J]. Journal of personality and social psychology, 1986, 51 (6): 1173 -1182.

[32] BARTH F. Ethnic groups and boundaries: the social organization of culture difference [M]. Long Grove: Waveland Press, 1998.

[33] BASTEDO M N, BOWMAN N A. US News & World Report College Rankings: modeling institutional effects on organizational reputation [J]. American journal of education, 2009, 116 (2): 163 -183.

[34] BEDNAR M K. Watchdog or lapdog? A behavioral view of the media as a corporate governance mechanism [J]. Academy of management journal, 2012, 55 (1): 131 -150.

[35] BENGTSSON C, PERSSON M, WILLENHAG P. Gender and overconfidence [J]. Economics letters, 2005, 86 (2): 199 -203.

[36] BERDAHL R. Strategy and government: US state systems and institutional role and mission [J]. International journal of institutional management in higher education, 1985, 9 (3): 301 -307.

[37] BESLEY T, PRAT A. Handcuffs for the grabbing hand? Media capture and government accountability [J]. American economic review, 2006, 96 (3): 720 -736.

[38] BETHELL J T, HUNT R M, SHENTON R. Harvard A to Z [M]. Cambridge: Harvard University Press, 2009.

[39] BETÜL G Ü R. Impact of perception of corporate reputation in higher education on financial performance: the case of a foundation university [J]. Eurasian academy of sciences social sciences journal, 2015, 1 (1): 46 -68.

[40] BEYER J M, SNIPPER R. Objective versus subjective indicators of quality in graduate education [J]. Sociology of education, 1974, 47 (4): 541 -557.

[41] BEYER J M, STEVENS J M. Factors associated with changes in prestige of university departments [J]. Research in higher education, 1977, 7 (3): 229 -255.

[42] BHAT B, BOWONDER B. Innovation as an enhancer of brand personality:

globalization experience of titan industries [J]. Creativity and innovation management, 2001, 10 (1): 26 -39.

[43] BHATTACHARYA C B, SEN S. Consumer - company identification: a framework for understanding consumers'relationships with companies [J]. Journal of marketing, 2003, 67 (2): 76 -88.

[44] BHATTACHARYA U, GALPIN N, RAY R, et al. The role of the media in the internet IPO bubble [J]. Journal of financial and quantitative analysis, 2009, 44 (3): 657 -682.

[45] BLOM R, DAVENPORT L D. Searching for the core of journalism education: program directors disagree on curriculum priorities [J]. Journalism & mass communication educator, 2012, 67 (1): 70 -86.

[46] BORGATTI S P, JONES C, EVERETT M G. Network measures of social capital [J]. Connections, 1998, 21 (2): 27 -36.

[47] BORNMANN L, DANIEL H D. Potential sources of bias in research fellowship assessments: effects of university prestige and field of study [J]. Research evaluation, 2006, 15 (3): 209 -219.

[48] BOURDIEU P, NICE R. The production of belief: contribution to an economy of symbolic goods [J]. Media, culture & society, 1980, 2 (3): 261 -293.

[49] BOWMAN N A, BASTEDO M N. Anchoring effects in world university rankings: exploring biases in reputation scores [J]. Higher education, 2011, 61 (4): 431 -444.

[50] BRAMMER S, PAVELIN S. Factors influencing the quality of corporate environmental disclosure [J]. Business strategy and the environment, 2008, 17 (2): 120 -136.

[51] BRASS D J, GALASKIEWICZ J, GREVE H R, et al. Taking stock of networks and organizations: a multilevel perspective [J]. Academy of management journal, 2004, 47 (6): 795 -817.

[52] BREWER A, ZHAO J. The impact of a pathway college on reputation and brand awareness for its affiliated university in Sydney [J]. International journal of educational management, 2010, 24 (1): 34 -47.

[53] BREWER M B, KRAMER R M. Choice behavior in social dilemmas: effects of social identity, group size, and decision framing [J]. Journal of personality & social psychology, 1986, 50 (50): 543 -549.

[54] BROMLEY D B. Psychological aspects of corporate identity, image and

reputation [J]. Corporate reputation review, 2000, 3 (3): 240 – 252.

[55] BRUBACHER J S, RUDY W. Higher education in transition: an American history: 1636 – 1956 [M]. New York: Harper & Row, 1958.

[56] BURT R S. A note on social capital and network content [J]. Social networks, 1997, 19 (4): 355 – 373.

[57] CARLSSON G, KARLSSON K. Age, cohorts and the generation of generations [J]. American Sociological Review, 1970, 35 (4): 710 – 718.

[58] CARROLL C E, MCCOMBS M. Agenda – setting effects of business news on the public's images and opinions about major corporations [J]. Corporate reputation review, 2003, 6 (1): 36 – 46.

[59] CASTELLS M, HALL P G. Technopoles of the world: the making of twenty-first-century industrial complexes [M]. London: Routledge, 1994.

[60] CHECKOWAY B. Reinventing the research university for public service [J]. Journal of planning literature, 1997, 11 (3): 307 – 319.

[61] CLARK B R. The higher education system: academic organization in cross – national perspective [M]. Oakland: University of California Press, 1986.

[62] CLARKSON P M, LI Y, RICHARDSON G D, et al. Revisiting the relation between environmental performance and environmental disclosure: an empirical analysis [J]. Accounting, organizations and society, 2008, 33 (4/5): 303 – 327.

[63] COHEN A K. The social problems of the university: two crises of legitimacy [J]. Social problems, 1973, 20 (3): 275 – 283.

[64] COHEN B C. The press and foreign policy [M]. New Jersey: Princeton University Press, 1963.

[65] COLE J R, LIPTON J A. The reputations of American medical schools [J]. Social forces, 1977, 55 (3): 662 – 684.

[66] COLLYER F. The production of scholarly knowledge in the global market arena: university ranking systems, prestige and power [J]. Critical studies in education, 2013, 54 (3): 245 – 259.

[67] COOK K S, EMERSON R M. Power, equity and commitment in exchange networks [J]. American sociological review, 1978, 43 (5): 721 – 739.

[68] COOK K S, HARDIN R, LEVI M. Cooperation without trust? [M]. New York: Russell Sage Foundation, 2005.

[69] COOMBS W T, HOLLADAY S J. An extended examination of the crisis

situations: a fusion of the relational management and symbolic approaches [J]. Journal of public relations research, 2001, 13 (4): 321 -340.

[70] COOMBS W T. Impact of past crises on current crisis communication: insights from situational crisis communication theory [J]. Journal of business communication, 2004, 41 (41): 265 -289.

[71] CORLEY K G, COCHRAN P L, COMSTOCK T G. Image and the impact of public affairs management on internal stakeholders [J]. Journal of public affairs, 2001, 1 (1): 53 -67.

[72] CORLEY K G. Defined by our strategy or our culture? Hierarchical differences in perceptions of organizational identity and change [J]. Human relations, 2004, 57 (9): 1145 -1177.

[73] COWAN J. Effectiveness and efficiency in higher education [J]. Higher education, 1985, 14 (3): 235 -239.

[74] CROSBY M. Patents, innovation and growth [J]. Economic record, 2000, 76 (234): 255 -262.

[75] CYRENNE P, GRANT H. University decision making and prestige: an empirical study [J]. Economics of education review, 2009, 28 (2): 237 -248.

[76] DAVIES G, CHUN R, SILVA R V D, et al. Corporate reputation and competitiveness [J]. Corporate reputation review, 2003, 5 (4): 368 -370.

[77] DAWAR N, PILLUTLA M M. Impact of product-harm crises on brand equity: the moderating role of consumer expectations [J]. Journal of marketing research, 2000, 37 (2): 215 -226.

[78] DE CAMPOS A L. A review of the influence of long-term patterns in research and technological development (R&D) formalisation on university - industry links [J]. Revista brasileira de inova ção, 2010, 9 (2): 279 -410.

[79] DEAN D H. Consumer reaction to negative publicity: effects of corporate reputation, response, and responsibility for a crisis event [J]. Journal of business communication, 2004, 41 (2): 192 -211.

[80] DEEM R, MOK K H, LUCAS L. Transforming higher education in whose image? Exploring the concept of the "world - class" university in Europe and Asia [J]. Higher education policy, 2008, 21 (1): 83 -97.

[81] DEEPHOUSE D L. Does isomorphism legitimate? [J]. Academy of management journal, 1996, 39 (4): 1024 -1039.

[82] DEEPHOUSE D L. The term "Reputation Management": users, uses and

the trademark tradeoff corporate reputation: an eight - country analysis [J]. Corporate reputation review, 2002, 5 (1): 9 - 18.

[83] DELGADO - MÁRQUEZ B L, BONDAR Y, DELGADO - MÁRQUEZ L. Higher education in a global context: drivers of top - universitites' reputation [J]. Problems of education in the 21st century, 2012, 40: 17 - 25.

[84] DELGADO - MÁRQUEZ B L, ESCUDERO - TORRES M A, HURTADO - TORRES N E. Being highly internationalised strengthens your reputation: an empirical investigation of top higher education institutions [J]. Higher education, 2013, 66 (5): 619 - 633.

[85] DEUTSCH K W. The nerves of government: models of political communication and control; with a new introduction [M]. New York: Free Press, 1966.

[86] DEVERS C E, DEWETT T, MISHINA Y, et al. A general theory of organizational stigma [J]. Organization science, 2009, 20 (1): 154 - 171.

[87] DIAMOND JR A M. Does federal funding "crowd in" private funding of science? [J]. Contemporary economic policy, 1999, 17 (4): 423 - 431.

[88] DIAMOND N, GRAHAM H D. How should we rate research universities? [J]. Change: the magazine of higher learning, 2000, 32 (4): 20 - 33.

[89] DILL D D, SOO M. Academic quality, league tables, and public policy: a cross - national analysis of university ranking systems [J]. Higher education, 2005, 49 (4): 495 - 533.

[90] DIMAGGIO P, POWELL W W. The iron cage revisited: collective rationality and institutional isomorphism in organizational fields [J]. American sociological review, 1983, 48 (2): 147 - 160.

[91] DIMAGGIO P, POWELL W W. The new institutionalism in organisational analysis [M]. Chicago: University of Chicago Press, 1991.

[92] DJANKOV S, MCLIESH C, NENOVA T, et al. Who owns the media? [J]. The journal of law and economics, 2003, 46 (2): 341 - 382.

[93] DOUGLASS J A. The California idea and American higher education: 1850 to the 1960 master plan [M]. Redwood City: Stanford University Press, 2000.

[94] DOWLING G R. Corporate reputations: strategies for developing the corporate brand [M]. London: Kogan Page, 1994.

[95] DOWLING J, PFEFFER J. Organizational legitimacy: social values and organizational behavior [J]. Pacific sociological review, 1975, 18 (1): 122 - 136.

[96] DRYDAKIS N. Economics applicants in the UK labour market: university

reputation and employment outcomes [J]. International journal of manpower, 2015, 36 (3): 296 - 333.

[97] DUTTON J E, DUKERICH J M, HARQUAIL C V. Organizational images and member identification [J]. Administrative science quarterly, 1994, 39 (2): 239 - 263.

[98] DUTTON J E, DUKERICH J M. Keeping an eye on the mirror: image and identity in organizational adaptation [J]. Academy of management journal, 1991, 34 (3): 517 - 554.

[99] DYCK A, VOLCHKOVA N, ZINGALES L. The corporate governance role of the media: evidence from Russia [J]. The journal of finance, 2008, 63 (3): 1093 - 1135.

[100] EAGLY A H, KARAU S J, MAKHIJANI M G. Gender and the effectiveness of leaders: a meta-analysis [J]. Psychological bulletin, 1995, 117 (1): 125 - 145.

[101] EISENHARDT K M. Better stories and better constructs: the case for rigor and comparative logic [J]. Academy of management review, 1991, 16 (3): 620 - 627.

[102] EISENHARDT K M. Building theories from case study research [J]. Academy of management review, 1989, 14 (4): 532 - 550.

[103] ELSBACH K D, SUTTON R I, PRINCIPE K E. Averting expected challenges through anticipatory impression management: a study of hospital billing [J]. Organization science, 1998, 9 (1): 68 - 86.

[104] ELSTER J. The case for methodological individualism [J]. Theory and society, 1982, 11 (4): 453 - 482.

[105] EMIRBAYER M, GOODWIN J. Network analysis, culture, and the problem of agency [J]. American journal of sociology, 1994, 99 (6): 1411 - 1454.

[106] ERIKSON E H. A memorandum on identity and Negro youth [J]. Journal of social issues, 1964, 20 (4): 29 - 42.

[107] FALLETI T G, LYNCH J F. Context and causal mechanisms in political analysis [J]. Comparative political studies, 2009, 42 (9): 1143 - 1166.

[108] FARES D, KACHKAR O. The impact of service quality, student satisfaction, and university reputation on student loyalty: a case study of international students in IIUM, Malaysia [J]. Information management and business review, 2013, 5 (12): 584 - 590.

[109] FERGUSON T D, DEEPHOUSE D L, FERGUSON W L. Do strategic groups differ in reputation? [J]. Strategic management journal, 2000, 21 (12): 1195 – 1214.

[110] FISCHER M M, VARGA A. Spatial knowledge spillovers and university research: evidence from Austria [J]. The annals of regional science, 2003, 37 (2): 303 – 322.

[111] FISHMAN D A. ValuJet flight 592: crisis communication theory blended and extended [J]. Communication quarterly, 1999, 47 (4): 345 – 375.

[112] FLANAGAN D J, O'SHAUGHNESSY K C. The effect of layoffs on firm reputation [J]. Journal of management, 2005, 31 (3): 445 – 463.

[113] FOMBRUN C J, VAN RIEL C B M, VAN RIEL C. Fame & fortune: how successful companies build winning reputations [M]. New Jersey: FT Press, 2004.

[114] FOMBRUN C J, VAN RIEL C B M. The reputational landscape [J]. Corporate reputation review, 1997, 1 (2): 5 – 13.

[115] FOMBRUN C J, SHANLEY M. What's in a name? Reputation building and corporate strategy [J]. Academy of management journal, 1990, 33 (2): 233 – 258.

[116] FOREMAN J, ARGENTI P A. How corporate communication influences strategy implementation, reputation and the corporate brand: an exploratory qualitative study [J]. Corporate reputation review, 2005, 8 (3): 245 – 264.

[117] FOSS N J, KOCH C A. Opportunism, organizational economics and the network approach [J]. Scandinavian journal of management, 1996, 12 (2): 189 – 205.

[118] FREEMAN L C, ROEDER D, MULHOLLAND R R. Centrality in social networks: II. Experimental results [J]. Social networks, 1979, 2 (2): 119 – 141.

[119] FRENCH P. The long reach: a report on Harvard Today [M]. New York: Ives Washburn, 1962.

[120] FROST S, WELFORD R, CHEUNG D. CSR Asia News Review: October – December 2006 [J]. Corporate social responsibility and environmental management, 2007, 14 (1): 52 – 59.

[121] GANZACH Y, KARSAHI N. Message framing and buying behavior: a field experiment [J]. Journal of business research, 1995, 32 (1): 11 – 17.

[122] GARVIN D A. The economics of university behavior [M]. New York: Academic Press, 1980.

[123] GENTZKOW M, SHAPIRO J M. Media bias and reputation [J]. Journal of political economy, 2006, 114 (2): 280 - 316.

[124] GEORGE A L, BENNETT A, LYNN - JONES S M, et al. Case studies and theory development in the social sciences [M]. Cambridge: MIT Press, 2005.

[125] GERRING J. The mechanismic worldview: thinking inside the box [J]. British journal of political science, 2008, 38 (1): 161 - 179.

[126] GIOIA D A, PATVARDHAN S D, HAMILTON A L, et al. Organizational identity formation and change [J]. Academy of management annals, 2013, 7 (1): 123 - 193.

[127] GIOIA D A, SCHULTZ M, CORLEY K G. Organizational identity, image, and adaptive instability [J]. Academy of management review, 2000, 25 (1): 63 - 81.

[128] GOLDMAN C A, GATES S M, BREWER D J. Prestige or reputation: which is a sound investment? [J]. Chronicle of higher education, 2001, 48 (6): 13 - 15.

[129] GORNITZKA Å, KYVIK S, LARSEN I M. The bureaucratisation of universities [J]. Minerva, 1998, 36 (1): 21 - 47.

[130] GRAHAM H D, DIAMOND N. The rise of American research universities: elites and challengers in the postwar era [M]. Baltimore: Johns Hopkins University Press, 1997.

[131] GRAHAM J F, STENDARDI JR E J, MYERS J K, et al. Gender differences in investment strategies: an information processing perspective [J]. International journal of bank marketing, 2002, 20 (1): 17 - 26.

[132] GRAY B J, SHYAN FAM K, LLANES V A. Branding universities in Asian markets [J]. Journal of product & brand management, 2003, 12 (2): 108 - 120.

[133] GRAY E R, BALMER J M T. Managing corporate image and corporate reputation [J]. Long range planning, 1998, 31 (5): 695 - 702.

[134] GRUPP H, SCHMOCH U. Patent statistics in the age of globalisation: new legal procedures, new analytical methods, new economic interpretation [J]. Research policy, 1999, 28 (4): 377 - 396.

[135] GULATI R, HIGGINS M C. Which ties matter when? The contingent effects

of interorganizational partnerships on IPO success [J]. Strategic management journal, 2003, 24 (2): 127 - 144.

[136] GUNASEKARA C. Reframing the role of universities in the development of regional innovation systems [J]. The journal of technology transfer, 2006, 31 (1): 101 - 113.

[137] HAGSTROM W O. Inputs, outputs, and the prestige of university science departments [J]. Sociology of education, 1971, 44 (4): 375 - 397.

[138] HALPERN P. Implicit claims: the role of corporate reputation in value creation [J]. Corporate reputation review, 2001, 4 (1): 42 - 49.

[139] HAMBRICK D C, FUKUTOMI G D S. The seasons of a CEO's tenure [J]. Academy of management review, 1991, 16 (4): 719 - 742.

[140] HAMBRICK D C, MASON P A. Upper echelons: the organization as a reflection of its top managers [J]. Academy of management review, 1984, 9 (2): 193 - 206.

[141] HAMBRICK D C. Taxonomic approaches to studying strategy: some conceptual and methodological issues [J]. Journal of management, 1984, 10 (1): 27 - 41.

[142] HAMILTON E A. An exploration of the relationship between loss of legitimacy and the sudden death of organizations [J]. Group & organization management, 2006, 31 (3): 327 - 358.

[143] HAN D, BAE K, SOHN H. Estimating the university prestige effect in South Korea's labor market [J]. KEDI journal of educational policy, 2012, 9 (2): 383 - 396.

[144] HANKINSON P, LOMAX W. The effects of re-branding large UK charities on staff knowledge, attitudes and behaviour [J]. International journal of nonprofit and voluntary sector marketing, 2006, 11 (3): 193 - 207.

[145] HASLAM S A, ELLEMERS N. Social identity in industrial and organizational psychology: concepts, controversies and contributions [J]. International review of industrial and organizational psychology, 2005, 20 (1): 39 - 118.

[146] HAZELKORN E. Rankings and the battle for world - class excellence [J]. Higher education management and policy, 2009, 21 (1): 1 - 22.

[147] HAZELKORN E. Reflections on a decade of global rankings: what we've learned and outstanding issues [J]. European journal of education, 2014, 49 (1): 12 - 28.

[148] HECKMAN J J. Econometric causality [J]. International statistical

review, 2008, 76 (1): 1 - 27.

[149] HEDSTRÖM P, SWEDBERG R, HERNES G. Social mechanisms: an analytical approach to social theory [M]. Cambridge: Cambridge University Press, 1998.

[150] HEDSTRÖM P, YLIKOSKI P. Causal mechanisms in the social sciences [J]. Annual review of sociology, 2010, 36 (1): 49 - 67.

[151] HEIDUK G, YAMAMURA K. Technological competition and interdependence: the search for policy in the United States, West Germany, and Japan [M]. Seattle: University of Washington Press, 1990.

[152] HEMSLEY - BROWN J, GOONAWARDANA S. Brand harmonization in the international higher education market [J]. Journal of business research, 2007, 60 (9): 942 - 948.

[153] HERBIG P, MILEWICZ J, GOLDEN J. A model of reputation building and destruction [J]. Journal of business research, 1994, 31 (1): 23 - 31.

[154] HERBIG P, MILEWICZ J. The relationship of reputation and credibility to brand success [J]. Journal of consumer marketing, 1995, 12 (4): 5 - 11.

[155] HERMALIN B E, WEISBACH M S. The determinants of board composition [J]. Rand journal of economics, 1988, 19 (4): 589 - 606.

[156] HERR P M, KARDES F R, KIM J. Effects of word-of-mouth and product-attribute information on persuasion: an accessibility-diagnosticity perspective [J]. Journal of consumer research, 1991, 17 (4): 454 - 462.

[157] HILL K Q, CAPERS K J, FLINK C. "Why some and not others?" The determinants of the quality and prestige of public graduate research universities [J]. State politics & policy quarterly, 2014, 14 (1): 29 - 49.

[158] HILLMAN A J, WITHERS M C, COLLINS B J. Resource dependence theory: a review [J]. Journal of management, 2009, 35 (6): 1404 - 1427.

[159] HOBBS W C. Government regulation of higher education [M]. Cambridge: Ballinger, 1978.

[160] HOLMES J. Prestige, charitable deductions and other determinants of alumni giving: evidence from a highly selective liberal arts college [J]. Economics of education review, 2009, 28 (1): 18 - 28.

[161] HUGGINS R, JOHNSTON A. Knowledge flow and inter - firm networks:

the influence of network resources, spatial proximity and firm size [J]. Entrepreneurship & regional development, 2010, 22 (5): 457 -484.

[162] IBARRA H. Network centrality, power, and innovation involvement: determinants of technical and administrative roles [J]. Academy of management journal, 1993, 36 (3): 471 -501.

[163] ISRAELI R, MANNHEIM B. Effectiveness in an institution of higher education: a multi-dimensional model and its empirical examination [J]. Studies in educational evaluation, 1991, 17 (1): 67 -98.

[164] IYER A, RYAN M K. Why do men and women challenge gender discrimination in the workplace? The role of group status and in-group identification in predicting pathways to collective action [J]. Journal of social issues, 2009, 65 (4): 791 -814.

[165] JAMES L R, BRETT J M. Mediators, moderators, and tests for mediation [J]. Journal of applied psychology, 1984, 69 (2): 307 -321.

[166] JARILLO J C. On strategic networks [J]. Strategic management journal, 1988, 9 (1): 31 -41.

[167] JO HATCH M, SCHULTZ M. Relations between organizational culture, identity and image [J]. European journal of marketing, 1997, 31 (5/6): 356 -365.

[168] JOHNES G. Research performance indications in the university sector [J]. Higher education quarterly, 1987, 42 (1): 54 -71.

[169] BRADDOCK II J H, LV H, DAWKINS M P. College athletic reputation and college choice among African American high school seniors: evidence from the educational longitudinal study [J]. Challenge (Atlanta): a journal of research on African American men, 2008, 14 (1): 14 -39.

[170] JONES W A. Prestige among black colleges: examining the predictors of HBCU peer academic reputation [J]. Journal of African American studies, 2013, 17 (2): 129 -141.

[171] JUDGE W Q, MILLER A. Antecedents and outcomes of decision speed in different environmental context [J]. Academy of management journal, 1991, 34 (2): 449 -463.

[172] JUNG J, LEE S J. Influence of university prestige on graduate wage and job satisfaction: the case of South Korea [J]. Journal of higher education policy and management, 2016, 38 (3): 297 -315.

[173] KANDORI M. Social norms and community enforcement [J]. The review

of economic studies, 1992, 59 (1): 63 -80.

[174] KANG J, KIM Y H. The impact of media on corporate social responsibility [J]. Social science electronic publishing, 2013, 81 (1): 41 -45.

[175] KEATING L, SJOQUIST D L. The use of an external organization to facilitate university - community partnerships [J]. Cityscape, 2000, 5 (1): 141 -157.

[176] KEHM B M, ERKKILä T. The ranking game [J]. European journal of education, 2014, 49 (1): 3 -11.

[177] KEITH B, BABCHUK N. The quest for institutional recognition: a longitudinal analysis of scholarly productivity and academic prestige among sociology departments [J]. Social forces, 1998, 76 (4): 1495 -1533.

[178] KELLER K L. Conceptualizing, measuring and managing customer based brand equity [J]. Journal of marketing, 1993, 57 (1): 1 -22.

[179] KENNES J, SCHIFF A. Simple reputation systems [J]. The scandinavian journal of economics, 2007, 109 (1): 71 -91.

[180] KERR C. The gold and the blue, volume two: a personal memoir of the university of California, 1949 -1967, political turmoil [M]. Oakland: University of California Press, 2003.

[181] KEZAR A. Redesigning for collaboration within higher education institutions: an exploration into the developmental process [J]. Research in higher education, 2005, 46 (7): 831 -860.

[182] KILDUFF M, TSAI W. Social networks and organizations [M]. Newbury Park: Sage, 2003.

[183] KIM J N, BACH S B, CLELLAND I J. Symbolic or behavioral management? Corporate reputation in high-emission industries [J]. Corporate reputation review, 2007, 10 (2): 77 -98.

[184] KIMBERLY J R, EVANISKO M J. Organizational innovation: the influence of individual, organizational, and contextual factors on hospital adoption of technological and administrative innovations [J]. Academy of management journal, 1981, 24 (4): 689 -713.

[185] KLEIN B, LEFFLER K B. The role of market forces in assuring contractual performance [J]. Journal of political economy, 1981, 89 (4): 615 -641.

[186] KLERK O D, SIENAERT M. From research excellence to brand relevance: a model for higher education reputation building [J]. South African journal of science, 2016, 112 (5/6): 1 -8.

[187] KOKA B R, PRESCOTT J E. Strategic alliances as social capital: a multidimensional view [J]. Strategic management journal, 2002, 23 (9): 795 - 816.

[188] KOR Y Y, MAHONEY J T. Penrose's resource - based approach: the process and product of research creativity [J]. Journal of management studies, 2000, 37 (1): 109 - 139.

[189] KOSTOVA T, ZAHEER S. Organizational legitimacy under conditions of complexity: the case of the multinational enterprise [J]. Academy of management review, 1999, 24 (1): 64 - 81.

[190] KREPS D M, MILGROM P, ROBERTS J, et al. Rational cooperation in the finitely repeated prisoners' dilemma [J]. Journal of economic theory, 1982, 27 (2): 245 - 252.

[191] KREPS D M, WILSON R. Reputation and imperfect information [J]. Journal of economic theory, 1982, 27 (2): 253 - 279.

[192] KRETSCHMER H. A new model of scientific colloboration part 1. Theoretical approach [J]. Scientometrics, 1999, 46 (3): 501 - 518.

[193] KRETSCHMER H. Author productivity and geodesic distance in bibliographic co - authorship networks, and visibility on the Web [J]. Scientometrics, 2004, 60 (3): 409 - 420.

[194] KUO L, YI - JU CHEN V. Is environmental disclosure an effective strategy on establishment of environmental legitimacy for organization? [J]. Management decision, 2013, 51 (7): 1462 - 1487.

[195] LABIANCA G, FAIRBANK J F, THOMAS J B, et al. Emulation in academia: balancing structure and identity [J]. Organization science, 2001, 12 (3): 312 - 330.

[196] LAFUENTE - RUIZ - DE - SABANDO A, ZORRILLA P, FORCADA J. A review of higher education image and reputation literature: knowledge gaps and a research agenda [J]. European research on management & business economics, 2018, 24: 1 - 9.

[197] LAIDLER - KYLANDER N, SIMONIN B. How international nonprofits build brand equity [J]. International journal of nonprofit and voluntary sector marketing, 2009, 14 (1): 57 - 69.

[198] LANDRUM R E, TURRISI R, HARLESS C. University image: the benefits of assessment and modeling [J]. Journal of marketing for higher education, 1999, 9 (1): 53 - 68.

[199] LARSEN P V. Academic reputation: how US News & World Report Survey respondents form perceptions [J]. International journal of educational advancement, 2003, 4 (2): 155 - 165.

[200] LAVIE D. The competitive advantage of interconnected firms: an extension of the resource-based view [J]. Academy of management review, 2006, 31 (3): 638 - 658.

[201] LEE G K. The significance of network resources in the race to enter emerging product markets: the convergence of telephony communications and computer networking, 1989 - 2001 [J]. Strategic management journal, 2007, 28 (1): 17 - 37.

[202] LEE J, STUEN E. University reputation and technology commercialization: evidence from nanoscale science [J]. The journal of technology transfer, 2016, 41 (3): 586 - 609.

[203] LEE Y S. The sustainability of university - industry research collaboration: an empirical assessment [J]. The journal of technology transfer, 2000, 25 (2): 111 - 133.

[204] LEE Y, WANTA W, LEE H. Resource - based public relations efforts for university reputation from an agenda - building and agenda - setting perspective [J]. Corporate reputation review, 2015, 18 (3): 195 - 209.

[205] LEWIS L S. On prestige and loyalty of university faculty [J]. Administrative science quarterly, 1967, 11 (4): 629 - 642.

[206] LIN N. Social capital: a theory of social structure and action [M]. Cambridge: Cambridge University Press, 2002.

[207] LINSKY M, O'DONNELL W, MOORE J. Impact: how the press affects federal policymaking [M]. New York: W. W. Norton & Company, 1986.

[208] LINVILL D L, ROWLETT J T, KOLIND M M. Academic pinstitution: higher education's use of pinterest for relationship marketing [J]. Journal of relationship marketing, 2015, 14 (4): 287 - 300.

[209] LIPPMAN S A, RUMELT R P. Uncertain imitability: an analysis of interfirm differences in efficiency under competition [J]. Bell journal of economics, 1982, 13 (2): 418 - 438.

[210] LIPTON M. Guiding growth: How vision keeps companies on course [M]. Cambridge: Harvard Business Press, 2003.

[211] LIU B, MCCONNELL J J. The role of the media in corporate governance: do the media influence managers' capital allocation decisions? [J].

Journal of financial economics, 2013, 110 (1): 1 - 17.

[212] LOUNSBURY M, GLYNN M A. Cultural entrepreneurship: stories, legitimacy, and the acquisition of resources [J]. Strategic management journal, 2001, 22 (6/7): 545 - 564.

[213] LOWRY R C, SILVER B D. A rising tide lifts all boats: political science department reputation and the reputation of the university [J]. PS: political science & politics, 1996, 29 (2): 161 - 167.

[214] LYON L, CAMERON G T. A relational approach examining the interplay of prior reputation and immediate response to a crisis [J]. Journal of public relations research, 2004, 16 (3): 213 - 241.

[215] MAHESWARAN D, MEYERS - LEVY J. The influence of message framing and issue involvement [J]. Journal of marketing research, 1990, 27 (3): 361 - 367.

[216] MAHON J F, WARTICK S L. Dealing with stakeholders: how reputation, credibility and framing influence the game [J]. Corporate reputation review, 2003, 6 (1): 19 - 35.

[217] MAILATH G J, SAMUELSON L. Who wants a good reputation? [J]. The review of economic studies, 2001, 68 (2): 415 - 441.

[218] MAITLIS S, SONENSHEIN S. Sensemaking in crisis and change: inspiration and insights from Weick (1988) [J]. Journal of management studies, 2010, 47 (3): 551 - 580.

[219] MANNS C L, MARCH J G. Financial adversity, internal competition, and curriculum change in a university [J]. Administrative science quarterly, 1978, 23 (4): 541 - 552.

[220] MARCH J G, OLSEN J P. The institutional dynamics of international political orders [J]. International organization, 1998, 52 (4): 943 - 969.

[221] MARGINSON S, KAUR S, SAWIR E. Higher education in the Asia - Pacific: strategic responses to globalization [M]. New York: Springer Publishing, 2011.

[222] MARGINSON S. Dynamics of national and global competition in higher education [J]. Higher education, 2006, 52 (1): 1 - 39.

[223] MARTIN A D, NISHIKAWA T, WILLIAMS M A. CEO gender: effects on valuation and risk [J]. Quarterly journal of finance and accounting, 2009, 48 (3): 23 - 40.

[224] MCGUIRE J W, RICHMAN M L, DALY R F, et al. The efficient production of "reputation" by prestige research universities in the United States [J]. The journal of higher education, 1988, 59 (4): 365 – 389.

[225] MEDOFF M H. Collaboration and the quality of economics research [J]. Labour economics, 2003, 10 (5): 597 – 608.

[226] MELIN G, PERSSON O. Studying research collaboration using co-authorships [J]. Scientometrics, 1996, 36 (3): 363 – 377.

[227] MERCHANT A, ROSE G M, MOODY G, et al. Effect of university heritage and reputation on attitudes of prospective students [J]. International journal of nonprofit and voluntary sector marketing, 2015, 20 (1): 25 – 37.

[228] MEYER J W, ROWAN B. Institutionalized organizations: formal structure as myth and ceremony [J]. American journal of sociology, 1977, 83 (2): 340 – 363.

[229] MIDDLETON I, MCCONNELL M, DAVIDSON G. Presenting a model for the structure and content of a university World Wide Web site [J]. Journal of information science, 1999, 25 (3): 219 – 227.

[230] MILGROM P. Economics, organization and management [M]. New Jersey: Prentice – Hall, 1992.

[231] MILLER J S, WISEMAN R M. Perceptions of executive pay: does pay enhance a leader's aura? [J]. Journal of organizational behavior, 2001, 22 (6): 703 – 711.

[232] MITCHELL J C. Social networks in urban situations: analyses of personal relationships in Central African towns [M]. Manchester: Manchester University Press, 1969.

[233] MORA – VALENTIN E M, MONTORO – SANCHEZ A, GUERRAS – MARTIN L A. Determining factors in the success of R&D cooperative agreements between firms and research organizations [J]. Research policy, 2004, 33 (1): 17 – 40.

[234] MOYER R C, KRETLOW W J. The resource allocation decision in U. S. colleges and universities: practice, problems and recommendations [J]. Higher education, 1978, 7 (1): 35 – 46.

[235] MUNISAMY S, JAAFAR N I M, NAGARAJ S. Does reputation matter? Case study of undergraduate choice at a premier university [J]. The Asia – Pacific education researcher, 2014, 23 (3): 451 – 462.

[236] MUSSON G, DUBERLEY J. Change, change or be exchanged: the discourse of participation and the manufacture of identity [J]. Journal of management studies, 2007, 44 (1): 143 - 164.

[237] NEILSEN E H, RAO M V H. The strategy - legitimacy nexus: a thick description [J]. Academy of management review, 1987, 12 (3): 523 - 533.

[238] NELSON R R. The rate and direction of inventive activity [M]. Princeton: Princeton University Press, 1962.

[239] NEWMAN M E J. Scientific collaboration networks. I. Network construction and fundamental results [J]. Physical review E, 2001, 64 (1): 1 - 8.

[240] NEWSOM W, HAYES C. Are mission statements worthwhile? [J]. Planning for higher education, 1991, 19 (2): 28 - 30.

[241] NGUYEN N, LEBLANC G. Image and reputation of higher education institutions in students' retention decisions [J]. International journal of educational management, 2001, 15 (6): 303 - 311.

[242] OLIVER C. Sustainable competitive advantage: combining institutional and resource - based views [J]. Strategic management journal, 1997, 18 (9): 697 - 713.

[243] PALMER S. Characterisation of the use of Twitter by Australian universities [J]. Journal of higher education policy and management, 2013, 35 (4): 333 - 344.

[244] PARAMESWARAN R, GLOWACKA A E. University image: an information processing perspective [J]. Journal of marketing for higher education, 1995, 6 (2): 41 - 56.

[245] PARKHE A. Strategic alliance structuring: a game theoretic and transaction cost examination of interfirm cooperation [J]. Academy of management journal, 1993, 36 (4): 794 - 829.

[246] PARSONS T. Structure and process in modern societies [M]. New York: Free Press, 1960.

[247] PARTHA D, DAVID P A. Toward a new economics of science [J]. Research policy, 1994, 23 (5): 487 - 521.

[248] PATTEN D M. Intra - industry environmental disclosures in response to the Alaskan oil spill: a note on legitimacy theory [J]. Accounting, organizations and Society, 1992, 17 (5): 471 - 475.

[249] PELFREY P A, CHENEY M. A brief history of the University of

California [M]. Oakland: University of California Press, 2004.
[250] PENROSE E T. The theory of the growth of the firm [M]. New York: Sharpe, 1959.
[251] PETRICK J A, SCHERER R F, BRODZINSKI J D, et al. Global leadership skills and reputational capital: intangible resources for sustainable competitive advantage [J]. The academy of management executive, 1999, 13 (1): 58 -69.
[252] PFEFFER J, SALANCIK G R. The external control of organizations: a resource dependence perspective [M]. Redwood City: Stanford University Press, 2003.
[253] PHILIPPE D, DURAND R. The impact of norm - conforming behaviors on firm reputation [J]. Strategic management journal, 2011, 32 (9): 969 -993.
[254] PLEWA C, HO J, CONDUIT J, et al. Reputation in higher education: a fuzzy set analysis of resource configurations [J]. Journal of business research, 2016, 69 (8): 3087 -3095.
[255] PODOLNY J M, PAGE K L. Network forms of organization [J]. Annual review of sociology, 1998, 24 (1): 57 -76.
[256] PODOLNY J M. A status-based model of market competition [J]. American journal of sociology, 1993, 98 (4): 829 -872.
[257] PORTER S R, TOUTKOUSHIAN R K. Institutional research productivity and the connection to average student quality and overall reputation [J]. Economics of education review, 2006, 25 (6): 605 -617.
[258] POWELL W W, KOPUT K W, SMITH - DOERR L, et al. Network position and firm performance: organizational returns to collaboration in the biotechnology industry [J]. Research in the sociology of organizations, 1999, 16 (1): 129 -159.
[259] POWELL W W. Neither market nor hierarchy [J]. The sociology of organizations: classic, contemporary, and critical readings, 2003, 315: 104 -117.
[260] POZNER J E. Stigma and settling up: an integrated approach to the consequences of organizational misconduct for organizational elites [J]. Journal of business ethics, 2008, 80 (1): 141 -150.
[261] PRELL C, HUBACEK K, REED M. Stakeholder analysis and social network analysis in natural resource management [J]. Society and

natural resources, 2009, 22 (6): 501 -518.

[262] PRIEM R L. Top management team group factors, consensus, and firm performance [J]. Strategic management journal, 1990, 11 (6): 469 -478.

[263] PSACHAROPOULOS G, VELEZ E. Educational quality and labor market outcomes: evidence from Bogota, Colombia [J]. Sociology of education, 1993, 66 (2): 130 -145.

[264] PULLIG C, NETEMEYER R G, BISWAS A. Attitude basis, certainty, and challenge alignment: a case of negative brand publicity [J]. Journal of the academy of marketing science, 2006, 34 (4): 528 -542.

[265] RINDOVA V P, POLLOCK T G, HAYWARD M L A. Celebrity firms: the social construction of market popularity [J]. Academy of management review, 2006, 31 (1): 50 -71.

[266] RINDOVA V P. Part VII: Managing reputation: pursuing everyday excellence: the image cascade and the formation of corporate reputations [J]. Corporate reputation review, 1997, 1 (2): 188 -194.

[267] ROSENBAUM P R. Choice as an alternative to control in observational studies [J]. Statistical science, 1999, 14 (3): 259 -278.

[268] ROSOVSKY H. The university: an owner's manual [M]. New York: W. W. Norton & Company, 1991.

[269] RUDD E. The research orientation of British universities [J]. Higher education, 1973, 2 (3): 301 -324.

[270] SADLAK J, LIU N C. The world - class university and ranking: aiming beyond status [M]. Bucharest: Unesco - Cepes, 2007.

[271] SAMPSON R C. R&D alliances and firm performance: the impact of technological diversity and alliance organization on innovation [J]. Academy of management journal, 2007, 50 (2): 364 -386.

[272] SARROS J C, SANTORA J C. The transformational - transactional leadership model in practice [J]. Leadership & organization development journal, 2001, 22 (8): 383 -394.

[273] SATTARI S, PITT L F, CARUANA A. How readable are mission statements? An exploratory study [J]. Corporate communications: an international journal, 2011, 16 (4): 282 -292.

[274] SAVITSKAYA E V, ALTUNINA N S. Higher education: reputation effects, signal distortions, and propitious selection [J]. Russian

education & society, 2017, 59 (1/2): 94 - 120.

[275] SAXENIAN A L. Silicon Valley's new immigrant high - growth entrepreneurs [J]. Economic development quarterly, 2002, 16 (1): 20 - 31.

[276] SCHOEMAKER P J H. Strategy, complexity, and economic rent [J]. Management science, 1990, 36 (10): 1178 - 1192.

[277] SCHULTZ D E, SCHULTZ H F. Transitioning marketing communication into the twenty - first century [J]. Journal of marketing communications, 1998, 4 (1): 9 - 26.

[278] SEIBERT S E, KRAIMER M L, LIDEN R C. A social capital theory of career success [J]. Academy of management journal, 2001, 44 (2): 219 - 237.

[279] SENDING O J. Constitution, choice and change: problems with the "Logic of Appropriateness" and its use in constructivist theory [J]. European journal of international relations, 2002, 8 (4): 443 - 470.

[280] SHAPIRO C. Premiums for high quality products as returns to reputations [J]. The quarterly journal of economics, 1983, 98 (4): 659 - 679.

[281] SHEPHERD D A, ZACHARAKIS A. A new venture's cognitive legitimacy: an assessment by customers [J]. Journal of small business management, 2003, 41 (2): 148 - 167.

[282] SINE W D, SHANE S, GREGORIO D D. The halo effect and technology licensing: the influence of institutional prestige on the licensing of university inventions [J]. Management science, 2003, 49 (4): 478 - 496.

[283] SIOMKOS G, SHRIVASTAVA P. Responding to product liability crises [J]. Long range planning, 1993, 26 (5): 72 - 79.

[284] SMIRCICH L. Concepts of culture and organizational analysis [J]. Administrative science quarterly, 1983, 28 (3): 339 - 358.

[285] SNIDER J, HILL R P, MARTIN D. Corporate social responsibility in the 21st century: a view from the world's most successful firms [J]. Journal of business ethics, 2003, 48 (2): 175 - 187.

[286] STANDIFIRD S S. Reputation among peer academic institutions: an investigation of the US news and world report's rankings [J]. Corporate reputation review, 2005, 8 (3): 233 - 244.

[287] STEINER L, SUNDSTRöM A C, SAMMALISTO K. An analytical model for university identity and reputation strategy work [J]. Higher

education, 2013, 65 (4): 401 -415.

[288] STENSAKER B. Organizational identity as a concept for understanding university dynamics [J]. Higher education, 2015, 69 (1): 103 - 115.

[289] STUART T E. Interorganizational alliances and the performance of firms: a study of growth and innovation rates in a high-technology industry [J]. Strategic management journal, 2000, 21 (8): 791 -811.

[290] STURGES D L. Communicating through crisis: a strategy for organizational survival [J]. Management communication quarterly, 1994, 7 (3): 297 -316.

[291] SUCHMAN M C. Managing legitimacy: strategic and institutional approaches [J]. Academy of management review, 1995, 20 (3): 571 -610.

[292] SUNG M, YANG S U. Student - university relationships and reputation: a study of the links between key factors fostering students'supportive behavioral intentions towards their university [J]. Higher education, 2009, 57 (6): 787 -811.

[293] SUNG M, YANG S U. Toward the model of university image: the influence of brand personality, external prestige, and reputation [J]. Journal of public relations research, 2008, 20 (4): 357 -376.

[294] SUOMI K. Exploring the dimensions of brand reputation in higher education - a case study of a Finnish master's degree programme [J]. Journal of higher education policy and management, 2014, 36 (6): 646 -660.

[295] SVENINGSSON S, ALVESSON M. Managing managerial identities: organizational fragmentation, discourse and identity struggle [J]. Human relations, 2003, 56 (10): 1163 - 1193.

[296] TAJFEL H, TURNER J. An integrative theory of intergroup conflict [J]. Social psychology of intergroup relations, 1979, 33 (47): 94 - 109.

[297] TANG L P. The Pay-performance linkage revisited: is university presidents'pay related to reputation ranking? [J]. College faculty, 1996: 2 -29.

[298] TAYAR M, JACK R. Prestige - oriented market entry strategy: the case of Australian universities [J]. Journal of higher education policy and management, 2013, 35 (2): 153 - 166.

[299] TAYLOR R N. Age and experience as determinants of managerial information processing and decision making performance [J]. Academy of management journal, 1975, 18 (1): 74 -81.

[300] TELCI E E, KANTUR D. University reputation: scale development and validation [J]. Bogazici journal: review of social, economic & administrative studies, 2014, 28 (2): 49 -74.

[301] TEUNE H, PRZEWORSKI A. The logic of comparative social inquiry [M]. New York: Wiley - Interscience, 1970.

[302] THACKRAY A, MERTON R K. On discipline building: the paradoxes of George Sarton [J]. Isis, 1972, 63 (4): 473 -495.

[303] THORELLI H B. Networks: between markets and hierarchies [J]. Strategic management journal, 1986, 7 (1): 37 -51.

[304] TIMOTHY C W, HOLLADAY S J. Unpacking the halo effect: reputation and crisis management [J]. Journal of communication management, 2006, 10 (2): 123 -137.

[305] TOLSTOY D, AGNDAL H. Network resource combinations in the international venturing of small biotech firms [J]. Technovation, 2010, 30 (1): 24 -36.

[306] TOST L P. An integrative model of legitimacy judgments [J]. Academy of management review, 2011, 36 (4): 686 -710.

[307] TRACEY P, PHILLIPS N. Managing the consequences of organizational stigmatization: identity work in a social enterprise [J]. Academy of management journal, 2016, 59 (3): 740 -765.

[308] TREADWELL D F, HARRISON T M. Conceptualizing and assessing organizational image: model images, commitment, and communication [J]. Communications monographs, 1994, 61 (1): 63 -85.

[309] TSUI A S. A role set analysis of managerial reputation [J]. Organizational behavior and human performance, 1984, 34 (1): 64 -96.

[310] TURK - BICAKCI L, BRINT S. University - industry collaboration: patterns of growth for low - and middle - level performers [J]. Higher education, 2005, 49 (1): 61 -89.

[311] USHER A, SAVINO M. A global survey of university ranking and league tables [J]. Higher education in Europe, 2007, 32 (1): 5 -15.

[312] UZZI B. The sources and consequences of embeddedness for the economic performance of organizations: the network effect [J]. American Sociological Review, 1996, 61 (4): 674 -698.

[313] VAN RIEL C B M. Principles of corporate communication [M]. New Jersey: Prentice Hall, 1992.

[314] VOLKWEIN J F, SWEITZER K V. Institutional prestige and reputation among research universities and liberal arts colleges [J]. Research in higher education, 2006, 47 (2): 129 - 148.

[315] VOTOLA N L, UNNAVA H R. Spillover of negative information on brand Alliances [J]. Journal of consumer psychology, 2006, 16 (2): 196 - 202.

[316] VROOM V H, PAHL B. Relationship between age and risk taking among managers [J]. Journal of applied psychology, 1971, 55 (5): 399 - 405.

[317] WALLMARK J T, MCQUEEN D H, SEDIG K G. Measurement of output from university research: a case study [J]. IEEE transactions on engineering management, 1988, 35 (3): 175 - 180.

[318] WALLY S, BAUM J R. Personal and structural determinants of the pace of strategic decision making [J]. Academy of management journal, 1994, 37 (4): 932 - 956.

[319] WASSERMAN S, FAUST K. Social network analysis: methods and applications [M]. Cambridge: Cambridge University Press, 1994.

[320] WATTS D J, STROGATZ S H. Collective dynamics of "small - world" networks [J]. Nature, 1998, 393 (6684): 440 - 442.

[321] WAUGH W L. Conflicting values and cultures: the managerial threat to university governance [J]. Review of policy research, 1998, 15 (4): 61 - 74.

[322] WEAKLIEM D L, GAUCHAT G, WRIGHT B R E. Sociological stratification: change and continuity in the distribution of departmental prestige, 1965 - 2007 [J]. The American sociologist, 2012, 43 (3): 310 - 327.

[323] WEBER M. The three types of legitimate rule [J]. Berkeley publications in society and institutions, 1958, 4 (1): 1 - 11.

[324] WERNERFELT B. A resource-based view of the firm [J]. Strategic management journal, 1984, 5 (2): 171 - 180.

[325] WHITMEYER J M. Effects of positive reputation systems [J]. Social science research, 2000, 29 (2): 188 - 207.

[326] WIERSEMA M F, Bantel K A. Top management team demography and corporate strategic change [J]. Academy of management journal, 1992, 35 (1): 91 - 121.

[327] WIERSEMA M F, BIRD A. Organizational demography in Japanese firms: group heterogeneity, individual dissimilarity, and top management team turnover [J]. Academy of management journal, 1993, 36 (5): 996 -

1025.

[328] WIESENFELD B M, WURTHMANN K A, HAMBRICK D C. The stigmatization and devaluation of elites associated with corporate failures: a process model [J]. Academy of management review, 2008, 33 (1): 231 -251.

[329] WILDMAN E. Famous leaders of character in America: from the latter half of nineteenth century; the life stories of boys who have impressed their personalities on the life and history of the United States [M]. Boston: Page Company, 1922.

[330] WILSON T E, GRIMLUND R A. An examination of the importance of an auditors reputation [J]. Auditing - a journal of practice & theory, 1990, 9 (2): 43 -59.

[331] WONG C W Y, LAI K, NGAI E W T. The role of supplier operational adaptation on the performance of IT - enabled transport logistics under environmental uncertainty [J]. International journal of production economics, 2009, 122 (1): 47 -55.

[332] YANG S U, ALESSANDRI S W, KINSEY D F. An integrative analysis of reputation and relational quality: a study of university - student relationships [J]. Journal of marketing for higher education, 2008, 18 (2): 145 -170.

[333] YOUTIE J, SHAPIRA P. Building an innovation hub: a case study of the transformation of university roles in regional technological and economic development [J]. Research policy, 2008, 37 (8): 1188 -1204.

[334] ZIMMERMAN M A, ZEITZ G J. Beyond survival: achieving new venture growth by building legitimacy [J]. Academy of management review, 2002, 27 (3): 414 -431.

[335] ZUCKER L G. Production of trust: institutional sources of economic structure, 1840 - 1920 [J]. Research in organizational behavior, 1986, 8 (2): 53 -111.

[336] ZYGLIDOPOULOS S C, DEMARTINO R, REID D M H. Cluster reputation as a facilitator in the internationalization of small and medium - sized enterprises [J]. Corporate reputation review, 2006, 9 (1): 79 -87.

[337] ZYGLIDOPOULOS S C. The issue life - cycle: implications for reputation for social performance and organizational legitimacy [J]. Corporate reputation review, 2003, 6 (1): 70 -81.

附录 美国卡内基高等院校分类标准中的Ⅰ类研究型大学

中文名	学校性质	建校时间	英文名		
			IPEDS 数据库	WOS/InCites 数据库	NSF 网站
亚利桑那州立大学（坦佩）	公立	1885	Arizona State University-Tempe	Arizona State University	Arizona State U./AZ State U.
波士顿学院	私立	1863	Boston College	Boston College	Boston C.
波士顿大学	私立	1839	Boston University	Boston University	Boston U.
布兰迪斯大学	私立	1948	Brandeis University	Brandeis University	Brandeis U.
布朗大学	私立	1764	Brown University	Brown University	Brown U.
加州理工学院	私立	1891	California Institute of Technology	California Institute of Technology	CA Institute of Technology
卡耐基梅隆大学	私立	1900	Carnegie Mellon University	Carnegie Mellon University	Carnegie Mellon U.
凯斯西储大学	私立	1826	Case Western Reserve University	Case Western Reserve University	Case Western Reserve U.
克莱姆森大学	公立	1889	Clemson University	Clemson University	Clemson U.
科罗拉多州立大学（柯林斯堡）	公立	1870	Colorado State University-Fort Collins	Colorado State University	Colorado State U.,Fort Collins/CO State U.,Ft. Collins
哥伦比亚大学	私立	1754	Columbia University in the City of New York	Columbia University	Columbia U. in the City of New York
康奈尔大学	私立	1865	Cornell University	Cornell University	Cornell U.

续上表

中文名	学校性质	建校时间	英文名		
			IPEDS 数据库	WOS/InCites 数据库	NSF 网站
纽约城市大学研究生院和大学中心	公立	1961	CUNY Graduate School and University Center	City University of New York (CUNY) Graduate School	CUNY, Graduate Center/CUNY, Graduate Ctr.
杜克大学	私立	1838	Duke University	Duke University	Duke U.
埃默里大学	私立	1836	Emory University	Emory University	Emory U.
佛罗里达国际大学	公立	1965	Florida International University	Florida International University	Florida International U./FL International U.
佛罗里达州立大学	公立	1851	Florida State University	Florida State University	Florida State U./FL State U.
乔治梅森大学	公立	1949	George Mason University	George Mason University	George Mason U.
乔治华盛顿大学	私立	1821	George Washington University	George Washington University	George Washington U.
乔治城大学	私立	1789	Georgetown University	Georgetown University	Georgetown U.
佐治亚理工学院	公立	1885	Georgia Institute of Technology-Main Campus	Georgia Institute of Technology	GA Institute of Technology
佐治亚州立大学	公立	1913	Georgia State University	Georgia State University	Georgia State U./GA State U.
哈佛大学	私立	1636	Harvard University	Harvard University	Harvard U.
印地安纳大学伯明顿分校	公立	1820	Indiana University-Bloomington	Indiana University Bloomington	Indiana U., Bloomington/IN U., Bloomington
爱荷华州立大学	公立	1858	Iowa State University	Iowa State University	Iowa State U./IA State U.
约翰·霍普金斯大学	私立	1876	Johns Hopkins University	Johns Hopkins University	Johns Hopkins U.

续上表

中文名	学校性质	建校时间	英文名		
			IPEDS 数据库	WOS/InCites 数据库	NSF 网站
堪萨斯州立大学	公立	1863	Kansas State University	Kansas State University	Kansas State U./KS State U.
路易斯安那州立大学	公立	1860	Louisiana State University and Agricultural & Mechanical College	Louisiana State University	Louisiana State U., Baton Rouge/LA State U., Baton Rouge
麻省理工学院	私立	1861	Massachusetts Institute of Technology	Massachusetts Institute of Technology (MIT)	MA Institute of Technology
密歇根州立大学	公立	1955	Michigan State University	Michigan State University	Michigan State U./MI State U.
纽约大学	私立	1831	New York University	New York University	New York U./NY U.
北卡罗来纳州立大学	公立	1887	North Carolina State University at Raleigh	North Carolina State University	North Carolina State U./NC State U.
东北大学	私立	1898	Northeastern University	Northeastern University	Northeastern U.
西北大学	私立	1851	Northwestern University	Northwestern University	Northwestern U.
俄亥俄州立大学	公立	1870	Ohio State University-Main Campus	Ohio State University	Ohio State U./OH State U.
俄勒冈州立大学	公立	1868	Oregon State University	Oregon State University	Oregon State U./OR State U.
宾夕法尼亚州立大学	公立	1855	Pennsylvania State University-Main Campus	Pennsylvania Commonwealth System of Higher Education (PCSHE)	Pennsylvania State U., University Park and Hershey Medical Center/PA State U., University Park and Hershey Medical Ctr.
普林斯顿大学	私立	1746	Princeton University	Princeton University	Princeton U.

续上表

中文名	学校性质	建校时间	英文名		
			IPEDS 数据库	WOS/InCites 数据库	NSF 网站
普渡大学	公立	1869	Purdue University-Main Campus	Purdue University	Purdue U., West Lafayette
莱斯大学	私立	1912	Rice University	Rice University	Rice U.
罗格斯大学新布朗斯维克分校	公立	1766	Rutgers University-New Brunswick	Rutgers State University New Brunswick	Rutgers, State U. New Jersey, New Brunswick/Rutgers, State U. NJ, New Brunswick
斯坦福大学	私立	1891	Stanford University	Stanford University	Stanford U.
纽约州立大学石溪分校	公立	1957	Stony Brook University	State University of New York (SUNY) Stony Brook	SUNY, Stony Brook U.
纽约州立大学奥尔巴尼分校	公立	1844	SUNY at Albany	State University of New York (SUNY) Albany	SUNY, U. Albany
雪城大学	私立	1870	Syracuse University	Syracuse University	Syracuse U.
天普大学	公立	1884	Temple University	Temple University	Temple U.
德州农工大学	公立	1876	Texas A & M University-College Station	Texas A&M University College Station	Texas A&M U., College Station and Health Science Center/TX A&M U., College Station
德州理工大学	公立	1923	Texas Tech University	Texas Tech University	Texas Tech U./TX Tech U.
田纳西大学	公立	1794	The University of Tennessee-Knoxville	University of Tennessee Knoxville	U. Tennessee, Knoxville/U. TN, Knoxville

续上表

中文名	学校性质	建校时间	英文名		
			IPEDS 数据库	WOS/InCites 数据库	NSF 网站
德州大学阿灵顿分校	公立	1895	The University of Texas at Arlington	University of Texas Arlington	U. Texas, Arlington/U. TX, Arlington
德州大学奥斯汀分校	公立	1883	The University of Texas at Austin	University of Texas Austin	U. Texas, Austin/U. TX, Austin
德州大学达拉斯分校	公立	1969	The University of Texas at Dallas	University of Texas Dallas	U. Texas, Dallas/U. TX, Dallas
塔夫茨大学	私立	1852	Tufts University	Tufts University	Tufts U.
杜兰大学	私立	1834	Tulane University of Louisiana	Tulane University	Tulane U.
纽约州立大学布法罗分校	公立	1846	University at Buffalo	State University of New York (SUNY) Buffalo	SUNY, U. Buffalo
阿拉巴马大学伯明翰分校	公立	1969	University of Alabama at Birmingham	University of Alabama Birmingham	U. Alabama, Birmingham/U. AL, Birmingham
亚利桑那大学	公立	1885	University of Arizona	University of Arizona	U. Arizona/U. AZ
阿肯色大学	公立	1871	University of Arkansas	University of Arkansas Fayetteville	U. Arkansas, Fayetteville/U. AR, Fayetteville
加州大学伯克利分校	公立	1868	University of California-Berkeley	University of California Berkeley	U. California, Berkeley/U. CA, Berkeley
加州大学戴维斯分校	公立	1905	University of California-Davis	University of California Davis	U. California, Davis/U. CA, Davis

续上表

中文名	学校性质	建校时间	英文名		
			IPEDS 数据库	WOS/InCites 数据库	NSF 网站
加州大学欧文分校	公立	1965	University of California-Irvine	University of California Irvine	U. California, Irvine/U. CA, Irvine
加州大学洛杉矶分校	公立	1919	University of California-Los Angeles	University of California Los Angeles	U. California, Los Angeles/U. CA, Los Angeles
加州大学河滨分校	公立	1907	University of California-Riverside	University of California Riverside	U. California, Riverside/U. CA, Riverside
加州大学圣地亚哥分校	公立	1960	University of California-San Diego	University of California San Diego	U. California, San Diego/U. CA, San Diego
加州大学圣塔芭芭拉分校	公立	1891	University of California-Santa Barbara	University of California Santa Barbara	U. California, Santa Barbara/U. CA, Santa Barbara
加州大学圣克鲁兹分校	公立	1965	University of California-Santa Cruz	University of California Santa Cruz	U. California, Santa Cruz/U. CA, Santa Cruz
中佛罗里达大学	公立	1963	University of Central Florida	University of Central Florida	U. Central Florida/U. Central FL
芝加哥大学	私立	1890	University of Chicago	University of Chicago	U. Chicago
辛辛那提大学	公立	1819	University of Cincinnati-Main Campus	University of Cincinnati	U. Cincinnati
科罗拉多大学波尔得分校	公立	1876	University of Colorado Boulder	University of Colorado Boulder	U. Colorado Boulder/U. CO, Boulder

续上表

中文名	学校性质	建校时间	英文名		
			IPEDS 数据库	WOS/InCites 数据库	NSF 网站
康涅狄格大学	公立	1881	University of Connecticut	University of Connecticut	U. Connecticut/U. CT
特拉华大学	公立	1743	University of Delaware	University of Delaware	U. Delaware/U. DE
佛罗里达大学	公立	1853	University of Florida	University of Florida	U. Florida/U. FL
佐治亚大学	公立	1785	University of Georgia	University of Georgia	U. Georgia/U. GA
夏威夷大学马诺阿分校	公立	1907	University of Hawaii at Manoa	University of Hawaii Manoa	U. Hawaii, Manoa/U. HI, Manoa
休斯敦大学	公立	1927	University of Houston	University of Houston	U. Houston
伊利诺伊大学芝加哥分校	公立	1965	University of Illinois at Chicago	University of Illinois Chicago	U. Illinois, Chicago/U. IL, Chicago
伊利诺伊大学厄巴纳—香槟分校	公立	1867	University of Illinois at Urbana-Champaign	University of Illinois Urbana-Champaign	U. Illinois, Urbana-Champaign/U. IL, Urbana-Champaign
爱荷华大学	公立	1847	University of Iowa	University of Iowa	U. Iowa/U. IA
堪萨斯大学	公立	1865	University of Kansas	University of Kansas	U. Kansas/U. KS
肯塔基大学	公立	1865	University of Kentucky	University of Kentucky	U. Kentucky/U. KY
路易斯维尔大学	公立	1798	University of Louisville	University of Louisville	U. Louisville
马里兰大学帕克分校	公立	1856	University of Maryland-College Park	University of Maryland College Park	U. Maryland, College Park/U. MD, College Park

续上表

中文名	学校性质	建校时间	英文名		
			IPEDS 数据库	WOS/InCites 数据库	NSF 网站
马萨诸塞大学安姆斯特分校	公立	1863	University of Massachusetts-Amherst	University of Massachusetts Amherst	U. Massachusetts, Amherst/U. MA, Amherst
迈阿密大学	私立	1925	University of Miami	University of Miami	U. Miami
密歇根大学安娜堡分校	公立	1817	University of Michigan-Ann Arbor	University of Michigan	U. Michigan, Ann Arbor/U. MI, Ann Arbor
明尼苏达大学双城分校	公立	1851	University of Minnesota-Twin Cities	University of Minnesota Twin Cities	U. Minnesota, Twin Cities/U. MN, Twin Cities
密西西比大学	公立	1848	University of Mississippi	University of Mississippi	U. Mississippi/U. MS and U. MS Medical Ctr.
密苏里大学哥伦比亚分校	公立	1839	University of Missouri-Columbia	University of Missouri Columbia	U. Missouri, Columbia/U. MO, Columbia
内布拉斯加大学林肯分校	公立	1869	University of Nebraska-Lincoln	University of Nebraska Lincoln	U. Nebraska, Lincoln/U. NE, Lincoln
新墨西哥大学	公立	1889	University of New Mexico-Main Campus	University of New Mexico	U. New Mexico/U. NM
北卡罗来纳大学教堂山分校	公立	1789	University of North Carolina at Chapel Hill	University of North Carolina Chapel Hill	U. North Carolina, Chapel Hill/U. NC, Chapel Hill
北德克萨斯大学	公立	1890	University of North Texas	University of North Texas Denton	U. North Texas, Denton/U. North TX, Denton

续上表

中文名	学校性质	建校时间	英文名		
			IPEDS 数据库	WOS/InCites 数据库	NSF 网站
圣母大学	私立	1842	University of Notre Dame	University of Notre Dame	U. Notre Dame
俄克拉荷马大学（诺曼）	公立	1890	University of Oklahoma-Norman Campus	University of Oklahoma-Norman	U. Oklahoma, Norman and Health Science Center/ U. OK
俄勒冈大学	公立	1876	University of Oregon	University of Oregon	U. Oregon/ U. OR
宾夕法尼亚大学	私立	1740	University of Pennsylvania	University of Pennsylvania	U. Pennsylvania/ U. PA
匹兹堡大学	公立	1787	University of Pittsburgh-Pittsburgh Campus	University of Pittsburgh	U. Pittsburgh, Pittsburgh
罗切斯特大学	私立	1850	University of Rochester	University of Rochester	U. Rochester
南卡罗来纳大学	公立	1801	University of South Carolina-Columbia	University of South Carolina Columbia	U. South Carolina, Columbia/U. SC, Columbia
南佛罗里达大学	公立	1956	University of South Florida-Main Campus	University of South Florida	U. South Florida, Tampa/U. South FL, Tampa
南加州大学	私立	1880	University of Southern California	University of Southern California	U. Southern California/U. Southern CA
犹他大学	公立	1850	University of Utah	University of Utah	U. Utah/U. UT
弗吉尼亚大学	公立	1819	University of Virginia-Main Campus	University of Virginia	U. Virginia, Charlottesville/ U. VA, Charlottesville

续上表

中文名	学校性质	建校时间	英文名		
			IPEDS 数据库	WOS/InCites 数据库	NSF 网站
华盛顿大学（西雅图）	公立	1861	University of Washington-Seattle Campus	University of Washington Seattle	U. Washington, Seattle/U. WA, Seattle
威斯康星大学麦迪逊分校	公立	1848	University of Wisconsin-Madison	University of Wisconsin Madison	U. Wisconsin-Madison/U. WI, Madison
威斯康辛大学密尔沃基分校	公立	1956	University of Wisconsin-Milwaukee	University of Wisconsin Milwaukee	U. Wisconsin-Milwaukee/U. WI, Milwaukee
范德堡大学	私立	1873	Vanderbilt University	Vanderbilt University	Vanderbilt U.
弗吉尼亚州立邦联大学	公立	1838	Virginia Commonwealth University	Virginia Commonwealth University	Virginia Commonwealth U. /VA Commonwealth U.
弗吉尼亚理工大学	公立	1872	Virginia Polytechnic Institute and State University	Virginia Polytechnic Institute & State University	Virginia Polytechnic Institute and State U. /VA PolytechnicInstitute and State U.
华盛顿州立大学	公立	1890	Washington State University	Washington State University	Washington State U. /WA State U.
圣路易斯华盛顿大学	私立	1853	Washington University in St Louis	Washington University (WUSTL)	Washington U., Saint Louis/Washington U., St. Louis
韦恩州立大学	公立	1868	Wayne State University	Wayne State University	Wayne State U.
西弗吉尼亚大学	公立	1867	West Virginia University	West Virginia University	West Virginia U./WV U.
耶鲁大学	私立	1701	Yale University	Yale University	Yale U.

后　　记

2015 年 9 月至 2019 年 6 月，我在上海交通大学高等教育研究院攻读公共管理学博士学位。读博的经历，不仅让自己在批判性阅读与写作方面有所建树，更重要的是磨砺了心性，在精神层面收获了进步。本书即在我博士学位论文的基础上修改、充实而成，在写作过程中，身边的师友们给予了我诸多支持和帮助，让我备感温暖。

衷心感谢我的博导赵文华教授。在校期间，赵老师给予了我多方面的教导和提携，对我在科研上的成长起到了最直接的示范作用。初入交大，赵老师就根据我已有的学科基础，有针对性地安排我参与他主持的研究项目，培养学术兴趣，掌握研究方法，并逐渐熟悉了课题申报和论文写作的基本范式。在整个研究进程中，赵老师提出了许多极具价值的参考意见，其深邃的洞察力时常帮助我发现解决问题的最优视角。而每当遇到方向性选择的困惑时，赵老师的点拨和引导又总能让我豁然开朗。赵老师求真务实的工作作风引导我在攻博期间养成了良好的科研习惯，并鼓励我积极参加学术活动、拓宽学术视野。得益于赵老师的悉心指导，我不断聚焦研究方向，在自己感兴趣的研究领域不断前进。如今，离开校园后，我也依然将赵老师的谆谆教诲铭记于心。

感谢上海交通大学董育常教授、刘念才教授、刘少雪教授、陈作松教授、刘莉副研究员，复旦大学熊庆年教授，华东师范大学朱军文教授，上海师范大学高耀明教授，华东理工大学周玲教授等专家在论文开题、中期检查、预答辩和答辩阶段为论文提出的宝贵意见，帮助我逐渐明晰研究边界、优化研究框架，使论文日臻完善。前辈们学识渊博、治学严谨，一直是我学习的榜样。

感谢同门师兄师姐师妹们：程骄杰、余新丽、高磊、葛昀洲、胡勇军、冯倬琳、易高峰、张新培、苏洋、王思懿、季小天、丛琳。在课题研究过程中，我们多次开会研讨、碰撞思维火花。各位也一直激励我不断思考、不断创新。感谢澳大利亚新南威尔士大学教授维尼·克里希纳（Venni V. Krishna）到访上海期间，针对国家创新体系议题给予我的学术指导；感谢学院杨颉研究员在“院校研究与大学战略规划”课堂上，与学生分享精彩生动的实践案例；感谢学院杨希副研究员在“教育统计与计量”课堂上，向学生耐心讲授定量研究方法；感谢学院陈丽媛老师和陈淑华老师在“学术报告会”课堂上，针对我论文的研究设计提出的有益建议；感谢外国语学院彭阳辉副教授针对部分专业术语的翻译提出的修改意见。也向学校机关党委陈鹏老师、学院办公室高艳老师和于歌老师表示诚挚感谢，诸位老师的辛勤付出为学生创造了良好的学习成长环境。也特别感谢我的博士生同学：卢华、姜帆、王莹和田琳，各位的陪伴和鼓励也在我的人生旅途中留下一串串或深或浅的脚印，承载着幸福记忆。

受上海发展研究奖学金资助，我有幸在上海市人民政府发展研究中心上海发展战略研究所担任为期一年的研究助理，参与决策咨询研究工作。感谢周海蓉副所长的信任和关照，这段实习经历启发我尝试应用多学科的理论知识解决实际问题，使我受益匪浅。

本书能够出版，得益于中国高等教育学会学术创新计划的支持。非常感谢中国高等教育学会诸位专家对本研究的认可，论文能够被“高等教育学博士学位论文文库”收录，无疑为我的学术经历留下了一笔浓墨重彩。

最后，谨以此书献给我至亲至爱的家人！

江育恒

2021 年 8 月